FORNUFT, EGOISME, KAPITALISME:

Essays om Ayn Rand

Av samme forfatter:

Filosofi: en innføring
(Kontekst forlag 1991)

Fornuft, egoisme, kapitalisme: essays om Ayn Rand
(Kontekst forlag 2003, ny utgave 2022)

Forteljingas pedagogikk: folkediktning før og no
(Sammen med Lis K. Andersen og Johan Einar Bjerkem,
Gyldendal norsk forlag 2003)

Frihet, likhet, brorskap: kapitalismen i teori og praksis
(Kontekst forlag 2004, ny utgave 2021)

Krig, fred, religion og politikk
(Kontekst forlag 2015)

*Saysiansk økonomi
eller en introduksjon til politisk økonomi basert på teoriene til
Jean-Baptiste Say*
(Kolofon forlag 2017)

Vegard Martinsen er også bidragsyter til disse bøkene:

Når fremtiden nekter å vente
(Red. Torbjørn Røe Isaksen, Unge Høyre 2002)

Vivo: lærerens bok
(Red. Elen Egeland mfl., Gyldendal 2010)

Grunnlov og frihet: turtelduer eller erkefiender?
(Red. Jørn K. Baltzersen, Kolofon forlag 2017)

FORNUFT, EGOISME, KAPITALISME:
Essays om Ayn Rand

Utvidet utgave

av

Vegard Martinsen

Kontekst forlag 2022

FORNUFT, EGOISME, KAPITALISME: Essays om Ayn Rand

Utvidet utgave

Copyright © Vegard Martinsen 2022

All sitering er innenfor reglene for «fair use».

Det må ikke kopieres fra denne bok i strid med Åndsverklovens bestemmelser.

Kontekst forlag

Oslo

ISBN 978-82-91106-10-6

Innhold

Forord 7
Hvem er Ayn Rand? 9
Ayn Rands filosofiske system 21
The Fountainhead/Kildens utspring 41
Atlas Shrugged/De som beveger verden..................... 61
Betydningen av ord 79
Prinsipper: hva er de og hvorfor trenger vi dem?........ 85
Om å ta ideer på alvor... 95
Å gjøre vondt verre... 109
Ayn Rand og frihet 119
Ayn Rands filmer 141
Carl Johan Teatrets oppsetning av Night of January 16th 145
Immanuel Kants innflydelse 155
Nietzsche og Rand: en sammenligning................... 185
Karl Popper 199
Ayn Rand, Objektivismen, Nietzsche og
       Gunnar Schrøder Kristiansen: Svar til Samtiden 227
Svar til Gunnar Schrøder Kristiansen 237
Krig og kristendom: Svar til Kåre Willoch 245
Svar til Andreas Wiese 247
Svar til Thomas Hylland Eriksen 251
Den såkalte voldtektsscenen i Kildens utspring...... 253
Svar til Bork Nerdrum om Ayn Rands arkitektursyn.......... 255
Ayn Rand og Jordan Peterson.................................. 265
Hvem er denne John Galt? 275
Ny Tid over kanten og utfor stupet.......................... 285
Ayn Rand og Donald Trump: sjelefrender eller erkefiender...289
Ayn Rand og altruismen 295
Ayn Rand, George Monbiot og Klassekampen 305
Noen betraktninger om kunst................................... 311
Om enkelte aspekter ved darwinismen.................... 329
Kritikken mot Ayn Rand 345
Slaktet og ignorert filosof-forfatter 365

Spørsmål og svar om Objektivismen 369
En kommentar til Gene Bell-Villadas bok om Ayn Rand 377
En kommentar til Dustin J. Byrds bok om Objektivismen. 389
En kommentar til Adam Wieners bok om finanskrisen 409
Laws, definitions, and an axiom in economics 413
Etterord 433

Forord

I 1973 leste jeg *Kildens utspring*, og jeg ble så fenget av dens budskap at jeg i løpet i de neste årene leste alle Ayn Rands bøker. *Kildens utspring* og *Atlas Shrugged* var fantastisk spennende og gode romaner, og de forfektet ideer og standpunkter som jeg allerede hadde ervervet meg – individualisme, selvstendighet, frihet, og viktigheten av å være lojal mot det sanne og det rette, og som jeg i disse bøkene så formulert og begrunnet på en utførlig og overbevisende måte.

Etter hvert som jeg også leste hennes essays, ble jeg mer og mer sjokkert over hennes standpunkter. I 70-tallets meget sosialdemokratiske Norge hadde jeg aldri tidligere kommet over standpunkter som innebar laissez-faire-kapitalisme og rasjonell egoisme, og motstand mot alle former for politikerstyring, selvoppofrelse og religion. Jeg forsøkte så godt jeg kunne å finne holdbare argumenter mot de standpunkter Ayn Rand ga uttrykk for – de var så radikale at jeg i utgangspunktet var overbevist om at de ikke kunne være korrekte – men jeg klarte det ikke, og etterhvert ble jeg overbevist om at hennes standpunkter var riktige.

I løpet av denne prosessen ble jeg mer og mer interessert i det filosofiske syn som Ayn Rand sto for, og jeg begynte å studere denne filosofien – Objektivismen – systematisk. Jeg begynte også å lese annen filosofi, og nærliggende fag som historie, økonomi, og psykologi. Mitt formelle studium var dog innen matematikk og fysikk (ved Universitetet i Oslo). I 1982 ble jeg medlem av Foreningen for Studium av Objektivismen (FSO), en studentforening ved UiO, og jeg kom der inn i et meget dynamisk miljø med et betydelig antall kunnskapsrike og interessante mennesker. I årenes løp lærte jeg mye av disse. Etter hvert fikk jeg selv verv i FSO, og jeg begynte å skrive artikler i foreningens newsletter AerA og å holde foredrag på medlemsmøtene.

Formålet har hele tiden vært å øke min egen og andres kjennskap til Objektivismen, og denne prosessen har gitt meg svært mye. Mine artikler og foredrag har dog kun nådd et lite publikum, og slik jeg ser det inneholder Objektivismen så mye verdifullt som alle vil ha nytte av å kjenne til, at jeg derfor vil gjøre mine artikler og foredrag, som er uttrykk for min forståelse av Objektivismen, tilgjengelige for et større publikum. Dette er hovedgrunnen til at denne boken blir gitt ut.

Dessuten er interessen for Ayn Rand stadig økende, og disse artiklene vil da også kunne gi nyttig informasjon til dem som ønsker å lese noen kommentarer til filosofien.

Bokens innhold kan deles inn i fire deler. Først kommer artikler som gir en presentasjon av Ayn Rand, av hennes to store romaner (man bør absolutt ha lest disse romanene for å ha utbytte av artiklene om dem), og av Objektivismen. Deretter følger artikler som tar for seg mer avgrensede deler av Objektivismen og av Ayn Rands forfatterskap. I den tredje seksjonen kontrasteres Ayn Rands ideer med ideene til tre av de filosofene som har størst innflydelse i vår tid: Kant, Nietzsche og Popper. Så kommer en seksjon med mer polemiske innlegg, flere av dem er svar på innlegg i tidsskrifter, i aviser og på Internett.

Alle artiklene i denne boken ble i utgangspunktet skrevet for å stå alene, og når de nå presenteres samlet er en viss overlapping uunngåelig. Jeg har allikevel valgt å la artiklene i hovedsak stå slik de ble presentert første gang, selv om noen av dem er oppdatert i forhold til første publisering. I arbeidet med dette har jeg mottatt nyttig hjelp av Inger Lazzeri og spesielt av Tomm Arntsen, og jeg vil takke dem for den hjelp de har gitt meg. Alle feil som allikevel måtte gjenstå tar undertegnede det hele og fulle ansvar for.

Oslo, januar 2003
V.M.

Denne nye utgaven inneholder en rekke nye artikler relatert til Ayn Rand og Objektivismen, de fleste skrevet etter at førsteutgaven av denne boken kom ut. De fleste av disse publiseres her for første gang i bokform. (Min bok *Krig, fred, religion og politikk* inneholder flere artikler om Ayn Rand og Objektivismen som ikke er med i denne boken). To av artiklene som er publisert andre steder er allikevel inkludert i denne boken; dette gjelder «Ayn Rand og frihet» og «Svar til Bell Villada». De nye artiklene kommer fra side 253 og utover. I denne nye utgaven har vi også rettet enkelte feil som var å finne i noen av artiklene i førsteutgaven av denne boken.

Oslo, desember 2021
V.M.

Hvem er Ayn Rand?

«Han hadde hatt det travelt de to siste årene. Monadnock hadde ikke vært hans eneste oppgave. Fra forskjellige stater, fra forskjellige deler av landet kom det uventede anmodninger til ham: privathus, små kontorbygninger, beskjedne fabrikker. Han hadde bygd dem - hadde sneket seg til noen få timers søvn i tog og fly som fraktet ham mellom Monadnock og fjerntliggende byer. -Jeg har vært i New York og jeg likte Enright House. -Jeg har sett Cord-bygningen. -Jeg har sett et bilde av det Templet som ble revet. Det var som en underjordisk elv fløt gjennom landet og brøt opp til overflaten i små kilder på tilfeldige, uberegnelige steder....».

Slik beskriver Ayn Rand i *Kildens utspring* de første tegn på den kompromissløse arkitekten Howard Roarks endelige gjennombrudd. Men en tilsvarende beskrivelse passer like godt på det som er skjedd de siste årene med hensyn til gjennombruddet for Ayn Rands egne ideer.

Ayn Rand har alltid blitt lest; helt siden *The Fountainhead* utkom i 1943 har hennes bøker vært bestselgere – ifølge en fersk utgave av Library Journal har hennes bøker (pr 2003) solgt i et samlet opplag på ca 30 millioner eksemplarer. Men hennes ideer har vært særdeles upopulære både blant de liberale (som er den amerikanske betegnelsen på de venstreorienterte) og blant de konservative. De konservative mislikte hennes ateisme, og de liberale mislikte hennes motstand mot enhver form for offentlig styring av økonomien. Så selv om «alle» hadde lest henne, var det ingen som snakket om henne eller hennes ideer: intet etablert miljø fant en meningsfelle i henne.

Men i de siste fire/fem år er hennes ideer blitt mer og mer akseptert. I en amerikansk undersøkelse foretatt av Library of Congress i 1991 om hvilken bok som hadde vært mest innflydelsesrik, kom Ayn Rands *Atlas Shrugged* (1957) på annenplass (etter Bibelen). *Atlas Shrugged* ble anmeldt i alle de store avisene, men ingen av de bøkene hun skrev etter *Atlas Shrugged* ble anmeldt i noen viktig avis eller tidsskrift; siden det var umulig å argumentere mot henne, forsøkte de etablerte å tie henne ihjel. Men i 1995 utkom en samling med hennes korrespondanse, *Letters of Ayn Rand*, og denne ble gjenstand for svært positive omtaler i alle de store avisene.

Ayn Rand skrev ikke bare skjønnlitteratur av særdeles høy litterær kvalitet, hun var også en nyskapende filosof. Som en rekke andre store forfattere dramatiserte hun filosofiske problemstillinger i sine skjønnlitterære verker, men hun var ikke tilfreds med de svarene som tidligere filosofer hadde gitt på de viktige filosofiske spørsmål, og derfor utarbeidet hun sine egne svar. Og også filosofen Ayn Rand, ikke bare den skjønnlitterære forfatteren Ayn Rand er i ferd med å slå igjennom. Det fremtredende tidsskriftet The Economist har anerkjent henne som en av vår tids mest innflydelsesrike tenkere: i en artikkel i januar 1994 (med den for The Economist typiske tittelen «Good Guru Guide») var hun en av kun 17 som ble omtalt. Også det prominente tidsskriftet The New Yorker viet henne sommeren 1995 en lang artikkel. Flere nye lærebøker i filosofi for amerikanske universiteter inneholder kapitler om Objektivismen (som var det navn Ayn Rand ga sitt filosofiske system). F.eks. inneholder Roth/Sontags *The Questions of Philosophy* (utgitt 1988) et kapittel med tittelen «Ayn Rand and the Objectivist Approach», og en av de mest brukte lærebøkene, Joel Feinbergs *Reason and Responsibility* (utgitt 1993), inneholder et av hennes essays om etikk.

Så det kan ikke være tvil om at Ayn Rands innflydelse er økende. Man hvem var hun? Hva består hennes ideer av? I resten av artikkelen skal vi se nærmere på disse spørsmålene.

Bakgrunn
Ayn Rand ble født inn i en jødisk familie i St. Petersburg (Leningrad), Russland, i 1905. Hennes opprinnelige navn var Alisa Rosenbaum. Det viste seg tidlig at hun var meget begavet, og hun var alltid flink på skolen. Hun leste mye, og allerede da hun var ni år gammel hadde hun bestemt seg for å bli forfatter.

Hun studere filosofi og historie ved universitetet i Leningrad, og en av hennes filosofilærere var den da kjente platonisten N. O. Lossky. Da hun (i 1921) var oppe til avsluttende muntlig filosofieksamen, sa hennes eksaminator til henne at det så ut som om hun ikke delte Platons synspunkter. «Nei», svarte hun. Da eksaminator spurte hvorfor, fikk han høre Ayn Rand si at «mine filosofiske synspunkter er ikke en del av filosofihistorien ennå. Men det vil de bli».

Tidlig var hun blitt fascinert av film, spesielt amerikanske filmer, og hun studerte også film ved Statens Institutt for Filmkunst.

Hun opplevde den russiske revolusjon på nært hold, og avskydde alt den stod for. Hun gjorde alt hun kunne for å komme seg vekk fra Russland, men først i 1925 klarte hun å skaffe seg utreisetillatelse til USA, hvor hun offisielt bare skulle besøke slektninger. Før avreisen ba hennes familie henne fortelle verden at Russland under sosialismen var blitt gjort om til en enorm gravplass.

Red Pawn

Tidlig i 1926 ankom hun til USA. Til å begynne med arbeidet hun i mange forskjellige typer småjobber, og hun klarte etterhvert å finne arbeid i Hollywood. Blant annet arbeidet hun i 1929 i filmselskapet RKOs kosteymeavdeling. Hun arbeidet også som statist, og på en filminnspilling møtte hun skuespilleren Frank O'Connor, som hun umiddelbart forelsket seg i. De giftet seg i 1929.

Alisa Rosenbaum hadde nå skiftet navn til Ayn Rand; Ayn tok hun etter et finsk navn hun likte, Aino (et navn hun muligens kjente fra Finlands nasjonalepos *Kalevala*; Aino er en av hovedpersonene der), og Rand etter en slags forkortelse av Rosenbaum; dersom man skriver Rosenbaum med kyrilliske bokstaver og utelater noen av de midterste bokstavene ser det ut som om det står Rand. Hun brukte nå all fritid på å forberede seg på sin fremtidige karriere som forfatter – de fleste av hennes øvestykker fra denne tiden er senere blitt utgitt – men først i 1932 fikk hun solgt et av sine arbeider, *Red Pawn*, et filmmanuskript med handling fra det sosialistiske Sovjetunionen. Dette stykket hadde hun begynt å arbeide på sent i 1931.

Allerede i et så tidlig arbeid tok Ayn Rand opp viktige filosofiske (dog i hovedsak politiske) problemstillinger: Kommunismen krever at det enkelte menneske må gi avkall på sin uavhengighet og sin lykke for å tjene gruppen; kommunismen ødelegger derfor mennesket og menneskets lykke. *Red Pawn* påpeker også de store likheter mellom kommunisme og religion: Begge hevder at det enkelte menneske skal tjene noe som er større enn det selv: Gud eller arbeiderklassen, og det som ansees for etisk høyverdig er for det enkelte menneske å ofre seg selv til fordel for Gud/arbeiderklassen.

Ayn Rand solgte alle rettigheter til *Red Pawn* til Universal Pictures for $1 500; Universal solgte det videre til Paramount for $20 000. Dessverre er filmen ennå ikke laget, men et synopsis av manuset kan leses i boken *The Early Ayn Rand.*

We the Living
For å kunne skrive *Red Pawn* avbrøt Ayn Rand arbeidet med det som skulle bli hennes første store roman: *We the Living*. Hun hadde begynt på denne romanen i 1930, og den ble utgitt i 1936. Dette er en betydelig roman med handling fra den russiske revolusjon. Boken tar for seg tre personer, aristokraten Leo, den idealistiske kommunisten Andrej, og ingeniørstudenten Kira, og viser hvordan alle blir ødelagt av den kommunistiske ideologien. Boken viser også hvordan et kommunistisk samfunn nødvendigvis må bli gjennomkorrupt. Men temaet også her, som i *Red Pawn*, er forholdet mellom det enkelte individ og staten. Boken ble slaktet av kritikerne – den kom jo ut midt under «the red decade», hvor alle intellektuelle hyllet sosialismen – som mente at forfatteren var altfor kritisk mot det kollektivistiske ideal. Boken ble ikke markedsført fra forlagets side, og til å begynne med var salget dårlig, men ett år etter utgivelsen begynte salgstallene å øke sterkt. Men da hadde forlaget allerede besluttet ikke å trykke noen flere opplag. Boken ble først tilgjengelig igjen i 1959, etter at Ayn Rand var blitt en bestselgende forfatter med sine to neste romaner.

We the Living ble filmatisert i Italia i 1942 med de kjente skuespillerne Allida Valli og Rossano Brazzi i hovedrollene. De fascistiske myndigheter trodde at filmen ville være god anti-kommunistisk propaganda, men det viste seg at de som laget filmen hadde klart å formidle bokens anti-totalitære budskap: filmen var som boken like anti-fascistisk som anti-kommunistisk. Filmen ble derfor forbudt like etter premieren. En restaurert versjon av filmen hadde nypremiere i 1988, og fikk da en strålende mottagelse av kritikerne. (F.eks. skrev avisen New York Newsday at dette var «One of the best movies of 1988».) Filmen er nå tilgjengelig på video.

Men *We the Living* var ikke Ayn Rands først publiserte verk; i 1934 hadde skuespillet *Night of January 16th* urpremiere. (Dette skuespillet er blitt en liten klassiker, og har blant annet visstnok blitt sendt to ganger på NRKs radioteater. Det ble også oppført på Carl Johan Teatret i 1939.)

Kortromanen *Anthem* (på norsk som *Høysang*) ble utgitt i 1938; her beskriver Ayn Rand det samfunnsmessige sluttresultat av kollektivistiske ideer. Boken stiller i samme kategori som den mer kjente *1984* (utgitt 1948) av George Orwell. Forskjellen mellom *Anthem* og de mer kjente bøkene i samme kategori er at Rand er den eneste som innser at et fullt ut kollektivistisk samfunn ikke vil kunne opprettholde et høyt teknologisk nivå og en høy levestandard. Høy levestandard og høyt teknologisk nivå forutsetter frihet, og frihet og kollektivisme er uforenlige.

I denne tiden var Ayn Rand ansatt som manuskriptforfatter i Hollywood, og hun skrev manus til flere filmer. Den mest fremtredende av disse er *Love Letters* (1945), med Joseph Cotten og Jennifer Jones (som ble Oscar-nominert) i hovedrollene. Filmen er basert på en (elendig) roman av Chris Massie, men Rands manus er nærmest et originalt arbeid, og man kan betrakte filmen som et ekte Ayn Rand-verk.

Omkring 1940 engasjerte Ayn Rand seg i amerikansk politikk; hun kjempet for at Det Republikanske Parti skulle nominere Wendell Wilkie som presidentkandidat; han var den eneste av de aktuelle republikanske kandidatene som støttet et fritt næringsliv. Ayn Rand holdt taler, hun deltok i postkasseaksjoner, pakket konvolutter, osv. Snart fikk hun oppdrag som politisk taler – og hun oppdaget at hun var meget dyktig; hun klarte å gjøre kompliserte spørsmål forståelige for et alminnelig publikum.

Wilkie ble nominert til å stille mot Roosevelt i presidentvalget, men han ble mer og mer «moderat» i løpet av valgkampanjen – den politikken han la opp fjernet seg mer og mer fra frihet og nærmet seg Roosevelts New Deal. Derfor fortjente han ifølge Ayn Rand det store tapet han ble påført i selve presidentvalget.

The Fountainhead

Størst kommersiell suksess fikk Ayn Rand med romanen *The Fountainhead*. Romanen om Howard Roark ble raskt en bestselger, og er også i dag, mer enn 50 år etter utgivelsen, en inspirasjon til individualistiske holdninger for millioner av mennesker verden over. I USA selger boken fremdeles over 100 000 eksemplarer hvert år. Romanen ble i 1949 utgitt på norsk, oversatt av Johan Hambro, under tittelen *Kildens utspring*, og den vakte stor oppsikt her hjemme.

Bokens tema er striden mellom kollektivisme og individualisme, ikke i politikken, men i menneskets sinn. Opp imot den individualistiske Roark står den kollektivistiske ideologen Ellsworth Toohey, og mellom dem står den konforme opportunisten Peter Keating. Men den interessante konflikten er ikke mellom disse, men mellom Roark og to andre personer som i utgangspunktet er nesten like positive som Roark selv: Dominique Francon og Gail Wynand. Disse to har et ideologisk utgangspunkt som ligger nært opp til Roarks, men de har trukket andre konklusjoner: Dominique står for det syn at en idealist ikke kan lykkes i denne verden. Derfor forsøker hun å få Roark til å oppgi sitt ønske om å bli arkitekt, for slik å forhindre at han blir knust av en ond verden. Wynand mener også at idealisme er umulig, og siden han ønsker makt og prestisje, går han inn for å styre andre mennesker med uredelige metoder. I løpet av boken dramatiseres konfliktene mellom disse fem personene på en blendende dyktig måte, og den ender med at Roarks syn viser seg å være det eneste riktige: den moralske måte å leve på er den eneste som kan føre mennesket frem til målet, og målet er et produktivt og lykkelig liv. Roark er idealist, men i motsetning til de fleste andre idealister som er fremstilt i litteraturen er hans idealisme en idealisme som innebærer suksess i dene verden.

Ayn Rand skrev selv manuset til filmversjonen av *The Fountainhead*. Filmen, som hadde premiere i 1949, ble regissert av King Vidor. Hovedrollen som Howard Roark ble spilt av Gary Cooper, og Patricia Neal spilte Dominique.

Atlas Shrugged
Ayn Rands viktigste verk er gigantromanen *Atlas Shrugged*. På de nesten 1200 spennende sidene fremstiller Ayn Rand sitt filosofiske system: sansene og fornuften er eneste vei til kunnskap; etikkens formål er å oppdage de prinsipper som setter mennesket istand til å leve et lykkelig liv i denne verden – dette etiske ideal kalles rasjonell egoisme (rasjonell betyr virkelighetsorientert og logisk); samfunnet må organiseres i overensstemmelse med individers (lockeanske) rettigheter:

mennesket har ukrenkelige rettigheter utledet av dets natur som rasjonelt vesen, og derfor må alle mellommenneskelige forhold være basert på frivillighet; dvs. at laissez-faire-kapitalisme er det eneste moralske og praktiske samfunnssystem.

Men boken er også en meget spennende fortelling. Ifølge vaskeseddelen handler boken om en mann som sa han skulle stanse det som driver verden fremover – og som gjorde det. Denne personen er Ayn Rands talerør i boken, John Galt. Hovedpersonene er allikevel Dagny Taggart, som driver et jernbaneselskap, og Hank Rearden, som leder et stålverk. Disse forsøker å drive sin forretningsvirksomhet i et USA som er i ferd med å bryte sammen. Årsaken til sammenbruddet er et stadig økende antall offentlige inngrep i økonomien, og disse inngrepene fører naturligvis til en stadig økende lammelse av enhver produktiv virksomhet.

Til tross for de hindringene som myndighetene legger i veien for deres virksomhet, og til tross for stadig beskyldninger om at de utbytter sine ansatte og bare tenker på profitt, forsøker Dagny Taggart og Hank Rearden som best de kan å drive sine virksomheter; de produserer varer/tjenester som det er etterspørsel etter, dvs. som folk trenger. Men samtidig oppdager de omkring seg at flere og flere av samfunnets ledende personer – forfattere, komponister, akademikere, entreprenører, oppfinnere og industriledere – rett og slett blir borte. Det blir færre og færre igjen av de som er istand til å holde samfunnet i gang. Etterhvert finner Dagny Taggart og Hank Rearden ut at årsaken til at de andre industrilederne forsvinner...

I boken gir også Ayn Rand er dyptborende analyse av årsakene til hvorfor de ulike personer oppfører seg slik de gjør. Hun hevder at til grunn ligger forskjellige etiske teorier. Den politikk som føres i USA i boken (og i virkeligheten) bygger på altruismen som etisk ideal. Og altruismen sier at et menneskes eneste etiske mål er å tjene andres ønsker. Ayn Rand fastslår at en slik etisk basis nødvendigvis vil føre til økende politikermakt og redusert frihet for enkeltindivider – og derfor til samfunnsmessig forfall, nød og elendighet. Som alternativ setter Ayn Rand opp rasjonell egoisme som etisk ideal: mennesket bør handle i overensstemmelse med sin langsiktige egeninteresse. Denne etiske teorien vil, dersom den blir akseptert av store deler av befolkningen, føre til et fritt samfunn, med fred, frihet og voksende velstand som resultat. Ayn Rand sier også – via sitt talerør John Galt – at hun utfordrer to årtuseners etisk tenkning. Ayn Rand gir også den metafysiske og epistemologiske begrunnelsen for sine etiske og politiske teorier.

Som *The Fountainhead* ble også *Atlas Shrugged* en bestselger.

Filosofiske essays

Interessen blant Ayn Rands mange lesere for de holdninger som kom til uttrykk i romanene øket sterkt på slutten av 50-tallet, og det var et sterkt ønske om en systematisk fremstilling av hennes filosofi. Som et svar på dette ønsket ble *For the New Intellectual* utgitt i 1961. Denne boken inneholder de filosofiske utdrag fra romanene, og et nytt essay om filosofiens rolle i historien. I denne boken gir også Ayn Rand sin filosofi et navn: hun kaller den Objektivismen.

I 1962 begynte utgivelsen av The Objectivist Newsletter. Dette newsletteret ble utvidet til tidsskriftet The Objectivist i 1966. Her ble det publisert artikler som analyserte aktuelle problemstillinger med utgangspunkt i Objektivistiske prinsipper. Ikke bare Ayn Rand, men også andre Objektivister bidro med artikler, blant dem Alan Greenspan (som nå er sjef for Federal Reserve i USA), Leonard Peikoff og George Reisman. The Objectivist hadde i enkelte år et opplag på mer enn 30 000 eksemplarer. Flere av artiklene som opprinnelig ble skrevet for disse tidsskriftene, ble etterhvert samlet i bøker hvor artiklene ble ordnet etter tema: *The Virtue of Selfishness* (essays om etikk, 1964), *Capitalism: The Unknown Ideal* (om politisk filosofi, 1966) og *The Romantic Manifesto* (om estetikk, 1970). (The Objectivist skiftet i 1971 format og ble til The Ayn Rand Letter, som utkom frem til 1976.)

I *The Virtue of Selfishness* fremstiller Ayn Rand den hele og fulle begrunnelsen for rasjonell egoisme som etisk prinsipp: Etikken setter opp prinsipper for handling. Men hvorfor handler mennesket? Ultimativt for å opprettholde sitt liv. Menneskets liv er derfor en objektiv verdistandard («objektiv» betyr basert på virkeligheten og begrunnet av fornuften i overensstemmelse med logikkens lover). Denne verdistandarden er begrunnet med utgangspunkt i virkeligheten; i det faktum at mennesket må handle for å overleve. Skal det overleve må det oppnå moralske verdier (alt som fremmer menneskets liv er moralske verdier), og det er den som handler som selv må kunne nyte godt av det han oppnår. Alle andre etiske teorier har verdistandarder som er reelt sett ubegrunnede: adlyd «Gud» eller kongen eller staten eller loven.

Begrepsteori
Et av filosofiens viktigste problemstillinger er hva som er sammenhengen mellom det som eksisterer og det vi tenker. Det er begreper vi har i vår bevissthet når vi tenker, og spørsmålet om sammenhengen mellom begrepene og det som eksisterer er derfor et av de aller viktigste områdene innen filosofien. Er det en objektiv sammenheng mellom begreper og virkeligheten, er vår tenkning objektivt knyttet til virkeligheten. Er det ikke noen objektiv sammenheng, er det heller ingen objektiv sammenheng mellom tenkning og virkelighet.

Dette klassiske filosofiske spørsmålet tok Ayn Rand opp i en artikkelserie i The Objectivist i 1966/67 med tittelen *Introduction to Objectivist Epistemology*. Serien ble senere utgitt i bokform i 1979. Kort tid etter at artikkelserien var publisert, ble det arrangert seminarer hvor Ayn Rand diskuterte sin begrepsteori med en gruppe fagfilosofer. Utskrifter fra disse diskusjonene ble publisert i en nyutgave av *Introduction to Objectivist Epistemology* i 1990.

Ifølge Ayn Rand er begreper objektive: ting vi observerer blir klassifisert i overensstemmelse med egenskaper tingen har. Alt som klassifiseres under samme begrep har de samme kvalitative egenskaper, mens det er kun de kvantitative som varierer. (Mer om dette i Ayn Rands bok.) Tradisjonell filosofi idag har gitt opp å finne en rasjonell begrepsteori: praktisk talt alle akademikere er nominalister, dvs. de hevder at det ikke finnes noen objektiv sammenheng mellom det vi observerer og det vi tenker.

Det ble også utgitt flere essaysamlinger i tillegg til de som er nevnt ovenfor: *The New Left: The Anti-Industrial Revolution* (1971) er spesielt rettet inn mot studenter, og her finnes essays om amerikansk pedagogikk, den nye venstresidens («The New Left») ideologi, og en drepende analyse av den begynnende miljøbevegelsen. *Philosophy: Who Needs It* (1982) inneholder essays sentrert omkring menneskets behov for filosofi. *The Voice of Reason* (1989) inneholder en rekke foredrag, og *The Ayn Rand Column* (1991) inneholder alle de artikler Ayn Rand skrev for sin faste spalte i Los Angeles Times i 1962.

Spesielt fascinerende er *The Early Ayn Rand* (1984) som inneholder alle de skjønnlitterære verk som ikke tidligere var blitt utgitt. Her er rene øvelsesstykker, her er *Red Pawn* (omtalt ovenfor), her er flere sider som Ayn Rand utelot fra den endelige utgaven av *The Fountainhead*, og her er også en ypperlig kriminalgåte, skuespillet *Think Twice*.

Også i Russland
Under den sosialistiske perioden i Ayn Rands hjemland var hennes verker selvsagt forbudt, men etter sosialismens sammenbrudd er en bok med utdrag av hennes verker utgitt på russisk under tittelen *The Morality of Individualism* (1993). Bokens førsteopplag på 5000 eksemplarer ble utsolgt i løpet av få dager; kjøperne var i hovedsak studenter ved Universitetet i Moskva. I 1994 ble også *We the Living* utgitt på russisk.

Ayn Rands innflydelse
Ayn Rands ideer begynte å få betydelig innflydelse allerede på 60-tallet, men i årene etter hennes død i 1982 har individualistiske ideer stadig fått større og større betydning over store deler av verden. Det er nå alminnelig anerkjent at kapitalismen beseiret sosialismen på det praktiske nivået – men det er Ayn Rand som har gitt kapitalismen dens moralske basis, og også dette er i ferd med på bli anerkjent av etablerte filosofiske miljøer. Ikke bare taes Ayn Rand som nevnt med i flere og flere amerikanske filosofilærebøker; f.eks. er hun i en fersk amerikansk lærebok i filosofi omtalt som «a leading figure in American political and literary circles» (Feinberg(ed): *Reason and Responsibility*, 8th ed, Wadsworth 1993, s. 506). Også i Norge blir hun ansett som kapitalismens fremste forsvarer: F.eks. har professor Hjalmar Hegge kalt henne «vår tids kapitalismes fremste ideolog» (Hegge: *Frihet, individualitet og samfunn*, UiO 1985, s. 287).

Selv om Ayn Rand skapte originale og viktige bidrag i alle filosofiens grener, er det foreløpig som politisk filosof hun er mest kjent.

Arven etter Ayn Rand

Antallet intellektuelle som er mer eller mindre påvirket av Ayn Rand øker jevnt, og dette vil i årene fremover føre til at det vil bli utgitt flere og flere bøker som analyserer de forskjelligste temaer med utgangspunkt i Objektivistiske prinsipper. Flere slike bøker er allerede utgitt. Ayn Rands fremste elev, Leonard Peikoff, utga i 1982 *The Ominous Parallels*, en analyse av de filosofiske årsakene til nazismen i Tyskland, og samtidig en advarsel mot en tilsvarende utvikling i USA. Ifølge Objektivismen er det filosofiske grunnideer som styrer historiens gang. Dersom folk flest godtar ufornuft, altruisme og kollektivisme (disse ideene hører nødvendigvis sammen), vil resultatet uunngåelig bli ufrihet, politikerstyring, forfall og diktatur. Den eneste måten å få gjennomført frihet – som nødvendigvis medfører fred og velstand – er at folk flest godtar de ideer som friheten bygger på: fornuft, rasjonell egoisme og individers rettigheter.

Peikoff har også skrevet den systematiske fremstillingen av Objektivismen som et integrert og hierarkisk oppbygget filosofisk system: *Objectivism: The Philosophy of Ayn Rand* (1991).

Objektivismen er et konsistent filosofisk system, og er det eneste system som forfekter fornuft, egoisme og individers rettigheter, dvs. politisk frihet. Siden sansene og fornuften er eneste vei til kunnskap, tar Objektivismen avstand fra enhver form for mystisisme, religion og ufornuft. Siden det er etisk høyverdig for mennesket å forsøke å leve et godt liv, tar Objektivismen avstand fra enhver form for selvoppofrelse som etisk ideal. Siden individer har full rett til å styre sine egne liv, tar Objektivismen tar avstand fra enhver form for tvang i mellommenneskelige forhold. Objektivismen står altså for full politisk frihet: statens oppgave skal kun være å beskytte individers rettigheter (dvs. drive politi, domstoler og militært forsvar). Alle andre oppgaver skal utføres av private. I dagens situasjon hvor politikernes makt øker og øker, hvor all produktiv virksomhet i større og større grad lammes av ent stadig økende antall lover, regler og forordninger, er Objektivismen den eneste medisin som kan gjøre samfunnet friskt.

Ayn Rands filosofiske system

Ayn Rand ble født i St. Petersburg, Russland, i 1905. I 1926 klarte hun å komme seg til USA, hvor hun oppholdt seg til sin død i 1982. Hun skrev både romaner og essays, og i disse la hun frem et altomfattende filosofisk system med standpunkter i alle filosofiens hovedgrener. Hun hevdet at dette systemet var et integrert, sammenhengende og konsistent system, og hun ga det et eget navn: Objektivismen.

Til forskjell fra de fleste andre filosofer står Ayn Rand ikke i den platonske, men i den aristoteliske tradisjon. Dette innebærer blant annet at hennes idéer på de fleste områder er stikk i strid med de idéene som dominerer vestens kultur. Siden en del av hennes filosofiske virksomhet bestod i kritikk av disse dominerende idéene, vil vi her ta med en del av denne kritikken.

Det bør også nevnes at hun ikke er særlig godt ansett i de filosofiske miljøer ved universitetene. Antagelig skyldes dette dels hennes lett tilgjengelige form, og dels hennes sterke og engasjerte motstand mot dominerende idéer som subjektivisme, mystisisme, relativisme, altruisme og kollektivisme.

Metafysikk

Omkring oss ser vi ting: trær, hus, biler, osv. Ifølge Ayn Rand er disse tingene uavhengig av vår bevissthet; de påvirkes ikke av våre ønsker, drømmer og forhåpninger. Dersom det regner, regner det selv om vi skulle ønske at det var pent vær. Virkeligheten er altså uavhengig av vår bevissthet, og den er absolutt, dvs. at den ikke kan forandres ved ønsketenkning. Det er også *selvinnlysende* både at det eksisterer noe omkring oss, og at det er uavhengig av vår bevissthet. Objektivismen tar altså virkeligheten som et aksiomatisk utgangspunkt, og Ayn Rand formulerte på denne bakgrunn aksiomet *existence exists*. (Aksiomer er identifiseringer av grunnleggende, uunngåelige sannheter, sannheter som selv de som forsøker å benekte dem må ta for gitt.)

Eksistensialistenes undring over *hvorfor* det eksisterer noe, er ifølge Ayn Rand en fundamentalt forfeilet angrepsmåte; hun hevdet at all tenkning må ta utgangspunkt i det som eksisterer – det finnes intet alternativ til virkeligheten, virkeligheten er alt som eksisterer. Som en konsekvens av å ta virkeligheten som et aksiomatisk utgangspunkt følger at Descartes' utgangspunkt, «Jeg tenker, altså er jeg», er galt *som et utgangspunkt*. Å tenke er ifølge Ayn Rand å behandle informasjon man i utgangspunktet har fått via sansene fra virkeligheten. Tenkning, dvs. bruk av bevisstheten, kan derfor ikke være det mest primære, *virkeligheten* må være det mest primære.

Descartes' utgangspunkt – at det er selvinnlysende både at mennesket har bevissthet *og* at virkeligheten kan betviles – førte til at senere filosofer etterhvert fikk store problemer med å hevde at det finnes en virkelighet utenfor bevisstheten, og dette er igjen hovedårsaken til dagens meget utbredte subjektivistiske retninger. Ayn Rand var enig i at det er selvinnlysende at mennesker har bevissthet, men hun hevdet at man først kan slutte dette *etter* at man har sluttet at det finnes en virkelighet omkring oss.

Aksiomet *existence exists* har to korollarer: det ene er at mennesket har evne til å oppfatte denne virkeligheten; det andre er at det vi observerer har identitet, at det *er* det det *er*. Alt som eksisterer er noe bestemt, alle ting har en bestemt identitet, og intet kan eksistere uten at det er noe bestemt: «eksistens *er* identitet». Dette i motsetning både til eksistensialistene, som hevdet at «eksistens kommer foran essens» (identitet), og pragmatikerne, som hevdet at virkeligheten er ubestemt inntil den er undersøkt.

I likhet med Aristoteles hevdet Ayn Rand at loven om årsak og virkning gjelder absolutt, og at dette prinsippet er en følge av at alt som eksisterer har identitet. I bestemte situasjoner vil derfor ting oppføre seg på bestemte måter. For eksempel vil en ballong fylt med helium stige opp dersom den slippes, fordi en av heliums egenskaper er at den er lettere enn luft, og på samme måte vil en ballong fylt med vann falle ned; vann er tyngre enn luft. Derfor hevder Objektivismen at naturen er regelmessig – det finnes absolutte lovmessigheter i naturen (men det finnes fortsatt slike lovmessigheter som ennå ikke er oppdaget).

Ayn Rand hevdet også at mennesket har fri vilje. I hvert øyeblikk er det opp til det enkelte menneske selv å velge mellom å fokusere sin bevissthet, sine tanker – eller å la tankene vandre avsted. Det er dette viljens frihet består i. Også en som forfekter determinisme forutsetter egentlig at mennesker har fri vilje. Man tar et standpunkt ved at man først undersøker et saksforhold, deretter vurderer argumentene, og så velger det standpunkt som argumentene best støtter opp om. Deterministen har altså valgt å hevde determinismen som et korrekt standpunkt – og dette er en selvmotsigelse. Sier deterministen derimot at han ikke har valgt, men er determinert til å hevde dette, kan han ikke ha noen velbegrunnet mening om hvorvidt det er et korrekt standpunkt eller ikke.

Epistemologi
Ifølge Ayn Rand er mennesket slik utstyrt at det er i stand til *direkte* å observere virkeligheten – det er galt å hevde at vi observerer sansedata. Riktignok er det slik at hos noen individer kan sanseapparatet være skadet, og det er dette som er årsaken til at noen mennesker ikke kan se forskjeller andre kan se (for eksempel mellom rødt og grønt). Det er imidlertid helt uholdbart å slutte av dette at virkeligheten er forskjellig for forskjellige individer. Virkeligheten er den samme for alle. Objektivismen tar også avstand fra John Lockes oppdeling i primære og sekundære sansekvaliteter. All sanseinformasjon mottaes med sansene fra virkeligheten, og alt gir gyldig og korrekt informasjon om hvordan virkeligheten er beskaffet. I motsetning til Locke hevdet Ayn Rand derfor at begge typer sansekvaliteter har den samme epistemologiske status, og at de er like virkelige.

I motsetning til for eksempel kristendommen sier Objektivismen at abstrakt kunnskap, dvs. kunnskap utover det vi direkte kan sanse, kun kan oppnås ved fornuftsmessig tenkning. Siden sammenhengen mellom virkeligheten og fornuften er bestemt av sammenhengen mellom virkeligheten og det redskap fornuften arbeider med – begrepene – hevdet Ayn Rand at begrepsteori er et av filosofiens aller viktigste arbeidsområder. Begreper dannes ved at vi mentalt ordner de tingene vi observerer i grupper, og at hver gruppe består av ting som ligner hverandre. Men hva vil det si at ting «ligner» hverandre? Dette spørsmålet har filosofer stilt til alle tider uten at de har klart å finne noe akseptabelt svar. Av denne grunn har mange gitt uttrykk for at tenkning ikke har noen objektiv forankring i virkeligheten.

Ayn Rand hevdet å ha løst dette problemet. Likhet, hevdet hun, betyr i denne sammenhengen at de ting som ligner hverandre har de samme kjennetegn, *men i forskjellig grad*. La oss som eksempel se på begrepet «hus». Alle hus har vegger, tak, dører, vinduer – men båe antallet og størrelsen varierer. Antall dører kan variere, og størrelsen kan variere, antallet vegger er ofte fire, men kan variere, også målene på veggene varierer fra hus til hus, vinduene kan variere i størrelse og antall osv. – alle hus har de samme kjennetegn, men i forskjellig grad.

Dette metafysiske faktum er grunnlaget for Ayn Rands begrepsteori: begreper dannes ved det hun kalte *measurement-omission*. Mentalt sorterer man i grupper ting som har de *samme* kjennetegn *i forskjellig grad*. Deretter danner man et begrep for tingene i gruppen ved å ignorere de spesifikke målene, samtidig som man beholder kjennetegnene. (Det er dette abstraksjonsprosessen består i.) Hver enkelt ting har – og må ha – de aktuelle kjennetegn i en bestemt grad, men kan ha dem i stor eller liten grad. Begrepsdannelsen sluttføres ved at man benevner begrepet med et konkret symbol, et ord. Denne måten å danne begreper på medfører at begreper er *objektive*, dvs. at de er dannet på basis av metafysiske fakta, og ved at bevisstheten gjennomgår en bestemt prosess. Ayn Rands begrepsteori er således ikke nominalistisk. Siden begrepene kun eksisterer i menneskers bevissthet, er den heller ikke en form for realisme.

Man må også være oppmerksom på at man kun kan si at to ting ligner på hverandre hvis de kontrasteres med en tredje ting: Hvorvidt to stoler (en kontorstol og en lenestol) ligner på hverandre kan man kun hevde dersom de kontrasteres med en tredje ting, for eksempel en bil. Den funksjon begreper fyller er å systematisere den informasjon sansene gir oss. Språkets fremste oppgave er derfor å gjøre oss i stand til å tenke med forankring i virkeligheten. Det er forøvrig *virkeligheten*, ikke språket, som er filosofiens arbeidsområde; språket er primært et instrument for å beskrive virkeligheten.

I motsetning til både rasjonalister og empirister hevdet Ayn Rand at sansene og fornuften *sammen* er den eneste vei til erkjennelse. Fornuften definerte hun som «evnen til å identifisere og integrere det materiale man får fra sansene». (Rand: *The Virtue of Selfishness*, NAL, New York 1964, s. 20.) Det ligger i dette at all kunnskap må ta utgangspunkt i den sansbare virkelighet. Det materiale vi få via sansene behandles av fornuften, metoden som benyttes er logikk. Logikkens utgangspunkt er at selvmotsigelser ikke eksisterer i virkeligheten. For Ayn Rand – som for Aristoteles – er ikke logikken et sett med tilfeldige regler, den er de lover man må følge for at ens tenkning skal være i overensstemmelse med virkeligheten.

Et begrep refererer til noe i virkeligheten; dette «noe» er begrepets referent. Ifølge Objektivismen er begrepets erkjennelsesmessige innhold *alt* man vet om det som begrepet refererer til. Dette standpunktet er i strid med de mest utbredte holdninger; de fleste filosofer hevder at et begreps erkjennelsesmessige innhold kun er det som er inneholdt i definisjonen. Begrepet «menneske» inneholder derfor ifølge Objektivismen *alt* man vet om mennesket: at det har en kropp, kan bevege seg, har evnen til rasjonell tenkning, har humoristisk sans, bruker klær nå det er kaldt, trenger oksygen for å leve, lager redskaper, kan lære seg tekniske ferdigheter som å kjøre bil og fly, spalte atomer, bygge skyskrapere, osv. Begrepet «menneske» refererer altså til noe som har alle disse og et utall andre kjente (og ennå ukjente) egenskaper.

Skal man klare å holde begreper klart fra hverandre, må man ha definisjoner. Et begreps definisjon skal ifølge Ayn Rand identifisere de mest essensielle egenskaper ved referentene. De mest essensielle egenskaper er de som forklarer flest mulig av de andre egenskaper som referentene har. De mest essensielle egenskaper mennesket har er at det er et levende vesen, og at det har evnen til rasjonell tenkning. Det er menneskets evne til rasjonell tenkning som forklarer at det kan lage redskaper, lære seg ferdigheter, spalte atomer, bygge skyskrapere, osv. Derfor må «menneske» defineres som «et rasjonelt dyr».

Prinsippet om at definisjoner skal identifisere det essensielle betyr at det er galt – ikke bare uhensiktsmessig – å definere «menneske» som «det vesen som bruker redskaper» eller «det dyr som har humoristisk sans». Disse to utsagn er selvfølgelig sanne, men ifølge Objektivismen er de gale *som definisjoner*, fordi de bryter kravet om essensialitet; evnen til å lage redskaper og besittelsen av humoristisk sans er ikke essensielle egenskaper, men resultater av menneskets evne til rasjonell tenkning.

Objektivismen er på mange områder i samsvar med Aristoteles' filosofi, men det finnes også viktige forskjeller. En forskjell er deres ulike teorier om hva det essensielle bestå i. Ifølge Aristoteles har alle ting som hører inn under det samme begrep en metafysisk essens som sin viktigste bestanddel. Ifølge Ayn Rand derimot finner man ved rasjonell tenkning frem til egenskapene ved ting, og ved en systematisk analyse av disse egenskapene finner man ut hvilke egenskaper som er de mest essensielle. «Aristoteles regnet "essens" som metafysisk; Objektivismen regner den som epistemologisk». (Rand: *Introduction to Objectivist Epistemology*, NAL, New York 1990, s. 52.)

Ayn Rand hevdet som nevnt at et begreps erkjennelsesmessige innhold er alt vi vet om referentene. Siden Kants tid har imidlertid det vanlige vært å likestille et begreps erkjennelsesmessige innhold med definisjonen. Dette har ført til at det har oppstått et skille mellom tenkning og virkelighet: Analytiske sannheter sier intet om virkeligheten, blir det hevdet, mens empiriske (syntetiske) sannheter ikke nødvendigvis er sanne. Dersom man godtar at et begrep kun inneholder den kunnskap som er inneholdt i definisjonen, er det ikke mulig å bevise noe annet om mennesket enn at det er et rasjonelt dyr; man kan for eksempel ikke bevise at mennesker trenger oksygen for å leve.

I skarp kontrast til dette stå altså Ayn Rands begrepsteori, som innebærer at alt vi vet om referentene inngå i begrepet. Denne begrepsteorien medfører at inndelingen i analytiske og syntetiske utsagn må avvises, og dermed at alt som er sant kan bevises, og at alt som kan bevises er sant. (Vanligvis benyttes begrepet «bevis» kun i deduktive sammenhenger.)

Siden Objektivismens metafysiske utgangspunkt er virkeligheten, er dens begrepsteoretiske utgangspunkt at alle begreper må dannes med utgangspunkt i virkeligheten. Begreper som er dannet uten basis i virkeligheten – for eksempel «spøkelse» og «enhjørning» – må betraktes som ugyldige. Dette innebærer selvsagt ikke at alle begreper må ha direkte sansbare referenter; hverken «samfunn» eller «politikk» eller «frihet» har direkte sansbare referenter. De er allikevel dannet med utgangspunkt i virkeligheten. Begrepet «gud» er derimot ikke dannet med utgangspunkt i den sansbare virkelighet – og er derfor et ugyldig begrep.

Er sikker kunnskap om virkeligheten mulig? Ayn Rand svarte ja på dette, i motsetning til praktisk talt alle andre filosofer. En av årsakene til at Ayn Rands standpunkt så klart avviker fra den allment aksepterte oppfatning, er at hun i motsetning til tidligere filosofer la stor vekt på forskjellen mellom begrepene «allvitenhet» og «sikkerhet». Det er opplagt at mennesket ikke er allvitende – vi få stadig ny kunnskap om alle mulige emner. Men vi kan allikevel ha sikker kunnskap, hevdet Ayn Rand. Ifølge Objektivismen er en slutning sikker dersom alt tilgjengelig bevismateriale i den relevante kunnskapssammenheng peker i en retning og intet bevismateriale peker i noen annen retning, og dersom dette bevismaterialet er av så betydelig omfang at ingen annen slutning er mulig.

Av dette følger at «sikkerhet» er avhengig av sammenhengen; det er et *kontekstuelt* begrep (kontekst er definert som «the sum of cognitive elements conditioning an item of knowledge»). For eksempel sluttet man i den klassiske Newtonske fysikk med sikkerhet at et legemes masse er konstant. Nå, derimot, vet man at et legemes masse øker med hastigheten. Betyr dette at Newtons fysikk er feil? Nei, ville Ayn Rand ha svart, i den «gamle» konteksten trakk man den slutningen man kunne trekke og måte trekke; i denne konteksten tydet alt tilgjengelig bevismateriale på at legemers masse er konstant.

Innen klassisk Newtonsk fysikk er altså konteksten «små hastigheter». Omkring 1900 fant man imidlertid ut at legemers masse øker med hastigheten. Dette innebærer derimot ikke at den Newtonske fysikk er feil, for nå har man nemlig en annen kontekst: «store hastigheter». Det er derfor *ikke* slik at den nye kunnskapen motsier den gamle, man kan fremdeles bruke den gamle teorien – at massen er konstant – i den gamle konteksten: «små hastigheter». Ny kunnskap motsier ikke gammel kunnskap, ny kunnskap er en *utvidelse* av gammel kunnskap, dvs. gjelder i en større, mer omfattende kunnskapskontekst, og presiserer samtidig gyldighetsområdet for den gamle kunnskapen. Induktive slutninger er altså ifølge Objektivismen sikre i den relevante kontekst.

Som et annet eksempel på Ayn Rands vektlegging av en kontekstuell betraktningsmåe, tar vi med den Objektivistiske holdning til perfeksjon. Det er en utbredt oppfatning – som stammer fra Platon – at det perfekte kun kan finnes i en annen dimensjon, og at det er uoppnåelig i vår virkelighet. Ifølge dette synet finnes det for eksempel ingen perfekte kuler i virkeligheten; ikke engang en fabrikkny biljardkule regnes som en perfekt kule. Objektivismen hevder derimot at noe er perfekt dersom dets muligheter er realisert så godt det lar seg gjøre i den relevante kontekst. En fabrikkny biljardkule er ifølge dette synet en perfekt kule. Til innvendingen om at man i et mikroskop vil se at overflaten allikevel er uregelmessig, er svaret at dette er en annen kontekst; kulen skal benyttes på makronivå, ikke på mikronivå, og det er på makronivå vi vurderer kulen som perfekt.

For at et resonnement skal være i overensstemmelse med virkeligheten, må det være logisk. For Ayn Rand betyr dette ikke bare at alle resonnementer må følge reglene for induksjon og deduksjon, men også at alle slutninger må være kontekstuelle. Et eksempel på en kontekstuell betraktningsmåte så vi ovenfor. Prinsippet om kontekstualitet inneholder også andre elementer; her vil vi nevne *integrasjon*, og det såkalte *bevisbyrdeprinsippet*. (Disse prinsippene er dog ikke originale med Ayn Rand.)

Siden det kun finnes ett univers, er alt som eksisterer aspekter ved dette universet. Dette medfører at hver ting påvirker andre ting. Alt henger derfor sammen; det finnes ingen fullstendig isolerte fakta. Siden kunnskap alltid er kunnskap om virkeligheten, henger all kunnskap sammen. All ny informasjon må derfor, for å kunne kvalifisere som kunnskap, integreres motsigelsesfritt med den kunnskap man allerede har.

La oss gi et eksempel på anvendelsen av integrasjon ved logiske slutninger: Dersom man observerer mange svaner og ser at alle er hvite; kan man da slutte at alle svaner er hvite? Vår øvrige kunnskap sier blant annet at dyr av samme art godt kan ha forskjellig farge. Dersom man integrerer den kunnskap man fikk ved observasjon med denne kunnskapen, ser man lett at man *ikke* kan slutte at alle svaner er hvite.

En vanlig måte å begrunne påstanden om at Gud finnes, er å henvise til at fornuften sier oss noe om *denne* virkeligheten. Om det som finnes bortenfor, der tier fornuften, der må vi bruke andre metoder – for eksempel tro, følelser, intuisjon. Ayn Rands svar på dette var at *fornuften tier aldri*. All erkjennelse må ta utgangspunkt i den sansbare virkelighet, og fra denne kan vi logisk slutte for eksempel at det finnes atomer, selv om disse ikke kan sanses direkte. Men man kan ikke logisk slutte at Gud eksisterer. Bevisbyrdeprinsippet sier nemlig at det er den som fremmer en positiv påstand som må begrunne eller bevise at det han sier er sant.

Dette prinsippet er velkjent innen rettsvesenet, hvor det er påtalemakten som må bevise tiltaltes skyld. På samme måte er det med påstander om at Gud eksisterer: Bevisbyrden hviler på den som kommer med påstanden. Siden det ikke finnes noen som helst rasjonell begrunnelse for Guds eksistens – og dette er noe alle religiøse personer i vår tid innrømmer – kan man rasjonelt slutte at Gud *ikke* eksisterer. Dette prinsippet viser også hvor uholdbart agnostikerens standpunkt er. En agnostiker innrømmer at det ikke kan bevises at Gud eksisterer, men han hevder også at det heller ikke kan bevises at Gud ikke eksisterer. Derfor er spørsmålet åpent, hevder han.

Ifølge Ayn Rand likestilles her det som er bevist – at det ikke finnes noen rasjonelle grunner til å hevde at Gud eksisterer – med vilkårlige, ubegrunnede påstander om at Gud eksisterer. Agnostikeren likestiller med andre ord fornuftige, velbegrunnede, saklige argumenter med vilkårlige, ubegrunnede, og usaklige påstander, og dette må karakteriseres som en epistemologisk forbrytelse.

Bevisbyrdeprinsippet må også benyttes i en lang rekke andre sammenhenger, for eksempel i forbindelse med påstander om at solen ikke vil stå opp i morgen. Slike påstander begrunnes aldri, de er alltid vilkårlige og ubegrunnede, og de må derfor uten videre avvises.

Ifølge Ayn Rand kan man i et resonnement heller ikke se bort fra den *hierarkiske struktur* begrepsdannelsen nødvendigvis har fulgt. Noen begreper er mer fundamentale, mer grunnleggende enn andre, og derfor må begreper dannes i bestemte rekkefølger; noen begreper kan først dannes etter at man har dannet andre begreper. Man har for eksempel dannet begrepene «menneske» og «dyr» før man har dannet begrepet «primat». Dersom man i et resonnement ser bort fra slike hierarkiske strukturer, kan konklusjonen bli gal. Det er denne type logisk feil som ligger bak påtander om at verden ikke består av fysiske objekter, men av prosesser, slik for eksempel Heraklit og Hegel hevdet. Fordi en prosess er noe som skjer med en ting, *må* man danne begrepet «ting» *før* man kan danne begrepet «prosess» – og derfor er det galt å si at virkeligheten består av prosesser, og at ting er manifesteringer av prosesser.

Likeledes er det galt å si at mennesket først og fremst må betraktes som en del av en gruppe (klassen, samfunnet). Disse begrepene kan ikke dannes *før* man har dannet begrepet «menneske» – enhver gruppe er en bestemt samling av mennesker. Å si at mennesket først og fremst er en del av samfunnet er derfor å ignorere hvordan begrepet «samfunn» er dannet. Resonnementet som spissformuleringen «eiendom er tyveri» bygger på inneholder også et brudd med begrepsdannelsens hierarkiske struktur. Man må ha definert «eiendom» *før* man kan definere «tyveri» – tyveri er en handling hvor man bemektiger seg andres eiendom. «Eiendom» er derfor et begrep som er lavere i hierarkiet enn «tyveri», og «tyveri» forutsetter derfor at begrepet «eiendom» eksisterer. Å si at «eiendom er tyveri» er derfor ifølge Ayn Rand meningsløst.

Dersom man er rasjonell i sine erkjennelsesprosesser, vil det være slik at jo mer man lærer, jo mer vil man forstå – all kunnskap henger sammen. (Å være rasjonell betyr å være virkelighetsorientert og logisk.) Ayn Rand la stor vekt på virkeligheten som den eneste referanseramme, hun hevdet at et resonnement bare er logisk dersom det fundamentalt sett starter med noe som er sant, dvs. med noe som stemmer overens med virkeligheten.

Siden Ayn Rand kalte sin filosofi Objektivismen, skulle man forvente at objektivitet er et sentralt tema. Hva innebærer objektivitet? I metafysikken betyr objektivitet at virkeligheten er uavhengig av enhver bevissthet. I epistemologien er objektivitet mer komplisert. Kort fortalt er en vurdering objektiv dersom den er basert på virkeligheten og begrunnet av fornuften i overensstemmelse med logikkens lover. Slike vurderinger skal videre foretaes ut fra rasjonelle standarder for sikkerhet (dvs. ikke allvitenhet) og perfeksjon (dvs. ikke den platonske, uoppnåelige standard).

Ifølge Objektivismen kan kunnskap bare oppnås ved hjelp av sansene og fornuften. Allikevel legger Objektivismen stor vekt på følelsene. De fleste tenkere før Ayn Rand oppfattet imidlertid følelser som noe gitt, som noe primært som ikke kunne analyseres videre. (Et historisk eksempel på dette er Humes *fellow feeling*).

I motsetning til disse filosofene hadde Ayn Rand det standpunkt at alle følelser er resultater av tidligere tenkning og verdivalg. Blir det for eksempel rettet en ladet pistol mot en voksen person, vil han umiddelbart og automatisk føle frykt. Rettes det samme våpenet mot et spedbarn, vil det kanskje ikke reagere i det hele tatt, eller det vil kanskje fryde seg over et nytt leketøy. Grunnen til at de følelsesmessige reaksjoner er så forskjellige er at den voksne fra tidligere tenkning vet hva en pistol kan forårsake, mens spedbarnet ikke vet noe om dette og derfor ikke føler noen frykt.

La oss her ta med noen praktiske eksempler på hvordan et menneske ved tenkning og verdivalg programmerer sin bevissthet og dermed sine følelsesmessige reaksjonsmønstre. Blir man fortalt at det finnes en Gud som har skapt verden og som passer på alt som skjer, velger man selv om man vil avvise eller godta dette. Godtar man dette, kan man for eksempel komme til å få dårlig samvittighet når man handler i strid med noe som er fremstilt som Guds ønske. Blir man fortalt at mennesker med en annen hudfarve er mindreverdige, er det også opp til en selv om man vil godta eller avvise dette. Godtar man det, kan man senere komme til å ha negative følelser for disse menneskene. Etterhvert som man blir eldre vil man ved å tenke rasjonelt kunne korrigere de vurderinger som ikke har en holdbar begrunnelse. Det er de som ikke foretar en slik opprydding som opplever at følelser og fornuft iblant er i strid med hverandre. (Slike oppryddingsprosesser kan selvfølgelig iblant være meget vanskelige.) Følelser er altså resultater av tidligere tenkning og verdivalg, og kan iblant være uttrykk for at man bare har akseptert det man er blitt fortalt tidligere i livet.

Det er ifølge Ayn Rand på denne måten – ved tenkning og verdivalg – at den enkelte skaper sin personlighet. Som Aristoteles hevdet hun at mennesket er født tabula rasa, men ved stadige vurderinger programmerer hver enkelt sin bevissthet og sine reaksjonsmønstre.

Ifølge Objektivismen har følelser i seg selv derfor ikke noen erkjennelsesmessig gyldig status. Dersom man føler at noe er riktig (eller galt) betyr dette at det er (eller ikke er) i overensstemmelse med de idéer man allerede er i besittelse av, og med de verdivalg man allerede har foretatt. Selv om man *føler* at noe er riktig, kan man derfor ikke slutte at det *er* riktig. *Om* noe er riktig eller galt kan kun avgjøres ved fornuftsmessig tenkning. Forøvrig gir følelser informasjon om graden av viktighet av noe man opplever – den glede de fleste nybakte foreldre føler er et tydelig tegn på hvor viktig det nyfødte barnet er for dem. Følelsene gir også signaler om hvor man bør eller ikke bør fokusere sin oppmerksomhet – liker man for eksempel ikke tall, bør man ikke begynne å studere matematikk. Følelser er derfor uunnværlige – de er nødvendige for å kunne leve.

Ayn Rand hevdet videre at tro – som i religiøs tro – fundamentalt sett ikke er annet enn følelser. Å hevde at noe er riktig fordi man tror det, er for Ayn Rand det samme som å hevde at noe er riktig fordi man *føler* det. Og å hevde at noe er riktig fordi man føler det, er ifølge Objektivismen epistemologisk ugyldig.

Etikk
I motsetning til de fleste andre etiske teorier tar Ayn Rands etikk ikke utgangspunkt i hvilke verdier som er nødvendige, men i hvorfor verdier i det hele tatt finnes. Siden verdier er noe man handler for å oppnå og/eller beholde, fører dette til neste spørsmål: Hvorfor må man handle? Dette besvarte hun ved å henvise til at alle levende vesener besitter liv, men overlevelse er ikke gitt. Alle levende organismer står ovenfor to fundamentale alternativer: liv eller død. Livet kan bare opprettholdes ved at bestemte handlinger foretaes, og andre unngås. Dyr og planter har intet valg, de oppfører seg automatisk på en slik måte at de gjør sitt beste for å opprettholde sine liv. For mennesket er det annerledes: mennesket har fri vilje og har ingen instinkter og ingen automatisk eller medfødt kunnskap som sikrer overlevelse. Dette er Objektivismens metafysiske grunnlag for etikken.

Etikkens oppgave er å utforme de normer og prinsipper for handling som sikrer at mennesket kan oppnå de verdier som gjør at det kan overleve og leve et fullverdig liv som menneske. Det kriterium for vurdering av rett og galt som Objektivismen setter er således menneskets liv som menneske. Objektivismens standard for godt og ondt er derfor: alt som fremmer menneskets liv som menneske er godt, dvs. er moralske verdier, alt som legger hindringer i veien for menneskets liv som menneske er ondt.

For å kunne handle må mennesket ha kunnskap om virkeligheten. Kunnskap om virkeligheten oppnås ved å tenke rasjonelt på basis av informasjon gitt via sansene. Siden tenkning er en aktivitet som kun enkeltmennesker kan foreta, bør det enkelte menneske handle på basis av sin egen tenkning. Å handle på basis av andres tenkning, dvs. å handle uten å tenke selv, eller å handle i strid med det man selv mener er riktig, er det samme som å legge større vekt på andres tenkning enn sin egen. Dette betyr at man ikke benytter sin bevissthet til det som er dens oppgave: å identifisere og vurdere virkeligheten. Å stole på sine egne observasjoner og rasjonelle vurderinger er ifølge Objektivismen den fremste dyd.

Siden det er den enkelte selv som tenker, er ens vurderinger – og ens verdier – personlige. Dersom verdiene er rasjonelle, dvs. basert på virkeligheten og begrunnet av fornuften i overensstemmelse med logikkens lover, er de også objektive. I og med at mennesket har fri vilje, er det opp til hvert enkelt menneske selv å akseptere virkeligheten – eller å ignorere den. Dersom man ignorerer den, vil man ikke unnslippe de negative konsekvenser dette valget fører med seg.

For å overleve må mennesket altså oppnå verdier. For å oppnå verdier må det handle, og det er den som handler som selv må nyte godt av handlingen. Det er intet velbegrunnet formål med handlingen dersom andre enn den som handler skal disponere resultatet; den som handler må selv være den som har fordel av handlingen. Objektivismen forfekter altså egoisme, som går ut på å handle langsiktig på en slik måte at man selv virkelig vil tjene på sine handlinger. Man skal altså handle slik at det tjener en selv. Allikevel kan en egoist selvsagt gi avkall på ting hvis det er til fordel for mennesker som for ham eller henne har en høy verdi. Enhver egoist vil for eksempel gi avkall på ting hvis det er til fordel for hans/hennes ektefelle eller barn. Men den som gir avkall på ting til fordel for mennesker som vedkommende ikke har noe personlig forhold til, han eller hun er en altruist. Et dessverre ofte forekommende eksempel på altruisme er foreldre som forsømmer egne barn for isteden å bruke sine ressurser på å hjelpe andres barn.

Den sentrale aktivitet i et menneskes liv er ifølge Objektivismen produktivt arbeid. Å arbeide er å omsette sine tanker via handling til fysiske produkter – å arbeide er å gi sin tenkning eksistensiell form. Den Objektivistiske etikk kan kort beskrives som en rasjonell egoisme; i motsetning til andre egoister, for eksempel Nietzsche, la Ayn Rand avgjørende vekt på rasjonalitet.

Ayn Rand var en sterk motstander av enhver form for altruisme. Altruismen innebærer at det er andre, ikke en selv, som skal nyte godt av ens handlinger. Altruismen, hevdet hun, er derfor uforenlig med menneskets liv. Altruismen kan heller ikke praktiseres fullt ut av noen, og det finnes da heller ingen som praktiserer den fullt ut. At den av mange betraktes som et ideal, kommer ikke bare av at de fleste er opplært til å føle at de ikke er i stand til å leve sine liv uten at de er sikret betingelsesløs støtte og hjelp fra andre, men også av at altruismen har vært og er en integrert del av de filosofiske retninger som har dominert i Vesten i to årtusener, og av at ingen tenkere har forfektet andre synspunkter på en rasjonell måte.

Ayn Rands etikk går altså ut på at hvert menneske bør handle slik at det lever sitt liv på en best mulig måte i overensstemmelse med sine egne evner og interesser, og i overensstemmelse med det det selv kommer frem til ved rasjonell tenkning. Det er ikke høyverdig å gi avkall på sine verdier for andre mennesker. Å ofre sine verdier for mennesker som en ikke kjenner eller som en er likegyldig overfor, slik altruismen forfekter som et ideal, er moralsk forkastelig.

Med dette avviste hun også enhver form for plikt-etikk. Å gjøre sin plikt, hevdet hun, er å handle uten noen rasjonell begrunnelse – og dette er stikk i strid med hvordan mennesker bør fungere. Har man derimot en rasjonell grunn for å utføre en handling, er den ikke en plikt.

Å akseptere virkeligheten er den fundamentale dyd innen Objektivismen. En av dette prinsippets mange implikasjoner er at man ikke bør lyve. Å lyve er å fremstille noe usant som sant, dvs. å hevde noe som er i strid med virkeligheten, og dette er derfor umoralsk. Men også dette prinsippet er avhengig av konteksten – moralens oppgave er å sette normer slik at man kan leve et godt liv (her på jorden; det er intet liv etter døden).

For å kunne leve et godt liv må man være sannferdig i normale situasjoner. Men dersom for eksempel en ransmann spør hvor man har gjemt sine verdisaker, er det moralsk å fortelle en løgn. Sannferdighet i et slikt tilfelle vil være å hjelpe den som oppfører seg umoralsk, og dette er skadelig for en selv og derfor umoralsk. Ifølge Objektivismen er det umoralsk å lyve for urettmessig å oppnå verdier, men å lyve for å beskytte sine rasjonelle verdier er moralsk.

Med sine metafysiske og epistemologiske teorier hevdet Ayn Rand videre at hun hadde løst er/bør-problemet: Dersom man har en hensikt med en handling, kan man opplagt hevde normative vurderinger: Skal man skjære noe, bør man bruke en kniv, fordi kniven har en identitet som er slik at den egner seg til dette formå. Er kniven sløv, bør man slipe den. Vil man unngå uhell, bør man være forsiktig.

Med andre ord: slutningen fra er til bør foretas med induksjon, ikke deduksjon. Er et menneskes hensikt å overleve og å leve et godt liv som menneske, er menneskets identitet slik at det bør oppnå rasjonelle verdier. Skal det kunne oppnå slike verdier bør det stole på sin egen fornuft, utføre produktivt arbeid og respektere andres rettigheter.

Politikk
Den Objektivistiske etikk innebærer at hvert menneske bør handle i overensstemmelse med sin egen langsiktige egeninteresse. Mennesket er gitt liv – opprettholdelse av livet er derimot ikke gitt, det må den enkelte selv sørge for ved å utføre produktivt arbeid. Det er imidlertid umulig å kunne arbeide uten å benytte materielle ting – et landområde, gjenstander, redskaper. Skal man kunne handle i overensstemmelse med sine egne vurderinger og sin egen tenkning, må man være sikret at det virkelig er en selv som disponerer disse tingene – og på lang sikt. Man må med andre ord være sikret mot uønsket innblanding fra andre. Derfor har mennesker rettigheter.

Den fundamentale rettighet er retten til liv, dvs. retten til selvbestemmelse. Dette innebærer at man har rett til uhindret av andre mennesker å foreta de handlinger som en anser er nødvendige for å leve et godt liv, dog slik at man ikke krenker den tilsvarende rett andre har. Derfor har mennesket rett til å utføre produktiv virksomhet i overensstemmelse med sin egen tenkning. Retten til liv er altså en rett til handling – den er ikke en rett til ting produsert av andre.

Det er dette som ifølge Ayn Rand er opphavet til eiendomsretten. Eiendomsretten er en implementasjon av retten til liv; uten eiendomsrett er ingen rettigheter mulig. Eiendomsretten er først og fremst retten til uforstyrret å utføre produktivt arbeid, den er retten til å utføre skapende virksomhet. Å krenke andres rettigheter er fundamentalt sett å tvinge andre mennesker til å handle i strid med sin overbevisning – og dette er å fornekte deres evne til rasjonell tenkning.

Fysisk tvang er ifølge Ayn Rand den eneste måte man kan krenke andres rettigheter på (svindel er en indirekte form for fysisk tvang.) Siden en selv ikke er tjent med at ens rettigheter krenkes, er det heller ikke i ens rasjonelle egeninteresse å krenke andres rettigheter. Disse rettighetene er derfor ukrenkelige – ingen har rett til å krenke dem, aller minst staten. (At rettighetene er ukrenkelige betyr ikke at de ikke kan krenkes, det betyr at det er umoralsk å krenke dem.) Dersom en person krenker andres rettigheter, setter han seg utenfor den sammenheng hvor rettigheter gjelder, og det er dette som begrunner at han kan straffes, dvs. settes under tvang.

Et samfunn hvor individers rettigheter respekteres fullt ut er ifølge Ayn Rand et fritt samfunn. Frihet betyr altså ikke at man har rett til å gjøre hva man vil – frihet er retten til å handle slik man selv ønsker så lenge man ikke krenker andres rettigheter. Man kan også si at frihet er fravær av tvang. Dette illustrerer et viktig poeng ved Objektivismens politiske syn: alle mellommenneskelige forhold skal baseres på frivillighet.

Det å tenke, arbeide, produsere, er ifølge Objektivismen en dyd. Som et resultat av slik virksomhet kan man tilby verdier til andre – og man kan som motytelse motta verdier fra andre. Dette handelsprinsippet medfører at den som er best istand til å tilfredsstille andres ønsker og behov er den som vil oppnå størst suksess i det frie marked. I sammenheng med dette påstod Ayn Rand at «penger er roten til alt godt». (Rand: *For the New Intellectual*, Random House, New York 1961, s. 112.) Det å lykkes på det frie marked er som regel et resultat av produktivt arbeid, og produktivt arbeid er alltid moralsk.

At det kan være moralsk å bli rik, er stikk i strid med de holdninger som for eksempel kristendommen, Rousseau, Kant og Marx ga uttrykk for.

Et samfunn som er organisert slik at individenes rettigheter respekteres fullt ut er et kapitalistisk samfunn. Kapitalismen var for henne et ideal, men et ideal som ennå ikke er oppdaget av folk flest. (Hennes samling av essays om politisk filosofi har tittelen *Capitalism: The Unknown Ideal*.) Ayn Rand var av den oppfatning at alle andre måter å organisere samfunn på, fundamentalt sett er bygget på tvang. Både velferdsstaten og sosialismen er bygget på det syn at noen mennesker har «rett» til å tvinge andre mennesker til å handle i strid med det de selv mener er riktig. Slike samfunnssystemer fornekter derfor den viktigste menneskelige egenskap: evnen til rasjonell tenkning. Under sosialismen og i velferdsstaten blir mennesker tvunget til å handle i strid med sin egen forståelse av virkeligheten, og slike samfunnssystemer kan derfor ikke fungere i det lange løp; før eller senere vil de bryte sammen. (Den ytre handlingen i Ayn Rands hovedverk, romanen *Atlas Shrugged* fra 1957, er en velferdsstats sammenbrudd.)

Å benytte «samfunnsmessige hensyn» som begrunnelse for tvang er intet annet enn påskudd for å skjule hva man egentlig er ute etter: å tvinge andre mennesker til å handle i strid med deres egne vurderinger. Ifølge Ayn Rands begrepsteori har heller ikke samfunnet noen selvstendig eksistens, det er en abstraksjon – og det er derfor meningsløst å si at man mottar noe fra samfunnet. For eksempel mottar man ikke undervisning fra samfunnet selv om man gå på skole, undervisning får man fra bestemte individer – og det frie marked og den frie prisdannelse er mekanismer som bestemmer hvor mye hvert enkelt individ skal kompenseres. På samme måte er det like uholdbart å hevde at man måte noe tilbake til samfunnet – i form av for eksempel skatter – som betaling for det man har mottatt.

Ayn Rand var en av de fremste kritikere av velferdsstaten som politisk system. Hun fastslo at den forutsetter en systematisk krenkelse av individers rettigheter. «Rett» til utdannelse, bolig, osv., som man har i velferdsstaten, må nødvendigvis bety at noen tvinges til å fremskaffe disse godene. Siden goder gis til noen og taes fra andre, er dette det samme som å straffe de som produserer, dvs. de som fremskaffer godene, og å belønne de som ikke produserer, dvs. de som mottar godene.

Velferdsstaten fungerer med andre ord slik at den straffer gode egenskaper og belønner dårlige egenskaper. Dette fører blant annet til at folk blir mer ansvarsløse enn de ville ha vært i et system hvor folk selv må ta ansvar for sine handlinger. At staten utfører rettighetskrenkende oppgaver er spesielt ille, siden statens eneste legitime oppgave nettopp er å beskytte rettigheter. At velferdsstaten har så stor oppslutning kommer av, hevdet hun, at altruismen av de aller fleste betraktes som et moralsk ideal.

Når staten deler ut penger – som er innhentet ved tvangsmessig innkrevning av skattemidler – til personer som for å motta kun skal oppfylle visse formelle krav (for eksempel til alder, bosted, antall barn en har, osv.), må dette uunngåelig medføre at personer begynner å organisere seg i pressgrupper for å arbeide for at staten også skal gi (mer) penger eller andre særfordeler til dem. Pressgrupper oppstår bare på områder hvor staten deler ut særfordeler, på områder hvor staten ikke deler ut særfordeler finnes det ikke pressgrupper. Å arbeide for at staten skal gi særfordeler til bestemte grupper er ikke produktivt – det går kun ut på å forsøke å bemektige seg resultatet av andres verdiskapning fremfor å skape selv.

Også ved offentlig regulering av det økonomiske liv er det noen grupper som oppnår fordeler på andre gruppers bekostning. Alle slike inngrep medfører at de samlede tap er større enn de samlede gevinster, men det er alltid noen enkeltgrupper som oppnår fordeler. Disse vil derfor være interessert i å opprettholde støtteordningene for seg selv. Ayn Rand gikk inn for et fullstendig skille mellom stat og økonomi: statens oppgave skal kun være å beskytte rettigheter. Heller ikke finansiering av statens egen virksomhet kan skje ved å krenke rettigheter; staten må finansieres på frivillig vis. Statens legitime oppgaver kan sammenlignes med de oppgaver et forsikringsselskap har. På samme måte som de aller fleste forsikrer sine verdier, vil de aller fleste yte bidrag for å være med på å finansiere statens legitime virksomhet.

Karl Marx hevdet at kapitalismen er et ustabilt system med kriser og et endelig sammenbrudd som uunngåelig sluttresultat. Ayn Rand delte ikke dette synet. Kapitalismen er ikke bare stabil, kapitalismen er også et eneste stabile og krisefrie samfunnssystem, hevdet hun. Dette gjelder imidlertid bare dersom det er en fullstendig laissez-faire kapitalisme; dvs. fullstendig uten statlig innblanding i økonomien. Hun hevdet at alle tidligere økonomiske kriser i de vestlige land var resultatet av offentlige inngrep i økonomien – for eksempel i form av regulering av rentenivå, pengemengde, lønnsnivå, o.l. Uten offentlig innblanding vil nivået på disse fastsettes av markedskreftene, dvs. av enkeltmenneskers samlede tilbud og etterspørsel på det frie marked. Spesielt viktig er det at pengeverdien er stabil, og dette kan kun oppnås ved en gullstandard. Og i et fritt marked vil det bli en gullstandard av seg selv, det er ikke nødvendig for staten å bestemme dette, hevdet hun.

Ayn Rands politiske filosofi har hatt stor betydning for gjenreisningen av liberalismen som et reelt politisk alternativ i åene etter 1970. En rekke filosofer, økonomer og politikere på den politiske høyreside har omtalt henne som en betydelig inspirator. Siden hennes romaner og essaysamlinger har solgt i meget store opplag, har hun dessuten mer enn noen annen ansvaret for at individualistiske og liberalistiske idéer igjen er blitt kjent blant folk flest.

Estetikk

Som Aristoteles hevdet Ayn Rand at diktning er viktigere enn historie, fordi historie fremstiller virkeligheten slik den har vært, mens med diktning kan man fremstille virkeligheten slik den kunne være og burde være. I sine skjønnlitterære verker fremstilte Ayn Rand ideelle mennesker; mennesker som er slik hun ønsket at de skulle være – dog med virkeligheten som referanseramme; hun skrev ikke fantasilitteratur.

Ifølge Ayn Rand er et kunstverk en selektiv gjenskapning av virkeligheten i overensstemmelse med kunstnerens fundamentale verdivurderinger. Et maleri eller en skulptur som ikke er figurativ, er ikke en gjenskapning av virkeligheten, og derfor er det heller ikke et kunstverk. (I beste fall er det en dekorasjon.) Hva som er med i et kunstverk, forteller hva kunstneren anser som viktig ved tilværelsen – og det han utelater forteller hva han anser som uviktig. Hun hevdet at «i livet ignorerer man det uviktige, i kunsten utelater man det».

Litterære verker er det beste middel til å fremstille moralske idealer, og Ayn Rand viste i den forbindelse til at alle religioner inneholder myter og fortellinger som fremstiller moralske forbilder. Allikevel tok hun sterk avstand fra tanken om at diktningen skal ha en didaktisk eller oppdragende funksjon. Som mange andre store romanforfattere dramatiserte hun filosofiske problemstillinger i sine verker, og i overensstemmelse med sitt positive menneskesyn fremstilte hun i sine romaner idealister – kunstnere, entreprenører, forretningsfolk, videnskapsmenn – som forsøker å realisere sine idealer. Hennes menneskesyn er således i sterk kontrast til det Augustin- og Hobbes-påvirkede menneskesyn som dominerer i Vesten idag.

Ayn Rand tilhører den romantiske tradisjon. Vanligvis hevdes det at romantikken er dominert av følelser. For Ayn Rand er, som vi har sett, følelser ikke noe primært, følelser er resultater av verdivalg, og det er disse verdivalgene som er primære. Ayn Rands romaner handler derfor om mennesker som velger verdier, og kjemper for dem. Et kunstverk inneholder en konkretisering av fundamentale verdivurderinger, og ved opplevelsen av et kunstverk kan man derfor oppleve en konkretisering av sitt fundamentale syn på tilværelsen.

Mennesket har derfor et dyptliggende behov for kunst. Hva slags kunst som vekker gjenklang hos det enkelte menneske – romantikk, naturalisme, eller modernisme – avslører ifølge Ayn Rand svært mye om dets fundamentale syn på tilværelsen. En rasjonell person foretrekker gjerne å oppleve kunstverker som består i en hyllest til mennesket, mens en irrasjonell person ofte foretrekker å se verker som rettferdiggjør hans egen mangel på rasjonalitet.

Ayn Rand hevdet at kunst er en livsnødvendighet. Hva er hennes begrunnelse for dette? Ethvert kunstverk konkretiserer en filosofi. Ethvert kunstverk – en roman, et teaterstykke, et dikt, en film, en skulptur, en symfoni, en sang, et maleri – konkretiserer et grunnleggende syn på virkeligheten. Ayn Rand definerte kunst som «a selective recreation of reality according to the artist's metaphysical value-judgements». Et kunstverk er altså en selektiv gjenskapning av virkeligheten, og det kunstneren tar med i verket er det han mener viser hvordan virkeligheten egentlig er, hvordan virkeligheten metafysisk sett er. Skaper han høyverdige mennesker som kjemper for det rette, sier kunstneren at det er slik han ser virkeligheten; skaper han ynkelige menneskevrak som er tapere i ett og alt, sier han at det er slik han ser virkeligheten; skaper han kun kaos sier han at for ham er virkeligheten et uforståelig kaos.

Kunst er ifølge Ayn Rand en livsnødvendighet fordi filosofi alene er ikke nok til å tilfredsstille mennesket behov for filosofi. Alle trenger en filosofi for å kunne leve, og alle har en filosofi, et livssyn. Men man har behov for å holde filosofien ved like, man trenger å få den bekreftet, og det er dette man bruker kunst til: Kunstens oppgave er å bekrefte den filosofien man har. Ayn Rands syn på kunst er altså det stikk motsatte av det syn Oscar Wilde hadde; han hevdet som kjent (i forordet til *Bildet av Dorian Grey*) at «All kunst er fullstendig unyttig».

Hva man liker av kunst er et resultat av den filosofien man har. De som liker Ayn Rands romaner har et filosofisk grunnsyn som er i det store og hele er i samsvar med det grunnsyn som disse bøkene har, mens de som ikke liker disse romanene har et grunnsyn som er meget forskjellig fra det disse bøkene har – disse vil kanskje like for eksempel Kafka. De som liker Kafka får bekreftet sitt syn på verden ved å lese *Forvandlingen* eller *Prosessen* eller *I Straffekolonien*.

The Fountainhead/Kildens utspring

En utvidet versjon av et foredrag holdt i FSO 14. desember 1999

Dette uformelle kåseriet vil kun ta opp noen få punkter i *Kildens utspring*, og ikke i særlig stor dybde. Formålet er dels å gi dere noen holdepunkter slik at dere får større utbytte neste gang dere leser boken, dels å indikere hvor god denne boken er.

Men først: hvorfor trenger vi kunst? Ethvert kunstverk konkretiserer en filosofi. Ethvert kunstverk – en roman, et teaterstykke, et dikt, en film, en skulptur, en symfoni, en sang, et maleri – konkretiserer et grunnleggende syn på virkeligheten. Ayn Rand definerte kunst som «a selective recreation of reality according to the artist's metaphysical value-judgements». Et kunstverk er altså en selektiv gjenskapning av virkeligheten, og det kunstneren tar med i verket er det han mener viser hvordan virkeligheten egentlig er, hvordan virkeligheten metafysisk sett er. Skaper han høyverdige mennesker som kjemper for det rette, sier kunstneren at det er slik han ser virkeligheten; skaper han ynkelige menneskevrak som er tapere i ett og alt, sier han at det er slik han ser virkeligheten; skaper han kun kaos sier han at for ham er virkeligheten et uforståelig kaos.

Ayn Rand hevdet at kunst er en livsnødvendighet. Med dette mente hun at filosofi alene er ikke nok til å tilfredsstille menneskets behov for filosofi. Alle trenger en filosofi for å kunne leve, og alle har en filosofi, et livssyn. Men man har behov for å holde filosofien ved like, man trenger å få den bekreftet, og det er dette man bruker kunst til: Kunstens oppgave er å bekrefte den filosofien man har. Ayn Rands syn på kunst er altså det stikk motsatte av det syn Oscar Wilde hadde, han hevdet som kjent (i forordet til *Bildet av Dorian Grey)* at «All kunst er fullstendig unyttig».

Jeg vil tro at alle dere som er her likte *Kildens utspring* med en gang dere leste den. Men det finnes mennesker som ikke liker den og som kanskje ikke engang klarer å lese den ferdig. De som liker denne romanen har et filosofisk grunnsyn som i det store og hele er i samsvar med det grunnsyn som boken har, mens de som ikke liker boken har et grunnsyn som er meget forskjellig fra det denne boken har. Tilsvarende, dersom vi leser for eksempel Kafka, vil vi neppe like det vi leser – vi vil ikke få bekreftet vårt syn på mennesket og verden ved å lese *Forvandlingen* eller *Prosessen* eller *I straffekolonien*.

Hvis man skal vurdere et kunstverk, må man ta hensyn til to ting: hva verket sier, og hvordan det sier det. Det er altså en forskjell på en moralsk vurdering av et verk, og en estetisk vurdering. Den moralske vurdering handler om hva verket sier, den estetiske går på hvordan det sies. Dette betyr at man godt kan si at «dette er et godt verk, men jeg er uenig i det det sier og jeg liker det ikke». Poenget her er at man må skille disse to betydningene fra hverandre. For at et verk skal kunne vurderes som stort og betydelig, må det ha et viktig tema, og temaet må være behandlet på en innsiktsfull og klargjørende måte. Her skal jeg primært legge vekt på hvordan *Kildens utspring* fremstiller sitt budskap, selv om jeg også vil komme inn på hva dette budskapet er.

Tema

Temaet i *Kildens utspring* er «kollektivisme versus individualisme, ikke i politikken, men i menneskets sjel» som Ayn Rand en gang formulerte det. Dette temaet fremstilles i løpet av boken i en rekke ulike sammenhenger, og på en meget variert måte.

La oss presisere hva disse to begrepene betyr. I politikken betyr kollektivisme at det er gruppen som er den primære sosiale enhet, dvs. at individer er underordnet gruppen og må innordne seg gruppen. Under denne ideologien kan en gruppe dirigere hvert individs handlinger til det som hevdes å være det beste for gruppen. Det nazistiske slagordet «Fellesnytten foran egennytten», også mye brukt av sosialister, uttrykker denne grunnholdningen, og betyr at hvert enkelt menneskes primære oppgave er å tjene fellesskapet, ikke seg selv. Ulike grupper av kollektivister er dog uenige om hvilken gruppe som skal være den viktige; sosialister sier at det er arbeiderklassen, konservative sier at det er familien, nasjonalister sier at det er nasjonen, rasister sier at det er rasen, osv. Individualisme, derimot, sier at det er individet som er den primære sosiale enhet, at hvert menneske bør handle slik at det tjener seg selv, og at den eneste restriksjon som kan legges på individers handlinger er at andre individer ikke skal krenkes, dvs. at det ikke skal initieres tvang mot andre individer. Dette er det politiske aspekt ved individualisme og kollektivisme.

I menneskets sjel manifesterer disse to mulighetene seg i at enhver må velge en grunnholdning preget enten av individualisme eller av kollektivisme.

Den som velger individualisme vil la sine egen overbevisning være grunnlaget for de handlinger han foretar. Den som velger en kollektivistisk grunnholdning, derimot, han har to muligheter. Enten kan han velge å underordne seg andre mennesker, og han vil da danne seg sine oppfatninger og holdninger ikke på basis av egen analyse av fakta, men på hva andre mennesker måtte mene. Den andre kollektivistiske muligheten er at han vil anse seg selv som den som bør være leder for gruppen – en gruppe vil alltid ha behov for talsmenn og ledere.

Individualister vil gå sine egne veier og følge sine egne overbevisninger, mens kollektivister enten vil følge gruppen eller lede gruppen. (Selvsagt kan også en individualist være en leder, for eksempel i en bedrift eller i en organisasjon, men for individualisten er det primære ikke å lede, det primære er å skape. For kollektivisten som ønsker å bli leder er det det å lede som er det primære mål, det å skape blir et middel til å få makt over og representere andre.)

Kildens utspring tar et klart standpunkt til fordel for individualisme. Boken viser viktigheten av å tenke selv og å følge sin egen overbevisning, og den viser det negative ved både å følge andre og å lede andre. Man kan derfor si at boken handler om hvor viktig det er å handle på basis av sine egne rasjonelle vurderinger, dvs. å praktisere dyden integritet.

De to hovedpersonene, som selvsagt er Howard Roark og Peter Keating, har ulike grunnholdninger. Etter disse to i viktighet kommer Ellswort Toohey og Gail Wynand, som illustrerer de samme prinsipper som hovedpersonene illustrerer, men på andre måter. Vi skal gå igjennom disse etter tur. La oss først se på hvordan vi som lesere møter hovedpersonene, Howard Roark og Peter Keating. Forfatteren lar oss møte dem tidlig i boken, og vi blir raskt kjent med dem. Roark treffer vi allerede i bokens første linjer: «Howard Roark lo. Han sto naken på kanten av en klippe». Vårt første møte med Keating er helt annerledes: «Salen var fullstappet av kropper og ansikter, de satt så tett at man ikke kunne se helt klart hvilke ansikter hørte til de forskjellige kropper. Det var som en skjelvende, slapp aspik av armer og skuldre, bryst og mager. Et av hodene, blekt, mørkhåret og vakkert, var Peter Keatings» (side 30, alle sidehenvisninger er til den norske utgaven utgitt av INDFO Forlag 1994). Det er allerede her klart at Roark er den som står alene, han er individualisten, mens Keating er en del av en gruppe, han er kollektivisten.

Videre blir forskjellen mellom individualisten Roark og kollektivisten Keating klar i beskrivelsen av deres første møte med New York. Begge er arkitektstudenter, og Roark betrakter og beundrer skyskraperne, mens Keating ser på hvordan folk er kledt og hva dette forteller om deres sosiale status.

Howard Roark er innovatøren, entreprenøren, han er den type menneske som skaper verdier, øker velstanden og bringer menneskeheten videre. Grunnen til at han skaper er dog ikke at han har noen plikt overfor samfunnet eller fellesskapet, men fordi han, som alle ekte verdiskapere, finner glede i å skape. Han liker utfordringene, han liker å møte problemer og utfordringer og å løse dem. Den glede som innovatøren føler ved dette er helt annerledes enn den glede folk flest føler i sammenheng med vanlig fest og moro. Tidlig i boken, på side 131-32, finner vi følgende: den unge Roark har nettopp begynt å bygge et nytt hus, og

«Han vandret gjennom bygget, trippet over plankehauger og ledninger, gjorde notater, ga korte ordre med barsk stemme. Han unngikk å se på Mike. Men Mike så på ham, så ham vandre gjennom huset. Mike smilte forståelsesfullt til ham når han passerte ham. Engang sa Mike: -behersk deg, Rødtopp. Du er jo som en åpen bok. Herregud, det er uanstendig å være så lykkelig! En åpen bil kjørte forbi på flukt ut mot landet. Bilen var full av mennesker som skulle på landtur. En broket blanding av gensere i muntre farger, skjerf som viftet i vinden. Et forvirret kor av stemmer som skrek uten å vite hvorfor, og anstrengte latterhvin kunne høres over motorduren. En pike satt sidelengs med leggene over bilkanten. Hun hadde stråhatt på seg, en mannshatt som falt ned over nesen og hun slet i strengene på en ukulele og frembrakte noen skjærende lyder mens hun brølte: Hei! Det var mennesker som var ute for å nyte en enkelt dag i sitt liv. De skrek opp mot himmelen i sin jubel over å kunne la arbeidet og dagens plikter ligge bak seg. De hadde slitt og båret sine byrder for å nå et mål – og dette var målet. Han så på bilen da den suste forbi. Det slo ham at det var en forskjell, en vesentlig forskjell mellom hans følelser for denne dagen og deres. Det slo ham at han burde forsøke å fatte hva det var. Men han glemte det. Han så en lastebil som stønnet oppover bakken med et tungt lass glitrende, nyhogd granitt.»

Gjennom hele boken følger vi Roarks glede ved å skape, og vi ser at han hele tiden følger sin egen overbevisning. Allikevel er det helt tydelig at Roark utvikles i løpet av boken. Tidlig i boken forstår han ikke rektoren:

«Han hadde truffet mange mennesker som rektor, man han hadde aldri forstått dem. Han visste bare at det var en vesentlig forskjell mellom hans handlemåte og deres. ... Han visste hva som var kilden til hans egne handlinger, men han kunne ikke oppdage motivene for deres. Han brydde seg ikke om det. Han hadde aldri lært hvorledes man skal tenke på andre mennesker. Men av og til lurte han på hva det var som fikk dem til å bli slik de var. Han lurte på det nå igjen, og tenke på rektor. Han tenkte at det lå en viktig hemmelighet skjult et sted i dette problemet. Det var et prinsipp han måtte oppdage.»

Til å begynne med forstår Roark altså ikke det som er kollektivistenes motiv. Heller ikke under den første rettssaken forstår han det, og derfor er han ikke i stand til å forsvare seg på annen måte enn kun ved å vise frem fotografier av sine bygninger. Men i tiden frem til den andre rettssaken har han oppdaget så mye at han er i stand til å holde sin store tale om innovatørene, nyskaperne, versus medløperne, snylterne.

La oss se på noen av personene på den kollektivistiske siden.

Peter Keating er opportunisten som gjør det andre «viktige» personer ønsker. Først gjør han som moren ønsker, etterhvert gjør han det som opinionen mener, etterhvert følger han Toohey. Han setter alltid sine egne ønsker til side. Egentlig ønsker han å bli maler, men han velger arkitektur fordi moren vil det, og fordi det å være arkitekt gir prestisje. Keating er således en fullstendig uegennyttig og uselvisk person. Ikke engang i kjærlighetslivet velger han sine egne verdier, han velger Dominique istedenfor Catherine. Keating er selvsagt ikke determinert av andre mennesker (eller av sine omgivelser), han er kun påvirket, dvs. han lar seg påvirke. Hans grunnverdier er slik at han velger å oppgi egne ønsker for isteden å følge andres. (Man kan lett forestille seg hvordan det ville ha gått dersom fru Keating på samme måte hadde forsøkt å influere den unge Howard.) Hvordan resultatet blir når man oppgir sine verdier kan men finne en antydning om på side 33:

> «[Moren] hadde drevet ham inn i denne karrieren uten at han visste når eller hvordan. Det var pussig, tenkte Keating, at han ikke hadde tenkt på sin ungdommelige ambisjon [om å bli maler] på mange år. Det var pussig at det skulle kjennes sårt for ham nå å huske det. Men i aften var jo det rette øyeblikk å huske det – og så glemme det for alltid.»

Ellsworth Toohey, en elegant, veltalende og spe liten mann som fungerer svært godt både som foreleser og i selskapslivet, er det kyniske maktmenneske, den typiske sosialist-intellektuelle. Han er basert direkte på Harold Laski, som var professor og leder for det britiske arbeiderpartiet i perioden 1945-50. (Ayn Rand var tilstede under et av Laskis foredrag i USA).

Toohey har ingen verdier på egne vegne, og han har ingen kvaliteter som kan gi ham makt og innflydelse på legitimt vis. Men han ønsker makt, og må derfor forsøke å skaffe seg det på uærlig vis. I en samtale med Keating sier han at

> «min skjebne er ikke å nyte noe. Jeg skal finne slik tilfredsstillelse mine evner tillater. Jeg skal herske. ... Over deg. Verden. Det gjelder bare å finne det rette håndtak. Hvis du lærer å herske over et menneskes sjel, ligger hele verden åpen for deg. Det er sjelen ...ikke pisk eller sverd, ikke ild og kanoner. Det er derfor Cæsar og Atilla og Napoleon og alle som dem, var

dumme og ikke kunne klare seg. Men vi skal klare oss. Det er sjelen som ingen kan herske over. Den må ødelegges. Slå en liten revne inn, få fingrene inn og mannen er din. Du trenger ingen pisk – han vil selv gi deg den og be om å bli pisket. ... Det finnes mange måter. En er å få menneske til å føle seg liten. Til å føle skyldbevissthet. Drep dets ærgjerrighet og ødelegg helheten i dets karakter. ... Prek uselviskheten. Fortell ham at han må leve for andre, at altruismen er idealet. Ikke et eneste menneske har realisert det og ingen kommer til å gjøre det. Hvert levende instinkt i mennesket skriker imot det. Men skjønner du ikke hva du oppnår ved det? Mennesket innser at det ikke er i stand til å realisere hva det har godtatt som den høyeste dyd og det gir mennesket en følelse av skyld, av synd, av sin egen iboende uverdighet. Siden det høyeste ideal er utenfor dets rekkevidde, oppgir det litt etter litt alle idealer, all forhåpninger, enhver følelse av personlig verdi, det føler seg forpliktet til å preke hva det ikke selv kan virkeliggjøre...» (s. 616-617).

«En måte er å få mennesket til å føle seg liten» sier Toohey, og han gjør alt han kan for å få folk til å akseptere dette for eksempel ved å skjønnmale det dårlige og å sverte det gode. Han sier for eksempel at historien om Tristan og Isolde er den største kjærlighetshistorien før historien om Mikke og Minnie Mus. Han sier at man bør le av Roark og si at Keating er en stor arkitekt.

Som alle maktmennesker hater Toohey andres frihet, og spesielt hater han Roarks frihet, fordi han vet at menneskers uavhengighet er det eneste som kan true maktmennesker som ham. «Jeg vil ikke drepe ham», sier Toohey om Roark (s. 615),

«Jeg vil ha ham i fengsel. ... i en celle. Bak stålgitrene. Innestengt og innesperret og innelåst og i live. Så han må stå opp når han får beskjed om det. Spise det man gir ham. Gå når han får beskjed om å gå og stanse når han får beskjed om det. Han må sy sekker når han får beskjed om det, arbeide som han får beskjed om ... han må adlyde. Han må ta imot ordre. *Han må ta imot ordre!*»

Toohey er tilhenger av massen – Hvorfor? Fordi massen må representeres av noen, og han selv er den som best kan representere massen. Toohey vet at han aldri kan få makt på basis av egne positive evner, og siden han kun har ett ønske, å få makt, må han skaffe seg en gruppe å basere sin makt på.

Som nevnt har Toohey ingen egne verdier, og dette innebærer at han ikke har evnen til å elske – og det gjør han da heller ikke. Mangelen på egne verdier er også grunnen til at Toohey misforstår Dominiques anti-Roark-kampanje.

Keating og Toohey er de to tydeligste kollektivistene i boken. Men boken inneholder også personer som i hovedsak er kollektivister, men som allikevel er noe blandet i sine grunnholdninger.

Gail Wynand er den viktigste av disse. Han har den oppfatning at redelighet og ærlighet ikke kan gi suksess, dvs. ikke kan gi en et godt og lykkelig liv: skal man lykkes må man være kynisk, og ikke bry seg om «naive» verdier som ærlighet og rettferdighet. Han elsker det gode (Roark, Dominique, kunst), men mener at det ikke er nødvendig eller mulig å gjennomføre denne holdningen på alle områder i sitt eget liv.

Wynand ønsker også å få makt og for å oppnå dette appellerer han til folks dårlige smak. Han begår onde handlinger: Siden han mener at alle er korrupte og kan kjøpes, forsøker han å få bekreftet dette ved å kjøpe alle han kommer over, dvs. hvis han kommer over en person som ser ut til å ha integritet, gjør Wynand sitt ytterste for å få ham til å svikte sine idealer. Hvorfor kjøper han opp mennesker på denne måten? Han vet at han selv er en sviker, og han vil vise overfor seg selv at alle er svikere.

Han ønsker altså makt, men det viser seg at han ikke får makt på den måten han hadde trodd. Når han forsøker å bruke The Banner til å forsvare Roark, taper han. Han tror han har makt over massen, men egentlig har massen makt over ham – fordi han har latt massen bestemme innholdet i avisen. Til slutt innser han dette, og han lar Banner skifte side.

I rettssalen, under avslutningen av saken mot Roark, reiser Wynand seg opp når dommen skal forkynnes. Med dette vil Ayn Rand si at Wynand lar folket dømme hvorvidt han hadde rett eller galt – hvis Roark taper, har Roark tatt feil og Wynand har hatt rett. Wynand gir opp når han taper kampen for Roark. (I filmversjonen av boken begår

Wynand selvmord. Dette fordi et selvmord en en helt tydelig visuell skildring av det å gi opp, noe som er bedre egnet for film, men som ikke er nødvendig i en roman.) Wynand er i samme situasjon som en diktator: en diktator har alltid makten på folkets nåde, en diktator kan ikke holde på makten hvis folket ikke i hovedsak slutter opp om den ideologien diktatoren representerer.

Som Wynand er Dominique til å begynne med av den oppfatning at redelighet og ærlighet ikke virker, dvs. ikke kan gi gode resultater i virkeligheten. Til forskjell fra Wynand mener hun dog at disse dydene er prisverdige. Hun elsker det gode, for eksempel Roarks bygninger, men mener at det gode i denne verden nødvendigvis vil bli ødelagt. På side 278 omtaler hun derfor en av Roarks bygninger slik:

> « ... jeg skulle ønske at en bombe ville sprenge den i filler... Det ville være en verdig avslutning. Så meget bedre enn å se det bli gammelt og svertet av sot, forsjoflet av leieboernes familieportretter og skitne strømper, vinflasker og appelsinskall. Det finnes ikke et menneske i New York som skulle ha lov til å bo i det huset».

Hun mener at Roark er dømt til å mislykkes og derfor bør gi opp: Verden er ond, en edel sjel må tape. Dette er også grunnen til at hun sier til Roark at

> «Jeg holder ikke ut å se hva de gjør med deg, hva de kommer til å gjøre. Det er for stort – du og dine bygninger og det du føler for dem. Du kan ikke lenger fortsette slik. Det kan ikke vare. De vil ikke la deg få lov til det. Du nærmer deg en forferdelig katastrofe. Det kan ikke slutte på noen annen måte. Gi det opp. Finn deg et eller annet meningsløst arbeid – som steinbruddet. Vi bor her. Vi har lite og vi gir intet. Vi lever bare for det vi er og det vi vet» (s. 451).

Etter hvert lærer hun at hennes utgangspunkt var feil, og hun handler mer og mer godt – hun står modell, hun arbeider i The Banner – og hun ender opp som en gjennomført god person. Hennes forhold til Roark utvikler seg parallelt med dette: Først er hun tilsynelatende motvillig, så er hun sammen med ham i hemmelighet, og tilslutt gifter hun seg med ham.

De fem hovedpersonene viser helt forskjellige utviklingsløp. Roark har den samme grunnholdning hele boken igjennom, men hans innsikt blir dypere i løpet av boken, og han ender opp vellykket og lykkelig. Keating har også den samme grunnholdning hele boken igjennom, og han ender opp som et utbrent og verdiløst vrak. Wynand utvikler seg også, men hans utvikling går i sirkel, og han ender opp der han begynte. Hos Toohey er det ingen utvikling, selv ikke fra da han var barn, mens Dominique utvikler seg fra å være en meningsfelle av Wynand og opp til samme nivå som Roark (noe som eksplisitt illustreres av bokens sluttscene).

Den reelle konflikten
Bokens hovedkonflikt er ikke mellom det gode og det onde, ikke mellom Roark og Toohey. Denne type konflikter finner man i barnebøker og i populærlitteratur, og de er viktige der, men de interessante konfliktene er mellom den som er god og den som nesten er god. Hovedkonflikten i *Kildens utspring* er altså mellom Roark på den ene siden, og Wynand og Dominique på den andre siden.

Dette ser vi tydelig i og med at at de viktigste samtalene i boken er mellom Roark og Wynand. Roark ignorerer Toohey, den eneste samtalen mellom dem er følgende replikkveksling, etter at Toohey har gått frem til Roark og spurt: «What do you think of me?». Han regner med at Roark vet at det er han (Toohey) som står bak den opp til da vellykkede kampanjen for å ødelegge Roarks karriere, og Toohey regner med at Roark derfor hater Toohey. Men Roark svarer, som man kan forvente av en som ikke har noen som helst interesse av popularitet og allmen oppmerksomhet: «I don't think of you». (I filmversjonen tydelig se hvor skuffet Toohey blir av dette svaret.)

Roark er individualist, og en individualist tar utgangspunkt i virkeligheten og tenker: hva kan jeg skape ut av dette? En individualist legger ikke vekt hverken på tradisjon, andre mennesker, autoriteter eller popularitet. Han bryr seg i utgangspunktet ikke om hva folk som Toohey måtte mene.

Men folk som Toohey har dessverre en dominerende plass i vestlige samfunn idag, og derfor blir innovatører, entreprenører og kapitalister ofte forfulgt, trakassert og dårlig behandlet. Roarks tale i rettssalen tar opp dette:

> «For tusener av år siden levde det mennesket som først oppdaget ilden. Han ble sannsynligvis brent på det bål han hadde lært sine brødre å tenne» (s. 656).

Denne holdningen har rammet en rekke foregangsmenn og -kvinner opp igjennom historien: Giordano Bruno, Christoffer Columbus, Galileo Galilei, brødrene Wright, Bill Gates, Ayn Rand.

Det moralske vs. det praktiske
Et viktig element i boken er sammenhengen mellom det som er moralsk og det som er praktisk. Dagens vanlige syn er at enten er man moralsk, eller så er man praktisk. Det filosofiske utgangspunktet for dette skillet er den påståtte motsetning melom sjel og legeme, en motsetning som på engelsk kalles «the mind-body-dicotomy». Forestillingen om en slik motsetning stammer fra Platon, en filosof som også idag har stor innflydelse. Det finnes en rekke konkrete implikasjoner av denne påståtte motsetningen: motsetningen mellom teori og praksis, motsetningen mellom kjærlighet og sex, motsetningen mellom kunst og kommersialisme, motsetningen mellom børs og katedral, motsetningen mellom kunst og underholdning, og altså motsetningen mellom det som er moralsk og det som er praktisk.

I antikken finner vi tydelige eksempler på denne motsetningen hos kristne teoretikere. Paulus sa at «Det jeg ønsker gjør jeg ikke, og det jeg gjør ønsker jeg ikke», og Augustin ba til Gud: «Gjør meg syndfri, men ikke ennå».

Det vanlige synet er altså at det er en motsetning mellom det som er moralsk og det som er praktisk, dvs. at det er en motsetning mellom på den ene siden det som er rett og moralsk, og på den andre siden det som gir en suksess i virkeligheten. Enhver som leser *Kildens utspring* vil oppfatte Roark som moralsk, men også som en som foretar de valg som gir suksess. Hvordan kan dette henge sammen?

Et nytt moralsyn

Det vanlige synet er altså at man må velge mellom enten å være moralsk eller å være praktisk. I litteraturen finner man en rekke eksempler på personer som i utgangspunktet er anstendige mennesker og som ikke skulle fortjene en ublid skjebne, men som av sine skapere gis et livsløp som kun onde mennesker burde fortjene: Brand, Anna Karenina, Madam Bovary, Thereze Raquin, Tess d'Uberville, Kong Lear, Hamlet – i utgangspunktet er det intet som skulle tyde på at disse er noe annet enn anstendige mennesker, men deres liv forløper svært dårlig. I litteraturen finner man også eksempler på onde mennesker som får som fortjent (Macbeth, Raskolnikov), men en edel suksess forekommer nesten aldri. Slikt forekommer dog i populærlitteratur (det er vel derfor den er populær siden folk liker å lese om slike), og det at Rand skriver om edle mennesker som oppnår suksess er en av grunnene til at hun er populær blant leserne. Dette er også antagelig grunnen til at hun av tradisjonelle forståsegpåere iblant blir betraktet som en populærforfatter.

Ayn Rands filosofi innebærer at det ikke er noen motsetning mellom det teoretiske og det praktiske, mellom det moralske og det praktiske, dvs. at det ikke er noen motsetning mellom det som er moralsk riktig og det som gir suksess. Hun sier til og med eksplisitt at «det moralske er det praktiske».

Ayn Rand forfekter altså en «mind-body-integration», dvs. hun forfekter det syn at det ikke er noen motsetning mellom det åndelige og det jordiske, tvert imot hevder hun at det åndelige og det jordiske er to sider av samme sak og at de hører intimt sammen og ikke på noe vis kan betraktes som uavhengige av hverandre. Vi kan se et stort antall eksempler på dette overalt i bøkene hennes.

La oss for å illustrere dette se på yrkene til hennes hovedpersoner. Alle disse er helt tydelig yrker hvor man arbeider både med teori og med praksis. Howard Roark er arkitekt, John Galt er oppfinner, og Kira Argunova er ingeniør. Dette betyr selvsagt ikke at yrker av denne typen er de eneste som er verd å ha, men dyktige forfattere understreker sine poenger på alle mulige måter, og Ayn Rand lar til og med sine sine hovedpersoners yrker illustrere viktige poenger. Hvis vi ser på den motsatte siden, ser vi at for eksempel Toohey er kritiker, en som ikke lever av å skape selv, men som lever av å kritisere andres verker. Tooheys mangel på kreativitet vises også i boken ved at han, etter at han mister spalten i The Banner, ikke starter sin egen avis, men blir spaltist i en annen avis.

Intrige

Det en romanforfatter bør gjøre er å skape et knippe personer med ulike personligheter og ulike verdier, og så plassere disse i situasjoner hvor deres verdier og personligheter fører til en konflikt. Det bør så komme en del hendelser hvor personene må foreta valg i samsvar med sine verdier, og disse bør følge logisk som resultat av tidligere hendelser. Det er dette som er en intrige, av Ayn Rand definert som «a purposeful progression of events».

Gode og spennende intriger finner man dessverre alt for sjelden, som regel lar selv store forfattere handlingen bringes videre av tilfeldigheter: at noen overhører samtaler, at noen tilfeldigvis får lese andres dagbøker eller brev, at noen blir forvekslet med en annen person og dermed få høre andres betroelser; at noen mister et lommetørkle; at noen blir oppsøkt av spøkelser som gir en viktige opplysninger; at det skjer et jordskjelv. Slikt finner man overalt i for eksempel Shakespeare. En annen som sjelden har gode intriger i sine verker er filmregiasøren Alfred Hitchcock. Et helt moderne eksempel på en dårlig intrige finner man i Tom Wolfes *A Man in Full* (1998). Her er helten helt logisk ut fra det som har skjedd havnet i fengsel, men forfatteren trenger ham fri. Hva skjer? Forfatteren lar det skje et jordskjelv som ødelegger fengselsbygningen, og helten klarer å rømme.

Blant de få som er svært dyktige til å lage intriger er Henrik Ibsen og Ayn Rand. I disses verker følger hver hendelse logisk fra tidligere hendelser. Vi skal nå se nærmere på intrigen i *Kildens utspring*.

De to helt forskjellige arkitektene Roark og Keating er opprinnelig om ikke venner, så i hvert fall studiekamerater, og yrkesmessig møtes de i Cortlandt-prosjektet. Direkte involvert i det som skjer i forbindelse med dette prosjektet er også de andre tre hovedpersonene: Toohey velger arkitekten som skal designe prosjektet; Wynand forsvarer (til å begynne med) Roarks handling i sin avis; og Dominique er den som lurer vekk vakten før eksplosjonen. Romanen tar opp forholdet mellom ideene representert ved fem personer, og bokens klimaks – sprengningen av Cortlandt og den etterfølgende rettssaken –

involverer direkte alle fem personene, og alle hovedpersonenes handlinger i forbindelse med Cortlandt følger direkte av deres ideer og verdier.

Kildens utspring har altså en helt ypperlig integrasjon av tema og intrige, av indre og ytre handling.

La oss kort nevne endel andre poenger i forbindelse med bokens konstruksjon. Boken begynner med at Roark står på en klippe, boken slutter med at Roark står på en skyskraper han har bygget. Her er det en utvikling fra natur til kultur.

Grunnen til at vi møter Keating før vi møter Toohey – de to klare, men forskjellige kollektivistene – er at det i virkeligheten finnes langt flere Keatinger enn det finnes Tooheyer.

Til og med navnene er illustrerende. «Roark» er nært «rock», som impliserer at Roark er hard som sten, og «Keating» er nær «cheating», som antyder at Keating egentlig er en juksemaker.

Også alle bipersonene illustrerer bokens tema. Blant individualistene finner vi Austen Heller, som er en klassisk liberaler (Toohey beskriver ham som en avdanket reaksjonær), vi finner Roger Enright, som er en vellykket forretningsmann. Henry Cameron er en god arkitekt i generasjonen før Roark, men han er ikke så innsiktsfull som Roark, og han lar seg ødelegge av motgangen han møter. Mallory er ærlig kunstner, men heller ikke han er så sterk som Roark. Mike er en ærlig, dyktig arbeider.

På kollektivistsiden finner vi eklektikeren John Eric Snyte, og vi finner renessansedyrkeren Ralston Holcombe. Vi finner den perfekte gentleman Guy Francon: han er klassisist, han har klasse, og han er den eneste i boken som vet hvordan man skal matche sokker og slips. Han er oppriktig glad i sin datter Dominique. Roarks rektor er kun en tradisjonalist som ikke er i stand til å gi noen argumenter for sine synspunkter. Catherine Halsey er sosialarbeideren som vil hjelpe de svake, men som blir ødelagt og ender opp med å si at «Jeg begynner å hate menneskene ...» (s. 350).

Kollektivister er alltid konformister, og det finnes to typer av disse; de som gjør det som alle andre synes de skal gjøre (Keating er slik), og de som gjør det motsatte av det alle andre synes. Også den siste gruppen er representert i boken. Vi finner den velstående Lois Cook, som skaffer seg en leilighet i slummen; vi finner modernistene som

Toohey dyrker, de som for eksempel lager skulpturer med bur og fugler eller skriver bøker som ikke inneholder ord med bokstaven «o». Fra Ayn Rands hånd er alle disse menneskene laget helt forskjellige, og dette betyr at boken gir en lang rekke subtile varianter over temaet individualisme og kollektivisme.

Boken er altså svært velkomponert. I et avsnitt i boken beskriver Ayn Rand en annen av Roarks bygninger, og denne beskrivelsen passer også på romanen selv.

> «Her var den samme strenge, matematiske orden som holdt sammen noe som vokste fritt og fantastisk, rette linjer og skarpe vinkler, flater som var skåret brutalt gjennom og samtidig harmonerte som et samlet hele, så utsøkt og delikat som et juvelérarbeid, utrolige variasjoner i form, ingen enkelt enhet gjentok seg selv, men førte helt uunngåelig til den neste og til det samlende hele...» (s. 227).

Andre elementer i boken

Boken inneholder også endel symbolske elementer. Ett eksempel er flaskekorken, som Wynand legger merke til mens han vandrer omkring i New Yorks gater (s. 638-39) helt på slutten av boken. Flaskeorken blir et symbol på hans egen sjel, som han selv har latt begrave, og som han derfor ikke kan få tilbake. «Kan man knele ned og grave med bare hender og slite den løs igjen? Jeg hadde ingen rett til å håpe at jeg skulle slippe unna .. jeg er blitt et blikkstykke på gaten, noe som byens lastebiler kan kjøre over».

Et annet symbol er Tooheys skygge, som hans niese Catherine legger merke til på side 147: «... jeg kunne ikke se onkel inne i stuen, men jeg så skyggen hans på veggen, en svær skygge, sammenkrøpet og lutende og den rørte seg ikke ... men den var så svær». At hun ikke kunne se Toohey illustrerer at han ikke har noen egne verdier, at skyggen ser nesten djevelsk ut antyder hva slags menneske Toohey egentlig er.

Is nevnes ofte i sammenheng med Dominique, spesielt i begynnelsen av boken. Det poengteres at hun serverer glass med isbiter (s. 138), at hun har en isblå stol (s. 267), at hun har en kåpe som er som et dekke av is over kroppen (s. 274), at hennes soverom er dekorert i isgrønt (s. 275). Det skulle vel være unødvendig å si hva betydningen av dette er.

Enkelte har reagert på heftigheten i det første seksuelle møte mellom Roark og Dominique, og noen har til og med hevdet at det er en voldtekt. Men det er helt tydelig at det er Dominque som tar initiativ overfor Roark, og at Roark leker med henne, for eksempel ved å sende den lille tykke Pasquale Orsini for å reparere hellen som Dominique hadde ødelagt med vilje som et påskudd for å få Roark på besøk. Da Roark sendte en annen ble Dominique så sint på Roark at hun oppsøkte ham i sinne og slo ham med en pisk (s. 210). Det er altså Dominique som bringer forholdet over på det fysiske nivå. Vi bør også huske at romanen ble skrevet i en tidsperiode hvor denne type skildringer ikke var uvanlig, og at det i disse aldri var voldtekter som ble beskrevet.

La meg også forklare referansen til Phryne. Toohey skriver i sitt referat fra den første rettssaken at «Herr Roark forsøkte å følge Hypereides eksempel og brukte sin Phryne i retten, men det lyktes ham ikke». Phryne var en kurtisane i antikkens Athen, og hun ble anklaget for uanstendig oppførsel og trukket for retten. Når forsvareren, Hypereides, så at saken ikke gikk godt, lot han Phryne kle naken og han viste henne frem for dommerne. Når de så hennes store skjønnhet ble de så overveldet at hun ble frikjent. Det er dog karakteristisk for Toohey at han sier at han aldri har trodd på den historien. Kun en mann som han kunne sagt dette.

Reell individualisme
Bokens tema er altså individualisme vs. kollektivisme, og boken tar som nevnt klart stilling for individualisme.

Individualisme innebærer at individet er den primære sosiale enhet, og at individet ikke må krenkes. Hvert enkelt individ bør leve sitt eget liv i samsvar med egne valg og egne verdier. Individet har ingen plikt til å gi avkall på egne verdier til fordel for andre. Kun et liv i samsvar med et individualistisk utgangspunkt kan bli lykkelig, og velger man det motsatte grunnsyn vil man sannsynligvis ende opp som Keating.

Mer fundamentalt er individualisme et resultat av det faktum at hvert enkelt individ har evne til å styre sitt eget liv: denne evnen er et resultat av at ethvert individ har fornuft, evnen til rasjonalitet.

Individualisme vs. kollektivisme har en opplagt politisk implikasjon som Ayn Rand ikke tar opp i denne boken. Filosofier som hevder at kun noen utvalgte personer har evnen til å erkjenne de dype og store sannheter (som for eksempel Platons filosofi, visse religioner) innebærer alltid at folk flest må underordne seg det som eliten bestemmer. Disse gir da oppskrift på og legitimerer diktaturer. Platon var derfor pensum på skolen i Nazi-Tyskland og i Kommunist-Russland (Sovjetunionen). Begge disse diktaturene endte da også med sammenbrudd, noe som tyder på at denne type styringsmodell ikke kan fungere i praksis.

Å være rasjonell, som er det ideal Ayn Rand forfekter, er å hele tiden basere sin tenkning på fakta, dvs. på det som observeres, og å la alle slutninger være i samsvar med logikkens lover. Roark følger hele tiden denne tenkemetoden:

> «Han stirret på granitten. Den skal hogges til, tenkte han, og bli til vegger. Han så på et tre – det skulle skjæres til og bli til takbjelker. Han så en ruststripe i steinen og tenkte på jernmalmen under jorden. Den skulle smeltes og stige frem påny som stålstrukturer mot himmelen» (s. 17-18).

Det er fordi han følger denne tenkemetoden at han lykkes. Det er denne type individer som gjennom historien er opphavet til alt som er av verdi, det er dette som er utspringet til den kilden som gir oss alt av verdi. Keating, derimot, baserer seg ikke på fakta, han baserer seg på andres meninger. Ett eksempel: på et spørsmål om hvorfor han ikke er gift sier han at hans forlovede Katie «ikke tar seg godt ut på bilder» (s. 310).

I talen under rettssaken illustrerer Roark forskjellen på skaperen og etterfølgeren, individualisten og kollektivisten:

> «Mennesket får ikke noe på denne jord. Alt hva det trenger, må produseres. Og her står mennesket overfor det uunngåelige alternativ: Det kan bare leve på en av to måter – ved sin hjernes uavhengige arbeid – eller som en snylter som nærer seg av andres tanker. Den selvstendige tanken skaper noe nytt.

Snylteren låner. Nyskaperen møter naturen alene. Snylteren møter naturen gjennom en mellommann.

Nyskaperens første tanke er å beseire naturen. Snylterens første tanke er å beserire andre mennesker. Nyskaperen lever for sitt arbeid. Han trenger ikke andre mennesker. Hans livsmål ligger i ham selv. Snylteren lever på annen hånd. Han trenger andre. Andre blir hans sentrale motiv. Nyskaperens første behov er uavhengighet. Hjernens tankevirksomhet kan ikke arbeide under noen form for tvang ... Snylterens første behov er å sikre sine forbindelser med andre mennesker for at han skal kunne nære seg av dem. Forholdet til andre kommer først for ham. Han hevder at mennesket lever for å tjene andre. Han preker altruisme. Altruisme er den lære som krever at mennesket skal leve for andre og stille andre over seg selv» (s. 658).

Keatings metode – å handle på basis av det andre synes – er svært utbredt, men det forekommer også flere andre ikke-rasjonelle metoder som også er utbredt. Èn er å basere seg ikke på fakta, men på fantasi og oppspinn; en annen er uten videre å akseptere og adlyde autoriteter; og en tredje metode er å følge innfallsmetoden uten noen form for prinsippfast og langsiktig tenkning overhodet. Eksempler på disse finner vi overalt: Religioner er basert på fantasi og oppspinn; å adlyde autoriteter gjør for eksempel de som mener at noe er riktig bare fordi det står i loven; tragiske eksempler på innfallsmetoden finner vi hos folk som lever etter maksimen «lev idag, glem morgendagen» som for eksempel gjelder kriminelle, rusgiftbrukere og politikere.

Ayn Rands filosofisyn

Filosofi blir ofte oppfattet som abstrakt, virkelightesfjern teori. Men for Ayn Rand er filosofi intet annet enn veiledning for praktisk handling. Man trenger kunnskap om virkeligheten og om mennesket, og man trenger kunnskap om hvordan man oppnår kunnskap, dette for å kunne foreta velbegrunnede valg. Men Ayn Rand vil også hevde at det er bedre å vise enn å beskrive. Isteden for å beskrive rett og gal handlingsmåte i teoretiske artikler, beskriver hun i sine romaner mennesker i praktisk handling, og hun viser hvordan forskjellige filosofiske grunnholdninger fører til ulike typer handlinger og ulike typer resultater. Personene i hennes romaner har i utgangspunktet ulike filosofiske grunnholdninger, og Ayn Rand viser hva disse fører til i praksis.

Avslutning

Den forfatter som idag betraktet som vår tids viktigste forfatter er Franz Kafka (1883-1924), det er han som betraktes som den som i verker som *Prosessen, I straffekolonien* og *Forvandlingen* best beskriver vår tid og de utfordringer og problemer mennesket idag står overfor. Kafkas verker går for eksempel stadig til topps i avstemninger blant kultureliten over vår tids viktigste bøker. Om *Prosessen* er det sagt at den «skildrer individets isolasjon i et ubegripelig univers». Det er selvsagt riktig at mange i vår tid opplever verden som uforståelig, og disse kjenner seg da igjen i Kafkas bøker. Men hvorfor er det slik?

Man kan da enten si at virkeligheten er uforståelig, eller man kan si at det er de ideer folk benytter for å forstå virkeligheten som er feilaktige. Det er altså et avvik mellom kart og terreng, og spørsmålet blir da: er terrenget prinsipielt ubestemmelig, eller er det kartet som er feil? Kafka sier at det er terrenget som er ubestemmelig, mens Ayn Rands syn er at det er kartet, det kartet som de fleste bruker i dag, som er galt og som må skiftes ut.

De ideene som de aller fleste baserer seg på idag stammer opprinnelig fra Platon, Jesus og Kant. Disse ideene innebærer irrasjonalitet, selvoppofrelse og ufrihet, og de setter ikke mennesket i stand til å forstå virkeligheten. Det er derfor dagens samfunn utvikler seg på en så uheldig måte. For virkelig å forstå virkeligheten må man basere seg på en aristotelisk filosofi, en filosofi som innebærer rasjonalitet, egoisme og frihet.

En kultur som hyller *Prosessen* er infisert av platonske og kantianske ideer, og en slik kultur kan ikke sette Ayn Rand høyt. Motsatt, en rasjonell kultur, en kultur hvor Ayn Rands bøker vil bli allment betraktet som de mesterverker de er, vil ha svært liten interesse for den type verker som Kafka (og Joyce og Beckett) skrev.

Så, hvis vi er så heldige at vi kommer til å oppleve en sunnere kultur enn dagens, først da vil Ayn Rand bli allment betraktet som den store forfatteren hun er. Men en slik kultur kan først komme når rasjonelle ideer er blitt tilstrekkelig spredt i og akseptert av befolkningen, og den som også skal ha æren for det hvis en slik kultur kommer i stand, det er Ayn Rand. Grunnen er at hun med sine bøker har spredt kunnskapen om rasjonelle ideer i meget stor skala.

La meg helt til slutt si at bokens hovedbudskap er at man bør ha integritet: man bør følge sin egen rasjonelle overbevisning. Det sies at livet må leves forlengs og forståes baklengs, men det å være rasjonell er å forstå livet forlengs, og dette er det beste grunnlag å foreta valg på – og dette er det eneste holdbare grunnlag for et lykkelig liv.

Den som ikke følger disse rasjonelle prinsippene vil finne ut at de har valgt feil – og den som taper mest på dette er vedkommende selv.

Denne boken illustrer dette perfekt: de som ikke er rasjonelle: Keating, Wynand og Toohey, blir ikke lykkelige, og de som er rasjonelle, eller blir rasjonelle, Roark og Dominique, blir lykkelige. Og når man har levd en stund finner man ut at slik er det i virkeligheten også.

Atlas Shrugged/De som beveger verden

Basert på et foredrag holdt i FSO 14. september 1999

Atlas Shrugged er Ayn Rands magnum opus. Denne nesten 1200 sider lange romanen er ikke bare en spennende historie om et viktig tema, men i denne romanen legger Ayn Rand også frem et nytt filosofisk system. I det følgende skal jeg henlede oppmerksomheten på noen av de elementene i boken som en del lesere kanskje ikke legger merke til ved første gangs gjennomlesning.

Bokens åpning

Hvorfor begynner boken som den gjør? «The light was ebbing». Hendelsene i boken finner sted i et samfunn som er i forfall, det er den moderne sivilisasjon som forfaller. I første kapittel får vi vite at bygninger ikke lenger blir vedlikeholdt, at det flyter søppel i gatene, at det er boms overalt. Sollyset forsvinner fordi det er kveld, men det forsvinner også i den betydning at utviklingen som begynte med renessansen henimot et sivilisert samfunn, dvs. en rasjonell sivilisasjon, er i ferd med å forsvinne. I tiden som bokens handling finner sted er det tvil og skeptisisme som dominerer: spørsmålet som stadig stilles – «Who is John Galt?» – er et spørsmål uten svar.

Til tross for at han ikke er en av de viktigste personene i boken, er den første personen vi blir kjent med Eddie Willers. Han har i åpningen av boken samme funksjon som Dr. Watson har i Sherlock Holmes-historiene; han er den vanlige mannen som leseren til å begynne med identifiserer seg med. I motsetning til hovedpersonene Dagny og Rearden, ser Willers forfallet omkring seg, Dagny og Rearden er alt for opptatt med sitt arbeid til å legge merke til samfunnets tilstand i denne tidlige fasen.

Det er altså Dagny og Rearden som er bokens hovedpersoner, og leseren får følge deres utvikling fra et til å begynne med uskyldig og naivt syn, til et mer modent og innsiktsfylt forhold til verden. Denne reisen er vanskelig for dem, fordi når de skal oppdage sannheten, må de samtidig fornekte alt de hittil har stått for, både filosofisk og materielt. F.eks. må Dagny både skifte livssyn, og hun må gi opp jernbanen. Dette gjør valgene og beslutningene vanskelige.

Hva er det som skjer tidlig i boken? Kapitalistene og entreprenørene forsvinner, en etter en, og derfor er økonomien på vei mot et sammenbrudd. Dagny og Rearden vil redde verden, de vil sørge for å holde næringslivet i gang, og de må da hindre flere i å forsvinne, dvs. de må stoppe den som får folk til å forsvinne. For å oppnå dette må de mobilisere all den hjelp de kan skaffe. Den som kan yte mest hjelp, tror de, er den som har oppfunnet motoren. Det er altså to intrige-linjer: Dagny vil finne «the destroyer», den som på en eller annen måte bortfører kapitalistene og entreprenørene, og hun ønsker å finne den som har oppfunnet motoren.

Dette kan se ut som opplegget til en kriminalroman av den klassiske typen, men den er ikke av formen *Hvem drepte Roger Ackroyd?,* formålet her er å finne ut hvem – eller hva – som er årsaken til at verden har kommet til den forferdelige situasjon den er i. I løpet av sin ferd opplever de en lang rekke «uforståelige» situasjoner, men etter hvert blir disse klare for leseren – og for Dagny/Rearden.

Gode personer
Bokens store persongalleri kan deles inn i gode personer og dårlige personer. Fremst av de gode personene er Dagny Taggart. Hun driver Taggart Transcontinental, og dette familieselskapet betyr alt for henne. Hun forstår hva myndighetene vil, men til å begynne med er hennes forståelse langt fra god nok. Så lenge hun ikke forstår myndighetens egentlige motiver, handler hun slik at hun egentlig hjelper dem. Etter direktiv 10-289 forlater hun Taggart Transcontinental og trekker seg tilbake til sitt landsted, men etter den store togulykken drar hun tilbake for å fortsette å drive jernbanen. Selv etter å ha vært i Galt's Gulch drar hun tilbake – hun bruker lang tid på å forstå at hennes arbeid hjelper dem som vil ødelegge både henne og verden. Hennes største feil er en for stor optimisme og for stor tillit til sine egne muligheter til å rydde opp og løse verdens problemer. Hun overvurderer også andre menneskers godhet, deres rasjonalitet, deres velvilje, og hun undervurderer hvor sterk motstanden mot hennes verdier egentlig er.

Den andre hovedpersonen, entreprenøren og stålmagnaten Hank Rearden, setter sitt arbeid like høyt som Dagny gjør, men på alle andre områder har han de vanlige, tradisjonelle holdningene. Han utvikler seg i løpet av boken og får etter hvert betydelig innsikt. Til å begynne med har han liten selvinnsikt – ikke forstår han sin familie, heller ikke forstår han sine følelser for Dagny. Han tror at sex er noe primitivt og nedverdigende, og derfor forsøker han å holde seg unna Dagny. Men etter samtaler med Dagny og Francisco får han etter hvert et riktigere syn.

Ayn Rand bruker det som skjer med Rearden til å illustrere et viktig filosofisk poeng: offerets moralske aksept («the sanction of the victim»). Til å begynne med godtar Rearden myndighetenes undertrykkelse, men etterhvert som han lærer tar han kampen opp. Han forstår etter hvert det prinsipp som Ayn Rand kalte «the sanction of the victim»: offerets moralske aksept for de krenkelser han eller hun blir utsatt for. Hvis den som blir bestjålet mener at tyven har moralsk rett til det han tar – da gjør han (offeret) ikke motstand, og tyver kan herje fritt; tyven har da fått en moralsk aksept av sine ofre. Det er denne moralske holdningen som er «the sanction of the victim». Rearden forstår etterhvert at han har gitt sine motstandere og ødeleggere dette, og han tar opp kampen. Dette er vist i to hendelser i boken. På side 365 (alle sidereferanser er til den amerikanske billigutgaven, New American Library, 1992) fortelles hvordan Statens Videnskapsinstitutt trenger en viss mengde Rearden Metal. Rearden er nå kommet så langt i sin utvikling at han nekter å selge. Han sier (på side 341) at «et salg krever selgerens samtykke», men siden han ikke ønsker å selge, sier han nå rett ut til byråkraten: «Hvorfor arresterer dere meg ikke?». Byråkraten er lite villig til dette fordi han helst vil la være å vise sine egentlige trusler.

Det samme poenget er videreutviklet senere i boken. I kapitlet THE SANCTION OF THE VICTIM er omtalt gavesertifikatet som myndighetene vil ha Rearden til å undertegne. Undertegner han, betyr det intet annet enn at Rearden aksepterer at myndighetene plyndrer ham. Offerets moralske aksept er noe de som plyndrer må ha, de må få en moralsk aksept for at det de gjør er riktig. Altruistene som gjennomfører sine ønsker med tvang vet at de stjeler, og det som kan stanse dem er at de som blir bestjålet, ofrene, sier «Nei, dette har dere ingen moralsk rett til å gjøre». Inntil dette skjer vil tyver, med altruisme som moralsk legitimering, stadig kunne herje fritt.

Det er et svært viktig poeng her at det som styrer folk er deres moralsyn. Ingen gjør noe uten at de kan begrunne det moralsk på et eller annet vis. Dette er et svært viktig poeng i forbindelse med politisk arbeid – politisk forandring i retning av et fritt samfunn kan ikke komme uten en forutgående forandring av moralske grunnideer i befolkningen. Dagens velferdsstat bygger på og forutsetter altruisme som etisk grunnlag, og vil fortsette å være den modellen samfunnets organiseringen er basert på inntil dagens grunnleggende etiske holdninger er skiftet ut.

Denne gangen er Rearden mer innsiktsfull når han møter i retten (s. 444-45), og dommeren blir ettergivende når han møter en gjennomtenkt og velartikulert motstander. Rearden sier her NEI, og gir en bedre begrunnelse enn forrige gang.

Det er dette *Atlas Shrugged* – altså boken – gjør: den gir altruismen kraftig motstand. Det er derfor boken blir ignorert og dens innhold forvrengt av det altruistiske establishment. På vegne av alle de som rammes av den altruistiske etikk sier boken at altruismen er umoralsk. Nå er det viktig å være klar over hva altruisme er: altruisme er den etiske holdning som sier at formålet med handlinger er å tjene andre mennesker til fortrengsel for seg selv.

Ofte heter det at altruisme kun innebærer at man skal være snill og grei og hjelpsom, men dette er en helt feilaktig og «sugarcoated» versjon altruismen, og er en fremstilling som ikke er i samsvar med altruismens egentlige innhold. De som er tilhengere av altruisme vet at det vil være vanskeligere å få oppslutning om budskapet hvis de sier rett ut at altruisme betyr at målet for ens handlinger skal være å tjene andre mennesker til fortrengsel for den som utfører handlingen. Det er lettere hvis man sier at altruisme er å være snill og grei og hjelpsom.

(Enkelte har påstått at Ayn Rand har omdefinert begrepet altruisme, men denne påstanden er feil. Se for eksempel Kjell Eyvind Johansens *Etikk – en innføring*, Cappelen 1994, hvor det på side 20 heter at «Altruisme er det motsatte av egoisme. Setter egoisten seg selv først så setter altruisten andre først. Altruisme er altså ikke å la den andre gjelder like mye som en selv, men det er å la andre gjelde mer enn en selv». Objektivismen forfekter altså egoisme, som går ut på å handle langsiktig på en slik måte at man selv virkelig vil tjene på sine handlinger. Man skal altså handle slik at det tjener en selv. Allikevel kan en egoist selvsagt gi avkall på ting hvis det er til fordel for mennesker som for ham eller henne har en høy verdi. Enhver egoist vil for eksempel gi avkall på ting hvis det er til fordel for hans/hennes ektefelle eller barn. Men den som gir avkall på ting til fordel for mennesker som vedkommende ikke har noe personlig forhold, han eller hun er en altruist. Et dessverre ofte forekommende eksempel på altruisme er foreldre som forsømmer egne barn for isteden å bruke sine ressurser på å hjelpe andres barn.)

Rearden utvikler seg i løpet av boken fra å godta altruistisk etikk til å forkaste den. Det samme prinsippet gjelder i hans forhold til Lillian og Dagny. Han føler at han har plikt til å «elske» Lillian og gi avkall på Dagny fordi han er gift med Lillian. I løpet av boken snur han dog 180 grader.

Eddie Willers er en vanlig mann. Han er moralsk perfekt, en dyktig arbeider, men ikke noe geni. Hans rolle i boken avsluttes med at han blir igjen alene på toget. Det som sies med dette poenget er at den vanlige mann ikke klarer seg særlig godt alene – han kan ofte ikke klare seg godt uten den hjelp han får av de som er dyktigere enn ham selv, en hjelp som han mottar fra mange mennesker, og en hjelp som kun et samfunn med utstrakt arbeidsdeling kan gi. Denne hjelpen er altså et resultat av kapitalismen, og det er kapitalistene som gir ham denne hjelpen, siden det er de som i stor stil har organisert arbeidsdeling og utnyttet teknologi slik at produksjonen er blitt effektiv og levestandarden således har økt sterkt for alle.

Cherryl er en vanlig kvinne, kanskje litt på den enklere siden. Hun beundrer det gode, og tror at James Taggart er en viktig og dyktig forretningsmann, og hun forsøker derfor å bli en hustru som er ham verdig. Hun gjør alt for å kunne høre hjemme i de øvre sosiale lag.

> «"I must learn everything that Mrs. James Taggart is expected to know and to be", was the way she explained her purpose to a teacher of etiquette. She set out to learn with the devotion, the discipline, the drive of a military cadet or a religious novice. It was the only way, she thought, of earning the height which her husband had granted her on trust, of living up to his vision of her...» (s. 804-05).

Cherryl har den rette «sense of life» – som av Ayn Rand er definert som «a pre-conceptual equivalent of metaphysics, an emotional, subcobsciously integrated appraisal of man and of existence». Men James og hans omgangskrets forakter hennes ambisiøsitet. Først forstår hun ikke dette, og hun sier «I'm afraid of them ...of Jim and the others... not afraid of something they will do – if it were that, I could escape... but afraid as if there is no way out.... afraid of what they are». Hun har ikke noen dypere, filosofisk innsikt i hvordan verden egentlig er og hva som er sterkt og hva som er svakt. Hun tror at det onde er sterkt nok til å beseire det gode – og hun ser etter hvert ingen annen utvei enn å begå selvmord.

Ayn Rand skriver et annet sted: «A sense of life is not a substitute for explicit knowledge. Values which one cannot identify, but merely sense implicitly, are not in one´s control. One can lose them or betray them without knowing it» (*Philosophy: Who Needs It?*, s. 210).

Cherryl forsøker å forbedre seg, men James Taggart, som hun giftet seg med, motarbeider henne. Dette er det diametralt motsatte av det som skjer i *Pygmalion/My Fair Lady*. Der er det en overklasseperson som hjelper dem fra de lavere sosiale lag opp, og mot hennes vilje, her er det den fra de lavere sosiale lag som selv vil opp, og overklassepersonen som motarbeider henne.

«The wet nurse» sendes av myndighetene for å passe på Rearden. Han er til å begynne med kyniker, men han er god på bunnen og han forandrer seg, han skifter grunnsyn og hjelper etter hvert Rearden når han blir kjent med hvordan Rearden egentlig er. Han blir drept under angrepet på Reardens fabrikk, han ofrer seg for Rearden, noe som er i samsvar med den etikken han ble opplært til å følge.

Vanlig utrustede mennesker – om de enn er aldri så gode – har ikke så store muligheter til å klare seg godt alene, uten entreprenører og kapitalister. Kapitalistene gjør det mulig for vanlige mennesker, og for svake mennesker, å klare seg på egen hånd. Hvis de «sterke» hindres, vil disse alltid kunne greie seg selv til en viss grad, men de som nyter godt av deres innsats vil da i verste fall bukke under. Boken illustrerer dette ved å la både Cherryl og Wet Nurse dø, og ved å la Eddie etterlates alene.

Negative personer
I boken finner man også en rekke personer som representerer negative verdier. Den fremste av disse er Robert Stadler. Han er en stor forsker,

han er sterkt opptatt av vitenskap, men han er villig til å benytte alle midler for å støtte opp om videnskapen, også midler som i det lange løp vil ødelegge hans muligheter til å arbeide som en uavhengig forsker. Han beundrer Dagnys dyktighet, men han ser også ned på industri og handel som noe primitivt og vulgært. Han er opptatt av den rene videnskap, ikke av dens anvendelser. Han tror at «the mind» kan overleve i samarbeid med «the looters».

Stadler er en kyniker, folk er dumme, tror han: «What can you expect when you deal with people».

Siden han – Stadler – har involvert seg i politikken fører dette ham inn i en rekke moralske dilemmaer, og i hvert av disse velger han slik at han beholder politikernes støtte. Første valgsituasjon dukker opp når Det Statlige Videnskapsinstituttet angriper Rearden Metal. Stadler vet at beskyldningen er falsk, men han må velge å støtte løgnen for å holde seg inne med de som bevilger midler til hans egen forskning.

En annen fremtredende negativ person er James Taggart, hvis største frykt er at han skal bli holdt ansvarlig for noe. Han regner med at andre, først og fremst søsteren Dagny, skal trekke ham ut av de problemene han skaper. James bruker politisk innflydelse (dvs. initiering av tvang) for å drive selskapet, Dagny bruker sine kreative evner. James gifter seg med Cherryl fordi han tror hun er laverestående enn ham selv og at hun derfor vil se opp til ham. Men i virkeligheten er han en ond person, og når ondskapen helt og fullt går opp for ham selv, skjer det samme med ham som skjedde med Danglars i *Greven av Monte Christo*, han mister forstanden.

Hank Reardens hustru Lillian er også en av de negative personene. Lillian Rearden er nihilist, og er svært dyktig til psykologisk å manipulere alle hun har omkring seg, først og fremst ektemannen Hank, i hvert fall til å begynne med. Hun ser Reardens dyktighet og mener dette er betydningsfullt. Floyd Ferris, en annen av de negative personene, ser også Reardens dyktighet, men han vurderer ikke dette som betydningsfullt.

Både Robert Stadler, James Taggart og Lillian Rearden er tegnet på en svært nyansert måte. I tillegg til disse finnes det et stort antall personer, personer som kanskje bare får noen linjer. Disse er selvsagt ikke tegnet like nyansert, men hver av dem representerer noe unikt.

I kapittel syv møter vi Ben Neely. Han påstår at alt som trengs for å skape er muskler, han er altså en gammeldags marxist. I kapittel fire godtar Dan Conway myndighetenes restriksjoner fordi de er demokratisk bestemt. Han har det til felles med Sokrates at han godtar at enkelte må ofres for fellesskapets beste. Kip Chalmers sender toget inn i tunnelen med begrunnelsen at «Fear is the only way to deal with people». Han er intet annet enn en kriminell politiker. Den engelske forfatteren Gilbert Keith Worthing er en vanlig salongradikaler: han preker sosialisme, og når den blir gjennomført i England flytter han til USA. I tillegg til disse kan vi nevne Floyd Ferris, som er skeptiker, og Mr Thompson, som er pragmatiker.

Hovedkonflikten
Hovedkonflikten i *Atlas Shrugged*, som i *Kildens utspring*, er ikke mellom godt og ondt; slike konflikter er som regel begrenset til litteratur for barn. Hovedkonflikten i Ayn Rands store romaner er mellom godt og nesten godt. Den primære konflikten i *Kildens utspring* er ikke mellom Roark og Toohey, men mellom Roark og Wynand. Tilsvarende, i *Atlas Shrugged* er den viktige konflikten mellom Galt/Francisco på den ene siden og Rearden/Dagny på den andre, ikke mellom Galt og Stadler.

Men det er også en viktig forskjell mellom *Kildens utspring* og *Atlas Shrugged:* Det er to typer «second-handers»: det er de som spiller på medlidenhet og bruker tårer, og det er de som bruker tvang. *Kildens utspring* handler om den førstnevnte gruppen (Keating og Toohey spiller på medlidenhet), *Atlas Shrugged* tar for seg den andre gruppen. *Atlas Shrugged* er derfor mer sosial, mer samfunnsmessig orientert, enn *Kildens utspring*: den tar primært opp hva som skjer med samfunnet, ikke primært hva som skjer med individet, når kollektivistiske ideer dominerer. Dette samfunnsmessige perspektivet var overhodet ikke berørt i *Kildens utspring*.

Dette går tydelig frem i hele boken, men la meg her trekke frem noen sitater fra kapittel fem i del tre: «On the morning of September 2, a copper wire broke in California, between two telephone poles by the track of the Pacific branch line of Taggart Transcontinental».

«On the evening of September 7, a copper wire broke in Montana, stopping the motor of a loading crane on a spur track of

Taggart Transcontinental, at the rim of the Stanford Copper Mine.»

«On the afternoon of September 11, a copper wire broke in Minnesota, stopping the belts of a grain elevator at a small country station of Taggart Transcontinental.»

«On the night of October 15, a copper wire broke in New York City, in an underground control tower of the Taggart Transcontinental, extinguishing the lights of the signals.»

Slike samfunnsmessige konsekvenser av irrasjonalitet blir ikke omtalt i *Kildens utspring,*

Andre elementer i boken

Det er en rekke andre ting å legge merke til i *Atlas Shrugged.* La oss se på noen av dem.

Et stort antall firmaer omtales i boken, og Ayn Rand lar dem illustrere viktige poenger. Alle firmaer ledet av gode personer er oppkalt etter en person: Rearden Steel, Wyatt Oil, Atwood Light and Candle, Hammond Car Company. Alle dårlige personer, derimot, leder firmaer som har andre typer navn: 20th Century Motor Co, Amalgamated Steel.

Boken inneholder også en rik symbolikk. Eddies eiketre er et symbol på det etablerte samfunn: det står for styrke, trygghet og utholdenhet. Men lynet slår ned og treet viser seg å være hult, tomt, uten indre styrke. Eddie føler seg forrådt. Hva kan man tolke ut av dette? Vanlige folk (igjen Eddie) tror at de som styrer samfunnet – politikere/myndigheter – har styrke, at de er å stole på, at de kan løse problemer. Men denne oppfatningen er feil, og boken viser dette.

Et annet symbol er lenken som Rearden gir til sin hustru Lillian. Den er laget av Rearden metall, og er et symbol på Reardens stolthet. Først bruker Lillian lenken og man kan da spørre seg om hvem som er lenket til hvem. Familien sier at Hank lenker familien til seg, men egentlig er det motsatt. Senere blir lenken overlatt til Dagny.

Dollartegnet er et positivt symbol på integrasjon av sjel og legeme. Det er ingen motsetning mellom det (i mangel av et bedre ord) åndelige og det materielle/praktiske: industri skaper fysiske verdier og krever åndelig/tankemessig innsats.

Symbolene i *Atlas Shrugged* er klart integrert i handlingen (som de også er f.eks. i Ibsens *Vildanden*), og dette er noe som dyktige forfattere klarer å få til. Det som ofte forekommer i moderne litteratur, derimot, er at symbolene er helt utenpåklistret og ikke er integrert i handlingen. Et godt eksempel på manglende integrasjon er for eksempel øynene («Gud ser alt») utenfor brillebutikken i F. Scott Fitzgeralds *The Great Gatsby*.

Atlas Shrugged og annen litteratur

Svært ofte vil man under lesning av *Atlas Shrugged* finne igjen temaer og handlingsmønstre fra annen litteratur, men Ayn Rand behandler dem annerledes enn andre forfattere gjør. Dagnys søken etter motoren som skal løse hennes problemer kan sammenlignes med søket etter den hellige gral. Det er også likhetspunkter mellom kjærlighetsforholdet mellom Francisco, Dagny og John Galt, og forholdet mellom Cyrano, Christian og Roxanne i *Cyrano de Bergerac*. I motsetning til Rostand løser Ayn Rand konflikten i fult samsvar med egoistiske prinsipper, ikke i samsvar med altruistiske prinsipper, som hos Rostand.

Et annet interessant poeng: Rearden gir Dagny et kjede av rubiner. Hvorfor rubiner? I Salomos ordspråk finner man følgende: «Den gode kone – hvem finner henne? Mer enn rubiner er hun verd».

I Galt's Gulch er det identifisert 36 personer. (En av dem er kanskje Ayn Rand selv. På side 664 treffer Dagny en kvinnelig forfatter som har «dark disheveled hair and large eyes», en beskrivelse som passer på Ayn Rand. Denne forfatteren mener også som Ayn Rand at «when one deals with words, one deals with the mind».) Hvorfor er det 36 personer i Galt´s Gulch? I det gamle testamente, i historien om Sodoma og Gomorrah, ble byene ødelagt fordi det var for få rettferdige menn i byene. Hvor mange rettferdige måtte det minst være? 36. Ifølge Talmud var synden i disse byene noe som vi i dag vil kunne beskrive som kollektivisme. Privat veldedighet var forbudt fordi da kunne noen få mer enn andre, og «rettsvesenet» hadde som et av sine formål å flå de rike og vellykkede.

De fleste husker fra bibelhistorien på skolen at Lots hustru, til tross for at hun var advart, snudde seg for å se at Sodoma og Gomorrah ble ødelagt av Gud, og som straff ble hun gjort om til en saltstøtte. I *Atlas Shrugged*, etter at Galt er reddet, mens de flyr over New York, og New York er i ferd med å slukne – strømmen går – sier Galt til Dagny: «Ikke se ned» (side 1065).

Man kan også hevde at det er en referanse til *We the Living* i bokens avslutning. I sluttscenen av *We the Living* blir Kira skutt av en soldat som er på vakt. I slutten av *Atlas Shrugged* skyter Dagny en soldat som er på vakt.

Gjenfortelling av greske myter
I boken gjenforteller Ayn Rand en del kjente greske myter. Innholdet i de greske mytene innebærer fatalisme og pessimisme, mens Objektivismens innhold er det motsatte, det er positivt og livsbejaende. Vi burde altså finne at Ayn Rand gjenforteller disse mytene slik at de får et motsatt verdiinnhold.

Den første hentydning til en gresk myte møter man allerede i bokens tittel. Atlas er titan (titanene er en gudeslekt av kjempestore skapninger), og han bærer verden på sine skuldre. Det Atlas gjør ifølge bokens tittel er å «shrug», dvs. å trekke på skuldrene, trekke seg tilbake, gi blaffen. Og det er dette entreprenørene, eliten, i boken, gjør. Det som skjer er at Atlas trekker på skuldrene: «nå får det være nok av trakassering, nå drar jeg» tenker han. Den tyske tittelen er *Atlas wirft dem Weld ab,* som har en tittel som ligner på den opprinnelige, men tittelen på den norske oversettelsen, *De som beveger verden,* ikke har noen sammenheng med den originale tittelen i det hele tatt.

Kapitalistene i boken er lei av å bli trakassert av myndighetene, og de gir opp. Men grunnen til at disse entreprenørene, de som yter størst innsats for at verden skal bli et bedre sted, blir mobbet til å trekke seg tilbake, er en gal moralteori (som igjen er en del av en gal filosofi), og løsningen er en korrekt filosofi. I boken presenterer Ayn Rand denne filosofien.

Helios sørger for at solen går over himmelen hver dag – han kjører den i en vogn. Faethon, Helios' sønn, overtalte en dag sin far til å la ham kjøre vognen. Men han mistet kontroll over hestene, solen kom for nær jorden, og den brant opp et stort område (Sahara) og styrtet. Dette er sagnet om Trollmannens læregutt: ambisjon fører til nederlag. Hvordan vet vi at Ayn Rand berører dette sagnet i *Atlas Shrugged*? *Faethon* er navnet på Halleys opera, og det Ayn Rand sier i *Atlas Shrugged,* i motsetning til det myten sier, er at ambisjon lykkes.

Prometevs stjeler gudenes ild og gir den til menneskene. Denne ilden er symbol for kunst, kultur, sivilisasjon. Slike verdier er ikke automatisk gitt, de må opprettholdes kontinuerlig, de er resultatet av korrekte ideer. John Galt slutter å tilføre verden disse ideene, han tar derved ilden tilbake. Dette er eksplisitt nevnt i boken.

Atlantis var en gammel, høyverdig sivilisasjon på en øy som sank i havet. Ifølge den greske myten var den ettertraktet, men uoppnåelig. I *Atlas Shrugged* er Atlantis Galt's Gulch – og et samfunn av denne typen er oppnåelig dersom fornuften blir allment akseptert i befolkningen.

Odyssevs var konge av Itacha. Siden han fornektet gudene etter at han hadde seiret i slaget om Troja, hevnet de seg på ham ved å la ham bruke ti år på en sjøreise som vanligvis ville tatt noen dager. Under turen la guden et stort antall komplikasjoner i veien for ham, bl.a. lokkes han av sirenene (krigerkvinner som ser ut som vår tids supermodeller) som lokker menn i døden. Odyssevs binder seg fast til skipets mast for ikke å gi etter for fristelsen. For ikke å svikte sitt firma har «Roger Marsh ... chained himself to the desk» (s. 310). Marsh gir dog etter for fristelsen – og han lykkes, han mister ikke livet, men kommer til Atlantis.

Kjernen i noen av kapitlene
Første kapittel heter THE THEME. Tema er egentlig Halleys konsert, men kapitlet tar også opp bokens tema. Hele problemstillingen som finnes i boken blir berørt i bokens aller første kapittel. Et avsnitt som beskriver temaet kan man finne både på side 20, og på side 1072: «It was a symphony of triumph. The notes flowed up, they spoke of rising and they were rising itself...».

THE TOP AND THE BOTTOM. James Taggart er på toppen av samfunnet, og Galt er på bunnen (som ufaglært arbeider). I dette kapitlet er også den fysiske plasseringen av disse to personene slik; Taggert er øverst og Galt er nederst: Taggart befinner seg i et møterom på toppen av en bygning, Galt er i en kafé i en kjeller. Egentlig burde det vært stikk motsatt.

THE IMMOVABLE MOVERS. Dette er en hentydning til Aristoteles' «immovable mover», den første beveger, den som satte bevegelsen i universet i gang. Nå finnes det ikke noen slik første beveger, men de som beveger verden er entreprenørene, kapitalistene, og disse beskrives i dette kapitlet. Men også disse trenger som regel inspirasjon, for eksempel fra en annens bragd. Dagny er en motor, men hun trenger drivstoff, hun trenger motivasjon. Etter hvert viser det seg at skaperglede er det drivstoff man trenger.

Rearden finner ut at han er sin egen motor – ingen andre kan få ham til å bevege seg.

Entreprenørene er de «immovable movers», de beveges ikke av noe utenfor seg selv. Dette er i strid med Aristoteles' «immovable mover», som er et utslag av mystisisme. Det er også i dette kapitlet at romanen *The Vulture is Molting* nevnes, århundrets store roman om kapitalisters grådighet

THE MORATORIUM ON BRAINS. I dette kapitlet skjer tunnelulykken. Uykken illustrerer sammenhengen mellom undertrykkelse/mangel på frihet, og mangelen på individuelt ansvar.

ACCOUNT OVERDRAWN. Utbytterne begynner å slippe opp for folk å utbytte ved å utnytte dem for mye – de overtrekker altså kontoen. Det er her Franciso sier: «you can't have your cake and eat it too», som betyr at man ikke kan få både i pose og sekk, dvs. at man ikke kan regne med å få oppfylt ønsker som inneholder innbyrdes motstridende elementer.

Dette kapitlet inneholder to viktige scener: 1) Et møte i styret i Taggart Transcontinental, hvor de må behandle en rekke saker som krav om høyere lønn fra de ansatte, krav om lavere priser fra kundene, krav fra myndighetene om at de må kjøpe statsobligasjoner – krav som er innbyrdes motstridende. 2) Lillian har oppdaget at Rearden har et forhold til Dagny. Hun henviser til at de er gift, hun henviser altså til ekteskapskontrakten, og krever at forholdet opphører. Rearden nekter.

Sammenhengen mellom disse scenene er ikke årsaksmessig, den er tematisk. I begge scenene henvises det til lover, regler, kontrakter som reellt sett har mistet sin moralske gyldighet.

Bokens tre deler
Alle som har lest *Atlas Shrugged* vet at bokens tre deler har navnene «Motsigelsesfrihet», «Enten-eller» og «A er A», og at disse er logikkens tre grunnlover.

Bokens første del heter altså «Motsigelsesfrihet», som henspeiler på den logiske loven som sier at selvmotsigelser ikke eksisterer i virkeligheten. Her opplever Dagny det hun tror er selvmotsigelser: en genial oppfinner forlater sin største oppfinnelse, motoren; den geniale kapitalisten/entreprenøren blir en playboy; en stor filosof tar jobb som kokk i et gatekjøkken. Både John Galt og Francisco d'Anconia og Hugh Akson opptrer helt motsatt av det de egentlig er, men dette er noe leserne først finner ut etter hvert.

To ganger blir dette prinsippet uttalt til Dagny: Av Hugh Akston og av Francisco: begge sier til henne at hvis hun tror hun ser en selvmotsigelse, så «check your premises». Det de sier er at det er en feil i hennes tenkning, hun har et premiss som ikke er korrekt og at hun må korrigere dette før hun kan forstå hva som egentlig foregår. Altså: fra oppgaven om å finne «the destroyer»/«the inventor», må hun nå også forsøke å finne feilen i sin tenkning. Og det er å finne tenke-feilen, dvs. den filosofiske feilen, som er bokens egentlige tema. Spenningen brer seg nå fra den rene detektivhistorien til de filosofiske problem-stillingene.

I annen del, «Enten-eller», må Dagny foreta et valg: skal hun arbeide for jernbanen eller gi den opp? Mer spesifikt: Hun ønsker å vise sin dyktighet i å drive jernbanen, hun ønsker dermed å vise at hun fortjener den mannen som hun vil ha. Francisco sier dog at den mannen hun er ute etter vil være mest tilfreds hvis hun gir opp. Filosofisk er valget mellom det etiske grunnsyn de streikende står for, og det grunnsyn som samfunnet som helhet står for. Konflikten er altså mellom rasjonell egoisme og altruisme. Det hun – og Rearden – må lære, er at man ikke kan tjene begge: man kan ikke både tjene Gud og Keiser, som Francisco formulerer det. Siste del, «A er A», som er den symbolske fremstillingen av identitetsloven, sier at ting har identitet, at de er det de er. Her finner Dagny (og Rearden) ut hva som er de grunnleggende premisser som driver det tradisjonelle samfunn, og hvor ødeleggende disse grunnpremissene er. Hun finner også ut hva som er det eneste brukbare alternativet. Hun slutter seg derfor helt og full ut til de som streiker.

Vi ser altså at titlene på de tre delene blir illustrert av handlingen i hver del.

Temaet i *Atlas Shrugged*

En roman (og en film og et teaterstykke) har alltid et tema. La oss gi noen eksempler på kjente verker og de temaer de tar opp. Sofokeles´ drama *Antigone* sier at moral er viktigere enn politikk, individet er viktigere enn staten. Shakespeares tragedie *Othello* påstår at hvorvidt man er god eller ond er irrelevant i forhold til hvordan ens liv blir. Corneilles *Le Cid* sier at ære er viktigere enn livet selv, Ibsens *En folkefiende* sier at individet er viktigere enn gruppen. *De Elendige* beskriver urettferdigheten som Victor Hugo mente rammer de lavere klasser.

Tatt av vinden, Margaret Mitchell store roman, behandler den amerikanske borgerkrigens innflydelse på sydstatenes samfunnsliv. Handlingen består i at Scarlett O'Hara rives mellom to personer, Rhett Butler og Ashley, og disse representerer henholdsvis den nye og den gamle sydstatskulturen. Denne romanen har en perfekt sammenkobling av handling og tema.

Filmen *Forrest Gump*, regissert av Robert Zemeckis, sier at det er ingen sammenheng mellom innsats og resultater, eller kanskje at talent og innsikt er en forbannelse som det er best å være foruten. Handlingen består i at en idiot, som ikke er i stand til å oppdage eller vurdere godhet eller ondskap, og som ikke tar noe initiativ på noe område, lykkes på alle områder. Hans tidlige venninne, som er våken og initiativrik, mislykkes på alle områder: hun bankes opp av sin «kjæreste», og dør tilslutt av AIDS. Idioten klarer seg altså godt, den våkne og aktive lider.

Temaet i Ibsens *Brand* er at idealisme fører til ulykke og død, *Rear Window* (av Alfred Hitchcock) sier at det er umulig å være en tilskuer til livet. *Rope* (også Hitchcock) sier at filosofi og rasjonalitet ikke kan begrunne moral. *Pulp Fiction* (regi: Quentin Tarantino) påstår at livet er en farlig kloakk hvor vold er normalt og hvor enhver form for moral er unødvendig og irrelevant.

Titanic (regi: James Cameron) sier at man bør unngå det konvensjonelle, at man bør leve livet som man vil. Men ifølge filmen består dette ikke i å søke etter virkelige verdier som god kunst (hovedpersonen Jack er kunstner, og et av hans motiver er en enbent kvinnelig prostituert), verdiskaping (som i produktivt arbeid) eller vakre ting (den kvinnelige hovedpersonen kaster diamanten overbord), men kun i tanketomme aktiviteter som å ta helt unødvendige risiki (balansere på baugen), fyll, dansing, spytting og tilfeldig sex. Den ytre handling i filmen – Titanics forlis – er dårlig integrert med temaet.

Det temaet som forliset av *Titanic* virkelig kan brukes til å illustrere er at stor ambisjon er dømt til å mislykkes. Dette er temaet i Erik Fosnes Hansens *Salme ved reisens slutt*. Grunnen til at Titanics forlis er blitt et populært tema i vår tid er selvsagt de siste års (helt irrasjonelle) dommedagsprofetier: alt vi har gjort som vi har trodd har løst problemer, har bare ført oss nærmere katastrofen.

Temaet i *Kildens utspring* er at integritet og individualisme er nødvendige dyder. Boken handler om individualisme versus kollektivisme i menneskets sjel, den tar for seg de filosofiske og psykologiske grunnpremisser som preger kollektivister og individualister. Handlingen består i at en briljant nyskaper lykkes i kampen for sine prinsipper i strid med en «elite» som foretrekker middelmådighet og konformisme. Boken har en ypperlig integrasjon av tema og handling.

Hvorvidt et (fortellende) kunstverk skal vurderes som betydelig avhenger av to ting: Hvor godt lykkes forfatteren (eller regissøren, hvis vi vurderer en film) i å fremstille sitt tema, og hvor viktig er temaet. Hvis en kunstner fremstiller et meget uviktig tema på en dyktig måte, da kan verket ikke beskrives som et stort kunstverk. Skal et verk bli regnet som stort, da må temaet være viktig, og det må fremstilles på en dyktig måte. Storhet, totalt sett, avhenger altså av hvor viktig temaet er, og hvor godt dette er gjennomført.

I *Atlas Shrugged* er temaet tenkningens betydning for menneskers liv (her menes rasjonell, langsiktig tenkning). Handlingen består i at de tenkende mennesker (entreprenører, intellektuelle, kunstnere, kapitalister) går til streik imot det kollektivistisk/altruistiske samfunn, de går til streik for å protestere mot dem som vil ha resultatene av tenkning uten selv å være villige til å utføre den tenkning som må til for å skape disse resultatene, og uten å respektere dem som utfører denne tenkningen.

I *Atlas Shrugged* tar Ayn Rand ikke bare for seg hvordan dette skjer på samfunnsmessig nivå, hun viser også betydning av tenkning i et stort antall enkeltsituasjoner. *Atlas Shrugged* har altså en perfekt integrasjon av tema og handling.

Det som har skjedd i boken er at tenkerne, «the men of the mind», har gått til streik, de har trukket seg tilbake fra verden. Filosofisk sett er det vanlige syn i vår tid at «the mind» mer eller mindre er en myte, at den er uviktig, og at vi alle er determinert av våre omgivelser. Ingen individer skaper noe, heter det, alt er reaksjon på økonomiske faktorer (Marx), eller tidlige opplevelser i barndommen (Freud). *Forrest Gump* er tydelig symptom på denne ikke-tenkning-holdningen.

Atlas Shrugged sier noe annet enn det som er vanlig i dag: *Atlas Shrugged* sier at det er tenkning som skaper levelige forhold. Mennesket må tenke og mennesket må ha frihet til å tenke og til å kunne handle på basis av denne tenkningen. Det er «the men of the mind» som skaper Rearden Metal, John Galt-linjen og motoren, og for å kunne hjelpe menneskeheten ved å skape slike ting, trenger de frihet. Dersom man forsøker å frata mennesker som disse det de kan produsere, blir resultatet at produsentene forsvinner. Det er derfor historien viser at perioder eller områder med stor frihet har velstand, mens perioder eller områder uten frihet, de har fattigdom.

Ikke bare tar *Atlas Shrugged* opp det viktigste tema som tenkes kan, men den gjør det på en spennende og underholdende måte. Dessuten fremmes i boken et komplett filosofisk system, og dette ville ha vært en stor bragd selv om filosofien hadde vært feil. Men dette systemet er også et riktig filosofisk system. Derfor vil ikke jeg nøle med å si at *Atlas Shrugged* er det mest betydelige kunstverk som finnes.

Jeg håper at dere på basis av dette vil få enda større utbytte neste gang dere leser *Atlas Shrugged.*

Postscript om den norske utgaven av *Atlas Shrugged*

I 2000 ble Atlas Shrugged utgitt på norsk med tittelen *De som beveger verden.* Dessverre er oversettelsen på alle vis så dårlig at vi vil fraråde alle å lese denne boken. Originalen er skrevet i en stil som gjør lesingen til en spennende opplevelse, men den norske oversettelsen er holdt i en så tung og kjedelig stil at den er en stor byrde å lese.

Mange viktig uttrykk er også direkte feil oversatt. For eksempel er Ayn Rands formuleringer «first-hander» og «second-hander» oversatt til «førsterangs» og «annenrangs», noe som kan gi inntrykk av at boken beskriver en elite av spesielt utvalgte mennesker

Ayn Rands uttrykk kan sammenlignes med uttrykk som «førstehånds [kjennskap]» i motsetning til «annenhånds [kjennskap]».

Riktigst tror jeg det ville vært å benytte uttrykk som «uavhengig» eller «selvstendig» som oversettelse av «first-hander», og «avhengig» eller «uselvstendig» som oversettelse av «second-hander».

      Det å finne en god oversettelse av tittelen *Atlas Shrugged* vil jeg påstå er umulig, men den tittelen som er valgt, *De som beveger verden*, kan gi inntrykk av en elitetenkning som er Ayn Rand helt fremmed.

Betydningen av ord

Publisert i AerA nr 4 1999

«Ord, ord, ord» svarer Hamlet da Polonius spør ham hva han leser. Selv om dette svaret ikke er galt, så unngår det poenget: Når Polonius stiller Hamlet dette spørsmålet, så vil han vite *betydningen* av de ord som Hamlet leser. Det viktige ved ord er at de har bestemte betydninger.

Ord har bestemte betydninger fordi hvert eneste ord (unntatt egennavn) er navn på et begrep, og begreper dannes på basis av observasjon av virkeligheten (dvs. det er dette som er den korrekte måten å danne begreper på). Ord refererer således til helt bestemte ting («ting» brukes her i videst mulige forstand og omfatter således ikke bare fysiske gjenstander, men også abstraksjoner som for eksempel prinsipper, teorier, forhold, osv.), og det er dette som er grunnen til at ord har helt bestemte betydninger. Det man bør gjøre er å følge Dagny Taggart i *Atlas Shrugged*: som henne bør man betrakte «language as a tool of honor, always to be used as if one were under oath – an oath of allegiance to reality» (Rand: *Atlas Shrugged*, NAL 1992, s. 1019). Ayn Rand kommenterer dette i sitt kurs i skjønnlitteratur med å si at «an exact writer treats words as he would in a legal document using words with absolute clarity» (Rand: *The Art of Fiction,* Plume 2000, s. 10). Essensen av et ords bestemte betydning er inneholdt i ordets (begrepets) definisjon. (Hele begrepsdannelsesprosessen er utførlig beskrevet i Ayn Rands *Introduction to Objectivist Epistemology*.)

Idag er det dessverre slik at mange benytter ord som om de ikke har bestemte betydninger: ord benyttes ofte i sammenhenger og sammensetninger som er direkte selvmotsigende: «statskapitalisme», «markedets diktatur», «lønnsslaveri», «gjeldsslave», «sosial rettferdighet», «kunnskap er et sosialt produkt», «gangster-kapitalisme» (om tilstanden i Russland på 1990-tallet) eller «kamerat-kapitalisme» (et system hvor politikere foretar inngrep i økonomien for å beskytte enkelte bedrifter mot konkurranse.) Videre kan man bli beskyldt for å være rasist dersom man kritiserer islam, en religion.

Enkelte ord benyttes også ofte på helt feilaktige måter: to meget utbredte eksempler er «egoisme», som nesten alltid brukes for å beskrive hensynsløs og bøllete oppførsel, og «altruisme», som ofte benyttes som synonymt med å være snill og grei og hjelpsom. De nevnte ordene er alle definert i seriøse ordbøker på en måte som tydelig viser at bruken av disse ordene i de nevnte eksemplene er helt feil. Men hva er da årsaken til at ord brukes på den måten som eksemplene viser? La oss se nærmere på uttrykket «statskapitalisme».

Dette ordet ble benyttet for å beskrive det økonomiske systemet i landene i Øst-Europa under sosialismen. Det ble altså benyttet for å beskrive sosialisme! Hvorfor benytter enkelte da «statskapitalisme» for å beskrive det som korrekt kan beskrives som «sosialisme»? Når man nå spør hvem som benyttet disse ordene på denne måten, nærmer man seg svaret på dette spørsmålet: det var sosialister som beskrev det som virkelig var sosialisme som «statskapitalisme», og grunnen var at de ønsket å tilsløre det sosialismen virkelig var. Tilstanden i landene i Øst-Europa var selvsagt svært negativ, og derfor var det vanskelig for sosialister å si at det som var det økonomiske systemet i disse landene virkelig var sosialisme – de måtte finne på et annet ord/uttrykk. Og siden de ikke likte kapitalisme, beskrev de systemet i disse landene som en form for kapitalisme.

Man kan formulere dette prinsippet på en annen måte: Alle mennesker har noe de misliker og noe de liker. Ord som er navn på ting man liker har da en positiv klang, og ord som er navn på ting man ikke liker har en negativ klang. Enkelte personer kobler så disse tingene sammen, og bruker ord som har en positiv klang for å beskrive ting de liker, og de benytter ord som har en negativ klang for å beskrive ting de ikke liker.

Sosialister likte ikke tilstanden i Øst-Europa, og de likte ikke kapitalisme – derfor beskrev de tilstanden som en form for kapitalisme. De som snakker om «markedets diktatur» liker ikke det frie marked, og de liker ikke diktatur, og derfor lager det uttrykket «markedets diktatur». Kapitalismen er et økonomisk system hvor det offentlige ikke blander seg inn i frivillig handel mellom mennesker, og å beskrive situasjonen i enkelte land som «kamerat-kapitalisme» eller «gangster-kapitalisme» har kun ett formål: å gi kapitalismen skylden for problemene som dukker opp i blandingsøkonomier. Forøvrig hører vi aldri uttrykk som «gangster-sosialisme» eller «kamerat-sosialisme», selv om det er slike uttrykk som er korrekte beskrivelser av politikeres innblanding i økonomien.

Hvorfor lager enkelte slike uttrykk hvor ord med en positiv/ negativ klang kobles sammen med ting man liker/ikke liker? De lages av propagandagrunner – «statskapitalisme», «markedets diktatur», «kamerat-kapitalisme», «prostitusjon er vold» er uttrykk som er laget ikke for å kommunisere på en klar og tydelig måte, disse ordsammensetningene er laget av propagandagrunner. Disse uttrykkene er laget for å unngå å sverte sosialismen og å sverte kapitalismen, eller for å hjelpe til med å få innført et lovforbud mot prostitusjon (idag er prostitusjon ikke ulovlig, mens bruk av vold mot fredelige mennesker selvsagt bør være ulovlig).

Hvorfor lar folk seg lure til å godta slike uttrykk? Disse uttrykkene har jo samme sannhetsinnhold som de uttrykkene George Orwell latterliggjør i *1984:* «Krig er fred», «Frihet er trelldom», «Uvitenhet er styrke». Grunnen til at slike uttrykk får fotfeste og blir brukt er at få i dag er helt klar over hvordan begreper – og teorier og filosofier – virkelig bør dannes. Som nevnt innledningsvis er det en korrekt måte å danne begreper på: ved mental systematisering av det man observerer. Slik bør også alle teorier og filosofier dannes, men denne metoden er praktisk talt helt ukjent idag. Folks forhold til begreper er i stadig større grad påvirket av den metoden for bruk av ord som er fremstilt i *Alice i eventyrland*: et ord kan bety hva en måtte ønske. Det er med andre ord slik at den tidligere nærmest enerådende oppfatningen, som Objektivismen deler, og som gikk ut på at ord har bestemte betydninger, er i ferd med å bli erstattet av det syn at enhver kan benytte hvilke ord han måtte ønske i den betydningen han måtte ønske: Liker man ikke det som ble sosialismens resultat, kan man kalle det kapitalisme; liker man ikke det frie marked (hvor alt samkvem er frivillig), kan man kalle det et diktatur; liker man ikke at man må jobbe for å leve, kan man kalle det lønnsslaveri, osv.

Det Objektivistiske synet – at ord har bestemte betydninger – bygger på det metafysiske faktum at det finnes en uavhengig, objektiv virkelighet, og at denne virkeligheten er den samme for alle. Dette synet er dog ikke allment akseptert i dag, det er mange idag som påstår at «enhver lever i sin egen virkelighet» eller at «Gud finnes for den kristne» eller at «Noe kan være sant for deg, men ikke for meg» – et syn som kalles subjektivisme. Standpunktet om at vi lever i hver vår virkelighet innebærer at vi ikke observerer de samme tingene, og derfor er det ikke urimelig å tro at ord virkelig kan ha forskjellige betydninger for forskjellige mennesker. Og dette er den filosofiske basis for at mange idag godtar utrykk som «markedets diktatur» og «statskapitalisme».

For å unngå å begå – eller å la seg lure av – slike feil, bør man gjøre seg kjent med den korrekte betydningen av de viktigste ordene man benytter. Man bør lære seg definisjonene av viktige ord; slike definisjoner kan man finne i gode ordbøker eller leksika. La meg gjengi noen eksempler på definisjoner fra Kunnskapsforlagets leksikon (3-bindsutgaven, 1982). Der er egoisme definert som «Den oppfatning at egeninteressen alene kan og bør være motivet for våre handlinger», og altruisme er definert som «den etiske grunnsetning at andres vel bør være målet for våre handlinger. Motsatt: egoisme». De Objektivistiske definisjonene av disse begrepene er at egoisme er den etiske teori som sier at man bør på en prinsippfast og langsiktig måte handle slik at man selv virkelig tjener på det, og altruisme er den etiske teori som sier at man alltid bør handle slik at man tjener andre, ikke seg selv.

Vi ser at definisjonene fra leksikonet på et vis er korrekte – de er ikke så fundamentale som de Objektivistiske definisjonene, men de er heller ikke i strid med de Objektivistiske definisjonene. I enkelte ordbøker kan man riktignok også finne at uttrykk som «hensynsløshet» er tatt med i definisjonen av egoisme, men dette er fordi at ingen, heller ikke leksikonforfattere, opererer i et filosofisk vakuum. De som skriver er påvirket av de filosofiske grunnholdninger som er omkring dem, og siden dagens filosofiske klima innebærer et negativt syn på egoisme, er det lett å ta med at egoisme nødvendigvis inneholder negative egenskaper når man formulerer en definisjon.

La oss se på enda et par vanlige definisjoner av viktige begreper, og så kontrastere disse med de Objektivistiske definisjonene. Kunnskap er nesten alltid definert som «en overbevisning som er sann og begrunnet». (Uttrykk som «kunnskap er et sosialt fenomen» brukes av relativister, og de mener med dette at kriteriet for sannhet er at en overbevisning er utbredt i en etnisk eller sosial gruppe. Man bør legge merke til at det i dag er vanlig å definere objektiv som intersubjektiv og dette innebærer at det som er objektivt er det som mange er enige i. En slik oppfatning er selvsagt helt feil.)

Ayn Rands definerer kunnskap som «a mental grasp of the facts of reality, reached either by perceptual observation or by a reason based on perceptual observation». Det er nå lett å se at den Objektivistiske definisjonen er langt bedre enn den vanlige definisjonen, selv om den vanlige definisjonen ikke er feilaktig. Den Objektivistiske definisjonen sier hvor overbevisningen kommer fra (observasjon av virkeligheten) og hvordan den skal begrunnes (fornuft).

La oss også se på definisjonen av logikk. I nevnte leksikon er logikk definert som det fag som «utforsker de regler, prinsipper og begreper som ligger til grunn for korrekte og holdbare resonnementer, slutninger og bevisførsel». Hva er sammenhengen mellom denne definisjonen og Ayn Rands definisjon av logikk som «the art of non-contradictory identification»? Leksikondefinisjonen er ikke på noe vis feilaktig, og det er heller ingen motsetning mellom denne definisjonen og Ayn Rands definisjon. Forskjellen er at Ayn Rands definisjon er resultat av en større innsikt i hva logikk er enn den innsikt som leksikondefinisjonen bygger på. Leksikondefinisjonen sier at logikk gir metoder for korrekt tenkning, mens Ayn Rands definisjon går enda dypere og sier hva korrekt tenkning, essensielt sett, er: korrekt tenkning går ut på å identifisere virkeligheten, og dette har som sin viktigste komponent at man tar hensyn til det metafysiske faktum at selvmotsigelser ikke kan eksistere i virkeligheten. Ayn Rands definisjon av logikk er nyere enn leksikondefinisjonen, og dette illustrerer det faktum at ny viten og ny innsikt kan gi opphav til nye og bedre definisjoner.

Dagens utvikling mot en tilstand hvor enhver bruker ord slik de måtte ønske, uten tanke på hva ordets virkelige betydning er, er meget farlig. For å kunne tenke (å tenke er en mental prosess hvis mål det er å finne sannhet), må man være klar over de bestemte betydninger som ord har. Den utviklingen vi idag er inne i kan føre til at folks tenkeevne blir kraftig redusert.

At man ikke kan tenke klart er ikke den eneste faren: ord må også ha faste betydninger for at man skal være i stand til å kommunisere på en rasjonell måte, ord må ha faste betydninger for at man skal kunne forstå hva andre mennesker sier. Kan man ikke forstå hva andre mennesker sier, er verbal kommunikasjon mellom mennesker umulig. Dette har en viktig implikasjon for løsning av konflikter. Konflikter mellom mennesker er selvsagt uunngåelige, men den rasjonelle måten å løse dem på er ved diskusjon med utgangspunkt i en rasjonell filosofi. Kan man ikke løse konflikter ved å diskutere på en rasjonell måte, vil man ofte ikke ha noen annen utvei enn å forsøke å løse konflikten ved å benytte vold. Vi ser lett både fra historien og omkring oss i dag at tidsepoker og områder hvor rasjonaliteten sto/står svakt, i stor grad var/er preget av vold og krig.

Med andre ord: begrepsteori er så viktig at dersom man i et samfunn ikke har en allmenn oppslutning om en rasjonell begrepsteori vil, resultatet bli barbari. (Ja, begrepsteori er så viktig.)

Prinsipper: Hva er de og hvorfor trenger vi dem?

Basert på et foredrag holdt i FSO 12. oktober 1999

Hvorfor har vi filosofi? Hvorfor finnes dette faget? Svaret er at vi trenger filosofi for å kunne forstå virkeligheten og for å kunne forstå mennesker. Og hvorfor skal vi det? Vi må forstå disse tingene for å kunne foreta de riktige valg slik at vi kan leve godt – et godt liv kommer ikke av seg selv*.

Vi må altså ha en korrekt filosofi for å kunne gjøre vårt beste slik at vi kan foreta de valg som er nødvendige for å kunne leve et godt og lykkelig liv.

Hva er det så en korrekt filosofi, dvs. Objektivismen, sier? I store trekk sier den at det er kun én virkelighet, at virkeligheten følger årsaksloven og derfor er forståelig. Den sier at vi kan oppnå kunnskap, og at kunnskapens formål er å gi oss et godt grunnlag for å foreta hensiktsmessige valg. Korrekt kunnskap sier blant annet at målet er å leve et lykkelig liv, og for å oppnå dette må man være egoist. Egoisme innebærer at man må følge prinsipper som rasjonalitet, ærlighet, produktivitet, integritet og rettferdighet. Objektivismen sier også at man ikke skal initiere tvang mot andre mennesker, dvs. at man skal respektere individers rettigheter. Den fulle forklaring på hva dette innebærer og hvorfor dette er riktig, vil kreve en fremstilling som tar endel hundre sider, og den finner man i den Objektivistiske litteraturen. Vi skal ikke gå inn på dette her. Det vi her skal se på er noe annet, vi skal se på prinsipper – hva de er og hvorfor de er viktige.

Prinsipper

Objektivismen sier at vi skal være ærlige – enkelte vil da spørre om hvorfor vi ikke noen ganger kan være uærlige, for eksempel hvis vi skulle kunne tjene på det. Objektivismen sier at vi skal være egoister –

---

* Riktige valg er dog ikke tilstrekkelig for å få et godt liv. Selv om man velger riktig, kan man allikevel bli ulykkelig hvis man blir rammet av negative ting fra naturen (sykdom, naturkatastrofer) eller fra andre mennesker (kriminalitet, krig).

mange vil da spørre om hvorfor vi ikke kan være litt altruister en gang i blant. Objektivismen sier at vi bør ha et samfunn med full respekt for individers rettigheter dvs. laissez-faire-kapitalisme – mange vil da spørre om hvorfor vi ikke kan godta litt «samfunnsmessig styring og kontroll» for å «rette opp de verste skjevhetene» eller akseptere noen offentlige støtteordninger for å hjelpe de svake.

Grunnen til at svaret på alle disse spørsmålene er Nei er å finne i det Objektivistiske synet på prinsipper.

Prinsipper har en oppgave som ikke er ulik den oppgave begreper har, så la oss repetere litt om begreper. Vi observerer en rekke ting omkring oss, og alle disse tingene er forskjellige, men noen av dem ligner på hverandre. I vår bevissthet samler vi de tingene som ligner på hverandre i grupper: alle stoler samler vi i en gruppe, alle bord samler vi i en annen gruppe, alle mennesker samler vi i enda en gruppe, osv. Tilsvarende gjør vi med alt vi observerer og med alt vi utleder fra det vi observerer. For hver samling ting danner vi i vår bevissthet et begrep, og vi setter så et ord som navn på begrepet. Hvert ord (unntatt egennavn) er navn på et begrep: «stol» refererer således til alle stoler som finnes, «bord» refererer til alle bord som finnes, osv.

Dette er noe vi må gjøre for å spare plass i bevisstheten. Vi må kategorisere og sammenfatte det vi observerer, det er umulig å ha et navn for hver enkelt ting som finnes. Hvis hver stol, hvert bord, eller hver kulepenn hadde hatt sitt eget navn og ble betraktet som helt urelatert til andre stoler, bord og kulepenner, ville vi miste enhver oversikt, og vi ville være i en situasjon det ville vært helt umulig å håndtere. Dette – å danne begreper – er altså nødvendig for å kunne orientere seg i virkeligheten, og formålet med dette er å ha et godt grunnlag for valg.

Men vi sammenfatter ikke bare objekter (både konkrete og abstrakte) på denne måten, vi sammenfatter også i generelle regler hvordan ting og mennesker oppfører seg (og hvordan mennesker bør oppføre seg). Gravitasjonsloven, evolusjonsteorien, loven om tilbud og etterspørsel, er noen eksempler på slike generelle regler. Man observerer altså hendelser, man abstraherer og oppdager derved sammenhenger mellom hendelsene, og man formulerer regler* for å beskrive disse hendelsene.

Newton observerte endel hendelser – eplet som falt fra grenen, tidevann – og når han satte dette sammen med det han visste om månens bevegelse rundt jorden og planetenes bevegelse rundt solen, laget han en teori for hvordan tyngdekraften er: han oppdaget gravitasjonsloven. Darwin observerte planter og dyr og fossiler, og dannet en teori om at arter forandrer seg over store tidsperioder: han skapte evolusjonsteorien. Økonomer observerte hvordan priser forandrer seg i samsvar med tilbud og etterspørsel og laget en lov for denne sammenhengen: loven om tilbud og etterspørsel.

Alle disse sammenhengene er prinsipper, og de er dannet ved induksjon. Et prinsipp er av Ayn Rand definert som «a general truth on which other truths depend».

Jorden går i en ellipsebane omkring solen – dette er en spesifikk sannhet som bygger på den generelle sannheten som er uttrykt i gravitasjonsloven. Vann er mer anvendelig enn diamanter, men likevel har diamanter i vanlige sammenhenger høyere pris enn vann. Grunnen er at det finnes mye vann tilgjengelig, mens det er få diamanter og stor etterspørsel etter dem dette er en implikasjon av prinsippet om tilbud og etterspørsel.

Prinsipper er generelle, og de viser seg eller kommer til anvendelse i mer spesifikke sammenhenger.

Prinsipper finnes på mange forskjellige områder, for eksempel som nevnt innen videnskap. Disse har samme funksjon som begreper: de samler opp og gjør derved tilgjengelig store mengder kunnskap.

Moralske prinsipper

Men det finnes også moralske prinsipper – prinsipper som sier hvordan man bør handle. Et eksempel på et slikt moralsk prinsipp er ærlighet (dvs. vær ærlig!). Dette er et moralsk prinsipp som sier hvordan man bør oppføre seg i en rekke ulike situasjoner. Den som følger dette prinsippet vet at han aldri skal stjele, aldri skal lyve, aldri skal bedra andre, osv. Prinsippet ærlighet er altså en generell sannhet, og den kommer til anvendelse i mer spesifikke situasjoner og viser hvordan

---

* En regel er mer konkret, mer avgrenset og mer spesifikk, enn et prinsipp.

man bør oppføre seg*.

Det er virkelig umulig for oss å tenke igjennom fra grunnen av hver enkelt valgsituasjon vi kommer i. La oss vise dette med et eksempel. En prinsippløs person ser en interessant bok, og han stiller seg spørsmålet om hvorvidt han skal stjele den. Den tankeprosessen han går igjennom kan da se omtrent slik ut: «Jeg lyst på denne boken, men en annen har person har tatt den med hit han eier den; eiendomsrett er et gode, men hvorfor det? Jo, eiendom er resultatet arbeid, arbeid skaper verdier, verdier må vi ha for å leve. Dessuten har han mange bøker, og han vil kanskje ikke savne den dersom den blir borte, og hvis jeg ikke bli oppdaget da gjør det vel ikke noe, men kanskje er dette en felle for å avsløre om jeg er en tyv eller ikke. Hvis han blir frastjålet denne boken, da vil han kanskje stjele noe fra meg en annen gang, osv.» Det er umulig på en slik måte å gå igjennom hele begrunnelsen (som her er gjengitt i et meget kort sammendrag) hver gang man kommer i en situasjon hvor man har valget mellom å stjele eller ikke. Hvis man derimot har prinsippet ærlighet, da vet man at man ikke skal stjele, og man slipper å tenke igjennom dette i hver ny situasjon som dukker opp. Hvis man har prinsippet ærlighet har man utført denne type tenkning en gang for alle, og man vet at man ikke skal stjele. Derfor er det slik at dersom man har prinsipper, da kan man konsentrere sin mentale energi om andre viktige ting, og man kan derfor tenke og handle mer effektivt.

Hva så med de etiske prinsippene egoisme og altruisme? Egoisme er et sant prinsipp, altruisme er et galt prinsipp. (Prinsipper er definert som en type generelle sannheter, men de som forfekter usanne prinsipper tror åpenbart at de er sanne.) En egoist vet i enhver situasjon som måtte dukke opp hvilket grunnlag han bør basere sitt valg på.

La meg ha nevnt før vi går videre at disse prinsippene, egoisme og altruisme, kommer til anvendelse i de viktige valgene man skal foreta, de handler ikke om bagateller. Man er ikke altruist selv om man gir fem kroner til en tigger eller hjelper en gammel dame over gaten – de som trekker frem slike eksempler og tror de er uttrykk for altruisme, de er meget nærsynte.

---

* Ifølge Objektivismen er det ingen motsetning mellom fakta og verdier, mellom er og bør: det sanne er det rette.

I hvilke tilfeller gjelder de da? Ethvert menneske må stadig foreta viktige valg: hvilken utdannelse skal man ta; hvilken karriere skal man velge; skal man ta en ny jobb eller fortsette i den man allerede har; hvor skal man bosette seg; hvilken partner skal man velge å leve sammen med; skal man skaffe seg barn; hvordan skal man forholde seg til sine venner og hvordan skal man forholde seg til venner som etterhvert viser seg å være annerledes enn man hadde trodd og som utvikler seg til å bli en pest og en plage; hvordan skal man bruke sine penger – skal man bruke dem på ting som er til nytte og glede for en selv eller skal man gi dem bort til personer som man ikke kjenner og som ikke betyr noe for en og som sannsynligvis kommer til på bruke dem på en uklok måte, eller skal man gi dem til «samfunnet» for å finansiere politikeres prestisjeprosjekter eller den ødeleggende politikken de står for? Men viktigst er dette poenget, som egentlig ligger til grunn for de som nettopp ble nevnt: hvordan skal man skaffe seg kunnskap – skal man observere virkeligheten og selv foreta logiske analyser av det man observerer, eller skal man danne sine standpunkter og sine oppfatninger etter det andre mennesker måtte mene. En egoist danner sine egne standpunkter på rasjonelt vis og er uavhengig, en altruist følger gjerne strømmen.

I alle disse situasjonene vil både egoisten og altruisten vite hva han skal velge. Hvis altruisten i valgsituasjoner som disse velger i overensstemmelse med det altruismen sier, blir resultatet kun elendighet for ham selv. Hvis han velger karriere etter hva familien ønsker, gifter seg fordi partneren ønsker det, skaffer seg barn fordi vennekretsen forventer det, tar jobb et sted hvor han selv ikke ønsker det, danner sine meninger på basis av hva andre måtte mene, da vil livet hans etterhvert bli ganske plagsomt. Dette vil også bli resultatet selv om han velger altruistisk på bare noen av disse punktene.

Egoisten, derimot, vil i alle disse tilfellene tenke grundig igjennom valgsituasjonene, og så vil han velge det som han mener best vil tjene ham selv på lang sikt. Det egoistiske valg er det eneste som gjør det mulig å bli lykkelig.

Prinsipper kommer ikke i prosenter
Man la oss nå se på et eksempel som enkelte har forfektet: man bør være litt egoist og litt altruist – hvorfor ikke være (ca.) 80 % egoist og 20 % altruist?

Men det er virkelig mulig å praktisere 80 % egoisme og 20 % altruisme. Når skal man anvende de 20 prosentene? Skal man være egoist i fire valgsituasjoner og så altruist i den femte? Og så egoist i de neste fire tilfeller og så altruist i det femte? Skal man være egoist fire dager, og så altruist på den femte? Dette er umulig å praktisere. (La meg også si at selvsagt bør man i utgangspunktet være snill og hjelpsom og grei overfor andre mennesker, men dette er ikke å være litt altruist.)

Den anti-prinsipielle holdningen er meget utbredt, og kommer til uttrykk i velkjente munnhell som «man bør ikke være ekstrem», «man må velge den gyldne middelvei», og «man må være fleksibel». Denne holdningen kommer av at man har akseptert gale prinsipper, og at man derfor må svikte dem for å kunne fungere på en brukbar måte. Som kjent er det slik at praktisk talt alle forsvarer altruismen, men ingen praktiserer den fullt ut. Grunnen til den utbredte prinsippløshet og holdningsløshet som dette er et eksempel på er altså at folk flest har akseptert feilaktige prinsipper.

Følger man et prinsipp vet man alltid hva man skal velge – man må selvsagt tenke igjennom situasjonene, men er man altruist-egoist etter en 20-80 fordeling, har man ingen veiledning for sine valg, og man blir bare forvirret og holdningsløs.

Et annet prinsipp er at man ikke skal initiere tvang overfor andre mennesker, dvs. at man skal respektere andres rettigheter. Idag har vi ingen aksept for dette prinsippet i samfunnet som helhet, og derfor har vi fått et lovverk med bokstavelig talt hundretusenvis av lover og regler som beskriver når man kan og når man ikke kan krenke andres rettigheter – og disse er det selvsagt helt umulig å forholde seg til. Ingen som driver forretning klarer å følge alle de lover og regler som angår dem, og de bare håper at deres lovbrudd ikke blir avslørt. Hadde prinsippet om ikke-initiering av tvang blitt fulgt, ville alle kunne bruke langt mer energi og kreativitet på å skape verdier og å øke velstand og velvære, heller enn å sende inn skjemaer, følge regler eller å gjøre sitt beste for å unngå å bli tatt for å bryte dem.

Frihandel er en implikasjon av prinsippet om at man ikke skal initiere tvang. Frihandel innebærer at alle skal kunne handle med personer/bedrifter fra andre land uten statlige restriksjoner ved passering av landegrenser.

La meg sitere fra Leonard Peikoffs beskrivelse av hvordan de politikere som er motstandere av frihandel tenker. (Bakgrunnen for eksemplet er at japanske personbiler etter mange amerikaneres mening er en for sterk konkurrent for amerikanske biler fordi de har høy kvalitet og lav pris. Staten bør derfor legge restriksjoner på importen for å beskytte amerikanske bilfabrikker som produserer biler som har lav kvalitet og høy pris). Ifølge Peikoff tenker de ikke-prinsipielle politikerne omtrent slik:

«Livet er for komplisert for enkle regler og prinsipper. Det vi må gjøre er å snevre inn perspektivet vårt. Vi kan ikke snakke om frihandel generelt, vi må holde oss til for eksempel Japan, og ikke hele den japanske industrien, selvsagt, men bare biler, og vi må utelate TVer og PCer, ...Og vi må utelate lastebiler, siden det blir for komplisert, men kanskje vi må ta med små pick-up-lastebiler, fordi de er nesten som personbiler, og vi snakker ikke om regler for handelen i ti år fremover, men kanskje kun ett år, eller en sesong eller frem til nyttår».

Og Peikoff konkluderer:

«Så derfor – isteden for å diskutere frihandel, ender man opp med å snakke om en 30 % toll på visse typer Toyotaer og Datsuner i de neste seks måneder». (Peikoff, Leonard: «Why One Should Act on Principle», The Intellectual Activist nr 20, 1989).

Slikt kaos må bli resultatet dersom man lar være å tenke prinsipielt.

Hva skjer hvis man bryter prinsipper?
Prinsipper er altså slik at dersom man svikter et prinsipp en gang, vil det neste gang man blir fristet være enda lettere å svikte det. Årsaken til dette er at man kontinuerlig programmerer sin underbevissthet, og hvis

man svikter et prinsipp, programmerer man sin underbevissthet til at det finnes unntak fra dette prinsippet og da blir det lettere å svikte prinsippet neste gang man blir fristet. Tilslutt vil man forlate prinsippet helt og fullt. (Mange av de handlinger man foretar er bestemt av ens underbevissthet, men dette innebærer ikke determinisme siden det er en selv som har programmert underbevisstheten. Man kan også når som helst begynne å skifte ut dette programmet, dvs. man kan endre de tenkevanene og verdiene som utgjør dette programmet.)

En person som stjeler litt og så slipper unna med det, vil ha mindre motforestillinger mot å stjele neste gang, og etterhvert vil han stjele mer og mer og han vil da bli avslørt, noe som er ødeleggende for ham: han blir satt i fengsel, han mister jobben, han mister sine venner, etc.

Tilsvarende, en stat som begynner å krenke rettigheter i liten grad vil etterhvert krenke rettigheter i større og større grad. Det er også slik at de inngrep som foretaes aldri vil ha de effekter som var formålet med inngrepet, og derfor må staten foreta nye inngrep for å forsøke å rette opp de negative konsekvensene som det forrige inngrepet førte til, og heller ikke disse vil ha de ønskede effekter, og så må man innføre nye inngrep, osv. Grunnen til at dette aksepteres er selvsagt at altruisme er ansett som et moralsk ideal, at initiering av tvang er ansett som moralsk, og at en prinsipiell tenkemåte er totalt ukjent. Så, litt «samfunnsmessig styring og kontroll» for å «rette opp de verste skjevhetene», vil alltid skape større og større problemer. (Selvsagt er det i dagens kultur det frie marked som får skylden for disse inngrepenes negative konsekvenser.)

Også den som ønsker seg et samfunn som er nesten helt fritt, men som vil ha et sosialt sikkerhetsnett for de aller svakeste, ser bort fra det faktum at noen krenkelser av individers rettigheter, som er nødvendig for å innføre statlige velferdsordninger, vil føre til flere krenkelser, som igjen vil føre til flere krenkelser, og til slutt vil vi ha dagens kaos. De svake vil ha det langt bedre i et helt fritt samfunn, fordi der vil det være langt større muligheter til å arbeide seg ut av fattigdom enn i vårt gjennomregulerte samfunn.

Kan man basere sitt forhold til virkeligheten på ikke-prinsipielle metoder? Nei selvsagt ikke det er umulig. Dersom man ikke følger korrekte prinsipper, ender man opp i et mylder av regler som det er umulig å følge, og resultatet blir holdningsløshet og kaos. Slik holdningsløshet og kaos kan ikke føre til annet enn at man må følge sine innfall, og dette er intet annet enn å handle fra hånd til munn uten langsiktig planlegging, noe som er direkte selvødeleggende. Lykken kommer ikke av seg selv, lykken kan man kun oppnå dersom man lever sitt liv på en gjennomtenkt og konsekvent måte. Og da er prinsipper uunnværlige.

La meg avslutte med å gjengi et poeng fra Peikoff:

«Moralske prinsipper er en type videnskapelige prinsipper som identifiserer forholdet mellom menneskets liv og diverse grunnleggende menneskelige valg. En person som baserer seg på moralske prinsipper er ikke en martyr eller en fanatiker eller en pedant, han er en person som lar seg veilede av det som er menneskets spesielle måte å oppnå kunnskap på. Prinsipiell handling er det eneste man kan benytte for å oppnå langsiktige mål.» (Peikoff, Leonard: *Objectivism: The Philosophy of Ayn Rand*, s. 218).

Om å ta ideer på alvor

Publisert i AerA nr 5 1999

«Jens Bjørneboe var en meget moralsk person. Men moral har selvsagt intet med livsførsel å gjøre». Dette ble nylig sagt om Bjørneboe i et intervju på NRK radio. (Bjørneboe var som kjent i sine skrifter svært opptatt av å bekjempe det han så som urettferdighet og grusomhet i verden, mens hans egen livsførsel var slik at ingen vil påstå at han var et forbilde for andre.)

Personen som uttalte dette mener åpenbart at det ikke er noen som helst sammenheng mellom de moralske ideer (eller ideer generelt) man forfekter, og de handlinger man foretar: en person kan beskrives som moralsk selv om vedkommende begår umoralske handlinger.

Platons metafysikk

Utsagnet om Bjørneboe bygger på en filosofisk grunnholdning som dessverre er svært utbredt, en grunnholdning som er basert på ideer som opprinnelig stammer fra en av historiens dessverre aller mest innflydelsesrike tenkere: Platon. Som kjent sier Platons metafysikk at det finnes to virkeligheter: den ene er den mindreverdige, kaotiske og uforståelige virkeligheten vi er i kontakt med via sansene; og den andre er den høyverdige formenes verden – den egentlige virkelighet – som er statisk, perfekt, og som vi kun oppnår kontakt med ved (ikke-rasjonell) tenkning. Den virkelighet vi observerer er kun et ufullstendig skyggebilde av formenes verden, og er derfor mindreverdig. Denne metafysikken er opphavet til forestillingen om at det er en motsetning mellom sjel og legeme (på engelsk blir denne motsetningen omtalt som «the mind-body-dicotomy»; i denne artikkelen vil jeg om denne motsetningen benytte forkortelsen MBD): sjelen har kontakt med formenes verden, mens legemet befinner seg i og har kontakt med den observerbare, fysiske virkelighet. Siden formenes verden er perfekt og statisk, og den observerbare virkelighet kun er et kaotisk, ufullstendig skyggebilde av denne, vil det ikke bare være liten eller ingen sammenheng mellom det som er i bevisstheten (som har kontakt med formenes verden) og handling (som opplagt foregår i den observerbare verden), det vil være en motsetning mellom ideer og handling.

I dagens kultur finnes det et utall implikasjoner av denne todelingen, denne motsetning mellom sjel og legeme: det som relaterer til sjelen (formenes verden) betraktes som mer høyverdig enn det som relaterer til legemet (den fysiske, observerbare verden). Et viktig resultat av denne metafysikken er en meget sterk tendens til ikke å ta ideer på alvor. Men dette er bare ett av resultatene, og i denne artikkelen skal vi også se på flere andre konsekvenser av MBD.

Som nevnt er dette resultater og konsekvenser av Platons metafysikk; det er ikke slik at Platon selv hadde alle disse standpunktene. Men det er alltid slik at det grunnleggende bestemmer det derivative: der hvor Platons egne derivative ideer var i strid med hans mer fundamentale ideer, er det de fundamentale ideene og deres nødvendige implikasjoner som har fått gjennomslag. At det grunnleggende bestemmer det derivative er et viktig prinsipp som vi her vil se flere eksempler på.

Eksempler på MBD
Det mest nærliggende eksempel på MBD er forestillingen om at noe kan være bra i teorien og dårlig i praksis. Med et platonsk utgangspunkt vil teorien gjelde i formenes verden, mens praksis må foregå i den observerbare verden. Men siden denne verden egentlig er kaotisk og uforståelig, kan man ikke uten videre forvente at teorien også skal virke i praksis. Det er motsetningen mellom de to virkelighetene som gjør at man ikke venter seg at teori og praksis er sammenfallende. Selv om teorien ikke virker i praksis, kan derfor personer med et platonsk utgangspunkt allikevel påstå at det er en god teori.

Men det finnes også en rekke andre eksempler på MBD: at det er en motsetning mellom følelser og fornuft: følelsene sies å være i kontakt med formenes verden, mens fornuften relaterer til den virkeligheten vi lever i; at det er en motsetning mellom det som er moralsk og det som er praktisk (dvs. at moral har negative konsekvenser dersom den praktiseres, og at kun den som er umoralsk kan lykkes i denne verden); at man bør hate synden, men elske synderen; at det perfekte er uoppnåelig i denne verden; at det er en motsetning mellom kjærlighet og sex: kjærlighet betraktes som høyverdig og sublimt, mens sex er en primitiv og dyrisk drift som må få utløp helt urelatert til kjærlighet; at det er en motsetning mellom kunst og underholdning: høyverdig kunst er kun for en elite og har nødvendigvis et lite publikum, og hvis noe er underholdende og fenger hos et større publikum, er det nødvendigvis mindreverdig; at kroppsarbeid er mindreverdig og at intellektuelt arbeid er høyverdig.

Endel intellektuelle, sterk påvirket av det nittende århundredes materialistiske tenkere, har snudd enkelte av disse forestillingene opp ned: de hevder at intellektuelt arbeid er mindreverdig og at kroppsarbeid er høyverdig; det er derfor de dyrker arbeideren. Noen materialistisk inspirerte intellektuelle hevder også at sex er en naturlig drift som må få sitt utløp på det de hevder er en like naturlig måte som andre kroppsfunksjoner, og at kjærlighet kun er noe borgerlig visvas. At disse intellektuelle snur de utbredte forestillinger på hodet har utgangspunkt i at de har snudd Platons metafysikk på hodet: Ifølge Platon er ideenes verden viktigst, mens den observerbare verden er uviktig – ifølge materialistene er det motsatt.

Objektivismen: ingen motsetning mellom sjel og legeme

Objektivismen avviser Platons metafysikk fullt og helt: det finnes kun én virkelighet. Mennesket er i kontakt med denne ene virkeligheten med sine sanser, og sansene gir pålitelig informasjon om virkeligheten. Objektivismen hevder at all tenkning må ta utgangspunkt i det som observeres (dvs. ta utgangspunkt i alle relevante fakta), og videre følge logikkens lover – slik tenkning sies å være objektiv.

Med dette metafysiske utgangspunktet avviser derfor Objektivismen fullstendig MBD og enhver manifestasjon av den. Derfor kan det ikke være noen motsetning mellom teori og praksis. All tenkning og derfor enhver teori har kun ett legitimt formål: å veilede handling i virkeligheten. Skal man konstruere en teori, må man således ta hensyn til alle relevante fakta. Dersom man virkelig har tatt hensyn til alle fakta, og satt dem sammen på en riktig måte, har man konstruert en god teori og da vil den selvsagt virke i praksis. Har man utelatt relevante fakta, er det en dårlig teori, og den vil ikke virke i praksis. En ingeniør som konstruerer et fly og som under arbeidet tar hensyn til alle relevante fakta, vil finne at flyet når det skal testes virker som det skal; det faller ikke ned. Dersom han har utelatt visse nødvendige elementer fra den teoretiske konstruksjonen, vil det vise seg at flyet forulykker eller ikke er i stand til å ta av. Derfor: Gode teorier virker i praksis, dårlige teorier virker ikke. Det er altså ikke slik at noe kan være bra i teori og dårlig i praksis – det er ingen motsetning mellom ideer og handling dersom man har det rette filosofiske utgangspunkt.

Andre eksempler på MBD
Det finnes også mange flere eksempler på MBD; et av de mest kjente er forestillingen om at det er en motsetning mellom det som er praktisk og det som er moralsk. Den som skal være moralsk må, ifølge tradisjonelle, platonske holdninger, nærmest avskrive denne verden og leve som asket. Tradisjonelle moralske idealer som Mor Teresa, Albert Schweitzer og Frans av Assisi er velkjente eksempler på denne livsstilen, en livsstil som helt opplagt ikke legger vekt på velvære og suksess i denne verden. Kristne teoretikere innrømmer åpent at deres etikk impliserer en avvisning av dette livets goder. Paulus innrømmet at «det jeg ønsker gjør jeg ikke, og det jeg gjør ønsker jeg ikke». Hans ønske om å leve moralsk vil gi ham et liv som i beste fall er usigelig kjedelig (jeg tror dette uttrykket godt beskriver et kristent liv), og det er forståelig at han ikke ønsket dette. Likeledes, den tidlige kristendommens fremste teoretiker, kirkefaderen Augustin, ga uttrykk for det samme faktum da han sendte følgende oppfordring til Gud: «gjør meg dydig, men ikke ennå».

Den påståtte motsetningen mellom det praktiske og det moralske er et av de mest vanlige tilfeller av MBD, og det finnes utallige eksempler som illustrerer dette. Friedrich von Hayek skrev i det opprinnelige forordet til *The Road to Serfdom* at «Selv om dette er en politisk bok, er jeg så sikker som noen kan være på at de overbevisningene jeg hevder ikke er bestemt av mine personlige interesser» (University of Chicago Press 1976, s. xvii). Mitt eget syn på frihet er bestemt av at jeg ønsker å leve i et fritt samfunn – min støtte til frihet er altså egoistisk begrunnet. Et fritt samfunn gir de beste muligheter for at enhver, inkludert meg selv, skal kunne få utfolde sine evner, sin kreativitet, for å skape seg et godt liv. Et fritt samfunn gir de beste muligheter til på lang sikt å planlegge sitt liv, og er den type samfunn som sørger for at man selv kan disponere de verdier man skaper. Frihet betyr at staten lar meg være i fred, og at staten uskadeliggjør de som ikke lar andre være i fred. Alle mennesker har de samme muligheter, dvs, ingen har fordeler som er basert på tvang, og dette resulterer nødvendigvis i et samfunn med høy materiell levestandard, svært liten kriminalitet, og en generell trygghet. Statlig styring fører på den annen side nødvendigvis til en gradvis reduksjon av den enkeltes frihet, og derfor til økende kaos, synkende levestandard og generell utrygghet. Jeg har ingen tro på at Hayek ønsker å leve i et diktatur eller i et samfunn med sterk offentlig styring av menneskers liv, men det som er poenget her er at Hayek automatisk sier at hans egne interesser er irrelevante for hans politiske syn. Det synet Hayek gir uttrykk for er et resultat av motsetningen mellom det han oppfatter som et moralsk samfunnssystem og hans egeninteresse, en motsetning som er et uttrykk for hans MBD.

All filosofi bør ha ett formål: å veilede hvordan man bør handle og derved hvordan man bør leve. Årsaken til holdningen om at det er en motsetning mellom det moralske og det praktiske er at alle tradisjonelle filosofier idag forfekter en eller annen form for selvoppofrelse: man bør ofre seg for Gud, eller for andre mennesker, eller for den klassen eller nasjonen eller rasen man tilhører, eller for naturen. Disse eksemplene, som er en nærmest fullstendig liste over de etiske alternativer som tradisjonelle moralteoretikere setter opp, viser at det ansees å være motsetning mellom suksess og moral. Med et av disse utgangspunktene er det lett å se at det er en motsetning mellom det å leve moralsk og det å oppnå suksess i denne verden. Men alle disse moralfilosofiene bygger som nevnt på et platonsk, dvs. et feilaktig, utgangspunkt.

Har man derimot et riktig filosofisk utgangspunkt, blir det annerledes. Det finnes kun én virkelighet, og mennesket har ett liv. Man bør leve dette ene livet så godt man kan; og dette betyr at man bør bruke sin rasjonelle evne så godt man kan i produktiv virksomhet. Dette er det beste utgangspunkt for å oppnå suksess i denne verden. Og suksess i denne verden er det samme som et lykkelig liv. (Suksess er selvsagt ikke det samme som å bli rik og berømt.) En riktig filosofi inneholder altså en oppskrift på hvordan man bør leve for at man skal bli lykkelig, dvs. lykkes i denne verden. (Selvsagt kan man rammes av hendelser man ikke har kontroll over og som kan være ødeleggende for en selv, så det er riktigst å si at en korrekt filosofi gir et nødvendig grunnlag for suksess, ikke et tilstrekkelig grunnlag.) Ifølge en slik filosofi er det ikke bare ingen motsetning mellom det moralske og det praktiske, men det er slik at det moralske er identisk med det praktiske. Dette poenget illustreres perfekt i *The Fountainhead:* Roark er fullstendig moralsk, og det viser seg at han også er fullstendig praktisk. Objektivismen er denne riktige filosofien. Objektivismen er, som Ayn Rand beskrev den, «en filosofi for å leve på jorden».

Ideer er viktige
Ifølge Objektivismen er det slik at ideer styrer handling: enhver bevisst handling er styrt av en idé. Ifølge Objektivismen er det ingen motsetning mellom teori og praksis, det er ingen motsetning mellom fakta og verdier, det er ingen motsetning mellom liv og lære. Men ikke bare er det ingen motsetning mellom disse aspektene, de er uadskillelige aspekter ved alt som har med menneskers liv å gjøre. Ideer er derfor livsviktige: riktige ideer fører til gode resultater, gode resultater er forårsaket av riktige ideer; og tilsvarende, feilaktige ideer forårsaker dårlige resultater og dårlige resultater er forårsaket av feilaktige ideer.

Det liv man fører er resultatet av de ideer man har, dvs. de ideer man virkelig har og som man handler på basis av. Men disse ideene er ikke nødvendigvis de samme som de ideer man sier at man har. (Dersom man er mentalt passiv, er de ideene man virkelig har kun de ideene man absorberer fra den kulturen man lever i, og for slike mennesker er det mulig at de selv ikke er kjent med de ideene de virkelig har. Er man i tvil om hvilke ideer man selv har, kan man bli kjent med dem ved introspeksjon, og ved analyse av sine handlinger og valg.)

Det vanlige synet er som vi har sett slik at det er liten eller ingen sammenheng mellom de ideer man sier at man har og de (bevisste) handlinger man utfører. Dette grunnsynet medfører at man ikke kan ha noen kontroll over sitt liv, og ens liv blir da «what happens to you while you are busy making other plans».

Det Objektivistiske synet på ideer betyr at Objektivister tar ideer på alvor. Objektivister vet at ideer har konsekvenser, og siden det i denne sammenhengen ikke er noen motsetning mellom ideer og handling, hevder Objektivismen at det ikke er noen moralsk forskjell på den som forfekter dårlige ideer og den som setter disse ideene ut i livet (forskjellen er kun juridisk). Det er derfor Ayn Rand hevdet at Immanuel Kant var ond. Immanuel Kant vanskeliggjorde mulighetene for en rasjonell forståelse av metafysikk, av epistemologi, av etikk og av estetikk. Siden politikk kun er en implikasjon av de mer grunnleggende grenene, ødela han også politikk. Med dette mener jeg at Kant ga en såpass utspekulert begrunnelse for en antirasjonell forståelse av disse områdene at etter ham har det vært svært vanskelig, ja, nærmest umulig, å få gjennomslag for rasjonelle ideer.

Kant ødela mulighetene for en rasjonell metafysikk ved å hevde og «begrunne» at vi kun observerer verden slik den ser ut for oss (den fenomenuelle verden) og at den egentlige virkelighet (den nomenuelle verden) er utilgjengelig for oss. Han ødela mulighetene for en rasjonell epistemologi ved å hevde og «begrunne» at fornuften alene ikke er nok; det finnes ifølge ham ikke-rasjonelle veier til kunnskap, og alle viktige spørsmål må avgjøres med ikke-rasjonelle erkjennelsesformer. (Dette åpnet for vår tids allestedsnærværende subjektivisme og relativisme.) Han ødela mulighetene for en rasjonell etikk ved å hevde og «begrunne» at konsekvenser av handlinger skal være fullstendig irrelevant for vurdering av moralske normer, og derved at enhver form for egen-interesse er amoralsk. (Dette siste poenget er illustrert i sitatet fra Hayek gjengitt ovenfor.)

Objektivismen slutter således opp om den lite kjente filosofen Moses Mendelsohns (1729-1786) utsagn om Kant: Kant ødela alt. (Dette sitatet gjengis på engelsk som at Kant «is the all-destroyer) og det er å finne i Wilhelm Weischedels *Filosofenes verden*, Aventura 1995, oversatt til at Kant er den «altknusende».) Men kun Objektivismen gir den fulle forståelsen av at Kant ikke bare knuste rasjonelle ideer, hans ideer – når de ble gjennomført i praksis – ville også bokstavelig talt knuse mennesker: Kants ideer er årsaken til vår tids stadig økende avstand til fornuften, og derved årsaken til kollektivisme, diktatur, undertrykkelse, terrorisme, folkemord – kort sagt: vår tids økende barbari.

Kun Objektivismen hevder at Kant var ond, fordi kun Objektivismen fullt ut hevder at det ikke er noe skille mellom fakta og verdier, mellom teori og praksis, mellom det moralske og det praktiske.

Flere eksempler på MBD
Men dessverre er de aller fleste – både mennesker og filosofer – i dag påvirket av platonske ideer, og de aksepterer derfor MBD. Det finnes en lang rekke eksempler på dette, og jeg skal her ta for meg noen flere eksempler.

Den amerikanske filosofen David Kelley har hevdet at «diktatorene i Sovjet var ikke onde fordi de støttet marxistisk kollektivisme, de var onde fordi de drepte millioner av mennesker...». Kelley hevder her reelt sett at kun handlinger er onde, og at ideer ikke bør beskrives som onde. En implikasjon av dette synet er at Hitler og Stalin ikke ville ha vært onde hvis de ikke hadde gjennomført sine ideer. Det Kelley egentlig gjør er å hevde at det ikke er noen sammenheng mellom diktatorenes ideer og deres handlinger: selv om diktatorene støttet marxistisk kollektivisme kunne det hende at de ikke hadde ført den politikken som drepte millioner av mennesker. Det Kelley overser er at marxister med politisk makt nødvendigvis vil føre en politikk som resulterer i massemord. Ifølge Objektivismen er det som nevnt slik at ideer styrer handling: feilaktige ideer – dvs. onde, menneskefiendtlige, ideer – må føre til negative resultater. Ikke bare handlinger kan være onde, også ideer kan være onde.

Marxistiske ideer gir en feilaktig forståelse av virkeligheten, og må føre til den type samfunn som fantes i de kommunistiske landene. Kelleys utsagn er et utslag av MBD, fordi han skiller en vurdering av ideene fra en vurdering av den praksis de nødvendigvis vil resultere i dersom de blir gjennomført.

Men hva med en marxist som ikke har politisk makt, for eksempel en akademisk marxist – er han ond? Han er selvsagt ikke juridisk ansvarlig for massemord, men grunnen til dette er ene og alene at han ikke har noen politisk makt til å gjennomføre sine ideer. Men han er moralsk ansvarlig, fordi han sprer ideene som gjør massemord mulig – han hjelper de som har politisk makt til å utføre massemord. På den ene side kan man si at diktatorene (og deres håndlangere) er mer onde enn akademikeren fordi diktatoren virkelig har begått kriminelle handlinger, men på den annen side kan man si at akademikeren er mer ond fordi hans arbeidsfelt er ideer, og siden ideer styrer verden, er det han som ved å preke marxistiske ideer gir gangstere muligheten til å drepe ikke bare noen få, men millioner av mennesker. Man kan altså i visse sammenhenger si at akademikeren er ondere enn diktatoren, og i andre sammenhenger si at diktatoren er ondere enn akademikeren, men det finnes ingen sammenheng hvor man kan si at akademikeren ikke er ond.

Det finnes faktisk et eksempel på at akademiske marxister har fått politiske makt. Pol Pot var en av en gruppe marxistiske kambodsjanere som studerte i Paris på 50- og 60-tallet. Noen av dem la frem sine teorier om hvordan samfunn bør organiseres i avhandlinger de leverte til sine professorer, og disse avhandlingene ble belønnet med gode karakterer. Da disse studentene på 1970-tallet dro hjem til Kambodsja, klarte de å skaffe seg politisk makt, og de organiserte samfunnet slik de hadde beskrevet i sine avhandlinger. Resultatet var at kanskje så mange som tre millioner mennesker ble drept. De som ble drept var personer som ikke kunne være nyttige i den type samfunn samfunn Pol Pot & Co ønsket å bygge opp: alle personer som var infisert av borgerlig kultur (dvs. alle ikke-kommunister med vestlig-influert utdannelse) ble eliminert.

Uten kantianske og marxistiske ideer preket av universitets-ansatte akademikere ville Lenin, Stalin, Hitler, Mao, Pol Pot, Castro o.l. sannsynligvis kun vært ubetydelige kaferadikalere, mens deres håndlangere ville vært vanlige kriminelle som snart ville blitt satt i fengsel. Den marxistiske akademiker er ansvarlig for å gi disse gangsterne mulighet til å begå kriminelle handlinger i en enorm skala. Selv i et land hvor marxistiske ideer ikke vil dominere er den marxistiske akademikeren skadelig: for sine studenter forkynner han ideer som ufornuft, selvoppofrelse og slaveri – og dette er ødeleggende for den som aksepterer dem. Og hvis de marxistiske ideene forkynnes sterkt nok og lenge nok og uten motvekt, vil resultatet bli et kommunistisk diktatur.

Det er kun Objektivismen som fullt ut hevder at ideer og handlinger er to aspekter av samme fenomen og derved er uadskillelige. Andre filosofier har andre synspunkter og kan jo hevde at det ikke er noen sammenheng mellom ideer og handling, og at akademikeren derfor ikke er ansvarlig for de praktiske resultater av hans ideer. Hva hvis for eksempel en akademiker preker marxisme, men sier at han er overbevist om at ideer ikke har praktiske konsekvenser og at han derfor ikke gir moralsk støtte til tvang, diktatur og massemord? Da vil jeg hevde at han er å sammenligne med en vaktmann som sover mens han er på vakt og derved lar tyver slippe forbi. Er denne vaktmannen mindre skyldig enn en vaktmannen som med vitende og vilje slipper tyvene inn? Jeg vil si Nei. En intellektuell er en som arbeider med ideer, og dersom han i fullt alvor hevder at ideer ikke har praktiske konsekvenser, må han mene at hans eget arbeid er fullstendig bortkastet – han må hevde at hans arbeid kun er en lek. Men i så fall er han fullstendig patetisk og udugelig og å anse som tilhørende i samme kategori som den sovende vaktmannen. For min egen del er jeg overbevist om at svært mange av dagens akademikere er i samme kategori som vaktmannen som slipper tyvene inn. Videre, akademikerne er mer skyldig enn vaktmannen fordi vaktmannen slipper kun tyver inn, akademikeren lar mordere få herje fritt. (Dagens akademikere lar mordere herje fritt når de sier at moralske normer ikke kan begrunnes rasjonelt, og svært mange av dagens akademiske filosofer hevder dette.)

Tillat meg også å si at dagens akademiske filosofer i stor grad ikke er annet enn offentlig ansatte kverulanter hvis virkelighetsfjerne diskusjoner har kun ett eneste kontaktpunkt med virkeligheten, og dette kontaktpunktet er deres egne karriereplaner. Dette er forøvrig et uunngåelig resultat av prinsippet om at ideer ikke er ment å bli tatt på alvor.

Toleranse

En utbredt implikasjon av MBD, spesielt av det syn at ideer er uviktige, er den holdning som kalles toleranse. Ifølge Gyldendals fremmedordbok betyr toleranse å vise «fordragelighet overfor annerledes tenkende». Objektivismen avviser toleranse: det er galt å vise fordragelighet overfor personer som forfekter ideer som medfører nød, elendighet og massemord. Ideer er som nevnt ikke noe som kun angår en teoretisk verden uten relasjon til virkeligheten, ideer er intet annet enn veiledning for handling her og nå i denne verden; og ideer kan moralsk sett ikke skilles fra de handlinger de resulterer i. Marxistiske ideer fører nødvendigvis til det som marxismens historie viser: nød, elendighet, undertrykkelse og massemord. Kristne ideer fører nødvendigvis til det som kristendommens historie viser: nød, elendighet, undertrykkelse og massemord. Ingen vil vise fordragelighet overfor personer som begår de handlinger som resulterer i denne elendigheten, men det er et utslag av MBD å vise fordragelighet overfor den som lager oppskriften for disse handlingene. Kun den som baserer seg på MBD kan vise toleranse.

Ingen har noe å lære av en marxist, og det har derfor ingen verdi å lytte til ham. Det er endog negativt å lytte til ham, fordi ved å lytte gir man ham en moralsk status han ikke fortjener; en marxist er en som gir moralsk støtte til massemord. Når jeg sier at ingen har noe å lære av en marxist mener jeg at man ikke kan lære noe av ham om rett og galt, godt og ondt, sant og usant. Men dersom man har et pedagogisk formål, dvs. dersom man ønsker å finne ut hvordan han tenker (og derved hvordan personer som er påvirket av ham tenker), kan det selvsagt være utbytterikt å lytte til ham, for bedre å kunne formidle egne ideer til de som er påvirket av marxismen. Og det som her er sagt om marxister gjelder for alle andre tankeretninger i den platonske tradisjon. Objektivismen er for politisk frihet, og dette inkluderer ytringsfrihet. Marxister har selvsagt rett til å hevde sine synspunkter, men de har ingen rett til å bli vist toleranse, dvs. de har ingen moralsk rett til å kreve eller forvente at andre lytter velvillig til dem.

Ideer styrer historien
Siden Objektivismen fullt og helt avviser MBD, betyr dette at Objektivismen tar ideer på alvor: ideer er et spørsmål om liv eller død. Riktige ideer fører til suksess, feilaktige ideer fører til nederlag, og, hvis de praktiseres i stor grad, til død og fordervelse. Dette gjelder både for individer og for kulturer; en kultur styres av de ideer som dominerer i befolkningen. De to dominerende tankeretningene i Vesten i de siste 1500 år har vært kristendom og kollektivisme (i vår tid har kollektivismen gitt seg utslag i flere varianter: sosialisme, fascisme, nazisme, nasjonalisme). Kristendommen forfekter dyder som tro, askese, ydmykhet og selvoppofrelse, og dette medfører nødvendigvis resultater som liten produktivitet, lav materiell levestandard, at konflikter løses med vold: massedrap av «kjettere», inkvisisjon, heksebrenning, korstog, religionskriger. Likeledes har kollektivismen ført til fattigdom, nød og elendighet for millioner av mennesker, og massedrap i Auschwitz og Gulag. (Det er altså ingen reell grunn til å undre seg over at «snille» ideologier som forfekter selvoppofrelse fører til slike grusomme resultater.) Tiden etter Romerrikets fall har i alt for

stor grad vært en barbarisk periode, unntaket er en kort periode på et noen få hundreår etter renessansen da aristoteliske ideer til en viss grad fikk gjennomslag i Vesten: disse ideene resulterte i opplysningstiden, fornuftens tidsalder, kapitalismen; en periode med en kolossal økning i den materielle levestandard.

Men disse aristoteliske ideene var ikke godt begrunnet og kunne ikke stå imot angrepet fra Hume, Kant og Marx. Derfor er dagens situasjon slik den er, vi ser idag tydelige tegn på et voksende barbari: fornuftens idealer står svakt, kollektivismen styrkes, og dette fører igjen til fenomener som økende fattigdom, kriminalitet, statsstyring og terrorisme.

MBD og kampen for frihet: frihetens grunnlag
Objektivismen hevder at frihet kun kan oppnås på basis av visse grunnleggende filosofiske ideer: ideen om at det kun finnes én virkelighet, at fornuften er eneste vei til kunnskap og at egoisme er moralsk høyverdig. At det kun finnes én virkelighet innbærer at lykken skal oppnås i dette livet, ikke når man (ens sjel) etter døden kommer til den andre virkeligheten som platonismen, og dens primitive variant kristendommen, hevder. At kun fornuften er en gyldig vei til erkjennelse innebærer at hvert menneske er i stand til å styre sitt eget liv. Dersom man hevder at det finnes andre, ikke-rasjonelle, erkjennelsesformer, åpner man muligheten for at et presteskap (som hevder at det har større innsikt enn mennesker flest) kan etablere seg som en gruppe med diktatorisk makt – alle religioner medfører dette, denne styreformen kalles teokrati; marxist-leninist-bevegelsens demokratiske sentralisme er en form for teokrati. Dessuten, fornuft impliserer at konflikter løses ved diskusjon, ikke-rasjonelle erkjennelsesformer impliserer at konflikter løses ved tvang og vold (som fenomenet religionskrig eksemplifiserer). Videre er det slik at kun fornuft medfører individualisme (som innbærer det syn at hvert enkelt individ har rett til å styre sitt liv slik det selv finner riktig). Innen etikken er det slik at ethvert annet etisk ideal enn egoisme nødvendigvis må implisere plikt til å ofre seg for et «høyere» ideal (andre mennesker, Gud, staten, rasen, naturen) og dette må igjen nødvendigvis føre til ufrihet. Frihet kan således kun forsvares og gjennomføres på basis av de ideene som Objektivismen alene står for. Det er altså ikke slik at det er mange veier

til frihet, det er kun én vei til frihet. Med andre ord: kun den som forfekter disse ideene (én virkelighet, fornuft, egoisme) støtter frihet. Den som hevder andre ideer enn disse, er motstander av frihet selv om han selv sier noe annet.

Oppsummering

Ideer styrer hvert enkelt menneskes liv, og derfor er det også ideer som bestemmer kulturers vekst eller forfall. Man må derfor ta ideer på alvor. Ideer er virkelig noe som angår liv eller død. Men siden det ikke finnes noe meningsfullt skille mellom teori og praksis, må man derfor også handle i full overensstemmelse med de ideer man forfekter. Alt annet er hykleri, og et soleklart tegn på at man ikke tar ideer på alvor. Ord alene er nærmest verdiløse, og dette er et velkjent faktum som illustreres i ordtak som «actions speak louder than words» og «put your money where your mouth is». (Et pussig utslag av MBD i dagens kultur er at heller ikke utsagn av denne typen taes på alvor.) Den moralen man har, den eneste moralen man har, er den man styrer sitt liv etter, dvs. den man praktiserer. Hykleri – å ikke praktisere de idealer man forfekter – i dagens giftige filosofiske og kulturelle klima er dessverre et helt naturlig og akseptert fenomen, og årsaken til at man slipper unna med en slik praksis er MBD. Men hvis man skal forandre dette kulturelle klimaet, kan man ikke samtidig praktisere noe som er en fullstendig integrert bestanddel i det man bekjemper – man må på alle tenkelige måter ta avstand fra MBD.

Kun korrekte ideer kan gi lykke og frihet, mens feilaktige ideer fører til nød, ufrihet og elendighet. Objektivister kan derfor ikke gjøre annet enn å ta ideer på alvor. Og vi mener med dette ikke bare at vi sier at vi tar ideer på alvor, vi handler også slik. Den som sier at han tar ideer på alvor, men som handler i strid med dette (for eksempel ved å preke og praktisere toleranse, ved å samarbeide med bevegelser som reellt sett er motstandere av frihetens sak, ved å gi moralsk aksept til ideer som skader frihetens sak), han tar ikke ideer på alvor. Og årsaken til at han ikke tar ideer på alvor er at han aksepterer en av de vesentligste implikasjoner av tradisjonelle holdninger: teorien om at det er en motsetning mellom sjel og legeme.

Å gjøre vondt verre: Bondeviks verdikommisjon

Sendt til Verdikommisjonens sekretariat, publisert i AerA 2/1998

Det er ingen uenighet om at den stadig voksende umoral er et stort samfunnsproblem. Politikere er slik utrustet at når de blir oppmerksomme på et problem, da setter de gjerne ned en komite som skal analysere problemet og så foreslå løsninger. I dette tilfellet har Norges nye statsminister nedsatt en verdikommisjon, en komité som åpenbart skal utrede hva som er gode og sunne moralske verdier for dagens nordmenn, og med dette forbedre den moralske tilstand i landet.

Kommisjonen er blitt gjenstand for et stort antall avisartikler, det er tydelig at kommisjonens formål opptar de som slipper til i avisenes spalter. For eksempel fant vi i VG 31. januar 1998 en omtale av verdikommisjones tolv medlemmer. Her er medlemmene blant annet stillet ovenfor det som åpenbart ansees som viktige moralske problemstillinger. Det som er interessant her er først og fremst de spørsmål som ble stillet, og hvilke premisser som ligger til grunn for dem. Spørsmålene var: Vil du benytte deg av svart arbeid dersom du ikke vil bli oppdaget? Bør prostitusjon forbys? Bør man stille høyere moralske krav til politikere og andre ledere enn til folk flest? Bør en av foreldrene være hjemme når deres barn er yngre enn tre år? Er det akseptabelt å få en fremmedkulturell innvandrer som svigersønn/datter?

Det er rimelig å gå ut fra at det er denne type problemstillinger som idag betraktes som viktige moralske spørsmål. Men siden en moralteori er et sett av prinsipper som skal gi råd om hvordan man bør leve, tyder disse spørsmålene på at forståelsen av hva som er moralske problemstillinger i dagens allmenne debatt ikke er særlig dyp. De nevnte problemstillingene tyder videre på at et helt bestemt moralsk grunnsyn er akseptert, og at det debatten dreier seg om kun er *implikasjoner* av dette aksepterte moralsynet. Det virker altså som om dette etablerte moralsynet ikke skal debatteres. Med andre ord: det virker som om formålet med verdikommisjonen ikke er å debattere moral, men å propagandere for det allerede etablerte moralsyn, et moralsyn som til tross for at det er allment akseptert, ingen følger!

Kristen moral

I det følgende skal jeg gå noe nærmere inn på dette. Som nevnt er en moral et sett av prinsipper som skal veilede menneskers handlinger. Statsminister Kjell Magne Bondevik, som har satt ned kommisjonen, representerer Kristelig Folkeparti, og det er derfor rimelig å forvente at han ønsker at kommisjonen skal anbefale kristne verdier. Hva er det disse går ut på? Kristendommen hevder som kjent at vi er skapt av en gud, og at menneskets liv her på jorden går ut på å tjene denne guden. Å tjene denne guden vil i hovedsak si at vi, i tillegg til å ære guden etc., skal tjene andre mennesker. Dette innebærer at man, i tillegg til å tro at Gud eksisterer selv om det ikke finnes noen rasjonell begrunnelse for en slik overbevisning, skal la være å samle seg skatter på jorden, man skal gi det man eier til de fattige, man skal ikke foreta moralske vurderinger av andre mennesker («døm ikke for at dere ikke skal dømmes»), man skal tilgi den som forbryter seg mot en, osv. Disse reglene er selvsagt ikke ment som en oppskrift på å leve et godt liv her på jorden. Men poenget er at dersom man følger disse reglene blir man belønnet av Gud etter døden: da kommer man nemlig til Himmelriket hvor man lever i herlighet. Følger man ikke disse reglene, da kommer man til Helvetet, et ikke særlig lystig sted.

Utrolig nok tar mange, selv idag, denne kristne etikken og det som utgir seg for å være dens begrunnelse, på alvor. Men det som oftest forekommer i debatten idag er en sekularisert versjon av dette livssynet: det som er etisk riktig er å tjene andre mennesker; man skal gi avkall på endel av det man tjener til andre mennesker; det viktigste er gruppen, ikke individet. Videre hevdes det at det ikke finnes objektive kriterier for rett og galt (dette er den moderne og sekulariserte versjonen av regelen om at man ikke skal foreta moralske vurderinger av andre mennesker). Denne amoralske holdningen er grunnlaget for demokrati: siden det ikke finnes objektive etiske prinsipper som samfunnets regler kan bygge på, må samfunnet styres etter hva flertallet måtte mene. Og det enkelte individ må underordne seg det som flertallet måtte finne på, nærmest uansett hva det er.

Dette etiske grunnsynet er perfekt illustrert i de spørsmålene kommisjonens medlemmer ble stilt. Vil du benytte deg av svart arbeid dersom du ikke vil bli oppdaget? Dette spørsmålet forutsetter både at man har en moralsk plikt til å gi til andre mennesker en andel av sine egne penger, og at man uten videre har plikt til å adlyde de lover som «samfunnet» måtte finne på. «Svart arbeid» betyr intet annet enn at man kun betaler den som har utført jobben, og ikke betaler til «samfunnet». Bør prostitusjon forbys? Alle er vel enige om at prostitusjon er umoralsk (prostitusjon går ut på å kjøpe/selge som en vanlig handelsvare noe som er meget intimt og personlig, og som kun hører hjemme mellom voksne mennesker som er glad i hverandre), men det forutsettes i spørsmålet at dersom noe er umoralsk, da er det riktig å forby det.

Bør en av foreldrene være hjemme når deres barn er yngre enn tre år? De fleste mener vel idag at dette er det beste, men den politikk som har blitt ført i Norge i de siste tiår har gjort dette stadig vanskeligere: store subsidier til barnehager, en beskatning som har redusert mulighetene for en familie å klare seg på én inntekt, og offentlighetens nedvurdering av den hjemmeværendes yrke; alt dette er betydelige årsaker til dagens situasjon hvor altfor mange barn ikke oppdras av sine foreldre, men av ansatte i offentlige institusjoner. Mitt syn er at å sette barn til verden medfører et enormt ansvar: man må gi et nytt menneske de kunnskaper som er nødvendige for at det skal kunne klare seg i verden. Dette er nærmest en fulldagsjobb i mange år, og innebærer et stort ansvar i innpå 20 år. Er man ikke villig til å påta seg denne jobben, bør man ikke skaffe seg barn.

Bør man stille høyere moralske krav til politikere og andre ledere enn til folk flest? Dette spørsmålet bygger reellt sett på det syn at moral er noe vanskelig, noe som man egentlig ikke har nytte av, noe som bare de aller fremste personer er i stand til å rette seg etter, og som man ikke kan forvente at vanlige mennesker er i stand til å følge. Mitt syn er at alle bør være moralske, at det er i ens egen interesse å være moralsk, og at man bør stille høye moralske krav til alle.

Er det akseptabelt å få en fremmedkultuell innvandrer som svigersønn/datter? Det som burde være viktig her er selvsagt det potensielle familiemedlems karakter, ikke den kulturen vedkommende tilfeldigvis ble født inn i. Avisens spørsmål forutsetter at det er kulturen som er viktig, dvs. det forutsettes at personen er et produkt av sin kultur, og at denne kulturens bestemte karakteristikker så er irrelevante. Mitt syn er at kulturer som for eksempel ikke tillater ytringsfrihet, undertrykker kvinner, praktisere omskjæring, bruker lemlestelse som straffemetoder, osv., er menneskefiendtlige og derfor opplagt mindreverdige. Dette betyr selvsagt ikke at en person som ble født inn i en slik kultur er mindreverdig, men personer som støtter slike skikker er ikke en del av et sivilisert samfunn.

Som man kan se var spørsmålene VG stillet kun beregnet på å få oppslutning om den aksepterte moral, det ble ikke stillet spørsmål som kunne utfordre denne moralen.

Hvorfor dagens umoral?
Men siden den etablerte moralen er allment akseptert, hvorfor er folk da så umoralske? Kort sagt fordi den etablerte moralen er umulig å følge. Den etablere moralen forfekter selvoppofrelse: det som er moralsk riktig er å gi avkall på det som tilhører en selv – både arbeid, verdier og overbevisninger – til fordel for andre mennesker. Dette moralsynet kalles altruisme. Altruisme er altså ikke å være snill, grei og hensynsfull, altruisme er det moralsyn som sier at det eneste som er moralsk er å tjene andre mennesker. (Ordet altruisme ble skapt av den franske filosofen Auguste Comte på 1800-tallet. Han ønsket å erstatte dyrkingen av de kristnes gud med dyrking av menneskeheten. Tanken bak altruismen er dog meget gammel, for eksempel er de kristne levereglene altruistiske.) Dette moralsynet sier idag at man har plikt til å gi en stor del av sine penger til andre (dagens form er et skyhøyt skattenivå). Videre hevdes det at man ikke skal basere seg på sine egne vurderinger av andre mennesker: man skal ikke gi moralske vurderinger av andre mennesker og i hvert fall ikke av andre kulturer (man skal vise toleranse), og dersom noen gjør noe galt, skal de tilgis. Alt dette er inneholdt i det kjente og allment aksepterte uttrykket «døm ikke for at dere ikke skal dømmes».

En slik moral er virkelig umulig å følge. Folk ønsker å leve godt, og i utgangspunktet ønsker de også å gjøre det som er moralsk riktig. Men når hele det etablerte miljø insisterer på at det er en motsetning mellom disse to prinsippene, da betyr det naturlig nok at folk får den oppfatning at moral er en fiende for dem selv, noe de kanskje kan snakke pent om, men som de ikke kan følge i praksis, og som det heller ikke forventes at de følger. Selv Paulus innrømmet at den kristne moralen var vanskelig å følge («det jeg gjør ønsker jeg ikke, og det jeg ønsker gjør jeg ikke»).

Og siden den etablerte moralen er så vanskelig å følge, er det særlig passende at tilgivelse blir en viktig dyd. Dette får nødvendigvis det resultat at folk overfladisk sett rett og slett gir blaffen i all moral og etterhvert gir blaffen i alle former for anstendig oppførsel. Det er dette som er den fundamentale årsaken til dagens moralske forfall: alle etablerte miljøer forfekter en moral som er umulig å følge, alle er tilsynelatende umoralske, men dette er ikke så farlig: alle blir allikevel tilgitt!

Verdikommisjonen, hvis reelle formål er å propagandere for den samme moralen som er etablert, vil derfor kun gjøre vondt verre.

Et alternativt moralsyn
Men det finnes et alternativ til dagens enerådende moralsyn. Den amerikanske filosofen Ayn Rand (1905-1982) har utviklet en filosofi og en moralteori som gir folk de prinsipper de trenger for her og nå å leve et godt liv, et liv i harmoni, velstand og frihet. I hennes store romaner (*The Fountainhead, Atlas Shrugged*) og essaysamlinger (*The Virtue of Selfishness, Capitalism: The Unknown Ideal,* m.fl.) kan man finne en fullstendig fremstilling av et allmengyldig filosofisk system – som hun kalte Objektivismen – basert på mennesket som et rasjonelt vesen, og som forfekter individualisme, rasjonalitet, egoisme og politisk- og økonomisk frihet (kapitalisme). De synspunkter jeg ga uttrykk for ovenfor er i overensstemmelse med Objektivismen, men la meg her meget kort gjengi noe mer om enkelte av denne filosofiens hovedpunkter.

For å handle trenger mennesket kunnskap om virkeligheten, og slik kunnskap oppnåes kun ved observasjon og ved logisk behandling av det materialet som sansene gir oss. Sansene og fornuften er altså eneste vei til kunnskap. Rasjonalitet – det kun å basere sine standpunkter og sine vurderinger på fakta og logikk – er således den viktigste dyd. Dette er i motsetning til dagens allment aksepterte oppfatninger om at også tro, intuisjon og følelser er kilder til kunnskap. Objektivismen hevder at å basere seg på tro etc. ikke er annet enn å basere seg på ren ønsketenkning.

Allerede på Aristoteles' tid ble mennesket definert som et rasjonelt dyr. Denne definisjonen sier selvsagt ikke at hvert menneske er rasjonelt, den sier at hvert menneske har muligheten til å være rasjonell, og bør være rasjonell. Siden mennesket lever i en objektiv virkelighet, må det innrette seg etter denne virkeligheten. Det er dette som er den viktigste dyd: rasjonalitet. Den som ikke innretter seg etter virkeligheten, dvs. ikke er rasjonell, har egentlig ingen kontakt med virkeligheten og det vil derfor ikke være mulig for vedkommende å foreta de valg som gjør et godt liv mulig.

Rasjonalitet impliserer endel andre dyder, noen velkjente, andre idag mer kontroversielle: ærlighet, rettferdighet, produktivitet, uavhengighet, integritet, stolthet. Å følge disse dydene er ifølge Objektivismen nødvendig for å kunne leve et godt liv. Det enkelte menneske er gitt et liv, her og nå (det er intet liv etter døden), og den enkelte bør gjøre sitt beste for å leve et godt liv. Det er den enkelte selv som skaper sitt livsløp, og det er den enkelte selv som bør nyte fruktene av sin virksomhet – det er en slik etikk som kalles *egoisme.*

Den Objektivistiske etikken sier at altså at man skal være prinsippfast, og prinsippene man bør følge er utledet fra hvordan mennesket er, hvordan virkeligheten er, og hva som virkelig vil tjene den handlende på lang sikt. Denne etikken er derfor egoistisk, og siden den både er prinsipiell og legger vekt på konsekvensene av handlingene, kan den ikke plasseres i noen de to tradisjonelle kategoriene som etiske teorier plasseres i. Den Objektivistiske etikken er altså hverken deontologisk (en deontologisk etikk legger vekt på prinsipper uavhengig av konsekvenser) eller utilitaristisk (utilitarisme er å handle for å oppnå størst mulig nytte for flest mulig mennesker).

Egoisme oppfattes idag synonymt med hensynsløshet, men dette er resultat av at hele det etablerte samfunn forfekter selvoppofrelse til fordel for «fellesskapet» som etisk ideal. Det er derfor naturlig at de etablerte miljøer forsøker å gi et sterkt negativt bilde av det alternative moralsyn, det moralsyn som sier at mennesket har rett til å styre sitt liv som det selv ønsker, og ikke har noen moralsk plikt til å være en tjener for andre mennesker.

En egoistisk etikk sier at man har rett til å beholde de verdier man skaper, og at alle mennesker har samme rett. Derfor har man ingen rett til det som er skapt av andre, og dette betyr igjen at alle mellommenneskelige forhold bør være frivillige.

Rasjonelle dyder

La meg si litt mer om disse dydene. Ærlighet, å være tro mot virkeligheten, er en dyd alle forfekter. De fleste vil hevde at denne dyden betyr at man ikke skal stjele eller lyve, men Ayn Rand legger også vekt på følgende viktige element ved denne dyden: man må være tro mot virkeligheten når man søker kunnskap. Kunnskap oppnår man ved å trekke logiske slutninger fra observasjoner, og man må innrette seg etter de relevante fakta som finnes. Det forekommer at enkelte forsøker å lurer seg selv ved å ignorere visse fakta, fakta som man ikke ønsker å være klar over, og dette er uærlig. For eksempel vil en som ønsker å begynne å røyke kanskje late som om han ikke er kjent med alle de fakta som sier at røyking er skadelig; en som ønsker å være sosialist må ignorere alle de fakta som viser at sosialisme medfører nød og undertrykkelse, osv. Man trenger kunnskap for å kunne foreta velbegrunnede valg, og hvis man lurer seg selv på denne måten, foretar man valg på et utilstrekkelig grunnlag, og dette vil resultere i negative konsekvenser for en selv.

Rettferdighet, det å vurdere mennesker slik de fortjener og å behandle dem i overensstemmelse med dette, er ikke en utbredt dyd idag. I stedet for rettferdighet forkynnes overalt idag tilgivelse. Men tilgivelse innebærer intet annet enn å la onde og tankeløse mennesker få fritt spillerom. Et aspekt ved dette idag er de stadige oppfordringer om å la være å foreta moralske vurderinger av andre mennesker og andre kulturer. Toleranse er et uttrykk for dette: toleranse betyr idag å la være å foreta etiske vurderinger (Toleranse er «a refusal to ethically judge between competing views of good and evil». Denne definisjonen av dagens syn på toleranse er hentet fra J. Budziszewskis bok *True Tolerance*.) Det Objektivistiske syn er som nevnt at man alltid skal være rettferdig: man skal foreta moralske vurderinger av andre, og man skal være forberedt på at andre foretar moralske vurderinger av en selv: «judge, and be prepared to be judged», sier Ayn Rand.

Uavhengighet betyr at det er ens egen oppgave å styre sitt liv: å skaffe seg den kunnskap man har behov for og å handle på basis av den. Integritet er å være lojal mot sine rasjonelle vurderinger.

Produktivitet, det å skape verdier og forsørge seg ved sitt eget arbeid, er nærmest en ukjent dyd idag. Idag, med vårt mylder av støtteordninger, er det allment anerkjent at man har rett til å bli forsørget av andre. Den allment aksepterte altruisme – som sier at det som er moralsk er å tjene andre til fortrengsel for seg selv – har den opplagte implikasjon at dersom det er rett for meg å ofre meg for andre, da må det være rett for andre å ofre seg for meg. Implikasjoner av dette ser vi overalt idag: Mange krever – og får – støtte med de underligste begrunnelser: man får støtte dersom man er gammel, ung, bor i distriktene, spiser mat, reiser med trikken, har barn, er bonde, er student, osv. Det å være dyktig idag er ikke lenger å kunne skape verdier på en effektiv måte, å være dyktig idag er å kunne sno seg i og utnytte støtteordningene. Dette er en tilstand som må ende med forferdelse.

Stolthet er den dyden som Aristoteles satte aller høyest, han beskrev den med et uttrykk som oversatt til engelsk blir «the crown of the virtues». Ayn Rand definert stolthet som «moral ambitiousness», og dette innebærer dels at man skal gjøre sitt arbeid så godt man kan og at man har all moralsk rett til å vurdere det man har utført i samsvar med dette: har man gjort en god innsats er det riktig å føle en betydelig grad av tilfredshet ved det. Men det andre aspektet ved moralsk ambisiøsitet er at man aldri må bli ferdig med å utvikle og forbedre sin egen personlighet. Moralsk ambisiøsitet innebærer at man hele tiden må forsøke å gjøre seg selv til et bedre menneske. Dette innebærer at hvis man gjør noe galt eller noe man ikke er stolt over, må man ikke slå seg til ro med å si at «dette er meg, det er slik jeg er», det man da må gjøre er å arbeide med seg selv slik at man ikke gjør slike ting ved senere anledninger.

Det man bør gjøre er altså å følge disse dydene (rasjonalitet, ærlighet, rettferdighet, produktivitet, integritet, uavhengighet, stolthet), man må gjøre disse handlingsprinsippene til en del av sin personlighet slik at man følger dem nærmest automatisk. Grunnen til at man bør følge dem er at det er til fordel for en selv, og svikter man dem, vil det være skadelig for en selv. Det er derfor dette er en egoistisk etikk.

For å kunne leve må mennesket forbruke verdier (mat, klær, hus, maskiner, dataprogrammer, kunst, etc.). Slike verdier ligger ikke klare til avhenting i naturen, de må skapes av menneskers arbeid. Slik verdiskapning er den sentrale aktivitet i menneskets liv. I sitt arbeid får mennesket brukt sine evner og sin kunnskap, arbeid er å gi sine ideer, sin tenkning, eksistensiell form. Arbeid består i å betrakte virkeligheten, foreta vurderinger, og så skape noe nyttig på basis av sine vurderinger. Slik virksomhet forutsetter at man kan følge resultatene av sin tenkning, at man kan handle på basis av den. Men dette må gjelde alle, og derfor er det galt å initiere tvang overfor andre mennesker. Å bruke tvang er å hindre andre i å gjøre det de selv mener er riktig. Den største synd man kan begå er derfor å initiere tvang overfor andre; dette er intet annet enn å fornekte deres evne til å observere og å vurdere virkeligheten.

Frihet og ansvar
For å oppnå frihet og ansvar må samfunnet organiseres slik at man har frihet. Frihet betyr at individers (lockeanske) rettigheter respekteres. Frihet innebærer retten hvor hvert individ til å føre sitt liv slik det selv ønsker, dog i respekt for andres tilsvarende rett. Dette medfører at man fullt ut har ansvar for sitt liv og sine handlinger. I et fritt samfunn skal staten ikke styre økonomien eller støtte individer eller bedrifter, men kun beskytte individer mot forbrytere. Statens oppgaver er således kun å drive politi, rettsvesen og militært forsvar. Dette medfører at både trygdesystemer, helsevesen og skole skal drives privat.

Slik er det som kjent ikke i dag. Staters styring av økonomien har i alle land ført til kriser av store eller enorme proporsjoner. Videre har regelverket som gjelder næringslivet ført til at foretaksomme mennesker (entreprenører, arbeidsgivere og arbeidstagere) må underkaste seg et villniss av lover, regler og forordninger, og det er lett å se at dette stadig i større og større grad lammer produktiv virksomhet. Det man bør ha muligheten til er å skape verdier, ikke bruke måneder og år på å lese uforståelige og fullstendig unyttige lovbestemmelser, sitte på offentlige kontorers venterom og å fylle ut skjemaer.

Private virksomheter i et fritt marked er langt mer fleksible enn offentlige, og man vil i et fritt system se langt mer effektive virksomheter på alle områdene enn vi har idag. Vi ser idag at offentlige virksomheter, enten det er postverket, NSB, skoleverket eller helsevesenet, alle sliter med større og større problemer og betjener sine kunder på måter som folk blir mer og mer misfornøyde med. Private firmaer ville ikke kunne oppføre seg slik som disse offentlige virksomhetene gjør.

I et fritt samfunn vil vi slippe politikere av den typen vi har idag: mennesker hvis eneste talent er store talegaver, og som er flinke til å drive valgkamp og til å skylde på andre når det går galt. Politikere i dag lover i valgkamper gull og grønne skoger til alle, mens det de gjør etter valg er å dele ut til sine foretrukne pressgrupper. Og alle vet idag at «løfter» gitt av politikere nærmeste er totalt verdiløse. Allikevel deltar vanligvis nærmere 80% av befolkningen i valg, og hele den intellektuelle elite i presse og akademia tar politikere på alvor.

Det vi ser idag, et samfunn i forfall, et samfunn som er basert på ufornuft, på kollektivisme, på at individer har rett til å snylte på andre, et samfunn hvor individer ikke har frihet og derfor heller ikke tar ansvar. Et slikt samfunn vil ikke kunne komme på rett kjøl uten at de grunnleggende verdiene skiftes ut med rasjonelle verdier. Det som trengs er at dagens ufornuft, kollektivisme, altruisme og ansvarsfraskrivelse erstattes med fornuft, rasjonalitet, frihet og ansvar. Inntil dette skjer vil det forfallet vi hittil kun har sett begynnelsen på, stadig fortsett i økende tempo. En virkelig verdikommisjon vil kunne være nyttig i en slik sammenheng, men Bondeviks verdikommisjon, som ikke vil komme til å gå dypere inn på moralske problemstillinger, vil kun oppfordre folk i enda større grad å tilgi og ofre seg for andre. Dette vil bare gjøre vondt verre

Ayn Rand og frihet*

*Foredrag holdt på Fridemokratenes høstkonferanse
13. oktober 2001*

Hvilken rolle spiller Ayn Rands ideer i kampen for frihet? Det er dette spørsmålet jeg vil forsøke å belyse i dette foredraget.

Ayn Rand er filosof, ikke økonom som alle andre kjente liberalister (Smith, Mises, Hayek, Friedman). Jeg skal derfor legge hovedvekten på filosofi, og jeg vil legge hovedvekten på følgende spørsmål:

*Hva er filosofi, og hvorfor er filosofi nødvendig for ethvert menneske?
*Hva står Ayn Rand for?
*Hvorfor blir Ayn Rand iblant misforstått?
*Hvorfor er Ayn Rand uunnværlig i politisk arbeid for et friere samfunn?

Hva er filosofi og hvorfor er filosofi nødvendig?
Filosofi er det fag som studerer følgende type spørsmål: eksisterer virkeligheten uavhengig av noens bevissthet; er det slik at alt som eksisterer har identitet og er noe bestemt; gjelder årsaksloven; er det objekter eller prosesser som er de primære eksistenter; gir sansene pålitelig informasjon; er fornuften menneskets eneste vei til abstrakt kunnskap eller finnes det andre veier; har mennesket fri vilje; bør mennesker holdes ansvarlig for det de gjør; hva bør være den standard som verdier vurderes i forhold til; er livets mål å ofre seg for en god sak; er initiering av tvang et onde eller et gode – og vil slik initiering av tvang ødelegge eller tjene menneskers liv; er det kun frihet – respekt for individers rettigheter – som gir fred, harmoni og velstand, eller må statlig styring til; hva er kunstens oppgave?

Filosofi er det fag hvor man studerer slike spørsmål, og ethvert filosofisk system tar standpunkt til disse spørsmålene. Men også hvert

---

* Den første utgaven av denne boken inneholdt kun et utdrag av dette foredraget.

eneste menneske har standpunkter til disse spørsmålene – om ikke eksplisitt så i hvert fall implisitt. Systemet av de filosofiske standpunkter en person har er hans filosofi, eller hans livssyn – ordet filosofi betyr altså ikke bare et fag hvor man studerer slike spørsmål, det benyttes også synonymt med livssyn.

Den filosofi man har bestemmer f.eks. hvilke fakta man legger vekt på – folk med ulike filosofiske grunnsyn kan trekke helt motsatte konklusjoner på basis av de samme fakta. Ett eksempel her: hvis kriminaliteten øker vil noen si at vi må straffe de kriminelle strengere og at vi hittil har behandlet dem for snilt. Men de som har et annet filosofisk grunnsyn vil kunne si at vi ikke behandler de kriminelle snilt nok, nå må vi bli enda snillere mot dem. Ulike filosofier gir ulike konklusjoner på basis av de samme fakta.

Filosofi er derfor et svært viktig fag: det bestemmer alt fra hvordan mennesker er til hvordan kulturer utvikler seg.

I filosofiens historie finnes det to/tre tradisjoner: Én stammer fra Platon: denne tradisjonen forfekter reelt sett irrasjonalitet: tro fremfor fornuft; kollektivisme: gruppen er viktigere enn individet; selvoppofrelse som etisk ideal; religion, dogmatisme; initiering av tvang som nyttig/moralsk.

Den skeptiske tradisjon kan man si stammer fra sofistene, og den sier at vi ikke kan være sikre på noe; at alt er relativt: noe kan være sant for meg og det motsatte kan være sant for deg. Denne grunnholdningen er utbredt i dag i stor grad pga. David Hume og Karl Popper. Dagens ekstreme relativisme og postmodernisme er endestasjonen for denne linjen, og er intet annet enn en *reductio ad absurdum* av denne tradisjonen. (Man kan si at begge de nevnte tradisjoner stammer fra Platon, siden han delte verden i en statisk, forutsigbar del, og en kaotisk, uforståelig del.)

Den tredje tradisjonen kommer fra Aristoteles: den innebærer rasjonalitet, selvrealisering som etisk ideal, individualisme, frihet.

En vanlig feil er å tro at det er den tradisjon man selv befinner seg i som er «ordentlig» filosofi, og at det som er i de andre tradisjonene ikke er filosofi i det hele tatt. Men man bør kunne innse at det finnes andre perspektiver enn det man selv har.

I dag dominerer de to første tradisjonene. Aristoteliske ideer står dessverre meget svakt, både blant filosofer i akademia og i samfunnet.

Dette er hovedgrunnen til at Ayn Rand, som er aristoteliker, står så svakt i etablerte miljøer.

Hva mener Ayn Rand innen filosofi?
Ayn Rand, og det system hun utviklet, Objektivismen, hevder at:

*Virkeligheten eksisterer uavhengig av noens bevissthet, og er primær.
*Sansene gir pålitelig informasjon.
*Fornuften er eneste vei til abstrakt kunnskap.
*Man bør være rasjonell egoist.
*Mennesket må ha frihet – mennesket må leve i et system hvor staten ikke initierer tvang, og hvor staten beskytter individer mot privatpersoner som initierer tvang. Mennesket må ha frihet for å kunne fungere som menneske. Politiske systemer som initierer tvang vil bryte sammen og vil føre til kaos, nød og elendighet.

De tre hoved-ideene hos Ayn Rand er altså rasjonalitet, egoisme og frihet. Jeg skal si litt mer om disse.

Fornuft/rasjonalitet
Å bruke fornuften, å være rasjonell, er å basere seg – sine standpunkter, sine meninger, sine holdninger, sine handlinger – på fakta, kun på fakta og på alle relevante fakta.

Men er dette – å være rasjonell, kun å basere seg på fakta – noe kontroversielt da? Gjør ikke alle dette? Nei, dessverre – få gjør dette. De fleste vil si at de kun baserer seg på fakta, men få gjør dette, og svært få klarer virkelig å gjøre dette.

Å basere seg kun på fakta vil si at man må ta utgangspunkt i virkeligheten, det som eksisterer. Dette betyr at man i første omgang tar utgangspunkt i det som man kan observere, og så må man, når man resonnerer ut ifra dette, alltid følge logikkens lover, inkludert å ta hensyn til slike ting som kontekst og hierarki. Man må også klassifisere det som eksisterer på en riktig måte, dvs. ting som essensielt sett er like må klassifiseres sammen, mens ting som essensielt sett er forskjellige ikke må klassifiseres sammen. Videre må man hele tiden være oppmerksom på nye fakta som kan bekrefte eller omstøte ens tidligere konklusjoner, og man må alltid ta til seg slike. Man må danne prinsipper, og man må hele tiden kontrollere sin tenkning mot virkeligheten. Videre må man forholde seg til andre mennesker med argumenter og ikke med initiering av tvang.

Dette kan det selvsagt redegjøres for i stor detalj, og for den som ønsker å sette seg grundig inn i dette, finnes det litteratur hvor dette er gjort. La meg avslutte dette punktet med å si at altfor få mennesker er rasjonelle, og at rasjonalitet ikke er enkelt eller opplagt. La meg for ordens skyld også nevne at å være rasjonell er noe helt annet enn å være intelligent: man kan godt være rasjonell uten å være spesielt intelligent, og man kan godt være irrasjonell og samtidig være intelligent.

Det finnes mange eksempler på irrasjonalitet omkring oss i dag. Å være religiøs, dvs. å basere seg – sine tenkemetoder, sine meninger, sine standpunkter, sine handlinger – på fortellinger i Bibelen eller Koranen eller Toraen er å basere seg på eventyr. Å være religiøs er å ta utgangspunkt i fantasi og oppspinn og å late som om det er virkelig.

Et annet eksempel på irrasjonalitet: de som inntar de samme standpunkter og meninger som andre mennesker har, uten å tenke igjennom om de er korrekte, er irrasjonelle. Denne holdningen er illustrert i ordtak som «Right or wrong: my country», eller hos personer som følger et politisk parti selv om partiet bytter ut vesentlige standpunkter med helt motsatte standpunkter. Chr. Vennerød fortalte i en artikkel for noen år siden at «Mange er blitt anarkister ... for å gjøre det motsatte av mor, far, skolen, kirken, militæret eller andre autoriteter har sagt. De velger i alle sammenhenger å gjøre det som ikke er alminnelig godtatt...» (Vennerød i Nyliberalen 1/97, s. 24).

Å være rasjonell er å basere seg på fakta, det er irrasjonelt å basere sine oppfatninger på hva andre måtte mene. (Dette er selvsagt ikke til hinder for at man i mange tilfeller må basere seg på fagfolk som er eksperter på områder hvor man selv har få kunnskaper. Man kan f.eks. basere seg på det ens lege sier til en. Men det er opp til en selv å velge en god lege.)

Dette var noen få meget utbredte eksempler på irrasjonalitet. Men det finnes mange flere: Enkelte motstandere av markedsøkonomien er så virkelighetsfjerne at de tror at markedsøkonomi betyr at dersom man har venner på besøk, så skal de betale for kaffen (se Vennerøds eksempel i Nyliberalen 1/97, s. 26). Jeg har opplevd å høre dette flere ganger, og det virker som om det er sagt i fullt alvor. Poenget med kapitalisme er selvsagt ikke at man skal betale for alt, poenget er at handlinger skal skje frivillig, og da kan i noen tilfeller betaling gjøre et bytte mulig. En vert gir sine gjester kaffe gratis, en restaurant gir sine gjester mat mot betaling. Begge disse handlingene skjer frivillig. Det eneste alternativ til frivillighet er tvang, f.eks. at restauranter tvinges til å servere uten betaling eller til en betaling som staten bestemmer. Det finnes mange flere eksempler på irrasjonalitet omkring oss. Et viktig eksempel er å ikke tenke over de langsiktige konsekvensene av det man gjør eller foreslår: Å løse samfunnsproblemer ved å si at «her er noen som trenger penger og der er noen som har penger – da tar vi fra de rike og gir til de fattige» er fullstendig urealistisk. Det var en slik politikk som SV vant valget på i høst (2001). Tilsvarende urealistisk er følgende idé: «her er det noen som har AIDS og der finnes medisin til salgs – nei, den er for dyr, da stjeler vi medisinen ved å vedta en lov som opphever patentbeskyttelsen». Slike standpunkter er irrasjonelle av mange grunner, men la meg kun nevne én: De som har disse standpunktene ser bort fra de negative konsekvenser som må følge når man systematisk tar fra/straffer de dyktige. Hvorfor jobbe når staten tar en stadig økende del av det man tjener? Hvorfor arbeide når man får omtrent like mye når man ikke jobber? Hvorfor legge mye arbeid ned i å utvikle en medisin når staten bare stjeler den når den er ferdig? De vanlige holdninger vil føre til at produktiviteten reduseres, og at vi alle blir fattigere. Og det er nok av andre eksempler på irrasjonalitet omkring oss: å få barn med en person man ikke kjenner; å gjøre opprør mot autoriteter uten at man tar hensyn til hva autoriteten står for: hvis autoriteten har rett, så er det irrasjonelt å gjøre opprør. Videre, velgere som ikke lærer av erfaring – de vet at politikere tidligere alltid har brutt sine løfter, men nå stoler de på politikerne når de sier at «tidligere har vi brutt våre løfter, men denne gangen skal vi holde dem». Den utbredte irrasjonalitet er et resultat av etablerte miljøers følelsesdyrking: «bare gjør det du føler er riktig!». Å basere seg på følelser er det foreslåtte alternativet til rasjonalitet, men følelser gir ikke uten videre korrekt informasjon om det man observerer, og sier intet om hvorvidt ideer og standpunkter er i samsvar med virkeligheten.

Ayn Rand forfekter altså rasjonalitet: kunnskap, som er grunnlaget for ens meninger, ens handlinger, ens standpunkter, må baseres på fakta, dvs. observasjon og det man logisk kan utlede av det man observerer. Dette innebærer selvsagt at man må ta med i betraktning de langsiktige konsekvensene av egne handlinger.

La meg også nevne at endel mennesker er rasjonelle på noen områder, men ikke på andre. Isaac Newton var rasjonell i sin vitenskap, men han var irrasjonell (religiøs) på andre områder i sitt liv. Rand hevder altså at man må være rasjonell på alle områder, ikke bare innen vitenskap. Standpunktet om at man kun skal benytte rasjonelle metoder innen vitenskap er ikke kontroversielt i dag, men å hevde at man også bør være rasjonell innen etikk, det er et standpunkt hvor hun nærmest står alene. Det vanlige synet i dag er at uten en gud, dvs. en autoritet valgt på en irrasjonell basis, kan det ikke finnes noen etikk: Dette er illustrert i det kjente Dostojevski-sitatet «Uten Gud er alt tillatt». I dag er den vanlige oppfatningen, stikk i strid med Ayn Rands syn, at en rasjonell etikk er umulig, og at en etikk må ha en irrasjonell basis. En etikk sier hvordan man bør handle. Hva sier så den Objektivistiske etikken?

Etikk
Rand forfekter egoisme: du har ett liv, du bør leve det godt. Formålet med livet er ikke å tjene andre mennesker, ikke å tjene fellesskapet, ikke å tjene en gud, formålet er å leve slik at man selv er lykkelig. Med andre ord: formålet med ens handlinger er å tjene seg selv. For å få et lykkelig liv må man være prinsippfast og langsiktig, dvs. man må være rasjonell.

Rasjonalitet er altså den viktigste egoistiske dyd. For å kunne fungere i virkeligheten må man ha kontakt med virkeligheten, man må kjenne den, man må kjenne relevante fakta – og kun rasjonalitet setter en i stand til dette.

Å være egoist er å handle slik at man selv virkelig vil tjene på det, på lang sikt. Egoisme betyr ikke at man skal gjøre hva man føler for og gi blaffen i andre. Ofte i dag blir man beskrevet som egoist hvis man er hensynsløs, f.eks. blir kriminelle og narkomane ofte beskrevet som egoister. Men disse ødelegger sine egne liv – hvordan kan man da beskrive dette som egoisme? Kanskje disse kriminelle tror at de tjener seg selv ved å stjele etc., men da tar de feil, og da er det også feil å klassifisere dem som egoister.

Objektivismen forfekter altså rasjonell egoisme: dette betyr at man bør handle prinsipielt og langsiktig på en slik måte at man selv virkelig tjener på det. Det er dette som er egoisme. Man har ifølge denne etikken ingen forpliktelser overfor andre mennesker, det eneste man må overfor andre mennesker er å la dem være i fred, dvs. man må ikke initiere tvang overfor andre. Man må ta seg av sine egne barn, men ellers har man ingen forpliktelser bortsett fra de man frivillig tar på seg.

Objektivistiske dyder
Å være egoist er å følge dyder som rasjonalitet, ærlighet, rettferdighet, produktivitet, integritet, stolthet – man må gjøre disse handlingsprinsippene til en del av sin personlighet slik at man følger dem nærmest automatisk. Jeg skal si litt om noen av disse, men la meg presisere at grunnen til at man bør følge disse dydene er at dersom man bryter dem, så har det negative konsekvenser for en selv.

Ayn Rands roman *Kildens utspring* illustrerer primært dyden integritet, som innebærer at man bør være idealist, man bør stå på sitt, man bør gjøre det rette selv om man opplever negative konsekvenser på kort sikt. Dette er noe som appellerer til unge mennesker, de mennesker som ennå ikke har erfart at praktisk talt ingen tar ideer på alvor, de som ennå ikke har erfart at de fleste som har levd en stund er blitt kynikere. Unge mennesker er ofte idealister, og *Kildens utspring* taler til dem. Integritet er dyden som sier at man bør handle i samsvar med sine rasjonelle verdier.

En annen dyd er produktivitet. Den sentrale aktivitet i et menneskes liv bør være produktivt arbeid: å bruke sine evner til å skape verdier, å skape noe som primært en selv, men også andre, ser en verdi i. I produktivt arbeid gir man sine ideer og sin tenkning eksistensiell form, man omsetter sine ideer og sine holdninger til handling, man gjør dem virkelige også utenfor sin bevissthet. Dette er som sagt den sentrale aktivitet i menneskers liv, det er den aktivitet som man bør bruke mest energi og mest tid på.

Målet med livet er altså ikke en evig ferie med festing og shopping som de sentrale elementer, det sentrale element i livet bør være å skape, å arbeide. Og jeg tror det er psykologisk ødeleggende ikke å arbeide. Denne dyden er produktivitet, og så vidt jeg vet er det ingen andre filosofer enn Ayn Rand som betrakter produktivitet som en dyd. (Økonomer betrakter den som et gode fordi den skaper velstand, men som sagt er så vidt jeg vet Rand den eneste filosof som har sagt noe positivt om denne dyden.)

Men man bør være oppmerksom på at å bedrive produktivt arbeid ikke er det samme som å tjene penger – man kan godt, selv i et fritt marked, tjene penger uten å skape rasjonelle verdier. Eksempler på innbringende ikke-rasjonelle aktiviteter er astrologi, eller å skrive sladder-biografier. Man kan også godt gjøre forsøk på å skape rasjonelle verdier uten å tjene penger på det, f.eks. ved å holde foredrag for liberalistiske organisasjoner.

Man bør også legge merke til at praktisk talt alt arbeid er å hjelpe andre; en lege hjelper syke, en lærer hjelper folk å forstå alt fra grammatikk til historie, osv. Men det er forskjell på hvordan en egoist og en altruist velger sitt yrke; en egoist finner noe han selv finner interessant, noe han selv har glede og nytte av å holde på med, mens en altruist spør: «på hvilken måte kan andre ha mest nytte av meg?», og handler i samsvar med det svar han føler for.

Altruisme er gjerne sett på som alternativet til egoisme: altruisme er det syn at man skal handle slik at man tjener andre, ikke seg selv. En altruist vil i alt han gjør tenke: «hvordan kan jeg tjene andre mennesker?». Altruisme betyr altså ikke at man bør være snill og grei og hjelpsom, altruisme betyr at man skal tjene andre i alt man gjør, altruisme betyr at det som er moralsk er å gi avkall på egne verdier til fordel for andre. Egoismen sier: i alle valg, gjør ting som virkelig tjener deg selv, på lang sikt. Altruismen sier: i alle valg, gjør det som tjener andre. Altruisme er en etisk kode som det selvsagt er umulig å følge fullt ut, og derfor er det forventet at man har en dobbeltmoral, og man har naturlig nok tilgivelse som en viktig dyd. Men hvis man har denne etiske normen, får man dårlig samvittighet fordi man ikke gjør nok, og man blir lett utnyttet av andre, og man blir lett å styre både av politikere og av plagsomme «venner».

Men hva med å være litt altruist? Det er også umulig å være litt altruist. Altruisme og egoisme er motstridende etiske prinsipper, og man må velge enten eller. Man kan ikke være litt ærlig eller ha litt integritet – lyver man en gang i blant så er man uærlig: etiske prinsipper er enten eller. Man kan ikke være litt altruist, men man kan være altruist og så la være å følge dette prinsippet konsekvent. Men dette resulterer i holdningsløshet og en gradvis bevegelse i retning av mer og mer altruisme. Men hvis man med «litt altruisme» mener at man bør være hjelpsom, så er dette fullt forenlig med egoisme. Men det er da ikke altruisme.

Hvis man virkelig mener at man skal være litt altruist, hvordan skal dette skje? Når skal man velge å tjene andre? Er man enten egoist eller altruist har man et prinsipp man kan følge i alle valgsituasjoner, men er man litt egoist og litt altruist har man ingen veiledning for valg. Og det er slik veiledning etiske prinsipper nettopp er til for å gi, og en slik veiledning må man ha. Den som er litt altruist er nødt til å følge innfallsmetoden, han kan ikke følge en langsiktig, prinsippfast kurs. Og dette er ødeleggende for ham selv. En liten feil blir større og større dersom den ikke blir korrigert – dette prinsippet er kjent fra mange sammenhenger.

Det er noen få mennesker som fremstilles som altruistiske idealer: Albert Schweitzer, Mor Teresa, Jesus. Men det er umulig å være konsekvent altruist, og selv ikke disse var det. Altruister forventes alltid å gjøre enda mer for andre. Dere kjenner selvfølgelig denne historien om Jesus: en gang ble hans føtter salvet inn med en dyr salve, og en av disiplene kritiserte denne pengebruken og mente at pengene burde bli gitt til de fattige. Enhver som godtar altruismen forventes alltid å gjøre mer for andre, og han kan alltid bli kritisert for ikke å gjøre enda mer enn han allerede gjør. Og en altruist vil få dårlig samvittighet fordi han ikke gjør enda mer for andre.

I dag er dessverre folk flest alt for lite egoistiske. Folk i dag har akseptert den etikken som sier at man har plikt til å tjene andre. Det er selvsagt riktig at folk i dag i altfor stor grad er hensynsløse, men dette er ikke et resultat av rasjonell egoisme, det er et resultat av at de regner med at andre mennesker skal tjene dem, noe som er resultat av, nettopp, altruisme. Altruismen sier at jeg skal tjene andre, men en opplagt implikasjon av dette er at da må andre tjene meg.

Den utbredte altruismen innebærer i dag blant annet at man forventes å betale skatt med det påskudd å hjelpe andre, og at skatten kan økes og økes og økes slik at enhver gruppe som fremstiller seg som svak kan motta støtte.

Men altruismen, som sier at man har plikt til å hjelpe, innebærer også at man har rett til å motta hjelp fra andre. Og derfor skjer det i dag at alle mulige grupper krever rett til å få penger fra det offentlige. Utbredt altruisme medfører nødvendigvis utbredt snylting.

Men er ikke dette – å snylte på andre – egoisme da? Å kreve en del av «samfunnskaken» bare fordi man oppholder seg i samfunnet, er ikke dette egoisme? Nei – egoisme er handlinger man selv virkelig tjener på, på lang sikt, og et samfunn hvor alle krever mer og mer fra staten vil bryte sammen, og dette vil alle tape på, og derfor kan det ikke være et resultat av egoisme. Egoisme er som sagt det man selv virkelig tjener på på lang sikt, og en holdning som på sikt er ødeleggende for en selv kan ikke være egoistisk.

Enkelte vil nå kanskje si at Rand har omdefinert disse begrepene: altruisme betyr, vil de si, å være hjelpsom og snill og grei. Nei, denne påstanden er ikke korrekt. Opprinnelig betydde altruisme å tjene menneskeheten. Auguste Comte innførte navnet altruisme på dette etiske prinsippet. Det moralske er å tjene noe utenfor seg selv, og siden Gud ikke finnes, mente han at man burde tjene menneskeheten/andre mennesker – og dette er altruisme.

Videre, vanlige ordbøker definerer altruisme som å tjene andre mennesker.

La meg også nevne at de som ønsker makt over andre gjerne vil at disse andre skal være altruister, men maktmenneskene forsøker å gjøre dette mer salgbart, mer akseptabelt, mer plausibelt, ved å si at altruisme kun er å være hjelpsom, snill og grei, og ved å si at alternativet – egoisme – er å være en hensynsløs bølle. Men man bør ikke la seg lure av disse maktmenneskenes manipulering av språket.

Hvis dere synes at jeg snakker mye om dette, så stemmer det, men jeg gjør det fordi det er svært, svært viktig.

La meg til slutt under dette punktet igjen nevne at det er ødeleggende for en selv å være altruist. Og dette har man nå også et slags vitenskapelig bevis for: en undersøkelse, omtalt i tidsskriftet Gemini: Forskningsnyheter fra NTNU og SINTEF nr 4/2001, fant følgende:

> «mye tyder på at selvutslettende og oppofrende kvinner blir lettere syke. De lar andres ve og vel gå foran egne behov, og kommer til slutt til et punkt der kroppen sier stopp».

Altruisme er altså ødeleggende for en selv. Igjen, man bør være egoist, og egoismen sier at man bør handle slik at man selv virkelig tjener på det, på lang sikt.

La med avslutte denne delen med følgende spørsmål: Hvem er egoist og hvem er altruist? Hovedpersonen i *Kildens utspring,* Howard Roark sier: «jeg anerkjenner ikke noe menneskes rett til et minutt av mitt liv» (s. 663). Roark er egoist. Den som er uenig i Roark i dette, den som mener at man uten videre har plikter overfor andre mennesker, er altruist.

Politikk
Ayn Rand er tilhenger av laissez-faire-kapitalisme. Jeg regner med at alle som hører dette foredraget er enige med henne i dette, men la meg allikevel presisere at kapitalisme er det eneste moralske og praktiske samfunnssystem: initiering av tvang er ødeleggende for mennesker, tvang fornekter menneskets tenkeevne. Formålet med all tenkning er at det skal veilede handling. Hvis man ikke i handling kan følge sin tenkning, men må handle i strid med det man selv mener er rett og riktig, så er dette et signal om at tenkning er verdiløst. Dette vil føre til at tenkningens betydning vil bli redusert, folk vil i større og større grad gå på rutine og all kreativitet vil bli borte. Derfor vil alle diktaturer forfalle, og alle religiøse samfunn vil være helt uten fremgang – det er i historien nok av eksempler som bekrefter dette.

Men også litt styring, dvs. litt statsstyring av økonomien, er ødeleggende, litt styring av økonomien vil skape problemer som vil føre til mer styring som igjen vil føre til problemer som igjen vil føre til enda mer styring, osv. Gir man penger til «svake» grupper, vil flere og flere grupper forsøke å få seg definert som svake, og skattene vil nødvendigvis øke. Dette er også å straffe gode egenskaper og belønne dårlige egenskaper, man tar fra de dyktige og gir til de mindre dyktige. Skatt vil føre til et offentlig byråkrati som igjen vil kreve stadig større inntekter og igjen større skatter osv. Enorme mengder energi går i dag med til å fylle ut skjemaer, til å benytte advokater for å slippe unna med minst mulig skatt – tenk hvis all denne energien kunne bli brukt til noe nyttig. Denne utviklingen er illustrert i ordtaket om at «gir man fanden lillefingeren (gir man staten muligheten til å tiltvinge seg litt skatt), så tar han snart hele hånden (skatten vil da øke og øke)». Mer om dette kan man finne hos de økonomene jeg nevnte, spesielt anbefales Mises.

En parallell her: siden mennesket må følge prinsipper, vil det at man svikter et riktig prinsipp føre en lenger og lenger i gal retning. Det er umulig med litt styring av økonomien og litt skatt – slike ting vil nødvendigvis bli verre og verre. Dette er helt tilsvarende som med altruisme: litt altruisme vil nødvendigvis bli mer og mer altruisme og bli mer og mer ødeleggende.

Kapitalisme er det eneste moralske samfunnssystem fordi egoisme er moralsk, og kun kapitalisme gir mennesket frihet til å handle slik det selv ønsker. Kapitalismen er moralsk fordi initiering av tvang er umoralsk. Kapitalisme er det praktiske samfunnssystem fordi kun kapitalisme kan gi fred, harmoni og velstand.

Hvorfor blir Ayn Rand i blant misforstått?

Svært mange mennesker har lest Ayn Rands bøker – de er solgt i innpå 30 millioner eksemplarer. Selv om dette skulle tyde på at hennes meninger er velkjente, skjer det svært ofte at hun tillegges standpunkter hun ikke har. Hvorfor er det slik? Spørsmålet er altså: Hvorfor blir Ayn Rand iblant misforstått? Svaret på dette spørsmålet er at det dels kan være ond vilje – motstandere av det hun står for ser seg tvunget til å omtale henne pga. hennes popularitet, men siden de er sterkt uenige i hennes meninger ønsker de ikke å gjengi hennes synspunkter på en korrekt og objektiv måte. Iblant er det allikevel ikke ond vilje, iblant er det noe annet som ligger bak de forekommende feilfremstillinger og misforståelser.

Den platonske tradisjon i filosofi er så inngrodd i folk flest i dag at de som befinner seg i denne, dvs. som har grunnholdninger i samsvar med denne tradisjonen, og som ikke studerer Ayn Rand grundig, de vil etter å ha lest Ayn Rand tolke noen av hennes standpunkter i lys av den platonske konteksten. Dvs. de forstår ikke den aristoteliske metode Ayn Rand benytter og den aristoteliske kontekst hun skriver i – det de da gjør er å trekke isolerte poenger/standpunkter fra Ayn Rand og inn i en platonsk kontekst. Dette gjør at standpunktene kan bli helt meningsløse, og da vil endel si at Ayn Rand ikke har innsikt i det hun snakker om.

Folk misforstår altså Ayn Rand fordi de trekker isolerte standpunkter fra henne inn i en tradisjonell kontekst, en kontekst som er preget av holdninger som kan føres tilbake til Platon. Platon hevdet som kjent at virkeligheten består av to deler, en del som er statisk og perfekt, og en del, den verden vi lever i, som er kaotisk og uforståelig. Denne metafysiske inndelingen har gitt opphav til de to epistemologiske grunnholdningene dogmatisme og skeptisisme.

På grunn av dette opplever vi stadig at personer som ikke har studert Ayn Rand særlig nøye, kommer med merkverdige innvendinger, eller gjengir henne på en feilaktig måte. Jeg skal nå ta for meg noen slike eksempler.

Den vanlige oppfatningen er at egoisme er det samme som bøllete og hensynsløs oppførsel. Det finnes absolutt intet som tyder på at Ayn Rand støtter en slik oppførsel, men allikevel blir hun tillagt dette synet. For eksempel påstår Dag Hessen i sin omtale av *De som beveger verden* i Klassekampen at «Rands moralkonsept ligger tett opp til Nietzsches. Som Nietzsche lengter hun etter rovdyret i mennesket.» Dette sier Hessen selv om han vet at Nietzsche er tilhenger av slaveri, og at det for Ayn Rand er et fundamentalt prinsipp for mellommenneskelige forhold at initiering av tvang ikke skal forekomme.

Kan noen på basis av å ha lest *Kildens utspring* og *De som beveger verden* med et reelt grunnlag påstå at Roark eller Galt er noe i nærheten av å være rovdyr? Nei, selvsagt ikke. Det Hessen har gjort er antagelig å gå ut fra at egoisme er å være en hensynsløs bølle (noe Nietzsches filosofi innebærer), og når Ayn Rand forsvarer egoisme, trekker han den slutning at også Ayn Rand forsvarer slik oppførsel. Men det finnes selvsagt intet i Rands bøker som tyder på at hun med egoisme mener noe slikt – tvert imot! Ayn Rands egoisme er ikke, slik det iblant påståes med Nietzsche som sannsynlig kilde, en moral kun for «overmennesker»: Ayn Rand hevder at alle bør være rasjonelle egoister.

Forøvrig går Ayn Rand inn for rasjonalitet, som er en konsekvent bruk av den egenskap som skiller oss fra dyrene, og hun hevder at all initiering av tvang er et onde. Det er derfor mer korrekt å si at Ayn Rand er den første tenker som hevder at mennesket ikke er et rovdyr.

En annen innvending som iblant forekommer er påstanden om at Ayn Rand ikke engang er klar over at fornuften kun kan brukes til å finne ut hvordan man kan oppnå sine mål, den kan ikke brukes til å finne ut hvilke mål man bør ha. Dette er den vanlige innvendingen, som stammer fra Hume, om at man ikke kan trekke en logisk slutning fra er til bør. Men Ayn Rand hevder at verdier er basert i fakta, og at dette ikke er to helt adskilte sfærer, slik den platonsk/skeptiske tradisjon sier. Det Objektivistiske syn er at fornuften virkelig kan benyttes til å avgjøre hva som er rett og galt: menneskets liv som menneske er en objektiv verdistandard. Dette prinsippet er dannet ved induksjon, som ifølge Ayn Rand gir kontekstuelt sikker kunnskap. Hume mente som kjent at induksjon ikke kan gi sikker kunnskap.

Noen hevder også at Ayn Rand ikke vet at fri konkurranse forutsetter et marked med mange små aktører, at ingen av disse er så stor at den alene kan bestemme markedsprisen, og hvor alle aktører har perfekt informasjon. Alle som har studert litt økonomi kjenner denne «definisjonen» av fri konkurranse. Det primære for Ayn Rand her er dog ikke konkurranse, det primære er frihet, dvs. full respekt for individers rettigheter. Dette innebærer at det ikke skal være noen statlig innblanding i økonomien. Private monopoler kan da oppstå, men dette er fullt forenlig med frihet. Frihet er fravær av statlig initiering av tvang, ikke at det absolutt skal være mulig å kjøpe for eksempel mange ulike operativsystemer til omtrent samme pris og tilgjengelighet. Frihet er selvsagt uforenlig med at staten opprettholder monopoler ved tvang (postverket, Vinmonopolet), men hvis et firma yter sine kunder så god service at ingen konkurrenter kan klare å konkurrere, er dette ikke uforenlig med frihet.

Et annet eksempel på en utbredt misforståelse av Ayn Rand: Gene Roddenberry, mannen som skapte *Star Trek*, var fan av Ayn Rand, og han ville ta med en person i serien som han trodde var i full overensstemmelse med de verdier Ayn Rand forfektet. Han laget derfor Mr. Spock. Alle som kjenner *Star Trek* vet at Spock er en logisk tenkemaskin blottet for følelser.

Men Spock er en skapning helt og fullt i den platonske tradisjon. Det er i strid med Objektivismen å hevde at det er en motsetning mellom fornuft og følelser: det Ayn Rand sier er at man ikke uten videre kan bruke følelser som kilder til kunnskap, hun har aldri sagt at man ikke skal ha følelser, eller at følelser er mindreverdige. Det er det platonske syn som sier at det er en motsetning mellom fornuft og følelser – platonismen innebærer at en rasjonell person er en som er blottet for følelser. Roddenberry tok et standpunkt fra Ayn Rand, forstod ikke hva det betød, og plasserte det inn i en fullstendig platonsk kontekst. Roddenberry tok et Objektivistisk standpunkt – at man bør være rasjonell – og tolket det helt feil fordi hans grunnideer var preget av platonske ideer.

Nok et eksempel: Objektivismen forfekter rettferdighet: folk skal behandles rettferdig, dvs. slik de gjør seg fortjent til. Dette er i motsetning til tilgivelse, som er dagens nærmest ubestridte ideal. En implikasjon av dette er at den rettferdighet Objektivister praktiserer, iblant ikke blir forstått. Selv folk som sier de er Objektivister blir sjokkert når ekte Objektivister praktiserer rettferdighet og ikke tilgivelse. Enkelte har til og med beskrevet Objektivisters praktisering av rettferdighet som «umenneskelig». Så inngrodd er altså forestillingen om tilgivelse som det eneste moralske blitt, at rettferdighet blir beskrevet som umenneskelig!

Enda et eksempel: Den platonske/skeptiske tradisjon innbærer at man ikke kan ta ideer på alvor. Ideene i denne tradisjonen er jo feilaktige, og da kan man jo ikke følge dem: ingen kan være 100 % altruist – da måtte man hele tiden i alt man gjorde ha som formål å tjene andre, man kunne aldri gjøre noe som var til fordel for en selv. Videre, ingen kan være 100 % skeptiker – en total skeptiker kan ikke godta noe som helst som sikkert. Ingen kan følge Bibelen eller noen annen autoritet i den platonske tradisjon fullt ut – de som gjør det, eller forsøker, blir beskrevet som dogmatikere. Dette er en korrekt beskrivelse, siden de baserer seg på dogmer eller autoriteter når de skal begrunne sine meninger: «Det er sant fordi står i Bibelen» eller «Allah har sagt det». De benytter altså ikke rasjonelle argumenter. Siden platonske ideer ikke kan følges konsekvent, forfekter alle intellektuelle innen denne tradisjonen «toleranse», som betyr at alle mulige standpunkter fortjener respekt og skal taes på alvor.

De aristoteliske grunnideer, på den annen side, de er korrekte, og de kan taes på alvor, de kan følges i praksis. Men siden mange trekker Objektivistiske standpunkter inn i en platonsk kontekst, blir de som tar de Objektivistiske ideene på alvor beskyldt for å være dogmatikere. Etter mitt syn er en dogmatiker en som forfekter ideer innen filosofi/etikk som ikke er rasjonelt begrunnet, og som allikevel fremstår som sikker. Det er dog feil å hevde, slik det gjøres i dag, at alle som er sikre på standpunkter innen filosofi/etikk er dogmatikere. Å trekke den slutning at alle som sier de er sikre på ideer innen filosofi/ etikk er dogmatikere er en logisk feilslutning, forøvrig akkurat den samme feilslutning som Erasmus Montanus begikk da han beviste at hans mor var en sten.

Mer spesielt, praktisk talt alle er tilhenger av rasjonelle metoder innen videnskap (dog ikke folk som Feyerabend og Rorty). Det Objektivistiske synet er at man bør bruke rasjonelle metoder også innen filosofi og etikk. Ingen vil beskylde en videnskapsmenn som hevder at 2+2 = 4 eller at evolusjonsteorien er sann, for å være dogmatikere. Men hvis en Objektivist hevder at Objektivismen er sann, da blir han beskyldt for å være dogmatiker – av folk som skråsikkert hevder at sikkerhet er umulig å oppnå.

Objektivister tar ideer på alvor – ideer har praktisk betydning, vi er ikke enige i det vanlige syn som innebærer at ideer bare er abstraksjoner som har lite eller intet med virkeligheten å gjøre.

Hva må til for politisk forandring?
Liberalister ønsker frihet: et samfunn hvor statens oppgave kun er å beskytte individers rettigheter, og hvor staten ikke som i dag opptrer som en mafia på de sterkeste pressgruppenes vegne. Vi ønsker et samfunn hvor staten ikke legger hindringer i veien for produktiv virksomhet, vi ønsker et samfunn hvor staten ikke straffer eller trenerer de dyktige, vi ønsker et samfunn hvor staten ikke passiviserer de svake og derved gjør dem enda svakere. Vi ønsker et samfunn i fred, frihet, harmoni og velstand.

Det vi skal oppnå er altså ikke noen få kosmetiske forandringer på velferdsstaten, vi ønsker en fundamental forandring. Skal vi få dette til, må vi selvsagt ha folk flest med oss. De fleste mennesker er konforme og følger strømmen – slik vil det alltid være, og dette viktige faktum må vi selvsagt ta hensyn til.

Men skal vi få gjennomslag må vi altså ha folk flest med oss – vi må få dem til i det store og hele å støtte at staten kun skal beskytte individers rettigheter, at folk skal kunne gjøre hva de vil så lenge de ikke initierer tvang, at staten ikke skal ta fra de rike og gi til de fattige, at folk som tjener penger har rett til å beholde dem. Men hvordan skal vi få til dette da? Hvordan skal vi få oppslutning om dette?

Moral styrer

Folk gjør mye rart – noen er her i Fridemokratene og bruker en hel eller kanskje to dager på å lytte til foredrag og debatter, og bruker kanskje mye av sin tid ellers på å arbeide for øket frihet; andre drar til Afrika for å bli misjonærer; noen har sendt jøder til Auschwitz; noen jobber gratis i fritidsklubber og i frivillige organisasjoner; noen har satt barn ut til ulvene eller ofret dem til gudene; noen har ofret seg for keiseren (kamikaze-flyvere) eller Allah, noen er for at narkotika skal være forbudt til tross for all elendighet forbudet medfører, osv.

Men folk flest er også anstendige mennesker som tar seg av sin familie, som går på jobb, som betaler sin skatt med glede, som gir til innsamlingsaksjoner, som kjøper lodd til inntekt for Røde Kors selv om de regner med at de ikke vil vinne, som lider i sykehuskøer mens de venter på behandling, som leverer selvangivelse og gjør sin borgerplikt og stemmer ved valg.

Hva er fellesnevneren her? Hva er felles for alt dette? Jo, det som styrer er moral. Alle mennesker har en oppfatning av hva som er moralsk riktig, og dette bestemmer hvordan de handler.

Dette er et svært viktig poeng: folk styres av moral. Folk har et moralsyn – alle har dette – og alle og enhver handler i overensstemmelse med det. (Jeg ser bort fra folk med hjerneskade, etc.) Alle gjør dette. Det mål personer flest har er ikke å bli rike og berømte eller å få en plass i historien – det som styrer dem er den moral de har. Noen ganger kan det være samsvar mellom moral og det å tjene penger/bli berømt, og da kan enkelte satse på å bli berømt, men ingen – eller svært få – vil gjøre det motsatte av det han anser for å være moralsk riktig for å bli rik/berømt.Dette gjelder alle mennesker, også folk som så og si alle vil si er umoralske. F.eks. kriminelle – de har en overbevisning om at det de gjør er moralsk riktig. Raskolnikov er et litterært eksempel på hvordan en forbryter har en moralsk begrunnelse for at det han gjør – å drepe to forsvarsløse kvinner – er moralsk riktig. Og hvis vi ser på vanlige småkriminelle i dag så sier de at «alle er kriminelle, alle, også vanlige mennesker, er tyver, de i "the establishment" er verst, og man må forsøke å få med seg det man kan». Også bedragere som stort sett oppfører seg pent, men som innimellom gjør noe galt, overbeviser seg selv om at de er spesielle, at de er unntaksmennesker, og at de vanlige reglene ikke gjelder for dem selv.

Hovedpoenget her er at alle mennesker styres fundamentalt sett av det moralsyn de har. Det finnes selvsagt mange forskjellige moralteorier, det er derfor folk gjør så mange forskjellige ting, dvs. at noen gjør ting som andre vil finne helt uakseptabelt. Men det er noe grunnleggende som er felles for de moralteoriene som dominerer omkring oss i dag.

Det som er vanlig i dag er at man ansees å ha rett til å få det man trenger uansett egeninnsats: mat, klær, hus, kinobesøk, mikrobølgeovn, TV, ferieturer, osv. Videre ansees man å ha plikt til å hjelpe de som trenger det – hvis noen trenger noe viktig (og hva er ikke betraktet som viktig i dag?), så har de som har «for mye» plikt til å hjelpe. Dette er det moralsyn som heter altruisme, og som jeg har omtalt tidligere.

Altruismen sier at man har plikt til å tjene andre mennesker, og impliserer at man har rett til å få hjelp og støtte fra andre. Hvis altruisme dominerer i befolkningen, vil dette nødvendigvis medføre at politikken resulterer i sosialisme/velferdsstat. For å få gjennomslag for frihet, dvs. laissez-faire-kapitalisme, må man først fjerne den allmenne oppslutningen om altruismen, og erstatte den med en oppslutning om egoisme.

Liberalister er for frihet, og frihet er det eneste system som vil føre til et harmonisk og velstående samfunn, men frihet innebærer at hvert enkelt individ har rett til å gjøre akkurat som han vil (bortsett fra å initiere tvang) uten hensyntagen til andre: frihet betyr at du kan jobbe så mye du vil, tjene så mye du vil, og bruke det du tjener akkurat som du selv måtte ønske uten å måtte bidra til fellesskapet. Dette er en implikasjon av egoisme. Det er helt umulig å få oppslutning om at dette skal være lov uten først å få oppslutning om at egoisme er moralsk.

Det Objektivistiske synet er altså at det er moral som styrer mennesker, og derved er det moral som styrer samfunn. Det moralsyn som har bred oppslutning bestemmer hvordan samfunnet blir organisert. Det politiske system som i dag finnes i alle vestlige land – velferdsstat med mye styring og høy skatt – vil være der så lenge altruismen dominerer i befolkningen.

Skal vi komme noen vei i retning av frihet, må altruismens innflydelse reduseres kraftig, og erstattes med rasjonell egoisme. Dette er det Objektivistiske synet.

Enkelte er uenige i dette, og har kommet med forslag til andre strategier for frihet. La meg nevne et par av disse. Et annet argument for frihet er utilitarisme: laissez-faire er det eneste system som fører til alminnelig velstand, og også altruister bør derfor støtte laissez-faire – er ikke dette argumentet godt nok? Mises støttet dette, og FEE ble dannet på grunnlag av denne strategien. FEE er The Foundation for Economic Education, og målet for denne organisasjonen var å utdanne befolkningen i økonomisk teori slik at de vil forstå at kun laissez-faire ville føre til allmenn velstand. Men vil dette føre frem? Nei, dette er alt for komplisert for folk flest å forstå. Folk som kan mye økonomi kan godta dette, men det vi må ha er aksept for laissez-faire i befolkningen, og dette er alt for komplisert til å kunne få bred oppslutning.

(Sosialister sier at liberalister ønsker enkle løsninger på kompliserte problemer. Også her setter sosialistene sannheten på hodet. Det er de venstreorienterte som med sitt mantra «det offentlige må gripe inn/bevilge penger/forby» som gir en enkel «løsning» på ethvert problem.)

Det finnes også økonomer som er motstandere av laissez-faire, og det er fordi det er deres moral som styrer. De vil heller støtte det som for dem er moralsk riktig enn å gå inn for det systemet som virkelig gir velstand: de mener at laissez-faire er et utslag av egoisme og at det derfor er umoralsk, selv om det gir velstand.

En annet alternativ strategi som er foreslått: Hva med å få aksept for eiendomsretten – kan man ikke oppnå dette uten først å få aksept for egoisme? Aksept for eiendomsretten er aksept for at eieren selv skal kunne disponere det han eier slik han selv ønsker, og for å få aksept for dette må man først få aksept for egoisme: eierens rett til selv å kunne bestemme fullt og helt hva han skal bruke det han eier til. Man kan først få oppslutning om eiendomsretten etter at man har fått oppslutning om egoisme.

Men hva med aksept for frihet da – fravær av tvang – kan man ikke få oppslutning om dette selv blant altruister? Nei, det kan man ikke. Alle er for tvang, også liberalister. Alle er for å bruke tvang for å gjennomføre det som er svært moralsk/avverge det som er svært umoralsk. Liberalister er for å bruke tvang for å sette tyver og mordere i fengsel, fordi disse begår handlinger som vi anser for å være svært umoralske.

Men i dag er det ansett som svært umoralsk å ikke bidra til å hjelpe de svake, og staten bruker tvang for å få folk til å hjelpe de svake. Det er i dag ansett som svært moralsk å hjelpe de svake, og så og si alle er for at det er helt legitimt å tvinge dette igjennom.

Dette innebærer også at straffenivået er preget av dagens moralsyn. Liberalister vil ha strenge straffer for innbrudd, ran, tyveri, overfall, drap, og selvsagt ingen straff for skattesnyteri og smugling. Men straffenivået i dag er motsatt: det er milde straffer der vi ønsker strenge straffer, og motsatt. Dette er fordi at det i dag ikke er ansett som veldig umoralsk å stjele eller drepe noen. (Drap er ansett som forferdelig av så og si alle, men drapsmenn slippes i dag ut fra fengsel etter å ha sonet 6–7 år.)

Det som virkelig er betraktet som umoralsk, det er å ikke bidra med sitt for å hjelpe de svake, dvs. å ikke betale skatt. For å ta skattesnytere legger staten ned enorme ressurser, se f.eks. jakten på Rekstens hemmelige formue, eller omtalen av skatteflyktninger som Fredriksen. Straffene for skattesnyteri er også svært strenge, og det har forekommet at folk har sittet to år i varetekt for mistanke om spritsmugling. Hva man anser som riktig tvang og gal tvang er et resultat av ens moralsyn. Altruister vil bruke tvang for å fremskaffe hjelp til de svake, mens egoister vil bruke tvang for å straffe de som krenker rettigheter. Man kan ikke få oppslutning om liberalisters syn på tvang før man har oppslutning for den etikken som frihet bygger på: rasjonell egoisme.

Frihet forutsetter egoisme
Ayn Rands hovedpoeng mht. politisk strategi er: siden folk styres av moral, og siden den moralen som er utbredt i dag fører til sosialisme, som kun er systematiske statlige tyverier fra de som har og overføringer til de som ikke har, må moralen blant folk flest skiftes ut før vi kan få frihet. Å jobbe for frihet mens man samtidig aksepterer dagens utbredte moralsyn er lite virkningsfullt.

Vi lever i dag i en kultur hvor de dominerende ideene innebærer at man blir rik ved å utnytte sine ansatte, hvor bedrifter primært betraktes som kilder til forurensning, hvor ulikhet er det største sosiale onde og hvor da utjamning, naturlig nok, er betraktet som et av de høyeste goder, hvor frihandel er under ATTAC, hvor kapitalister systematisk i film og litteratur fremstilles som skurker, hvor vold tolereres så lenge den er rettet mot rasjonelle verdier, og hvor «egoist» er et skjellsord og hvor det mest positive man kan si om en person er at han eller hun er «selvoppofrende»! Det vil være umulig å få gjennomført kapitalismen så lenge disse holdningene er allment utbredt. Det vi er for er frihet, kapitalisme: vi er for at det skal være ansett som positivt hvis man griper enhver sjanse til å tjene penger, hvis man bruker sine kreative evner til å skape verdier, vi er for at man skal kunne jobbe mye, at man skal kunne handle med andre, skaffe seg materielle goder, ta ferieturer til spennende steder, kort sagt nyte livet på en produktiv måte.

Men dette kan bare baseres på verdier som individualisme, fornuft, egoisme. Frihet forutsetter at dagens dominerende grunnverdier skiftes ut. Og Objektivismen er det eneste filosofiske system som forfekter de riktige grunnideene på en konsistent måte.

Objektivismen er derfor et nødvendig grunnlag for frihet.

Ayn Rands filmer

Publisert i AerA nr 1 1999

I årene før hun slo igjennom med *The Fountainhead* arbeidet Ayn Rand som manuskriptforfatter i Hollywood. Hun skrev flere manuskripter basert på andres ideer, og to av disse ble filmatisert. Det ble også laget flere filmer på basis av Ayn Rands egne romaner og skuespill. I denne korte artikkelen skal vi gi noen opplysninger om filmer som på en eller annen måte er knyttet til Ayn Rands navn.

Night of January 16th
Vist første gang 1941, basert på Ayn Rands skuespill. Regi: William Clemens. Skuespillere: Robert Preston, Ellen Drew, Nils Ashter, Donald Douglas, Rod Cameron.

Det eneste vi vet om denne filmen er at den skal være dårlig.

You Came Along
Vist første gang 1945, regi: John Farrow, manus: Ayn Rand. Skuespillere: Robert Cummings, Lizabeth Scott, Don DeFore, Charles Drake, Kim Hunter. Ayn Rands manus er i stor grad i overensstemmelse med sitt utgangspunkt, en fortelling av Robert Smith.

Handlingen dreier seg om tre offiserer som selger krigsobligasjoner, og om forholdet mellom dem og en kvinne som følger dem på en salgskampanje. Filmen er ikke spesielt god, det er en typisk B-film uten noen spesielle fortrinn annet enn at det forekommer et par replikker som tydelig er skrevet av Ayn Rand.

Love Letters
Vist første gang 1945, regi: William Dieterle, manus: Ayn Rand. Skuespillere: Jennifer Jones, Joseph Cotten, Ann Richards. (Jones ble nominert til Oscar for beste kvinnelige hovedrolle.)

Filmen er basert på en roman av Chris Massie. Grunntonen i denne boken er ganske pessimistisk, og Ayn Rand forandret derfor hele intrigen i en mer positiv ånd, og resultatet er blitt en meget severdig film. Filmens intrige har visse likhetstrekk med intrigen i Rostands mesterverk *Cyrano de Bergerac*, men med den viktige forskjell at man kan tydelig merke at det ikke er en altruist som har skapt intrigen.

Følgende sies om filmen i Steven H. Scheuers *Movies on TV and Videocassettes* 1990:

> «A young woman develops amnesia when she learns that somebody other than her fellow has been sending her love letters. The real chap shows up, wooes her, cures her, wins her. Intricately plotted, skilfully made melodrama builds to a powerful climax.»

Filmen er meget god og anbefales.

The Fountainhead
Vist første gang 1949, regi: King Vidor, foto: Robert Burks, musikk: Max Steiner, manus: Ayn Rand. (Burks fotograferte de fleste av Alfred Hitchcocks amerikanske filmer. Steiner var en av de fremste filmkomponistene på denne tiden, blant annet komponerte han musikken til *Tatt av vinden* og *Casablanca*.) Skuespillere: Gary Cooper, Patricia Neal, Raymond Massey, Kent Smith, Ray Collins.

Selv om denne filmen er basert på en av de aller beste romanene som er skrevet, er filmen langt fra å være en av tidenes beste filmer. Ayn Rand skrev selv manuskriptet, men filmen er ikke helt vellykket. En film med normal spilletid vil være for kort til at man kan fremstille budskapet i boken på en tilfredsstillende måte. Det er nesten slik at man må ha lest boken for å få utbytte av filmen, og da er filmen ikke vellykket.

Skuespillerne er egentlig gode, men få av dem passer i de rollene de har. Det var Ayn Rands eget ønske at Gary Cooper skulle spille hovedrollen, og faktisk forutså hun allerede før hun hadde skrevet boken ferdig at den ville bli filmatisert med Gary Cooper i hovedrollen. Grunnen til at hun ønsket Cooper i hovedrollen var antagelig at han svært ofte spilte roller hvor han var den unge idealisten som tok opp kampen mot all snusk og korrupsjon som finnes i samfunnet. Men Cooper er for gammel for rollen, og han er heller ikke intellektuell nok. Raymond Massey er malplassert som Wynand, og meningene er delte om hvorvidt Patricia Neal passer som Dominique. Men Robert Douglas er svært god som Toohey.

We the Living
Vist første gang 1942, basert på Ayn Rands roman. Regi: Geofredo Allessandrini. Skuespillere: Allida Valli, Rossano Brazzi, Fosco Giachetti. (Både Valli og Brazzi ble etterhvert kjente som filmskuespillere i USA.)

Denne filmen ble innspilt i Italia under den annen verdenskrig, uten Ayn Rands viten eller godkjennelse. Filmen var ment som antikommunistisk propaganda, men det viste seg at den var like antifascistisk som den var antikommunistisk, og den ble derfor raskt forbudt av de fascistiske myndighetene. Filmen ble opprinnelig laget i to deler; *Noi Vivi* og *Addio Kira*, men ble under Ayn Rands overoppsyn redigert og klippet sammen til en film omkring 1980.

Den sammenklippede versjonen hadde premiere i 1988, og den fikk da strålende anmeldelser overalt. Vi siterer fra noen av anmeldelsene:

«One of the best movies of 1988» (New York Newsday)

«Hugely enjoyable» (Los Angeles Times)

«An amazing piece of cinema history ... I loved every minute of it» (Michael Medved, Sneak Previews)

«Fascinating... mesmerizing, try not to miss it» (Jeff Lyons, WCBS News)

«Grand and lavish entertainment» (Variety)

«Ingenious» (New York Times)

«A dramatic restatement of the author's theory of rational selfishness, an insistence on individual liberty over and above all restriction invented by any collective mind» (New York Newsday)

Filmen er førsteklasses på alle vis, og den anbefales på det varmeste.

Ayn Rand: A Sense of Life
Vist første gang 1997, manus og regi: Michael Paxton, musikk: Jeff Britting, kommentarene leses av Sharon Gless.

Denne dokumentarfilmen forsøker å illustrere Ayn Rands prinsipp «sense of life», som sier at alle mennesker har et underbevisst grunnsyn på universet og menneskets plass i dette universet. En persons «sense of life» er vedkommendes mest personlige, mest følelsesmessige reaksjon på virkeligheten. For å illustrere dette prinsippet bruker Paxton Ayn Rands liv som eksempel.

Filmen følger Ayn Rands liv fra begynnelsen i det førsosialistiske Russland, gjennom den russiske revolusjon, til USA, til Hollywood og til New York. Underveis får vi se en rekke fotografier av Ayn Rand, vi får se en rekke filmopptak, både historiske og fra intervjuer med Ayn Rand. Også en rekke personer som har hatt kontakt med Ayn Rand blir intervjuet.

Filmen ble nominert til Oscar som beste dokumentarfilm i 1997.

Filmen er nokså tradisjonell i formen, og den eneste grunnen til Oscar-nominasjonen er nok at hovedpersonen er Ayn Rand. For enhver som har noen interesse for Ayn Rand er filmen allikevel selvsagt uunnværlig. Filmens manus ble, sammen med et stort antall fotografier fra filmen, utgitt i bokform.

Carl Johan Teatrets oppsetning av *Night of January 16th.*

Publisert i AerA nr 1 1996

Ayn Rands skuespill *Penthouse Legend* hadde i 1935 premiere på Broadway i New York. Stykket ble en rimelig suksess, og sto på plakaten i seks måneder. Stykket er et rettssalsdrama; hele handlingen foregår i en rettssal, en form som ikke var helt uvanlig på denne tiden.

Dette stykket hadde dog en gimmick som var helt original: tiltaltes skyld skal avgjøres av en jury som trekkes ut blant publikum. Ved urpremieren ble ble endel kjente personer innbudt til å sitte i juryen, blant dem verdensmesteren i profesjonell tungvektsboksing, Jack Dempsey. Ved en annen anledning satt Helen Keller i juryen. Også ved Oslo-premieren ble endel kjente personer innbudt til å sitte i juryen; de var så kjente at juryen ble avbildet i Aftenposten dagen etter premieren.

I løpet av forestillingen viser rettsforhandlingene at bevisene fordeler seg omtrent likt med hensyn til å avgjøre tiltaltes skyld eller uskyld; juryens dom er derfor ikke opplagt. Men Ayn Rand ville ikke ha vært Ayn Rand om hun ikke hadde lagt et dypere filosofisk innhold inn i stykket: hun setter to grunnleggende livssyn opp mot hverandre. Aktor, henvendt til juryen, oppsummerer ved slutten av stykket disse grunnholdningene slik (jeg gjengir her kun et meget kort utdrag):

> «på den ene siden har vi en person som har viet sitt liv til tjeneste for andre, til plikt og til uselviskhet; på den annen side har vi en person som ikke søker annet enn å tilfredsstille sin egoistiske ambisjon og sin sensuelle nytelse ... La Deres dom vise at ingen bør reise sitt hode for høyt for å trosse våre felles normer».

Dette betyr at dommen som felles vil avsløre juryens grunnsyn: setter juryens medlemmer plikt og uselviskhet høyest, eller setter de ambisjon og egoisme høyest? Det er imponerende å se hvor elegant Ayn Rand lager et spennende rettssalsdrama ut fra slike grunnleggende filosofiske synspunkter.

Stykket ble som nevnt en suksess, ikke bare i USA; det ble oversatt til flere språk og det ble satt opp på teaterscener i en rekke land. Det ble også satt opp i Norge. Stykket hadde premiere 7. mars 1939 på Carl Johan Teatret i Oslo.

Det bør her nevnes at Ayn Rand hadde solgt alle rettighetene til stykket til en teaterprodusent, og kontrakten innebar at produsenten kunne gjøre de forandringer han måtte ønske i stykket uten å innhente tillatelse fra forfatteren. Under arbeidet med stykket før urpremieren ble det i manus foretatt en del forandringer som var i strid med Ayn Rands opprinnelige mening. Blant annet ble tittelen forandret fra *Penthouse Legend* til *Night of January 16th*, og det er denne tittelen som på norsk ble til *Natten til den 17. januar*. Også senere er stykket blitt oppført i Norge; NRKs radioteater har sendt stykket under enda en tittel: *Faulkner-saken*. (Saken dreier seg om mordet på Bjørn Faulkner.)

Stykket tar utgangspunkt i en reell hendelse: karrieren til den svenske «fyrstikk-kongen» Ivar Krueger. Krueger ble i 1917 direktør for Svenska Tändsticks AB, som under hans ledelse ble et verdenskonsern. Kruegers enorme ambisjoner gjorde ham til en av de største kapitalister i verden, men dessverre forsøkte han etterhvert å oppnå monopolrettigheter i en rekke land ved å samarbeide med de politiske makthavere: ved å gi regjeringer store lån skulle de til gjengjeld forby andre firmaer å omsette fyrstikker. Kruegers selskaper fikk således monopol på fyrstikksalg i en rekke land. Etterhvert måtte Krueger låne ut større og større beløp, og tilslutt klarte han ikke å innfri sine forpliktelser og det endte det med forferdelse; han begikk selvmord i mars 1932.

Ayn Rands skuespill tar utgangspunkt i finansfyrsten Bjørn Faulkners selvmord. Eller kanske det ikke var selvmord? Den som er tiltalt er hans sekretær, Karen Andre. I løpet av rettsforhandlingene belyses grunnleggende verdispørsmål, og det er tilskuerens eget verdisyn som vil få ham til å kjenne Karen Andre skyldig eller ikke skyldig.

Som nevnt ble det før oppsetningen foretatt en rekke forandringer i Ayn Rands manus. Det betyr at det stykket som ble spilt på endel punkter ikke er det samme som det som nå er tilgjengelig; Ayn

Rand ga ut sin egen versjon av stykket etter at hun var blitt en berømt forfatter med bestselgerne *The Fountainhead* og *Atlas Shrugged*. Til denne utgaven skrev Ayn Rand et kort, men meget interessant forord, hvor hun diskuterer årsaken til at en viss type kriminelle ofte betraktes som helter.

Det er ingen tvil om at både Ivar Krueger og Bjørn Faulkner var kriminelle, men det som behandles i stykket er de holdningene som personene omkring Faulkner har til hans ambisjoner og til hans pågåenhet. Ved ikke å gi noen løsning på hva som virkelig skjedde, «tvinger» Ayn Rand tilskueren til selv å vurdere skyld eller uskyld, og derved til å stille spørsmål ved sine egne grunnholdninger. Ayn Rands eget syn var at den tiltalte er uskyldig.

$ $ $

Nedenfor følger utdrag av de anmeldelser som Oslo-avisene lot trykke 8. mars, dagen etter premieren på *Natten til den 17. januar*, med endel kommentarer.

(La meg innledningsvis nevne at det virker som om anmelderne har sett en kriminalkomedie. Fra Ayn Rands hånd er stykket ikke en komedie, selv om den inneholder humoristiske innslag. At stykket er blitt til en komedie må skyldes tilføyelser fra andre enn Ayn Rand. Som nevnt ble det også foretatt endel forandringer i stykket før urpremieren. Enkelte av anmelderne går også ut fra at Ayn Rand er en mann.)

Norges Handels og Sjøfartstidene brakte følgende anmeldelse, som vi gjengir i sin helhet:

«En kjent dame og tre ditto herrer av staden blev før forestillingen fra scenen igår aftes oppnevnt til jury i saken "Staten New York mot Karen Andre". Det var publikum selv som skulde felle kjennelsen skyldig-ikke skyldig i en mordanklage reist i anledning av finansfyrsten Bjørn Faulkners mystiske forsvinnen. Den eneste sikre kjennsgjerning er til å begynne med en død mann, knust mot fortauet etter et fall ut fra Faulkner-bygningen natten til den 17. januar. Er det mord? Det er altså ikke politiet dennegang, men Oslos skarpsindige publikum selv som i den nærmest kommende tid som skal ha oppdagergleden ved å spore opp først et mord, så en myrdet og endelig en morder. Efter spenningen som hersket i Carl Johan Teatret i går å dømme vil detektivinstinktene få en blomstringstid fremover.

Man kan kalle den amerikanske forfatter Ayn Rand's kriminalkomedie en fantasi omkring Ivar Kreugers død. Og forfatteren har ikke vært knipen med utvalget av hverken personer eller sannsynligheter omkring sitt mordproblem. Men det er de to unge kvinner i deres kamp om mannen, hustruen Ingeborg Steffens og sekretæren Ragnhild Michelsen, som samler det meste av interessen omkring sig. De er begge talentfullt markerte skikkelser som man gjerne lar engagere ens fantasi. Den første er gjennomført med en nesten spennende tvetydighet, hvor den hensynsløse egoisme er fremherskende. Ragnhild Michelsens Karen Andre har noe voldsomt og heftig i følelsene som fengsler sterkt.

Av en rekke vidner gjøres gode innlegg i komedien. Nevnes må Signe Indahl Voss, Thoralf Klouman, Leif Enger, Thora Neels-Hansson, men det var flere. Thorleif Reiss er den ondskapsfullt aggressive statsadvokat og Henrik Anker Steen en elegant og kjapp forsvarer.

Det var en god, underholdende forestilling med et preg av virkelig teaterkunst som også tjente til ære både for oversetteren Fredrik Gjerdum, iscenesetteren Egil Hjort-Jenssen og dekoratøren Olaf Johansen.» (H.L. i NHST, 8. mars 1939).

Dagbladet brakte følgende anmeldelse:

«Siden oppdagelsessjefen i Oslo er blitt kriminalsjef, er teatrene også blitt for fine til å spille detektivstykker, nå heter det alltid kriminalkomedie. Merkelig nok har tittelen ikke forfinet tingen; amerikaneren Ayn Rands *Natten til den 17. januar* foregår for åpen rett, med spennende vitneavhør som i Mary Dugan-saken i sin tid, og publikum kastes viljeløst fram og tilbake mellom tillit og mistanke til alt og alle på scenen. Slik blir jo i selve livet også mer og mer i denne skrekkelige verden.

Denne kriminalkomedien foregår forresten i et kriminalmiljø ennå finere enn den norske kriminalsjefens; her er kriminal-millionærer og kriminalgangstere og de skjønneste og eleganteste kriminelle kvinner. Selveste Ivar Kreugers sammenbrudd og død har gitt utgangspunktet; en forsvinnende prosent av de millionene som ruller over scenen ville sikre Carl Johanteatrets drift til evig tid. Måtte det skje! Spillet er naturligvis sterkt oversatt til norsk av instruktøren Egil Hjorth-Jenssen, selv representerer han nasjonalt konstabel-nivå mer enn amerikansk i en liten rolle; og skjønt Ragnhild Michelsen er grei og naturlig i hovedrollen, tar hun ikke pusten fra oss som den blennende, samvittighetsløse verdensdamen. Thorleif Reiss's biske statsadvokat og Henrik Anker Steens litt spede men sympatiske forsvarer duellerer flinkt og holder spenningen i gang, godt hjulpet av vitnene; to unge: Stener Larsen og Thora Neels-Hansson går på med frisk mot. Et par vitner snakker svensk; hva er det for en finhet i oversettelsen når handlingen foregår for retten i New York?» (E.S.)

Årsaken til at noen av vitnene snakker svensk er at de er landsmenn av Bjørn Faulkner, og at de derfor i originalen snakker engelsk med svensk aksent.

Under overskriften Dramatisk Retssak på Carl Johan Teatret brakte Tidens Tegn følgende omtale:

«Jeg skal aldri glemme den kvelden da jeg i radio hørte om Ivar Kreugers død. For første og eneste gang hadde Kringkastingen forstått å spre en nyhet – en nyhet som i sig selv var stor nok – gjennem eteren i virkelig dramatisk iscenesettelse. Bedre enn teatersjef Neels-Hansson noen gang har klart det. «I aften falt det et skudd i Paris..»
  Men nu er gjerne virkeligheten noen grader mer dramatisk enn selv det mest dramatiske teaterstykke. Og skal først historien om storsvindleren og finansmannen Ivar Kreuger utnyttes dramatisk, så godtar man gjerne den måten det gjøres på på Carl Johan Teatret.
  Nu har Carl Johan Teatret selv bedt om at handlingen i *Natten til den 17. januar* som igår hadde premiere, ikke må røbes. Det er ingen grunn til ikke å følge henstillingen. Men en røber intet om en forteller at forfatteren Ayn Rand har bygget sin kriminal-komedie over visse mere eller mindre kjente trekk fra Kreugers liv. Og det er blitt en riktig underholdende historie som skulde ha betingelser for å trekke fulle hus adskillige ganger. Et pussig og populært trekk er det også at publikum selv medvirker, (teatret hadde forøvrig premieren sikret seg en overmåte

eksklusiv jury med titler og tilbehør). Det er Hjort-Jenssen som har satt komedien i scene. Han har gjort det med sikkert håndlag. Riktignok lykkes ikke forfatterens lille knep med lyseffektene i siste akt helt, men det vil sikkert rette på sig etterhvert. Skal en ting gjøres, må det gjøres godt, og den må gjøres lynraskt hvis den ikke skal virke komisk. Men ellers fungerte rettsapparatet innenfor Olaf Johansen gode dekorasjoner utmerket.

Komedien har en rekke roller av hvilke de fleste er rent episodiske. Det blev for det meste godt utført av Gustav Ferslew, Egil Hjort-Jenssen, Emmy Worm-Muller, Bitten Lofstad, Alfred Helgeby, Sam Lund, Steinar Larsen, Thora Neels-Hansson, Øivind Berne og Signe Indahl Voss. Leif Enger var en pussig gangster og Ingeborg Steffens en tilstrekkelig sørgende enke. Thorleif Reiss' statsadvokat var god i anlegget, men det er nokså lenge siden Reiss har klart å gjennomføre en rolle helt ut nu. Anker Steens forsvarer var svært tørr og lite overbevisende, så tiltalte Ragnhild Michelsen løper en stor risiko. Igår var det heldigvis overvekt av mannfolk i juryen. Ragnhild Michelsen klarer sig imidlertid svært godt selv, om hun nok har gjort bedre ting tidligere. Thoralf Klouman har endelig både i maske og spill skapt en meget morsom type av sin finansmann. Publikum fulgte forestillingen med adskillig spenning, og bifallet falt jevnt.»

I Morgenbladets anmeldelse fant man følgende:

«Carl Johan Teatret tar i *Natten til den 17. januar* sitt publikum med sig inn i en rettssal, hvor det får den ære å avsi kjennelsen skyldig eller ikke i saken mot en dame som står anklaget for mord. Det er ære forfatteren av kriminalkomedien, amerikaneren Ayn Rand, burde ha beholdt for sig selv, fordi publikums kjennelse er uten enhver verdi, selv om den bak kulissene er diktert av forfatteren. I et så billig drama som dette krever man et overbevisende svar til slutt, og det svaret er det han som skal gi.»

Denne anmelderen har åpenbart gått ut fra at stykket er en «who-done-it», et stykke hvor poenget er å finne ut hvem som har begått forbrytelsen. Men som nevnt ovenfor er dette ikke et poeng i stykket i det hele tatt.

T.N.s anmeldelse i Arbeideren inneholdt følgende.

«Bakom denne kriminalkomedien spøker Ivar Kreuger og mysteriet om hans geniale virksomhet som finanssvindler i verdenshistorisk målestokk, og om hans død. De tre aktene foregår alle sammen i rettssalen, og den unge amerikanske forfatteren, Ayn Rand, ruller kriminalsaken spennende opp for oss og konsentrerer den i problemet: myrdet Karen Andre Bjørn Faulkner eller ikke? Vi skal ikke røbe hvilket resultat juryen kom til i går kveld, men det må i hvert fall være tillatt å nevne at dommeren ikke var fornøyd.....

Ragnhild Michelsen opptrer fast og klokt som den anklagede, en person som avtvinger respekt. selv om hun står i et noe eiendommelig forhold til den menneskelige moral...»

Også Morgenpostens omtale bringer vi i sin helhet:

«Spennende kriminalkomedie på Carl Johan Teatret. Det er en meget fiks og spennende kriminalkomedie Carl Johan Teatret har fått tak i. Den er fort og logisk og vidner om adskillig fantasi hos forfatteren Ayn Rand. Han har tydelig vært inspirert av Kruger-saken, også her er en manns død i det øieblikk hans verdensomfattende forretning holder på å bryte sammen, det er svært sannsynlig at det er mord, det kan være selvmord og – ja, kanskje er det ennu en mulighet, men det får stå åpent så fremtidige tilskuere selv kan ta sitt standpunkt.

Alle tre akter foregår i en rettssal, saken rulles op for en gjennem vidneforklaringer og proceduren. Heldigvis har forfatteren stilisert det hele betraktelig, om forklaringene skulde komme så langsomt som i en virkelig rett, vilde stykket neppe blitt særlig underholdende. Her er det knappe vidneprov som er bygget slik op at vi snart tror ett, snart et annet, efterhvert dukker det op helt nye ting som åpner uanede muligheter, kort sagt man følger rekonstruksjonen av dramaet med stadig stigende interesse. Replikkene er litt tørre, meget sjelden er det noe å le av, men spennende er stykket. Bare helt tilslutt dabber det litt av, som statsadvokaten sier står påstand mot påstand, en jury i salen avgjør skyldspørsmålet, men egentlig vilde vi jo svært gjerne vite om avgjørelsen er riktig. Ennu går det en liten stund før teppet faller for siste akt, vi venter på det siste avgjørende indisium, en eller annen riktig smart utpønsket effekt som forfatteren kunde ha overbevist oss med. Men dessverre – den uteblir. Og så føler vi oss igrunnen litt snytt. Rettssaken er slutt, men problemet er ikke løst.

Hjort-Jenssen har satt forestillingen iscene med liv og fart. Vidneprovene er akkurat så knappe og forte som de skal være for å gi den dramatiske stigningen, og like fort og lett skisseres de mange typene. Selv lager han et pussig billede av en politibetjent.

Ragnhild Michelsen virker meget overbevisende som anklagede, og Ingeborg Steffens, Klouman, Gustav Ferslew og en lang rekke andre medvirkende gir gode typer. Dypere karakteristikk er det ikke særlig anledning til i noen av rollene, men Anker Steen kunde kanskje ha gjort litt mere ut av forsvarsadvokaten. Han er god i forhørene, man han virker ikke særlig overbevisende når han skal spille på ømmere strenger overfor juryen. Thorleif Reiss er en riktig ubehagelig og skarp statsadvokat. Det humoristiske innslaget representert ved Emmy Worm-Muller og Thora Neels-Hansson er det svakeste også i forestillingen.

Publikum fulgte spent og interessert med i den underholdende forestillingen.» (Aud H. i Morgenposten).

Til slutt gjengir vi Arbeiderbladets anmeldelse i sin helhet:

«Kriminalkomedie på Carl Johan

Ayn Rands kriminalkomedie *Natten til den 17. januar* har et smart opplegg og adskillige gode forviklingsideer, men løsningen er for lettvint. Nettopp pointet i et detektivstykke – overrumplingen av den virkelige morderen – snyter dikteren oss for, og det hjelper lite at han smigrer vår forfengelighet ved å utpeke publikum til jury.

Stykket spilles jevnt dyktig på Carl Johan Teatret i Egil Hjorth-Jenssens iscenesettelse og med Olaf Johansens gode stående dekorasjon. Ragnhild Michelsen og Ingeborg Steffens er to nydelige og særdeles temperamentsfulle unge damer som begge påstår at de har elsket den myrdede – begge kan dessuten med god grunn mistenkes for mordet. De to advokatene spilles rapt og vidnerekken finner vi alle teatrets kunstnere som skiller seg rutinert av Henrik Anker Steen og

Thorleif Reiss og i den lange utmerket fra sine oppgaver. Stener Larsen viste avgjort talent i en liten rolle, og Gustav Ferslew har en evne til forstandig karakteristikk når han bare slipper å spille komiske figurer.» (P.G. i Arbeiderbladet).

Immanuel Kants innflydelse

En utvidet versjon av et foredrag holdt i FSO 28. oktober 1997

Det Objektivistiske syn er at det er fundamentale filosofiske ideer som styrer historien. Gode ideer har gode resultater, og dårlige ideer har negative resultater. Dagens tilstand er forårsaket av dårlige ideer, og den moderne formuleringen av disse dårlige ideene stammer fra én mann: Immanuel Kant. Kant preger alt intellektuelt liv idag. For Objektivister er derfor Kant hovedfienden, og Ayn Rand har beskrevet ham som historiens ondeste menneske («the most evil man in mankind's history»). Historiens ondeste menneske. Dette er en meget sterk påstand.

Men kan det være grunnlag for en slik påstand? Kant gjorde aldri noen fortred. Han levde hele sitt liv som akademiker i sin hjemby Köningsberg. Han skrev sine bøker, han ga sine forelesninger. Han regnes som tilhenger av demokrati, frihandel, rettsstat. Han var ikke diktator, han var ikke morder, tyv eller overfallsmann. Hvordan kan man beskrive ham – og ikke sosialistdiktatorer som Hitler, Stalin, Mao eller Pol Pot – som historiens ondeste menneske?

Dersom man undertrykker eller i verste fall dreper en annen, fredelig person, så er man ond. Men den som lærer opp folk til å adlyde f.eks. Hitler når han befaler folk å undertrykke eller å ta livet av andre mennesker, den som gjør det nærmest umulig for folk flest å stå imot en slik ordre, den som har gjort det nærmest umulig å argumentere imot Hitler og Stalin og Mao – må ikke han også være ond? Selvsagt er han det. For å ta eksempler fra vårt århundre: gangstere som Hitler, Stalin, Mao, Pol Pot er i vårt århundre ikke forblitt gangstere, de er blitt politiske ledere med titalls millioner av mennesker under seg. Gangstere har eksistert til alle tider, men i vårt århundre er de blitt ikke-kontroversielle politiske ledere med diplomatiske forbindelser med demokratier, med representasjon i FN – hvordan har dette kunnet skje?

Disse har begått massemord, ikke bare med støtte i store deler av sine respektive befolkninger, men også – utrolig nok – med støtte fra intellektuelle i andre land. Hvordan har dette kunnet skje?

Det som ifølge Objektivismen styrer verdens utvikling er altså filosofi: fundamentale filosofiske ideer som er akseptert i befolkningen i et land bestemmer den politiske utvikling i landet. De var de filosofiske grunnideene som var akseptert av befolkningene i Tyskland og Russland som muliggjorde at Hitler og Stalin fikk makt og kunne foreta massemord. Hvem var ansvarlig for disse grunnideene? Hvem ga disse ideene en form og en begrunnelse som var slik at de ble akseptert? Hvem la grunnlaget for at Hitler og Stalin kunne utrydde millioner av mennesker? Det var Immanuel Kant.

For her og nå å knytte Kant til nasjonalsosialismen: Adolf Eichmann (mannen som organiserte transporten av jøder til konsentrasjonsleirene) erklærte under rettssaken i Israel – han flyktet fra Tyskland til Sør-Amerika etter krigen, og ble kidnappet av israelske agenter i Argentina i 1960 – at han var kantianer, og at han, når han sendte jøder til Auschwitz, kun gjorde sin plikt. Det er altså en direkte sammenheng mellom Kant og nazismen.

Eichmann gjorde sin plikt. La oss definere plikt: en plikt er den moralske nødvendighet å utføre visse handlinger uten annen begrunnelse enn å adlyde en høyere autoritet, uten hensyn til noe personlig mål, motiv, ønske eller interesse. (Dette er Ayn Rands definisjon.) Denne definisjonen er i fullt samsvar med den vanlige bruk av ordet plikt i sammenhenger som verneplikt, borgerplikt, skatteplikt. (Men man må ikke forveksle «plikt» med «forpliktelse» – en forpliktelse er noe man frivillig påtar seg: man er forpliktet til å overholde en avtale man har inngått.)

Nå håper jeg at dere ser hvor vi vil hen. Stalin og Hitler var selvsagt onde – men den som skapte det kulturelle og filosofiske klima som gjorde at disse kom til makten og kunne regjere over millioner av mennesker – han var også ond. I det følgende skal jeg begrunne dette.

Jeg skal først fremstille visse hovedpunkter ved Kants filosofi så plausibelt jeg kan – og deretter skal jeg kritisere den, og påvise at den er årsaken til vårt århundres elendighet, ikke bare sosialismens massemord, men også vår tids umoral, hedonisme, holdningsløshet, kynisme, osv.

Personen Immanuel Kant

Noen ord om personen Kant (1724-1804) – dette er relevant for temaet, som er Kants filosofi. Han var et ordensmenneske – han stod opp hver morgen klokken fem, tjeneren hadde fått streng beskjed om å få ham opp uansett hvor søvnig han skulle være. Han gikk sine turer til faste tider, og folk kunne stille klokken etter ham. (Eneste gang han ikke gikk tur til fast tid var mens han leste Rousseaus *Emile*.) «Hvis en saks eller pennekniv hadde forskjøvet seg aldri så lite på skrivebordet så de pekte i en annen retning enn vanlig, eller om en stol var blitt flyttet til et annet sted i værelset, ble han rastløs og ute av humør» (Weichsedel: *Filosofenes verden*, s. 202). Han bodde hele sitt liv i Königsberg (nå Kaliningrad), et dynamisk senter med et rikt kommersielt og intellektuelt liv, men han var lommekjent i flere storbyer, blant annet London. Hvordan? Han studerte kart. (Det er tydelig at det han var opptatt av var modeller, ikke virkeligheten.)

En gang mens han var meget gammel ble han besøkt av sin lege. Kant var da meget syk og hadde store smerter når han beveget seg, men når legen kom, reiste han seg opp – han mente at man hadde plikt til å reise seg opp når legen kom (Jones: *History of Western Philosophy* Bind 4, s. 80). Her illustreres et for Kant viktig etisk prinsipp, som jeg kommer tilbake til.

I 1794 fikk Kant beskjed fra kong Fredrik Wilhelm II om at hans (Kants) synspunkter om kristendommen undergravet kongens landsfaderlige hensikter, og han ble bedt om ikke å uttale seg om emnet. Kant lovte som «Deres Majestets mest tro undersått» å avholde seg fra å uttale seg om religion i forelesninger eller skrifter – det var jo en plikt å adlyde kongen.

Han ble historiens mest innflydelsesrike kunst-teoretiker, man han var overhodet ikke interessert i kunst. Han hadde intet forhold til bildende kunst, det eneste maleri i hans leilighet var et portrett av Rousseau, som han var en stor beundrer av.

I *Critique of Pure Reason* (heretter CPR) utelater han eksempler, selv om dette vil gjøre det lettere å forstå hans teoretiske modell – eksempler er unødvendige for den seriøse student, sier han (Kemp Smith, CPR, s. 13). Det sies at CPR inneholder kun ett eksempel, men jeg tror dette er feil. Det korrekte antall eksempler er visstnok tre. CPR er forøvrig meget vanskelig tilgjengelig, den er skrevet i typisk kansellistil, med lange og innviklede setninger. Noen av dem strekker seg over flere boksider.

Metafysikk

Så over til en meget kort fremstilling av Kants filosofi. Hvordan kan vi vite at virkeligheten er slik den ser ut for oss? Her er et vanlig eksempel som ofte benyttes for å illustrere dette: tenk deg at vi har på oss et par briller med blått glass. Da vil alt se blått ut. Ikke fordi det *er* blått, men fordi vi bærer disse blå brillene. (Dette eksemplet er selvsagt ikke Kants eget – han likte ikke eksempler – men brukes av flere, f.eks. Bertrand Russell i *A History of Western Philosophy* for å forklare Kants syn.).

Det kan således hende, mener Kant, at vårt sanseapparat er slik at vi får en ukorrekt gjengivelse av det som er omkring oss. Det kan hende at sanseapparatet forvrenger det som er omkring oss og gir et «farvet» bilde av virkeligheten. Vi kan derfor aldri vite hvordan virkeligheten egentlig er, vi kan bare vite hvordan virkeligheten ser ut for oss. Vi kan ikke kjenne «Ding an sich», vi kan kun kjenne «Ding fur mich». Vår «anskuelse er liksom blind» (Bjelke/Dege: *Den europeiske filosofi*, Universitetsforlaget 1970, s. 122).

Kants metafysikk er derfor tom: vi kan ikke vite noe om virkeligheten. Noen ganger sier han at virkeligheten forårsaker våre sanseinntrykk, andre ganger sier han det motsatte. Han er ikke konsekvent her. Men hans syn er at vi kan ikke vite noe om virkeligheten slik den virkelig er, vi kan bare vite hvordan virkeligheten ser ut for oss.

Epistemologi

Den verden som virkelig eksisterer kaller Kant den nomenuelle verden. Den verden vi opplever kalles den fenomenuelle verden.

Videre finnes det ifølge Kant kunnskap som ikke springer ut fra erfaring: et vanlig eksempel er å si at en kule kan ikke være både svart over det hele og hvit over det hele. Empiriske undersøkelser er ikke nødvendige for å konstatere at utsagn av denne typen er sanne – de er sanne *a priori*, før erfaringen. Å benekte dem fører til en direkte selvmotsigelse.

En annen type sanne utsagn er av denne typen: katter føder levde unger, ender legger egg. Hvis det hadde vært motsatt ville det ikke vært noen selvmotsigelse. Utsagn av denne typen er sanne, men det kunne vært annerledes – disse utsagnene finner vi ut om er sanne eller ikke ved empiriske undersøkelser. Disse utsagnene, sier Kant, er sanne *a posteriori,* etter erfaringen.

Kants epistemologi har også en inndeling av sanne utsagn i syntetiske utsagn og analytiske utsagn: Hvis jeg sier at «en ungkar er en ugift mann», og «en ungkar har to armer», er begge utsagnene sanne, men det er to ulike typer sannhet. Det første utsagnet er sant fordi man kan avgjøre dette kun ved å se på de ordene som inngår i utsagnet: siden en ungkar er definert som en ugift mann, er dette utsagnet det samme som: en ugift mann er en ugift mann. Et slikt utsagn er det Kant kaller analytisk. Men det andre utsagnet: en ugift mann har to armer – for å konstatere om dette utsagnet er sant, må vi se på (det vi opplever som) virkeligheten. Slike utsagn sier Kant er syntetiske.

Kant har nå fire mulige kategorier for sanne utsagn: alle kombinasjoner av apriori og aposteriori, syntetisk og analytisk.

Poeng her: Logikk er analytisk a priori – og logikk sier derfor ikke noe om virkeligheten. Så logikk har ikke lenger noe med empirisk sannhet (overensstemmelse med virkeligheten) å gjøre. Men det finnes allikevel ifølge Kant, og i motsetning til Hume, sikker, universell, nødvendig viten om (det vi opplever som) virkeligheten: f.eks. Newtons lover. Skeptikeren Hume, som Kant ønsket å gjendrive, hadde benektet dette. Men grunnen til at det finnes sikker, nødvendig universell viten, er ikke fordi virkeligheten er lovmessig, det er fordi vår bevissthet inneholder endel strukturer eller mekanismer (kategorier) som ordner våre sanseinntrykk slik at virkeligheten ser lovmessig ut for oss. Det vi opplever som virkeligheten er noe som ordner seg etter hvordan vår bevissthet er innrettet. Jones oppsummerer dette slik: «...the principle of causality is necessary true, but the source of its necessity is in the structure of our minds» (Jones, Bind 4, s. 48).

Tidligere hadde oppfatningen vært at vår kunnskap og våre oppfatninger er basert på en uavhengig virkelighet. Nå, etter Kant, blir oppfatningen slik: (det vi opplever som) virkeligheten innretter seg etter oss. Kants egne ord (oversatt til engelsk):

«Hitherto it has been assumed that all our knowledge must conform to objects... But this has ended in failure.... We...may therefore have more success...if we suppose that objects must conform to knowledge» (CPR, s. 22).

Før: kunnskap retter seg etter objektene, nå: objektene retter seg etter kunnskapen. Kant kaller selv dette for en kopernikansk revolusjon: Før Kopernikus var oppfatningen at solen beveget seg omkring jorden, etter Kopernikus var synet det motsatte: Jorden beveger seg omkring solen. Det Kant gjorde var å snu opp-ned på den tidligere oppfatningen om sammenhengen mellom kunnskap og virkelighet.

Fornuften kan bare gi kunnskap om den fenomenuelle verden, det vi opplever. Fornuften er derfor «begrenset». For virkelig å ha kunnskap om de viktige ting – f.eks. etikk – må vi bruke andre erkjennelseformer. Kant sier:

«I have found it necessary to deny knowledge and make room for faith» (CPR, s. 29).

Kants Fornuft er dog ikke den samme som den aristoteliske fornuft. (Det aristoteliske syn på fornuften er at fornuften er evnen mennesket har til å systematisere og vurdere det som blir observert.) Kant mente at han – med fornuften – hadde bevist både at universet har en begynnelse i tid, og at det er uendelig i tid. Dette er en selvmotsigelse og selvmotsigelser kan ikke forekomme, og Kant tolker dette dithen at det er fornuften det er noe i veien med, ikke hans anvendelse av den. Kant sier blant annet av denne grunn at fornuften må kritiseres (Kants filosofi omtales gjerne som den kritiske filosofi, og tre av hans hovedverker heter *Kritikk av*....) Fornuften inneholder ifølge Kant Ideer, og en slik Idé er «a concept of Reason whose object can be met with nowhere in experience» (Caygill: *A Kant Dictionary*, s. 236, fra Kants *Logic*). Altså: Fornuften inneholder forestillinger som ikke er basert på observasjon. Dette har blant annet medført resonnementer av følgende type: siden så mange tror på Gud (gjennom historien, i ulike kulturer), må Gud finnes – selv om Guds eksistens hverken kan observeres eller utledes av det som observeres, dvs. ikke kan begrunnes rasjonelt. Om Guds eksistens sier Kant selv at «det er en absolutt nødvendighet å overbevise seg om at Gud eksisterer, men å bevise det er ikke så nødvendig» (*Dictionary*, s. 215). At «Gud, frihet [fri vilje] og udødelighet» finnes er ifølge Kant sannheter, men disse sannhetene kan ikke begrunnes med Fornuften.

Siden man ikke kan ha kunnskap om den egentlige virkelighet, den nomenuelle verden, blir objektivitet umulig (objektivitet forutsetter et uavhengig objekt, og er en vurdering av dette som er tro mot objektet). Men Kant selv åpner ikke direkte for individuell subjektivisme, han sier at alle mennesker har samme type sanseapparat, og derfor blir det slik at alle mennesker har samme opplevelse av virkeligheten. Objektivitet erstattes derfor av inter-subjektivitet. Og dette er ikke annet enn enighet.

Etikk

Noen ord om Kants etikk: han sier at man ikke kan vite noe om konsekvenser av handlinger: Hvis jeg gir 100 kr til en tigger, og han så kjøper en pistol og dreper noen – da vil enkelte hevde at jeg til en viss grad er medskyldig. Men min *intensjon* var ikke å medvirke til et drap – jeg bør derfor ikke være medskyldig, moralsk sett. Kriteriet for vurdering av moralske handlinger er ifølge Kant derfor ikke konsekvensene av handlingen, men *intensjonen* bak handlingen. Dette kalles selvsagt en intensjonsetikk – eller en sinnelagsetikk. Kant sier at den gode vilje «er det høyeste av alle goder og forutsetningen for alle andre goder» (Jones, Bind 4, s. 71). Om konsekvenser? Kant avviser «å kalle vår vilje for god fordi dens handlinger har de og de konsekvenser ... følgene av handlinger er tilfeldige. Vi kan ikke ha herredømme over disse, og kan derfor heller ikke gjøres moralsk ansvarlig» (Bjelke/Dege, s. 129).

Man skulle tro at man når man skal utarbeide en etikk så begynner man med å se på virkeligheten, ved å observere eksempler, og så se på hvilke handlinger som medførte ønskede/gode konsekvenser. Ikke Kant. Han mener at dette vil ødelegger all moral som sådan:

> «Nor could anything be more fatal to morality than that we should wish to derive it from examples» (*Fundamental Principles of the Metaphysic of Morals*, Prometheus Books 1987, s. 36).

Videre: «A good will is good not because of what it performs or effects, not by its aptness for the attainment of some proposed end, but simply by virtue of the volition, that is, as a good in itself...» (FMM, s. 18). «Thus, the moral worth of an action does not lie in the effect expected from it...» (FMM, s. 26). Man skal praktisere den rette moralen «without any end or advantage to be gained by it...» (fra FMM, sitert i The Objectivist, s. 1093).

Tidligere var det ikke uvanlig å hevde at man skulle praktisere den rette moralen for å bli lykkelig. Kants syn er et annet:

> «The more a cultivated reason applies itself with deliberate purpose to the enjoyment of life and happiness, so much the more does the man fail of true satisfaction» (FMM, s. 20).

Så lykke, eller gode konsekvenser, er ifølge Kant irrelevant for etiske normer. Og om å ha lykke som mål for etikken sier Kant:

> «the principle of private happiness ... is the most objectionable, ... because it undermines and destroys its sublimity» (FMM, s. 72).

Han sier også:

> «If eudaimonism [lykke] is adopted as the principle ... the consequence is the quiet death of all morality» (*Metaphysical Elements of Ethics*, Great Books, s. 366).

Lykke og moral har altså ifølge Kant intet med hverandre å gjøre.

Hva kan da en etikk bestå av? Kant forsøker så å finne en regel, en maxime, som setter kriterier for rett og galt. Kant har antagelig observert mennesker som har det gøy – overfladiske mennesker som fester og drikker og nyter livet – og det er opplagt for Kant at denslags handlinger ikke kan være moralske. Disse menneskene er etter Kants syn lykkelige, men de er ikke moralske. Heller ikke er de moralske de som hjelper de svake fordi det gir dem prestisje, posisjon, ære.

Det kantianske syn er altså at det ikke er moralsk å gjøre sitt beste for selv å leve lykkelig. La oss ta med enda et sitat som bekrefter denne fremstillingen av Kant:

> «Egenkjærligheten er riktignok ikke alltid kriminell, ifølge Kant, men den er kilden til alt ondt» (Comte-Sponville: *Liten avhandling om store dyder*, Gyldendal 1997, s. 58)

Hva er det da som er moralsk? Kant gir følgende eksempel: tenk deg en filantrop som på grunn av egen sorg o.l. mister alle ønsker om å hjelpe andre – men han fortsetter allikevel fordi det er hans plikt: «Then first has his action true moral worth» (FMM, s. 23). Å hjelpe andre i stor grad – selv ikke dette har moralsk verdi for Kant. Det som har verdi er å gjøre sin plikt fordi det er ens plikt. Akkurat den samme handlingen utført med ønske om gode konsekvenser som begrunnelse er ikke moralsk. Kants eksempel igjen: en ærlig handelsmann (f.eks. en som ikke lurer sine kunder på vekten og som gir tilbake riktige vekslepenger) er ikke moralsk hvis hans ærlighet er egoistisk begrunnet: hans forretning tjener jo på at han er ærlig, og derfor er slike handlinger ikke moralske.

Den moralske loven

Det som er moralsk ifølge Kant er å gjøre sin plikt, fordi det er ens plikt. Man skal gjøre sin plikt av respekt for den moralske loven, ikke fordi man har et ønske om å oppnå konsekvensene av handlingen, men fordi det er ens plikt. Det er altså ikke slik at goder er plikter. Det er slik at det som er plikter – utledet uavhengig av konsekvenser – det skal man gjøre, uansett konsekvenser. Om det har gode konsekvenser eller ikke, det er fullstendig irrelevant.

Hva består så den moralske loven i? Den er formulert i det kategoriske imperativ (at den er kategorisk betyr at man alltid skal følge den, helt og fullt uten unntak) og sier: Man skal handle slik at begrunnelsen for handlingen skal kunne bli gjort om til en allmengyldig lov.

Såvidt jeg kan se er dette det eneste kriterium Kant setter opp for rette handlinger: De skal være universaliserbare. Kants syn er at dersom man universaliserer regelen bak en handling, og den så vil føre til sammenbrudd av sivilisasjonen, da skal man ikke gjøre den. Man skal derfor ikke lyve, fordi hvis alle lyver går alt til helvetet. Man skal ikke bryte avtaler, fordi hvis alle gjør dette, så går alt til helvetet. (Man kan her si at Kant motsier sitt prinsipp om at konsekvenser av handlinger er irrelevante for deres moralsk status.)

Positive resultater for noen – den som handler, andre mennesker, staten – er for Kant irrelevante som begrunnelse for moralske handlinger. Konsekvenser er irrelevante. Det eneste kriterium for moralske handlinger er at regelen bak dem er universaliserbar. Dette er selvsagt en uholdbar regel – også f.eks. Jones mener dette: han gir som eksempel at alle mulige underlige oppfordringer er universaliserbare: «når du kjøper en ny bok skal du skrive navnet ditt i den» (Jones, Bind 4, s. 77). Dette er universaliserbart, er derfor moralsk – og derved en plikt – ifølge Kant.

Universaliserbarhet er altså ifølge Kant det eneste kriterium for rett og galt. Dette medfører at man aldri kan lyve, aldri kan stjele, aldri kan bryte avtaler, osv. Dette viser igjen at for Kant er konsekvenser fullstendig irrelevante.

Kant har følgende eksempel: hvis man føler seg ulykkelig fordi ens liv er ødelagt og man så ønsker å begå selvmord – man skal allikevel ikke gjøre det. Siden regelen om dette ikke kan gjøres universell, er selvmord alltid galt (FMM, s. 50), og dette gjelder uansett hvor håpløst ens liv er.

Man skal aldri lyve, sier Kant. Heller ikke til barnemorderen som kommer og spør: «Er det noen barn her?» Da må barnevakten svare: annen etasje, tredje dør til venstre. Samme poeng hos Comte-Sponville:

> Kant «kommer til at sannferdighet er en absolutt plikt under alle omstendigheter (selv om – det er dette eksemplet han [Kant] bruker – noen mordere spør om vennen din, som de er på jakt etter har søkt tilflukt hjemme hos deg) og uansett konsekvenser. Det er bedre å svikte forsiktigheten enn å svikte sin plikt, selv om det gjelder å redde en uskyldig eller seg selv» (*Liten avhandling...*, s. 41-42).

(Det finnes dog steder hvor Kant er noe mer forsiktig i sine uttalelser.) At vi har plikt til å fortelle sannheten uavhengig av konsekvenser for en selv er et meget utbredt syn idag.

Vil denne etikken medføre et lykkelig liv? Det er i praksis umulig å si hva lykke er, og hvordan den oppnås, så at denne oppskriften ikke sier noe om hvordan man oppnår et lykkelig liv, det er et irrelevant poeng for Kant: «...happiness is not an ideal...» (FMM, s. 46). Det er tydelig at for Kant er konsekvenser av en handling fullstendig irrelevant for handlingens moralske verdi.

Man kan altså være fullstendig moralsk og ikke bli lykkelig i sitt jordiske liv. Man kan også være sterkt umoralsk og allikevel være lykkelig i sitt jordiske liv. Dette kan ikke være hele sannheten, mente Kant – verden kan ikke være slik innrettet!

Husk nå Kants todeling av verden. Også mennesket er da todelt; det består av en nomenuell del og en fenomenuell del. Vi kan ikke vite hva som skjer med den nomenuelle delen, kun med den fenomenuelle delen. Og denne er ikke viktig. Det som da skjer med den fenomenuelle delen, den vi opplever, det er ikke viktig i det hele tatt.

Men moral må belønnes. (Men man skal ikke være moralsk fordi man får en belønning, et ønske om belønning gjør at handlingen mister sin moralske verdi.) Derfor må det være et liv etter døden, og noen må føre regnskap slik at man for belønning/straff alt etter om hvorvidt man har levet et moralsk liv eller ikke. Denne regnskapsføreren er Gud – dette er Kants «bevis» for Guds eksistens. Dette kalles forøvrig det moralske argument for Guds eksistens.

Dette er selvsagt ikke et rasjonelt argument, men er kun basert på tro – men Kant har i sin epistemologi sagt at fornuften er begrenset og han har åpnet for tro som vei til kunnskap.

Kant sier allikevel at man bør være lykkelig: «Our own happiness is an end that all men have, but this end cannot without contradiction be regarded as a duty» (*Metaphysical Elements of Morals*, GB, s. 369). «Duty» er alt som er moralsk. Men siden alt som er moralsk er plikter, er lykke ikke noe mål for etikken – igjen sier Kant at lykke og moral ikke har noe med hverandre å gjøre.

Hva er da formålet? Ikke å søke lykken, hvis dette hadde vært menneskets mål, ville ikke Gud ha gitt oss Fornuften – da kunne vi levd som dyr. Dyr er lykkelige – for å bli lykkelig er det nok med instinkter.

Men vår tenkeevne – som skiller oss fra dyrene – gjør at mennesket må søke noe mer, sier Kant, og dette er moralsk renhet. Lykke er ikke målet, moralsk renhet er målet. Kants egne ord:

> «...there is much in the world far more important than life. To observe morality is far more important» (Kant: *Lectures on Ethics*, Hackett 1963, s. 152).

Sagt på en annen måte: tenkning skal ikke tjene livet – livet skal tjene tenkningen/dvs. tenkningens resultater: pliktetikken. Det som er viktig er ikke hva vi gjør i naturen, det som er viktig er hva naturen gjør i oss!
    Arne Næss har karakterisert Kants etikk på følgende treffende måte:

> «det største menneske kan eie, er en begeistring over å gjøre pliktene, selv om de volder ulyst i gjerningsøyeblikket, og selv om alle naturlige tilbøyeligheter stritter imot» (Næss, s. 202).

Og Kant praktiserte dette selv: dere husker at han til tross for store smerter reiste seg for sin lege. Men dette sier også noe om hva Kant anså som plikter: å følge en konvensjon som godt kunne ha vært annerledes er en plikt. La meg ta med enda et eksempel som viser hvilken vekt Kant legger på formaliteter: Ifølge Kant er barn født utenfor ekteskap «outside the protection of the law», og kan ødelegges (dvs. drepes) av moren som om det er en gjenstand (Caygill, s. 285). Altså, hvis foreldrene har gjennomgått en bestemt seremoni (bryllup), så har barnet vanlige rettigheter. Men hvis foreldrene ikke har vært igjennom denne seremonien, da er barnet fullstendig uten rettigheter.

Noen spesielle etiske standpunkter

Ifølge Kant er en manns hustru, hans tjenere og hans barn eid på omtrent samme måte som man eier objekter. Hvis noen av disse rømmer må de bli tilbakelevert til eieren hvis han krever det, dette uten hensyn til årsaken til at de rømte. Kant er med på at eieren ikke har lov til å behandle disse menneskene som objekter man kan forbruke, men uansett hvordan eieren har behandlet dem mener Kant at de skal returneres hvis de rømmer. Dersom eieren har behandlet sin kone, sine tjenere eller sine barn på en dårlig måte kan han kritiseres for dette.

Kvinner og tjenere er ikke på et nivå – disse menneskene «lack civil personality...» – som innebærer at de ikke kan ha stemmerett eller ta del i hvordan staten styres. Homoseksualitet er en synd som man ikke skal snakke om (det er en «unmentionable vice»), og det er så forkastelig at det er ingen ting som kan hindre dette i å bli fullstendig fordømt. Å donere et organ, for eksempel å selge en tann eller sitt hår, er også meget kritikkverdig – det er «ways of partially murdering oneself» (sitatene er fra Kants *The Metaphysics of Morals*, oversatt av Gregor).

Vi avslutter denne seksjonen med følgende kjente sitat fra Kant, et sitat som sier at Kant ikke trodde at mange ville klare å følge hans morallære:

> «Out of the crooked timber of humanity, no straight thing was ever made» (fra *Idea for a Universal History with a Cosmopolitan Purpose*).

Kant sier at siden mennesker ikke kan følge hans moralteori så er det noe galt med menneskene.

Om politikk

Den vanlige oppfatningen idag er at Kant hadde de meninger som var overalt på denne tiden: han hevdes å være tilhenger av frihandel, rettsstat, demokrati. Men dette er feil. Hans menneskesyn var slik at han ikke kunne støtte frihet: Kant mente at «humans are animals in need of a master ...» (Beiser 1992, s. 44)*. Kant var kollektivist, og mente at enhvers plass skal være bestemt av helheten. Han hevdet at man kan bruke tvang overfor befolkningen hvis det er åpenbart at den tar feil (se sitatet i Comte-Sponville, s. 81). Han støtter Rousseaus syn på allmenviljen (som ikke er noe annet en et påskudd diktatorer kan benytte for å tvinge igjennom sine synspunkter), og han snakker aldri om ukrenkelige individuelle rettigheter. Han mener at «the sovereign» har rett til å beskatte folk for å finansiere hjelp til de fattige, til barnehjem, og til kirken (*Science of Right*, GB, s. 443). Han sier at

---

* Takk til Andreas Aure som gjorde meg oppmerksom på dette sitatet.

«It is a duty to obey the law of the existing legislative power...»
... «Resistance on the part of the people to the supreme legislative power of the state is in no case legitimate ... there is no right to... rebellion belonging to the people» ... «...and least of all, when the supreme power is embodied in an individual monarch, is there any justification, under the pretext of abuse of power, to seize his person or taking his life ... It is the duty of the people to bear any abuse of the supreme power, even then though it should be considered to be unbearable» (*Science of Right*, GB, s. 439, 440).

Dette ble sagt etter revolusjonene i USA, England og Frankrike, hvor befolkninger med all rett hadde gjort opprør mot eneveldige kongedømmer, og etter at tenkere som John Locke hadde formulert teorier om individers rettigheter som begrunner slike opprør.

Kant om krig: «War has something sublime about it ... On the other hand, a prolonged peace favours the predominance of a mere commercial spirit, and with it a debasing self-interest, cowardice, and effeminacy [bløtaktighet], and tends to degrade the character of the nation» *(Critique of Aesthetic Spirit,* GB, s. 504).

Disse synspunktene er dog ikke viktige for hans innflydelse. Innflydelsen er basert på de grunnleggende ideene, og innflydelsen ville vært den samme om han på disse politiske punktene hadde stått for de motsatte standpunkter.

Men disse standpunktene viser hva slags menneske han var, og de er i fullstendig overensstemmelse med hans etiske syn.

Om kunst
Kant er ansvarlig for at det skrot vi idag kan se utstilt i gallerier og museer – non-figurativ eller modernistisk kunst – av de fleste idag blir betraktet som kunst. Jeg vil ikke bruke mer tid på dette punktet.

Kants innflydelse

Kant et overalt idag, ikke bare blant alle akademikere, men også blant folk flest, selv blant personer som er så kunnskapsløse om filosofi at de ikke engang kan stave hans navn. Disse vanlige holdningene, som stammer fra Kant, er omtrent som følger: «vi kan ikke kjenne verden slik den er, kun slik den ser ut for oss. Det finnes ingen objektivitet, kun inter-subjektivitet – det er kanskje sant for deg, men ikke for meg. Logikk har intet med virkeligheten å gjøre, følelser er viktigere enn fornuft, alt som er moralsk er plikter (vi må utføre verneplikt, vi har skatteplikt, vi må gjøre vår borgerplikt), det som er moralsk er å ville yte til fordel for noe utenfor oss selv uten noen som helst form for belønning; egoisme er utenfor moralen* – det er amoralsk. Moral har intet med goder – med levemåter og livsførsel – å gjøre, kun intensjon (vilje, ønske, ikke handling) er viktig. Og alt en kunstner sier er kunst, er kunst».

Noen få eksempler som illustrere dette: Lars Bjørke i Morgenbladet feb 1991: «Kun det subjektive fører til realisme .... Alle besvergelser til videnskap eller [fornuft] fører mennesket bort fra seg selv.... man bør stole på sine egne følelser... man bør dyrke subjektiviteten».

Om fornuftens begrensning i en brosjyre utgitt i 1997 av Biblioteksentralen: «Fornuften har sine begrensninger. Overdreven tiltro til fornuften har ført til de verste katastrofer: Titanics forlis, til diverse mislykka u-hjelps- prosjekter, selv raseteoriene som lå bak Hitler...». (Torgeir Haugen i en brosjyre om Tor Åge Bringsværd). Dette sprøytet er – utrolig nok – skrevet og distribuert i fullt alvor.

Møtebeskrivelse i en brosjyre fra Polyteknisk Forening: «Kan vi overlate utviklingen til markedskreftene, eller trenger vi mekanismer som sikrer at det tas moralske og etiske hensyn?» Underforstått: handlinger på markedet – dvs. å skape goder for seg selv ved frivillig produksjon og handel – er utenfor moralen.

Overalt i Freidrich von Hayeks verker finner vi utsagn av typen «Reason is insufficient».

---

* I sin *Etikk - en innføring* formulerer Kjell Eyvind Johansen dette slik: «Etikken, skulle vi tro, begynner der hvor egoismen slutter» (s. 17).

Og alle mennesker hevder at intensjonen bak sosialismen er god, og at Mao og Stalin var moralske idealer selv om deres politikk hadde enkelte uheldige konsekvenser (massemord på millioner av mennesker betraktes som uviktig fordi intensjonen var god). Selv fremtredende konservative intellektuelle hevdet at sosialismen var «inspirert av gode intensjoner» (denne formuleringen er Hayeks); de konservatives innvending er kun at sosialismen er ineffektiv. Hva da med sosialismens konsekvenser: nød, elendighet, undertrykkelse, massemord? I flere tiår var slike ting betraktet som irrelevante for en moralsk vurdering av sosialismen og dens tilhengere. Alle delte jo Kants syn om at «følgene av handlinger er tilfeldige. Vi kan ikke ha herredømme over disse, og kan derfor heller ikke gjøres moralsk ansvarlig» (dette sitatet fra Bjelke/Dege er også gjengitt ovenfor).

Også innen videnskapen har Kants ideer stor innflytelse. De som aksepterer Kants metafysikk og epistemologi vil ha det syn at vi ikke kan kjenne virkeligheten slik den egentlig er, det vil si at vi ikke kan få (stadig mer) kunnskap om egenskapene til de objekter som virkeligheten består av. Vi nevner kort kun to eksempler. Det regnes i dag som ekte videnskap bare å finne statistiske oversikter over ulike datamengder; og at det ikke er nødvendig å finne de virkelige egenskapene til de objektene som studeres og årsakssammenhengene som måtte finnes mellom dem. Et annet eksempel er at de som arbeider innenfor visse grener av fysikken iblant legger liten vekt på hva deres formler og operatorer egentlig refererer til; det kan hende de sier at de er tilfreds dersom beregningene formlene brukes til gir resultater som stemmer. (Vi nevner også kort en opplagt absurd implikasjon av kantianske ideer: enkelte fysikere vil hevde at enkelte mikropartikler ikke har identitet, dvs. at de ikke har masse, posisjon og hastighet før de er observert; de mener altså at det er observasjonen som gir partikkelen identitet.)

Caygill sier følgende: «The Influence of Kant's philosophy has been, and continues to be, so profound and so widespread as to have become imperceptible» (*A Kant Dictionary*, s. 1) «Imperceptible» betyr her at Kants ideer er overalt, og derfor er nærmest umulig å observere – det finnes jo intet å kontrastere dem med. Dette impliserer at kun kantianisme betraktes som filosofi, og dermed at ikke-kantianisme ikke betraktes som filosofi. Dette kan selvsagt by på store problemer for en ikke-kantiansk filosofi, om en slik skulle dukke opp.

Noen vurderinger av Kant filosofi

Moses Mendelsohn (1729-1786) hevdet at «Kant ødela alt». Den tyske dikteren Johann Gottfrid von Herder (1744-1803) sa at CPR er kun «hjernespinn», og at den «forderver unge sinn». Hegels opplagte konsekvens av Kant var at «Hvis vi ikke kan vite noe om den nomenuelle verden, da er den ikke der». Dette fører igjen til kollektiv subjektivisme. W.T.Stace beskriver Kant syn på denne måten:

> «morality must carry on a continual warfare against the satisfaction of oneself, and one ought [Stace siterer her Schiller]: "to do with aversion what duty requires"». (*Hegel,* Dover 1955, s. 400).

Elias Canetti (f.1905, Nobelprisvinner i litteratur 1981): «Kant er et hode uten verden». Dette er nok mer treffende enn Canetti selv forstod.

Synet på fornuft etter Kant ble at «reason is a false, secondary power by which we multiply distinctions – the distinctions that reason makes are artificial, imposed». (Jones, Bind 4, s.102).

Wittgenstein: analytiske utsagn (bl.a. logikk) sier ingenting om virkeligheten.

Jones om plikt: «Kant's argument ...would justify the acts of Germans who exterminated Jews for the sole reason that they had been ordered to do so» (Jones, Bind 4, s. 77).

Mortimer Adler i *Ten Philosophical Mistakes:* «How anyone in the 20th century can take Kant's trancedental philosophy seriously is baffling, even though it may always remain admirable in certain respects as an extraordinarily elaborate and ingenious intellectual invention» (Collier Books 1987, s. 98).

La oss også her ta med Friedrich Schillers to vittige kupletter om Kants etikk:

> Scruples of Conscience: Friends, what a pleasure to serve you!
> But I do so from fond inclination. Thus no virtue is mine, and I
> feel deeply aggrieved.

Solution of the Problem: What can I do about this? I must teach myself to abhor you, and, with disgust in my heart, serve you as duty commands.

Kritikk av Kant

Som nevnt er det altså kommet sterkt negative karakteristikker av Kant (ikke alle er ment slik), og de er kommet før/uavhengig av Objektivismen. Men kun Objektivismen har en fullt ut riktig kritikk av Kant, og kun Objektivismen setter opp et korrekt alternativ. Jeg skal heretter komme med innvendinger mot Kant, og mitt utgangspunkt er Objektivismen.

Filosofi bør ha som oppgave å forstå virkeligheten og å gi mennesker veiledning om hvordan man bør leve. Dette er Ayn Rands utgangspunkt. Hva var Kants utgangspunkt? Jones, Bind 4, s. 65: Kant ønsket «to justify, in the face of Humean scepticism, the claims of science ... and to justify traditional religious and moral insights against the scientific view of the world...». Altså: Kants misjon var å påvise at Humes skeptisisme var feil, og han ønsket å begrunne tradisjonell religiøs moral.

For å oppnå dette går Kant til et totalangrep på rasjonalitet og moral som sådan – og for de aller fleste er det et ødeleggende angrep. I en tid hvor fornuften vinner stadige seire (videnskapen sto aldri sterkere enn da), prøver Kant å gjenreise tro og religion!

Men det er noe som er riktig hos Kant: bevisstheten har en natur (men jeg vil innvende til Kants poeng her at den allikevel er gyldig). Før var synet at bevisstheten er nøytral. Og Kant har rett i at innen etikken skal man ikke lage særregler for seg selv, dvs. etikken skal forfekte generelle prinsipper som skal gjelde for alle mennesker – det er dette som hos Kant er universaliserbarhet. Men dette er kun et nødvendig, ikke et tilstrekkelig kriterium. Kant tar et nødvendig kriterium og gjør det om til et tilstrekkelig kriterium.

EPISTEMOLOGI

Kants påstand er at sansene er som blå briller som forvrenger våre observasjoner. Men en forvrengning er alltid en forvrengning av det som er riktig. Skal vi snakke om en forvrengning, betyr det at vi må ha noe korrekt å sammenligne med. Men hva kan en sanseerfaring sammenlignes med? Det virker som om Kant vil sammenligne med observasjoner uavhengig av sansning. Men dette er selvsagt umulig. Blå briller forvrenger sanseopplevelsen. Men sanseopplevelsen er det grunnleggende, og det er meningsløst å snakke om at denne er en forvrengning – sanseopplevelsen er det vi MÅ ta utgangspunkt i. Det finnes intet annet startpunkt. Det er uholdbart å snakke om ukorrekte sanseopplevelser. (Man kan *vurdere* en sanseopplevelse på en feilaktig måte, men sanseopplevelsen bare er, og kan ikke være feil.)

Vi har endel sanseorganer – disse er istand til å registrere signaler fra det som er omkring oss; øyet registrerer elektromagnetiske bølger med bølgelengder mellom 400 og 800 nm, øret registrerer lydbølger mellom 20 og 20000 Hz, osv. Med utgangspunkt i denne informasjonen får vi kunnskap om hvordan verden er, og det er intet grunnlag for å snakke om forvrengning. Det er mulig at andre arter med andre typer sanseapparater ser virkeligheten på en annen måte, men de ser/observerer den samme virkeligheten.

Det er også feil å snakke om kunnskap før erfaringen. All kunnskap kommer etter erfaring. Et typisk eksempel på det kantianske synet om at mennesket har kunnskap før erfaringen er påstanden om at en kule kan ikke samtidig være svart over det hele og hvit over det hele. Hvordan vet vi hva en kule er før vi har observert den? Hvordan vet vi hva «over der hele» betyr før vi har observert dette? Hvordan vet vi hva svart og hvit er før vi har observert disse fargene? Det vet vi ikke, og vi kan ikke vite det. Derfor: All kunnskap kommer etter erfaring.

Ifølge Kant er noen utsagn analytiske og noen er syntetiske. Det er intet grunnlag for denne inndelingen dersom man har en korrekt begrepsteori. Kant bygger på den oppfatning at det som er inneholdt i et begrep kun er det som er inneholdt i definisjonen: En ungkar er en ugift mann. Dersom man sier at en ungkar har to armer, så tilfører man noe nytt som ikke er i begrepets definisjon, sier man at en ungkar er en ugift mann så gjentar man definisjonen. Men Ayn Rands begrepsteori sier at et begrep inneholder alt vi vet om referenten: En ungkar er et menneske som har evnen til rasjonell tenkning, en kropp, evnen til å le, to ben og to armer, trenger oksygen, osv. Derfor blir det ingen forskjell på analytiske og syntetiske utsagn. Inndelingen er unødvendig. Dette medfører blant annet det syn at fornuft/logikk er anvendelig på virkeligheten.

Fornuften er den evne mennesket har til å identifisere og integrere det materialet det mottar via sansene. Metoden som benyttes er logikk. Fornuften er eneste vei til abstrakt kunnskap, og den er ikke begrenset. Det er vanlig å hevde at man må benytte ikke-rasjonelle erkjennelsesformer der hvor fornuften tier. Men fornuften tier aldri: der hvor det ikke er noe bevismateriale som fornuften kan basere seg på, der er det ingen ting. Hvis det ikke finnes noe bevismateriale som tyder på at NN ranet en bank i går, kan vi i utgangspunktet rasjonelt sett ikke si annet enn at vi ikke vet om han har gjort det eller ikke. Dersom man etter en grundig etterforskning ikke finner noe bevis som tyder på at NN har ranet banken, må man komme til den konklusjon at han ikke har gjort det. Tilsvarende med Guds eksistens: Det finnes intet bevismateriale om tyder på at Gud eksisterer, dette til tross for iherdige forsøk over en lang tidsperiode for å finne slike bevis – derfor er det slik at det eneste vi rasjonelt sett kan si er at Gud ikke eksisterer.

Tro og andre ikke-rasjonelle erkjennelsesformer benyttes når det oppstår en konflikt mellom et ønske og den rasjonelle begrunnelsen for ønsket. Den som allikevel vil beholde sitt ønske til tross for manglende rasjonell begrunnelse, velger å henvise til tro, følelser, etc. for å gi sin ønsketenkning en slags legitimitet. Ikke-rasjonelle erkjennelsesformer er altså intet annet enn noe man benytter for å legitimere ønsketenkning.

Kant sier at fornuften er begrenset og hevder at man må benytte tro. Men tro – på samme måte som intuisjon, tradisjonelt forstått – er intet annet enn følelser. Kant åpnet for at man kan styre sitt liv basert på følelser. Det Objektivistiske synet er at «emotions are not tools of cognition», følelser gir deg ikke uten videre kunnskap om virkeligheten. Det er vanlig i dag å betrakte følelser som det primære, som noe som bare er der. Men følelser er resultat av tidligere tenkning (og ofte er følelser resultat av de verdier man aksepterte som barn, og som man ble utsatt for fra alle mulige kanter: lærere, foreldre, aviser, TV-programmer, osv.). Og denne tenkningen kan være feil/ond. Det er således galt å ta utgangspunkt i at følelser gir korrekte vurderinger. F.eks. følte nazister tilfredshet når jøder ble sendt til Auschwitz.

Noen ord om inter-subjektivitet. Kant mente at alle mennesker hadde samme type bevissthet, slik at inter-subjektivitet gjelder alle mennesker. Men med Kants utgangspunkt ble det senere lett for nazister å si at jøder har en annen type bevissthet enn ariere, og derfor kunne de hevde at Einsteins relativitetsteori var «jødisk fysikk». Dagens rasister hevder at hvite ser verden på en måte, svarte ser verden på en annen måte. Det som er sant for hvite behøver derfor ikke være sant for svarte. Tilsvarende har feminister påstått at det som er sant for menn ikke behøver å være sant for kvinner. Også tilsvarende har marxister sagt at det som er sant for borgerskapet ikke behøver å være sant for arbeiderklassen. Dette argumentet – om man kan kalle det det – ble spesielt brukt av marxistiske økonomer som ikke kunne gjendrive liberalistiske økonomers argumenter: det var nok å påvise de liberalistiske økonomenes borgerlige bakgrunn og ingen ytterligere motargumenter var nødvendige.

Denne polylogismen er en uunngåelig følge av Kant. Marx og nazismen er borte idag*, isteden har vi fått feminisme og spesielt multikulturalisme, som hevder at vi ikke kan ta avstand fra andre kulturers primitive og menneskefiendtlige verdier (kvinne-diskriminering, omskjæring, lemlestelse som straffemetode) selv om disse verdiene ikke kan forsvares på en rasjonell måte: å være rasjonell er jo å være «eurosentrisk».

Det Objektivistiske synet er at det kun er sansene og fornuften som gir kunnskap om virkeligheten, at dette gjelder alle mennesker til alle tider, og derfor bør alle handlinger ha en rasjonell begrunnelse. Handlinger som ikke kan forsvares rasjonelt, må unngåes. Dette bringer oss forøvrig over til etikken.

ETIKK

Mennesket trenger veiledning for sine handlinger. Objektivismen sier at menneskets liv som menneske er den standard som verdier bør måles etter. Den som ønsker å leve må skape (rasjonelle) verdier, og den som skaper verdiene må selv kunne nyte godt av det som er skapt – egoisme er derfor det eneste riktige moralske prinsipp. Videre: Livsførsel er moral – din livsførsel er et uttrykk for din moral.

Man bør være ærlig, men det er selvsagt riktig å lyve for å beskytte seg mot den som urettmessig forsøker å tilrane seg ens verdier.

---

* Dette var uttrykk for en optimisme som det var et visst grunnlag for i 1997 da dette foredraget ble holdt.

Man bør altså si til Kants barnemorder at det ikke er noen barn her. Dette er fullt ut moralsk.

Det Kant gjør er intet annet enn helt og fullt å fjerne verdier fra etikken. Han sier at det eneste som er moralsk er å gjøre sin plikt fordi det er ens plikt. Ikke fordi man på egne eller andres vegne oppnår noe (oppnår verdier), men fordi man gjør sin plikt. Man skal ikke gjøre noe fordi man således vil oppnå noen belønning – da mister handlingen sin moralske verdi. Han fjerner altså all motivasjon fra etikken – man skal ikke gjøre noe fordi en selv eller andre oppnår noe fordelaktig, hvis noe slikt kommer med i begrunnelsen for en handling, mister handlingen sin moralske verdi.

Ifølge Kant har moral ikke noe med lykke å gjøre, moral har ikke noe med liv å gjøre, moral har ikke noe med ønsker å gjøre – moral er å gjøre sin plikt. Intet mer. Intet mindre.

Før Kant hadde etikken et formål, en fordel for noe/noen: vanligst var det syn at handlinger skulle tjene en selv, eller at handlinger skulle tjene andre mennesker, dvs. egoisme og altruisme (dette var ikke de to eneste synspunktene, men de er de to viktigste). Men Kant er imot verdier som sådan. Siden Kants moralteori ikke er til for å oppnå fordeler for noen, har han fjernet verdier fra etikken. Kant er altså ikke altruist, han er nihilist. Dette fører til to ting.

*Folk flest ønsker å være moralske. De vil derfor, siden Kant er så dominerende, til en viss grad følge Kants regler, de vil gjøre sin plikt. Derfor vil folk adlyde, følge ordre, avtjene verneplikt, betale skatt, fylle ut og sende inn skjemaer, skrive stiler om u-land eller miljøvern, stå i helsekø, gi andre elektriske støt hvis en autoritet ber dem om det (Milgrams kjente eksperiment), og sende jøder til Auschwitz, osv. og derved føle seg moralske. (Som nevnt: Kants plikt-prinsipp «would justify the acts of any German who exterminated Jews for the sole reason that they had been ordered to do so» (Jones, Bind 4, s. 77)).

*Men folk ønsker også lykke. Men hva består lykke i – og hvordan oppnår man den – dette er – rasjonelt forstått – et spørsmål som hører filosofien til. Men Kants filosofi kan ikke gi noen oppskrift på hvordan man blir lykkelig. Dette betyr at folk i dette viktige spørsmålet egentlig ikke kan få noen veiledning fra en kantiansk filosof, annet enn følgende: gjør som du føler for. Kant åpner for følelser (han sier tro) og dette kan ikke bety annet enn at folk må ha moralsk rett til å følge sine følelser, dvs. sine innfall.

Da gjør folk det de selv kommer frem til: og siden de ikke er særlig gode tenkere – igjen på grunn av Kants filosofi har de ikke fått noen opplæring i å tenke rasjonelt, fornuften er jo uviktig (Kant sier begrenset) – gjør de som de selv ønsker uten noen rasjonell begrunnelse: de blir kyniske, korttenkte, prinsippløse, holdningsløse, kortsiktige – «vi vil ha det gøy her og nå, glem morgendagen» – kort sagt en oppførsel beskrevet av de to ordene irrasjonalitet og hedonisme.

Er det ikke nettopp slik vi ser det omkring oss i dag? En merkelig blanding av ønsket om «instant gratification» i festing, fyll, rus, sex, primitiv musikk, osv., koblet sammen en flukt inn i nyreligion og new age – som ikke er annet enn mystisisme (idag er ordet metafysikk nærmest synonymt med mystisisme, og grunnen er selvsagt at den nomenuelle verden ifølge Kant er utilgjengelig: grunnleggende kunnskap om den selvstendig eksisterende verden – metafysikk – er derfor ren spekulasjon). Dette skjer samtidig med at man er svært opptatt av de store spørsmål – man må gjøre sin plikt i forhold til miljøvern, drivhuseffekten, regnskogene, de ressurssvake, solidaritet med u-land, global utjamning. Men disse ting skal selvsagt ikke blandes inn i ens livsførsel. «Moral har jo intet med livsførsel å gjøre» (for å gjengi et fullstendig kantiansk sitat fra en av dagens kjente kunstnere). Det eneste fellestrekk er at ingen av disse forestillingene – plikt, hedonisme – har noen rasjonell begrunnelse.

Filosofi er det fag som BURDE studere grunnleggende egenskaper ved virkeligheten, ved mennesket og ved menneskets forholdt til virkeligheten, og som på basis av dette gir råd om hvordan mennesket bør leve. Det skulle nå ikke være vanskelig å se at Kant har ødelagt filosofi som fag: Virkeligheten er utilgjengelig, mennesket skaper sin egen virkelighet, filosofene gir ikke råd om hvordan man lever et godt liv. Filosofien (dvs. vanlig akademisk filosofi) er død – kun opptatt av helt irrelevante problemstillinger*. Og alle filosofer vet dette. (En studiekamerat av meg – ikke Objektivist – beskrev etter mellomfag filosofi på Blindern filosofi som «dill-dall».)

---

* Fangens dilemma, «the trolley problem», etc.

Siden filosofi er det viktigste av alle fag, er dette en meget vanskelig situasjon vi er i. Både for verden, som idag farer av sted kun basert på kortsiktige innfall: mennesker styrer sine liv på denne måten, politikere styrer sin land på denne måten. Men det at filosofi er betraktet som et fullstendig unyttig, unødvendig og nærmest latterlig fag, gjør det meget vanskelig å bli hørt for en rasjonell filosofi, en som virkelig har svar og som kan gi råd om hvordan mennesker bør leve – og som kan redde verden. Dagens tilstand gjør det vanskelig, nærmest umulig, å komme til orde og bli tatt på alvor.

Var Kant ond?
Jeg mener at jeg innenfor den rammen jeg har hatt har begrunnet at Kants filosofi er menneskefiendtlig, og har forårsaket dagens negative tilstand. Men betyr dette at Kant selv var ond?

La oss begynne med å se på hva ondskap er. Hva er ondskap? Handlinger og/eller ideer som har sterkt negative konsekvenser, målt etter en rasjonell verdistandard, er onde. Personer som begår onde handlinger, eller forfekter onde ideer, er onde. Dette betyr ikke at alt som forårsaker negative konsekvenser er ondt – ondskap forutsetter visse dimensjoner over de negative konsekvensene. En lommetyv f.eks. er ikke ond, og Peter Keating er heller ikke ond. Men både Ellsworth Toohey og James Taggart er onde. Ondskap kommer også i grader: Kant er mer ond enn Hitler.

Ifølge Ayn Rand er ondskap en nødvendig følge av «evasion» (et ord som ikke har noen god norsk oversettelse, men som kan beskrives som «å gå utenom, å unnlate å ta hensyn til relevante fakta»). Å la være å se, forstå, tenke rasjonelt – eller å late som om man ikke ser eller forstår, er ondskap, fundamentalt sett. Dette synet er i samsvar med Sokrates' syn: å vite det rette er å gjøre det rette. Med andre ord: den som gjør onde ting er den som ikke ser resultatene, eller «evader» resultatene, av handlingene, eller som unnlater å ta viktige og nødvendige ting med i betraktning. Eksempel: en som bruker narkotika (i betydelig grad) «evader» det som er opplagt: at dette vil ødelegge hans liv. En som bruker narkotika «evader» den kunnskap som finnes om hvor skadelig narkotika er. En tyv «evader» de negative konsekvensene handlingen har for ham selv; han kan bli tatt av politiet, han lever på andre menneskers arbeid, han blir ute av stand til å styre sitt liv – han må følge sine innfall, han må leve fra hånd til munn, han kan ikke planlegge sitt liv på lang sikt, han blir et offer for andre mennesker. (Her gir jeg en egoistisk begrunnelse: å være kriminell er ødeleggende for en selv. Det er selvsagt også skadelig/ødeleggende for ofrene.)

La oss se på Hitler og Kant. Hvem «evadet» mest? Hitler var politiker i et intellektuelt miljø formet av Kant, og av filosofer som bygget på ham: Fichte, Hegel, Nietzsche. Og husk at politikk er følgen av filosofiske ideer som er akseptert i store deler av befolkningen.

Hva stod disse tenkerne for? Kant forfektet selvoppofrelse, plikt, og hevdet moral og lykke ikke har noe med hverandre å gjøre. Den sterkt Kant-influerte Fichte hevdet at

> «individet har ikke noen virkelig eksistens siden det ikke har noen egenverdi, men må og bør reduseres til intet, mens rasen alene er det som må betraktes som virkelig eksisterende ... det finnes kun en dyd – å glemme sin egen **personlighet, og kun en synd – å gjøre seg selv til gjenstand for sine tanker**» (Fichte i *Die Grundzüge des Gegenwärtigen Zeitalters.* s. 41).

Hegel hevdet at det enkelte menneske ikke er selvstendig eksisterende, men en del av helheten; at rettferdighet og makt er sammenfallende; at frihet er å adlyde staten og at staten er det som virkelig eksisterer; at staten er til for sin egen skyld og at staten er realiseringen av det moralske liv (Karl Popper om Hegel i *Det öppna samhället och dets fiender*, band 2, s. 39). Videre hevdet han at det enkelte menneske må ofre sitt liv dersom staten krever det; og at den tyske (prøyssiske) stat er den fremste av alle; at noen utvalgte individer gjennom historien (Alexander, Cesar, Napoleon) er agenter for verdensånden og at krig er et nødvendig resultat av verdensåndens utvikling. (Og Marx var en primitiv, materialistisk vri på Hegel.)

Nietzsche dyrket overmennesket og foraktet den svake, undermennesket. Han dyrket erobring, seier, viljen til makt.

Hitler kom altså til dekket bord. Hitler var ond, men hva med dem som dekket bordet? Kant var den viktigste av disse. Og om «evasion» – Kant «evadet» hele virkeligheten. Han «evadet» langt mer enn Hitler gjorde. «Evasion» alene er ikke ondskap, men når en stor filosof lager et filosofisk system som i så stor grad er preget av «evasion» at det på alle viktige punkter forfekter verdier som er ødeleggende for menneskers lykke, da «dekker han bordet» slik at en gangster som Hitler kan bli diktator i en betydelig kulturnasjon midt i hjertet av det siviliserte Europa. Og da kan han ikke karakteriseres som annet enn ond.

Men må ikke Kant ha ønsket dagens elendighet for å bli karakterisert som ond? Stalin og Hitler var onde – de ønsket massemord på klassefiender og jøder. Men ønsket Kant det som er blitt resultat av hans filosofi?

Ønsket Hitler å være ond? Betraktet han seg selv som ond? Nei – han så på seg selv som en som utryddet skadedyr som ødela tysk kultur. Ønsket Stalin å være ond? Betraktet han seg selv som ond? Nei, han utryddet klassefiender. Ønsket inkvisisjonens folk, som torturerte kjettere, å være onde? Nei, de hjalp folk å komme til himmelen. Ønsket om å være ond er her fullstendig irrelevant.

Sammenlign med et lite barn som leker med en ladet pistol. Så kommer det borti avtrekkeren, skuddet går av og kulen dreper noen. Et sterkt negativt resultat, men ingen vil si at barnet var en ond person. Var Kant i denne stillingen? Kan Kant sammenlignes med et barn som leker med en ladet pistol? Eller kan Kant sammenlignes med en våpenekspert som lager et masseutryddelsesvåpen – og så lar barn få leke med det?

De som sier at dersom Kant skal vurderes som ond må han ha ønsket å være ond, de tar faktisk et kantiansk utgangspunkt. Den som sier dette legger vekt på intensjonen som basis for å foreta en moralsk vurdering av en person. Men vi er ikke kantianere. Det som avgjør Kants ondskap er hva konsekvensene ble og hva han burde han visst. Begge disse poengene må taes med i vurderingen.

Kant var filosof. Filosofers arbeidsområde er ideer. Og da er det filosofens ansvar å kjenne til ideer og deres betydning og virkning. Kants ideer ødelegger. Det var Kants oppgave å kjenne til dette. Når hans ideer har fått disse effektene, så er Kant ansvarlig for dette.

Ayn Rands syn var at ondskap er uten kraft, uten makt; hun formulerte det slik: «evil is impotent». Men hvordan kan da Kants ideer ha fått så stor gjennomslagskraft slik at de preger Vestens kultur i dag og har gjort det i mer enn 100 år? Her følger noen sitater fra Rand som illustrerer dette:

« ... evil [is] the irrational, the blind, the anti-real – and that the only weapon of its triumph [is] the willingness of the good to serve it». «Evil, not value, is an absence and a negation, evil is impotent and has no power but that which we let it extort from us». «The spread of evil is the symptom of a vacuum. Whenever evil wins, it is only by default: by the moral failure of those who evade the fact that there can be no compromise on basic principles». «The truly and deliberately evil men are a very small minority; it is the appeaser who unleashes them on mankind; it is the appeaser's intellectual abdication that invites them to take over. When a culture's dominant trend is geared to irrationality, the thugs win over the appeasers. When intellectual leaders fail to foster the best in the mixed, unformed, vacillating character of people at large, the thugs are sure to bring out the worst. When the ablest men turn into cowards, the average men turn into brutes.» (Sitatene er hentet fra Galts tale i *Atlas Shrugged*, og fra artiklene «The Anatomy of Compromise» og «Altruism as Appeasement».)

La meg avslutte med et sitat fra Heinrich Heine (1797-1856) om Kant:

«Strange contrast between the external life of a man and his destroying, world-crushing thoughts. In very truth, if the citizens of Köningsberg had dreamed of the real menings of his thoughts, they would have experienced at his sight, a greater horror than they would on beholding an executioner, who only kill men» (sitert i John Ridpaths forelesning om Kant, TJS, 1991).

Dette var Heines vurdering av Kant. Vår er tilsvarende (selv om vi ville sagt morder der hvor Heine sier bøddel). Kants filosofi dreper en rasjonell forståelse av fornuften, og derved en rasjonell forståelse av etikk, og derved alt som er godt. Kants filosofi ødelegger mulighetene for å leve et godt og lykkelig liv.

Derfor er det full dekning for Ayn Rands påstand: Immanuel Kant er historiens ondeste menneske.

Litteratur

Adler. Mortimer: *Ten philosophical mistakes*, Collier Books 1987
Beiser, Frederic C.: *Enlightenment, Revolution and Romanticism: The Genesis of Modern German Political Thought 1780-1800*, Harvard University Press 1992
Bjelke/Dege: *Den europeiske filosofi*, Universitetsforlaget 1970
Comte-Sponville, Andre: *Liten avhandling om store dyder,* Gyldendal 1997
Caygill, Howard: *A Kant Dictionary*, Blackwell 1995
Fichte, J.G.: *Die Grundzüge des Gegenwärtigen Zeitalters,* Verlag Felix Meiner 1956
Johansen, Kjell Eyvind: *Etikk - en innføring*, Cappelen 1994
Kant, Immanuel: *Fundamental Principles of Metaphysics of Morals*, Prometheus 1987
Kant, Immanuel: *Perpetual Peace and Other Essays,* Hackett 1983
Kant, Immanuel: *Critique of Pure Reason* (trans. Kemp Smith), Macmillan 1983
Kant, Immanuel: *Lectures on Ethics*, Hackett 1963
Kant, Immanuel: *Morallov og frihet,* Gyldendal 1997
Kant, Immanuel: *Critique of Aesthetic Judgement*, Great Books of the Western World, Encyclopaedia Britannica 1952
Kant, Immanuel: *Preface and Introduction to Metaphysical Elements of Ethics,* Great Books of the Western World, Encyclopaedia Britannica 1952
Kant, Immanuel: *The Science of Right*, Great Books of the Western World, Encyclopaedia Britannica 1952
Kuehn, Manfred: *Kant: A Biography*, Cambridge University Press 2001
Jones, W.T.: *A History of Western Philosophy, Second edition,* HBJ 1975
Næss, Arne: *Filosofiens historie,* bind 2, Universitetsforlaget 1976
Popper, Karl: *Det öppna samhället och dets fiender* band 2, Akademilitteratur 1981
Rand, Ayn: *Atlas Shrugged*, NAL 1957
Rand, Ayn: «The Anatomy of Compromise», The Objectivist Newsletter January 1964
Rand, Ayn: «Altruism as Appeasement», The Objectivist, January 1966

Rand, Ayn: «Brief Summary», The Objectivist, September 1972
Ridpath, John: «Interpreting Kant´s Political Philosophy»,
	forelesning tilgjengelig på tape, 1991
Russell, Bertrand: *A History of Western Philosophy,* Counterpoint 1984
Stace, W.T: *Hegel,* **Dover 1955**
Thompson, Garrett: *On Kant,* **Wadsworth 2000**
Weichsedel, William: *Filosofenes verden,* Aventura 1995

Nietzsche og Rand – en sammenligning
Publisert i AerA 2001

Praktisk talt hver eneste artikkel som publiseres om Ayn Rand i tradisjonelle aviser og tidsskrifter inneholder påstanden om at hun er nietzscheaner, eller at det er vesentlige likhetspunkter mellom Rand og Nietzsche. Eksempelvis påstår Morgenbladets redaktør Truls Lie i sin omtale av den norske utgaven av *Atlas Shrugged, De som beveger verden*, at «Ayn Rand har lest Nietzche» og at «slik Nietzsche anbefalte "overmennesket" å riste av seg parasittene, skaper de som beveger verden sitt eget Atlantis...» (Morgenbladet, 26. januar 2001).

Tilsvarende finner man i anmeldelsen av samme bok i Klassekampen 31. mars 2001 påstanden om at «Rands moralkonsept ligger tett opp til Nietzsches. Som Nietzsche lengter hun etter rovdyret i mennesket. "Overmennesket" er de funksjonsdyktige – bare de er hevet over altruismen og den konvensjonelle moralens åk». (Anmeldelsen er skrevet av biologiprofessor Dag Hessen).

Også idehistorikeren Gunnar Schrøder Kristiansen trekker en tilsvarende parallell i sin artikkel i Samtiden nr 5-6/2000: «...objektivismens tanker om politikk ligger ikke langt unna Nietzsches aristokratiske, politiske teori. Begge gikk inn for elitestyre, og begge var antidemokrater. Rand var også tydelig inspirert av Nietzsches teori om "overmennesket", men hos henne er de blitt til "heroiske skikkelser". Både Roark og Galt er personifiseringer av objektivismens viktigste ideer, og samtidig gode eksempler på *das Ubermensch* i nietzscheansk forstand» (s. 47).

Denne påståtte parallellen mellom Rand og Nietzsche bygger i hovedsak på en oppfatning om at Nietzsche som filosof forfektet egoisme, at han hevdet at man bør leve sitt liv i høyeste potens, at man bør leve kraftig og intenst, at man i handling bør følge sin egen vilje, og at man bør leve uavhengig av de tradisjoner og normer som tilfeldigvis finnes i samfunnet omkring en. Man bør også, ifølge denne versjonen av Nietzsches filosofi, arbeide med seg selv ved å forsøke å forbedre seg og utvikle seg til å bli et bedre menneske enn man er idag, og målet er å bli et «overmenneske». Videre ligger det i denne tolkningen av

Nietzsche at ikke alle mennesker er i stand til dette – de fleste mennesker er konforme, tradisjonsbundne, og forsiktige i sin livsførsel, mens enerne, de sterke, de som er i stand til å overvinne svakheter i seg selv, de tilhører et aristokrati og er hevet over vanlige normer og regler.

Et annet velkjent element hos Nietzsche er hans motstand mot kristendommen, han beskrev den som en «fattigmannsplatonisme», og som et komplott av de svake for å ta rotta på de sterke. Videre er Nietzsche motstander av både velferdsstat («et mangehodet uhyre») og demokrati.

Men den som tror at dette er Nietzsches filosofi, tar feil. Dersom man skal fremstille *Nietzsches* filosofi, må man gjengi et representativt utvalg av hans ideer, og dersom man gjør det vil man se at fremstillingen ovenfor må suppleres med poenger som gjør at bildet blir helt annerledes. Og da vil enhver lett se at det er ingen likhetspunkter mellom filosofiene til Rand og Nietzsche. Ikke bare vil man se at det ikke er likhetspunkter, man vil også oppdage at disse to filosofene fundamentalt sett står på motsatt side av det filosofiske spektrum: de har diametralt motsatte standpunkter i alle viktige filosofiske spørsmål.

La meg først nevne at Nietzsche er en meget usystematisk filosof, og at man derfor kan finne støtte for innbyrdes motstridende standpunkter i hans verker – det sies ganske treffende om Nietzsche at han systematisk motsier alt han sier. Enhver kan således plukke gode enkeltstandpunkter fra ham og gjøre disse til en del av *sin* filosofi. Men det vi skal se på her er *Nietzsches* filosofi. Nietzsches filosofi er det filosofiske system som er kjernen i det som kommer frem i de bøker hvor han står som forfatter. Som nevnt er Nietzsche en uklar skribent – og han var selv oppmerksom på dette. Det påståes at han skrev *Beyond Good and Evil* for å tydeliggjøre det han hadde forsøkt å si i *Thus Spoke Zarathustra*, og at han skrev *On the Genealogy of Morals* for å tydeliggjøre det han hadde forsøkt å si i *Beyond Good and Evil*.

Men det finnes et par virkelige likhetspunkter mellom Rand og Nietzsche: et av dem er at begge er ypperlige skribenter, begge er i stand til å skape klare og treffende formuleringer. Ayn Rand har selv (i forordet til *The Fountainhead*) oppsummert dette slik: «As a poet, [Nietzsche] projects at times (not consistently) a magnificent feeling for man's greatness, expressed in emotional, *not* intellectual terms».

Alle som har lest Nietzsche kan bekrefte at man hos ham stadig kan finne ypperlige poenger og formuleringer. Noen få eksempler: «den edle sjel føler ærefrykt for seg selv», «å tro betyr at man ikke ønsker å vite det som er sant», «det som ikke ødelegger meg gjør meg sterkere», «gi ikke avkall på helten i din sjel», «kristendommen er en forbrytelse mot livet», «Platon var feig i forhold til virkeligheten», «det som ødelegger Europa er to ting: alkohol og kristendom», «skal du besøke en kvinne – ta da med deg en pisk», og (i en noe redigert form) «det samfunn som ikke engang vil straffe sine kriminelle er dømt til undergang». Selv om både Rand og Nietzsche var svært dyktige til å formulere seg, og selv om det finnes noen enkeltstående, isolerte, likhetspunkter, er dette langt fra nok til å hevde at deres filosofier er like. Det vi skal gjøre her er altså å vise at det ikke finnes likhetstrekk mellom *filosofiene* til Rand og Nietzsche.

Siden Nietzsche er inkonsistent i de derivative grenene, må man si at hans virkelige mening er de standpunkter som er i samsvar med hans standpunkter i de fundamentale grenene. Dette fordi filosofi er et hierarkisk oppbygget fag; en persons virkelige standpunkter innen etikk og sosial filosofi (politikk) vil være bestemt av hans standpunkter innen metafysikk og epistemologi. Selv om Nietzsche altså er selvmotsigende i de derivative grenene, finnes det allikevel en kjerne av konsistente standpunkter, og det er dette som er Nietzsches filosofi.

Vi må derfor begynne med en fremstilling av Nietzsches metafysikk og epistemologi.

Metafysikk
«The total character of the world, however, is in all eternity chaos – in the sense not of lack of necessity but of a lack of order, arrangement, form, beauty, wisdom, and whatever other names there are for esthetic anthropomorphisms» sier Nietzsche (*The Gay Science*, 3,109). Om mennesker: «"the doer" is merely a fiction added to the deed» (*Geneaology of Morals*, 1,13). «What is basic is not that which acts, but activity itself» (sitert i The Objectivist Forum, feb 86, s. 12).

Det går tydelig frem av dette at Nietzsche er heraklitianer: det primære som eksisterer er *prosesser*, ikke objekter eller entiteter. Nietzsche hevder at virkeligheten er «a monster of energy ... a sea of forces flowing and rushing together, eternally changing, a becoming that knows no satiety, no disgust, no weariness ... [an] eternally self-creating, self-destroying world...» (fra *Will to Power*, sitert i TOF, feb 86, s. 13.)

Denne metafysikken finner man bekreftet flere andre steder, f.eks i *The Gay Science*: «We have arranged for ourselves a world in which we can live – by positing bodies, lines, planes, causes end effects, motion and rest, form and content, without these articles of faith nobody can endure life. But that does not prove them» (3,121). Fakta er altså ifølge Nietzsche trosartikler. Og han sier også at fysikkens lover ikke er fakta, de er kun tolkninger (*Beyond Good and Evil*, 22).

Dette viser tydelig at Nietzsches metafysikk er heraklitiansk: det primære er prosesser, kaotiske prosesser. Dette er selvsagt det helt motsatte syn av det Ayn Rand har – det Objektivistiske syn er at virkeligheten primært består av gjenstander, objekter, og at disse eksisterer uavhengig av noens bevissthet. Videre er disse objektene bestemte, de har identitet. Det Objektivistiske syn innebærer at årsaksloven gjelder, og den gjelder selvsagt uten unntak. Den fysiske virkelighet er derfor harmonisk og i prinsippet forutsigbar. Dette er stikk i strid med Nietzsches metafysikk.

Menneskets frie vilje
Innen metafysikken hører også spørsmål om menneskets frie vilje hjemme. Det Objektivistiske synet er at mennesket har fri vilje, og denne egenskapen er evnen mennesket har til selv å styre sin bevissthet. Mennesket styrer sin bevissthet, og gjennom de valg man foretar på basis av hvordan man styrer sin bevissthet, skaper ethvert menneske sin personlighet. Fri vilje er altså primært muligheten til å styre sin bevissthet – muligheten til å tenke (finne sannhet); eller til bevisst å unnlate å søke sannhet, det som Ayn Rand kaller «evasion». Fri vilje innebærer at man kan styre sin bevissthet for å oppdage og analysere og forstå verden. På basis av dette kan mennesket så foreta reelle valg mellom reelle alternativer. Ens syn på fri vilje henger altså intimt sammen med ens syn på bevissthetens muligheter, og på tenkningens oppgave.

Nietzsches syn på vilje er helt annerledes enn Ayn Rands, for å si det forsiktig. Verden inneholder ifølge Nietzsche viljekvanta (her er Nietzsche sterkt påvirket av Schopenhauer), og disse viljekvantaene søker makt. I noen tilfeller er ansamlinger av slike kvanta mer vellykket enn i andre, og disse ansamlingene er de mennesker som Nietzsche kaller de sterke («the masters» i de engelskspråklige utgavene av Nietzsches bøker). «Vilje» er altså hos Nietzsche selvstendige krefter som er primære eksistenter. Nietzsches «vilje» er altså noe helt annet enn den egenskap mennesket har til å fokusere sin bevissthet.

Siden Nietzsche så ofte snakker om viljen og ofte sier at man skal følge viljen, så er det lett å tolke Nietzsche dit hen at han hevder at mennesket har fri vilje, men på basis av det ovenstående skulle det være lett å se at dette er feil. Nietzsches syn er at «vilje» er en metafysisk kraft som finnes i mennesker, og dette synet er i fullt samsvar med hans heraklitianske metafysikk. «Vilje», ifølge Nietzsche, er altså ikke den evne mennesket har til å styre seg selv.

La meg gjengi noen sitater som viser at ifølge Nietzsche har mennesket ikke evnen og muligheten til å foreta valg og til å skape sin personlighet.

«One cannot erase from the soul of a human being what his ancestors liked most to do ... It is simply not possible that a human being should *not* have the qualities and preferences of his parents and ancestors in his body...» (*Beyond Good and Evil*, 264). «It is certain that one's innermost nature gradually disciplines one's whole being into unity ... [in order to serve] that mission whose involuntary custodian we are...» (*Beyond Good and Evil*, 264). «There is only nobility of birth, only nobility of blood .... For spirit alone does not make noble, rather there must be something to ennoble the spirit – what is then required? Blood.» (fra *Will to Power*, sitert i TOF, apr 86, s. 9). Man kan lett se kontrasten med Ayn Rand ved å sammenligne med hennes formulering om at «man is a being of self-made soul».

I *Genalogy of Morals* (1. essay, sec 13) finner man en seksjon hvor Nietzsche sammenligner de sterke med rovfugler som spiser lam – og hans poeng er at lammene ikke kan kritisere rovfuglene for dette, de handler jo bare i overensstemmelse med sin natur. Nietzsche sammenligner altså de sterkes handlinger med dyrs handlinger, og dyr har ikke fri vilje.

Som nevnt er Nietzsche på dette punktet sterkt påvirket av Schopenhauer, men det er en interessant forskjell mellom disse to: Schopenhauer hevdet at man burde forsøke å dempe viljens betydning, at man burde forsøke å la være å følge den – Schopehauer var pessimist og hevdet at dersom man forsøker å følge sin vilje vil man alltid mislykkes og bli skuffet. Nietzsche hevder i motsetning til dette at man bør forsøke å følge sin vilje. (Begår Nietzsche en selvmotsigelse ved å si hva mennesker bør gjøre? Ja, men mennesket *har* fri vilje, og selv determinister er egentlig klar over dette. Selv om de forsøker å fornekte dette, vil de implisitt måtte godta dette faktum, og enhver determinist kommer således med oppfordringer om hva mennesker bør gjøre.)

La meg også gjengi følgende fra en kommentator: «..Nietzsche proposes that everything in the universe is subject to a blind, necessary, impersonal force. "Free will" is a chimera.» (Zeitlin: *Nietzsche*, Polity Press 1994, s. 142). Zeitlin hevder altså at for Nietzsche er forestillingen om fri vilje kun et drømmespinn.

Epistemologi
Som kjent hevder Ayn Rand at fornuften er menneskets eneste metode for å oppnå (abstrakt) kunnskap: «Reason is man's only means of knowledge», og at man derfor bør være rasjonell. Hva er så Nietzsches syn på dette punktet?

Nietzsche legger ikke bare liten vekt på rasjonell tenkning, han er til og med motstander av rasjonalitet! I *Thus Spoke Zarathustra* finner man følgende: «With all things one thing is impossible – rationality» (Penguin 1969, s 186). Videre, et sted omtaler Nietzsche bevisstheten som «[man's] weakest and most fallible organ» (*Geneaology of Morals* 2,16). Og allerede i *The Birth of Tragedy*, hans første verk, finner man følgende: «the unshakeable faith that thought, employing the guiding thread of causality...is capable of knowing being … is a profound illusion» (sec 15).

Man kan også finne en sterk indikasjon på Nietzsches avstand til fornuften i måten han skriver på: han argumenterer praktisk talt aldri, han gir aldri begrunnelser for sine påstander, han bare fremsetter dem. En rasjonell person vil selvsagt gi logiske argumenter som begrunnelse for sine påstander.

Hvilket alternativ til fornuften fremsetter så Nietzsche? Her er det forskjell på de sterke og de svake – det er ifølge Nietzsche de svake som må ta til takke med fornuften. En kommentator har oppsummert det slik: Rasjonelle diskusjoner «are a last resort, a last-ditch device in the hands of those who possess no other weapon. Reason is a weapon of the weak and impotent, a weapon which the powerful do not need since they simply enforce their will ... Reason is a form of spiritual revenge from the rabble.» (Zeitlin, s. 137).

Det Nietzsche påstår er viktig er instinkt, men dette er kun for de sterke; det er de svake som må ta til takke med fornuft. Zeitlin beskriver dette slik: «For Nietzsche, ... rationality...constitutes decadence. Rationality stands in opposition to the instincts, and is therefore a sign of sickness, not health» (s. 138).

Nietzsches syn på rasjonalitet og fri vilje kan man finne bekreftet en rekke forskjellige steder. Her fra et oppslagsverk på Internett (Sofies verden): «[Ifølge Nietzsche er det slik at] menneskets handlinger trenger ikke noen begrunnelse. Våre egenskaper er vår skjebne. De skyldes verken Gud, samfunnet, foreldre eller oss selv. Nietzsche mente ingen er ansvarlig for at han eller hun er til, for sine egenskaper eller livsbetingelser. I *Slik talte Zarathustra* gjør han seg til talsmann for et syn han kaller "amor fati" (kjærlighet til skjebnen). Individets skjebne er forbundet med alle tings skjebnebestemthet. Det er denne erkjennelsen som er den store frigjøringen.» .... «Nietzsche argumenterte ofte mot bestemte persontyper. For ham var det viktigere hvem som fremsatte en påstand enn det personen sa. Nietzsche var av den oppfatning at verdien av påstandene var avhengig av makt og rang hos den personen som uttrykte dem. Han hadde ingen tiltro til fornuft og rasjonalitet som selvstendige faktorer. Fornuftige argumenter kan ikke påvirke prosessene som ligger til grunn for de ulike vurderingene, mente han. Målet med hans mistenksomhet var å finne ut hvilke lidenskaper som er virksomme i hvert enkelt tilfelle. Er de akseptable eller uakseptable uttrykk for "viljen til makt"»? (Slutt sitat her.)

Nietzsche kan ikke beskrives på annen måte enn at han dyrket følelser og instinkter, og instinktene har vi mottatt fra våre forfedre: hans syn er at vi bør handle i samsvar med det våre følelser og instinkter forteller oss. Dette er den rake motsetningen til Ayn Rands syn: vær rasjonell, basér deg på fakta, vær logisk.

Etikk
Innen etikk hevder Nietzsche dels at man skal leve intenst, at man skal følge sin vilje, at man skal leve farlig og ta sjanser – et trygt liv er ikke

hans ideal. Hans idealer er ikke bare tenkere og intellektuelle som Shakespeare, Goethe, og Beethoven, men også maktpolitikere som Alkibiades, Ceasar, og Napoleon. Man kan imidlertid også finnes steder hos Nietzsche hvor det ser ut som om hans ideal er et asketisk, ensomt liv.

Det Objektivistiske synet er selvsagt annerledes: man bør leve intenst, men ikke ta sjanser eller leve farlig uten at det er en svært god grunn til det. Det Objektivistiske ideal er en Howard Roark og en John Galt, rasjonelle mennesker som skaper verdier. Det er stor avstand mellom de Objektivistiske idealene og Nietzsches idealer: militære erobrere som Caesar og kyniske maktpolitikere som Alkibiades. Også Nietzsches ideal om et asketisk liv i ensomhet er meget langt fra det Objektivistiske ideal.

Objektivismen forfekter produktivt arbeid som det sentrale i et menneskes liv, den viktigste aktiviteten er å bruke sine evner i verdiskapende virksomhet. Dette er også noe som er helt fremmed for Nietzsche.

Det bør også nevnes her at Nietzsche påstår at han er motstander av moral – et sted lar han sitt talerør Zarathustra si at mennesket bør være ondt («The most evil is necessary for the Superman's best», Penguin, s. 299) . Men det han mener med dette er antagelig kun at han er motstander av den moral som sier at mennesket bør tjene andre. Ayn Rand var også motstander av den moral som sier at man bør tjene andre, men det hun gjorde var å utvikle en alternativ moralteori – og et filosofisk system – som i detalj beskriver hvordan man virkelig kan tjene seg selv.

Når professor Hessen skriver at «Nietzsche lengter … etter rovdyret i mennesket» så er dette korrekt. Men når han sier at det samme gjelder for Ayn Rand, så er det en helt vanvittig feilfremstilling. Av betydelige filosofer er Ayn Rand ikke bare den første, hun er også den eneste som hevder at alle mellommenneskelige forhold bør være frivillige; at initiering av tvang mellom mennesker er forkastelig. Hun er den eneste betydelige filosof som hevder at samfunn bør organiseres slik at individers rettigheter skal respekteres – det som er det korrekte er således det stikk motsatte av det Hessen påstår: Ayn Rand er den første filosofi som hevder at mennesker ikke bør leve som rovdyr.

Politisk filosofi

Angående forhold mellom mennesker hevder Ayn Rand at alt samkvem bør være frivillig – samfunn bør derfor organiseres slik at individers rettigheter respekteres. Også dette er stikk i strid med Nietzsches syn; han hevder jo at noen er født til å herske og at andre er født til å være slaver, og at rettigheter/kontrakter ikke skal legge noen restriksjoner på de sterke: Nietzsches ideal er «he who can command, he who is by nature "master", he who is violent in act and bearing – what has he to do with contracts?» (*Geneaology of Morals*, 2,17). Videre, den sterke er «a man to whom nothing is forbidden» (*Twilight of the Idols*, Penguin 1990, s. 114).

Formålet ifølge Nietzsche er at de sterke skal skape/utvikle seg til overmennesker, og i denne prosessen er det ingen restriksjoner på hvordan de sterke kan bruke andre mennesker med dette som formål. Dette er bakgrunnen for det som kommer til uttrykk i følgende sitater: «The beginnings of everything great on earth [are] soaked in blood thouroughly and for a long time» (*Genealogy of Morals*, 2,6). (Det store som skal komme er overmennesket.)

«[Freedom is] that one is prepared to sacrifice human beings for one's cause» (fra *Twilight of the Idols*, sitert i TOF, apr 86, s. 8). «...one must learn to sacrifice many and to take one's cause seriously enough not to spare men» (fra *Will to Power*, sitert i TOF, apr 86, s. 8). «For the preservation of society, for making possible higher and higher types – the inequality of rights is the condition» (sitert i TOF, apr 86, s. 9). «[Some men] are sculptors – and the rest are merely clay compared to them» (sitert i TOF, apr 86, s. 8). De sterkes budskap til de svake: «Thou shalt obey, someone, and for long: else thou wilt go to ruin ... this seems to me to be the only moral imperative of nature» (sitert i TOF, apr 86, s. 9).

Nietzsche var tilhenger av slaveri: «we must accept this cruel-sounding truth, that slavery is of the essence of culture» (sitert i TOF, apr 86, s. 9, skrevet da Nietzsche var 27 år gammel – men man kan legge til her at Nietzsche også var motstander av kultur). Også om slaveri: «a society that believes in the long ladder of an order of rank and differences of value between man and man ... needs slavery in some sense or another» (*Beyond Good and Evil*, 257, skrevet da Nietzsche var 43 år gammel – Nietzsche var altså tilhenger av slaveri hele sitt liv).

La meg også poengtere at slaveri for Nietzsche ikke betyr intellektuell avhengighet eller konformitet. «The essential characteristic of a good and healthy aristocracy [includes].... that it accepts with a good conscience the sacrifice of untold human beings who *for its sake* must be reduced and lowered to incomplete human beings, to slaves, to instruments» (*Beyond Good and Evil*, 258).

Disse sitatene viser dog at Nietzsches filosofi på enkelte punkter er konsistent: hans syn om at noen mennesker er født til å være slaver og at noen er født til å herske – «there is only nobility of birth» – er selvsagt i samsvar med hans determinisme.

La meg tilføye her at «overmennesket» er ikke de samme som «den sterke» – de sterke finnes nå, men disse skal utvikle seg til overmennesker en gang i fremtiden. (Hvorvidt det er *individer* som skal utvikle seg til overmennesker, eller om det skal utvikles en *rase* av overmennesker er et av de mange punktene hvor Nietzsche er uklar.) Kommentatorer blander ofte sammen «den sterke» og «overmennesket», f.eks. gjør både Hessen og Kristiansen dette i de to gjengitte sitater i denne artikkelens innledning.

Demokrati

Men hva med demokrati – Gunnar Schrøder Kristiansen hevdet jo i den nevnte artikkelen at det er et likhetspunkt mellom Rand og Nietzsche at begge er motstandere av demokrati. Men det viktige poeng som Kristiansen utelater er at de er motstandere av demokrati fra diametralt motsatte utgangspunkter: Nietzsche ønsker at det ikke skal være noen begrensninger på de sterkes rett til å tråkke på de svake, mao. de sterke skal ikke være bundet av noe som helst, heller ikke av flertallsbeslutninger. Rand er antidemokrat fordi hun ønsker å sikre frihet, dvs. hun ønsker å sikre hvert enkelt individ mot alle former for overgrep (initiering av tvang), også når de er demokratisk vedtatt. Rands syn er altså at ingen har rett til å krenke andres rettigheter, *heller ikke et flertall har rett til dette*. Rand er imot demokrati fordi hun er imot at individer skal utsettes for initiering av tvang av noen, heller ikke av et flertall. Nietzsche er imot demokrati fordi han vil at de ikke skal være begrensninger på de sterkes rett til å benytte tvang overfor andre.

På bakgrunn av dette ser man at tolkningen av Nietzsches filosofi i begynnelsen av denne artikkelen må suppleres med følgende punkter hvis det er *Nietzsches* filosofi man skal gi et bilde av: Det er viljen, en metafysisk kraft, som styrer mennesket, det er ikke mennesket som styrer seg selv; man bør følge sine følelser og sine instinkter; man har – hvis man tror at man tilhører de sterke – all moralsk rett til å bruke og utnytte andre mennesker; og det er ingen grunn til å la være å initiere bruk av tvang overfor andre mennesker dersom man føler at man på en eller annen måte kan tjene på det.

Andre tolkninger
Tolker jeg Nietzsche feil? Er det ikke slik at all hans idolisering av strid og krig – f.eks. «I welcome all signs that a more manly, warlike age is about to dawn...» (*Gay Science*, 4, 283) kun er fargerike beskrivelser av en strid mellom *ideer* – han sier jo samme sted at han snakker om en tid hvor mennesker «will *wage wars* for the sake of ideas and their consequences», og han oppfordrer til å «live at war with your peers and yourself. Be robbers and conquerors as long as you cannot be rulers and professors, *you seekers of knowledge*» (uthevet her).

Men med alle formuleringene om blodsutgydelse, om ulikhet, om å ofre andre, om at noen mennesker er leire som skal formes av de sterke, er det vanskelig å godta at alt dette kun er bilder på intellektuell strid. Spesielt når Nietzsches idealmennesker ikke bare inkluderer intellektuelle som Shakespeare og Beethoven, men også kyniske maktmennesker som Alikibiades, Julius Caesar og Cesare Borgia (som fjernet politiske motstandere ved å forgifte dem). Dessuten er hans formulering om at krig er å foretrekke fremfor fredsdomstoler – etableringen av «international peacecourts instead of war» er et tegn på «declining life» (*Geneaology of Morals*, 3,25) – ytterligere et tydelig tegn på at det virkelig er voldelig strid han mener.

Som kjent betraktet nazistene Nietzsche som en filosofisk åndsfader for den nazistiske filosofien, og de fleste som idag er påvirket av Nietzsche forsøker å benekte at det finnes noe grunnlag for denne holdningen, de hevder at nazistene forvrengte Nietzsche. Men selv blant dem som forsøker å tolke Nietzsche på en minst mulig nazistisk måte, innrømmes det at Nietzsches syn var at «the gulf between some men and others is more significant than [the gulf] between man and animal» (Kaufmann i *Nietzsche: Philosopher, Psychologist, Antichrist*). Så det var ikke behov for store forvrengninger for å gjøre Nietzsche til en proto-nazist.

Mitt syn er at de som velger kun å se på Nietzsches formuleringer som sterke og kraftfulle bilder på intellektuell strid, de føler seg tiltrukket av deler av det Nietzsche har skrevet, plukker ut dette og ignorerer det andre. Dette er en fremgangsmåte som er akseptabel når man skal danne seg sin filosofi, men det er helt feil å fremstille et slikt selektivt utvalg av Nietzsche som *Nietzsches* filosofi.

Konklusjon: ingen vesentlige likhetspunkter
La meg konkludere med å hevde at på bakgrunn av dette er det lett å se at det ikke er noen likheter mellom filosofiene til Rand og Nietzsche. Det finnes likheter mellom disse to kun på følgende to punkter: det er en viss likhet i litterær stil – både Rand og Nietzsche skriver kraftig og godt. Det andre likhetspunktet er at enkeltavsnitt hos Nietzsche isolert sett kan være i samsvar med Rands ideer, men slike paralleller finnes ikke bare mellom Nietzsche og Rand, slike paralleller kan man finne mellom alle filosofer, f.eks. finnes det slike paralleller mellom Rand og Kant, og mellom Rand og Hobbes.

Men filosofi er et integrert og integrerende og hierarkisk oppbygget fag: de ulike grenene metafysikk, epistemologi, etikk og sosial filosofi (og estetikk) må sees i sammenheng, og av denne grunn kan man ikke legitimt hevde at det finnes likheter mellom *filosofiene* til Rand og Nietzsche, like lite som det finnes likheter mellom filosofiene til Rand og Kant, og like lite som det finnes likheter mellom filosofiene til Rand og Hobbes. Skal man finne en filosofi som ligner på Objektivismen, så finner man den hos Aristoteles. Det er uholdbart å løsrive isolerte enkeltpunkter fra ett av filosofiens områder og så betrakte disse fullstendig urelatert til de andre områdene, og det er dessverre slik mange som diskuterer Nietzsche – eller sammenhengen mellom Rand og Nietzsche – gjør. Konklusjonen er som disse skribentene kommer fram til er derfor uholdbare.

La meg helt til slutt gjengi Ayn Rands beskrivelse av Nietzsche fra *For the New Intellectual*:

«Nietzsche's rebellion against altruism consisted in replacing the sacrifice of oneself to others by the sacrifice of others to oneself. He proclaimed that the ideal man is moved, not by reason, but by his "blood", by his innate instincts, feelings and will to power – that he is predestined by birth to rule others and sacrifice them to himself, while they are predestined to be his victims and slaves – that reason, logic, principles are futile and debilitating, that morality is useless, that the "superman" is "beyond good and evil», that he is a "beast of prey" whose ultimate standard is nothing but his own whim».

Dette er en perfekt oppsummering av Nietzsches filosofi. Og det skulle nå være lett å se at det ikke finnes noen likhetspunkter mellom filosofiene til Nietzsche og Rand.

Litteratur

Nietzsche, Friederich: *The Gay Science,* Vintage Books 1974
Nietzsche, Friederich: *Thus Spoke Zarathustra*, Penguin 1969
Nietzsche, Friederich: *Beyond Good and Evil*, Vintage Books 1989
Nietzsche, Friederich: *Genealogy of Morals and Ecce Homo*, Vintage Books 1989
Nietzsche, Friederich: *Human, all to Human*, University of Nebraska Press 1986
Nietzsche, Friederich: *Twilight of the idols and The Anti-Christ*, Penguin 1990
Nietzsche, Friederich: *Tragediens fødsel*, Pax 1993
Rand, Ayn: *For the New Intellectual*, Random House 1961
Ridpath, John: «Nietzsche and Individualism», del 1, The Objectivist Forum, februar 1986
Ridpath, John: «Nietzsche and Individualism», del 2, The Objectivist Forum, april 1986
Zeitlin, Irving M.: Nietzsche: *A Re-examination*, Polity Press 1994

Karl Popper

Basert på et foredrag holdt i FSO 23. november 2000

Popper – hvorfor er han viktig for oss? Han er viktig fordi han er betraktet som en av det tyvende århundredes mest betydningsfulle filosofer, han er viktig fordi han er betraktet som vår tids viktigste videnskapsfilosof, han er viktig fordi han er en av de få filosofer hvis ideer er kjent utenfor filosofenes egne rekker, og han er viktig fordi endel liberalister bygger sin begrunnelse for frihet på hans ideer. Av alle disse grunnene er det viktig for oss å kjenne til Karl Poppers ideer.

Poppers viktigste ideer er som følger:
*Det finnes ingen induksjon
*Det som skiller videnskap fra pseudo-videnskap er evnen til å bli
    falsifisert: videnskap kan falsifiseres, pseudo-videnskap kan
    ikke falsifiseres
*Det finnes ingen teori-nøytrale observasjoner
*Verden kan deles inn i tre: 1) Fakta, 2) Det som skjer i bevisstheten, og
    3) Det som er resultater av det som skjer i bevisstheten
*Markeder bør være uten offentlig styring – samfunnet bør være åpent,
    dvs. ha demokrati og ytringsfrihet
*Skeptisisme er eneste vei til frihet; sikkerhet fører til tvang

Jeg skal si litt om disse punktene. Dessuten skal jeg si litt om Poppers etikk, litt om hans etterfølgere Kuhn og Feyerabend, og som avslutning vil jeg si noen få ord om Popper som menneske.

Bakgrunn
Først noen ord om hans bakgrunn. Han ble født i Wien 1902 og han døde i 1994. Han vokste opp i Østerrike, et meget viktig intellektuelt sentrum på denne tiden: her var Hayek, Ludwig von Mises og hans bror Richard von Mises, Wittgenstein, her var viktige positivister som Schlick, Carnap og Hempel. Popper ble også kjent med ideene til Freud, Marx og Einstein, og selv om Freuds og Marx' ideer dominerte praktisk talt alle andre intellektuelle på denne tiden, ble Popper hverken

freudianer eller marxist. Riktignok var han en kort periode marxistisk sosialist, men han kom raskt ut av dette. Han bevarte allikevel lenge stor respekt for Marx og hans visjon.

Under den annen verdenskrig var Popper professor i New Zealand, og etter krigen var han ved London School of Economics, hvor han var til han døde.

Induksjon
Popper hevder å ha løst det klassiske induksjonsproblemet. Hva er induksjon? Induksjon er en slutningsform som innebærer at man oppnår pålitelig/sikker kunnskap om *alle* tilfeller fra observasjon av *noen* tilfeller. For eksempel observerer man at noen mennesker dør, og man induserer, dvs. slutter som en sikker konklusjon, at «alle mennesker er dødelige» – altså at alle er dødelige selv om man ikke har observert at alle mennesker har dødd. Man observerer at noen svaner – alle de man har observert – er hvite, og slutter at alle svaner som finnes, også de man ennå ikke har observert, er hvite. Problemet består i følgende: hvordan kan man vite noe om *alle* dersom man bare har observert *noen* tilfeller? Humes løsning er vel idag den som er mest akseptert i filosofiske miljøer: det finnes ingen induksjon. Det som skjer er at når vi observerer samme ting mange ganger så får vi en vane om at slik er det: At solen står opp imorgen er ikke sikkert, sier Hume, men siden det har skjedd hver morgen hittil er vi blitt vant til det, og derfor tror vi – derfor er vi overbevist om – at den vil stå opp i morgen. Men vi kan ikke ifølge Hume slutte med sikkerhet at solen står opp imorgen. Tilsvarende, når alle svaner vi observerer er hvite, får vi en vane som sier at alle svaner er hvite. Det finnes altså ingen induksjon, vi danner oss vaner, sier Hume, og Hume var ifølge Popper «one of the most rational minds of all ages» (sitert i Dykes, s. 6).

Poppers løsning på induksjonsproblemet er en vri på Humes løsning: det finnes ingen induksjon, sier han, induksjon er en myte. Poppers ord:

«Thus, there is no induction: we never argue from facts to theories...» (Popper 1992, s. 86). Et annet sted sier han at «there is no rule of inductive inference – inference leading

> to theories or universal laws – ever proposed which can be
> taken seriously even for a minute» (sitert i Dykes, s. 7).

Man foretar altså overhodet ikke induktive slutninger, sier Popper. Dette er Poppers løsning på induksjonsproblemet: det finnes ingen induksjon. Hans egne ord:

> «I believed that I had solved the problem of induction by
> the simple discovery that induction by repetition did not
> exist» (sitert i Dykes, s. 6).

Hva er det da man ifølge Popper gjør når man tror man trekker konklusjoner på basis av erfaring? I utgangspunktet gjetter man på hypoteser eller dogmer eller myter på alle mulig områder, og så gjendriver man eventuelt disse ved tester eller ved nye oppdagelser eller ved nye forsøk.

La oss se på et eksempel på en gjetning: Månen er laget av grønn ost. Så reiser man til månen, og finner ut at den ikke er laget av grønn ost – og hypotesen er falsifisert! Er det useriøst av meg å bruke dette eksempelet? Popper sier:

> «...How do we jump from an observation statement to a
> good theory? But to this the answer is: by jumping first to
> *any* theory and then testing it, to find out whether it is good or
> not, ... (Popper 1984, s. 55, uthevelsen er Poppers).

Teorien om at månen er en grønn ost ble altså falsifisert først i 1969. La oss se på enda et eksempel: La oss gjette at tunge ting faller ned hvis de slippes. Så følger man med når tunge ting slippes og man ser at de alltid faller. Og da er denne hypotesen ikke falsifisert.

Poppers syn er dette: alle teorier er dannet på basis av gjetninger. «Newton's theory [om sammenhengen mellom kraft, masse og bevegelse, og anvendelsen av dette på planetenes bevegelser] is no more than a marvellous conjecture, an astonishly good approximation, unique indeed...» (Popper 1984, s. 94). Og denne teorien ble falsifisert da man begynte å teste bevegelse ved høye hastigheter i det tyvende århundre.

Mer om falsifisering kommer senere, men Poppers syn er altså at man gjetter på ulike hypoteser, tester dem, og de som er gale vil over tid bli falsifisert og forkastet. Popper sier at

> «My thesis is that what we call "science" is differentiated from the older myths not by being something distinct from a myth, but by being accompanied by a second-order tradition – that of critically discussing the myth» (Popper 1984, s. 127). «Scientific theories are not just the results of observations. They are, in the main, the products of myth-making and of tests. Tests proceed partly by way of observation, and observation is thus very important; but its function is not that of producing theories. It plays its role in rejecting, eliminating, and criticizing theories...» (Popper 1984, s. 128).

Altså, Popper sier at observasjon ikke benyttes når man danner teorier, observasjon kommer kun til anvendelse når man forsøker å forkaste teoriene. I løpet av denne prosessen vil man etterhvert stå tilbake med hypoteser som er mer og mer i overensstemmelse med fakta. Men man kan aldri være sikker; all kunnskap – alle ennå-ikke-falsifiserte hypoteser – kan kullkastes når som helst. Man må derfor ha ydmykhet overfor nye oppdagelser og ny kunnskap, og alltid være forberedt på å forandre alt man tror at man vet.

Dette leder til det meget utbredte syn at teorier ikke kan bevises, de kan kun motbevises. Teorien om at alle mennesker er dødelige er altså ikke bevist. Den er ikke falsifisert, men den er heller ikke, og kan heller ikke, ifølge Popper, bevises, fordi ingen teorier kan ifølge Popper bevises.

Induksjonsproblemet har vært et filosofisk problem i mange hundre år, og det har vel ennå ikke fått sin fullstendige formelle løsning, det mangler fortsatt slike ting som en fullstendig beskrivelse av videnskapelig teoridannelse. Men selvsagt finnes induksjon, og selvsagt er indusert kunnskap sikker dersom man følger de metodene som er utviklet; oppsummert i Mills metoder, og dessuten tar hensyn til noen meget viktige poenger som Objektivismen legger stor vekt på: *identitet, kontekst* og *integrasjon*.

Induktive slutninger er sikre fordi de er basert på at alt som eksisterer er noe bestemt, at ting er det de er, at de har identitet. Og siden ting har identitet vil hver ting oppføre seg på bestemte måter. Er månen en grønn ost? Det man må gjøre for å finne ut hva månen består av er omtrent følgende: Månen er en planet (egentlig en drabant) – er det rimelig å anta at en slik er laget av ost? Nei, planeter består av de samme materialene fordi de ble dannet på samme måte på omtrent samme tid. Vi kjenner én planet ganske godt, og den er laget av stort sett stein, jord og vann (hydrogen, oksygen). Derfor kan vi slutte at planetene for det meste består av det samme. Så kommer andre fakta inn i bildet: temperatur, som avhenger av avstand til solen, atmosfære, osv. Dette er planeters identitet. Og hvis man skal lage en teori om hva planeter er laget av, må man basere seg på slike fakta. Vil solen stå opp i morgen? Solen er en stjerne og man han funnet ut at den vil stråle i ca 4,5 mrd år til. Grunnen til at den «står opp» hver morgen er at jorden roterer med en omdreining på ca 24 timer, og skal solen ikke stå opp må jordens rotasjon stanses. Siden jorden har så stor masse må det en meget stor kraft til, og siden det ikke er noe som tyder på at det vil komme en slik kraft og stanse jorden, kan man være sikker på at solen vil stå opp i morgen.

Mennesket er dødelig: man observerer at alle levende ting lever i begrensede perioder, at de etterhvert blir utslitt og forfaller, dvs. man observerer at alt som lever eldes og dør. Hvorfor skulle mennesket være annerledes? Derfor, hvis man tar hensyn til alle relevante fakta, så kan man slutte at alle mennesker er dødelige, og dette er en sikker slutning – på basis av den kunnskap vi nå har.

Argumenter som disse må i videnskapelige sammenhenger fremstilles i langt større detalj enn jeg har gjort her, men metoden skulle fra disse tre eksemplene være klar: man undersøker relevante fakta og trekker slutninger på basis av disse.

Dette var litt om det viktige poenget identitet. Så til det andre momentet: kontekst. Enhver slutning kan kun baseres på de fakta man allerede har – og slutninger er sikre i den konteksten man er i. Kontekst er «the sum of cognitive elements conditioning an item of knowledge». Ny kunnskap oppdages alltid, og da må man iblant måtte revidere sin konklusjon, men dette betyr ikke at den gamle kunnskapen var ugyldig eller at den gamle konklusjonen var feil, det det betyr er at den kun gjaldt i en mer snever kontekst, og at den nye kunnskapen gjelder i en større kontekst.

Et annet viktig poeng er integrasjon: all ny informasjon må, for å kunne kvalifisere som kunnskap, integreres motsigelsesfritt med den kunnskap man allerede har. La oss se på et eksempel: Dersom man observerer mange svaner og ser at alle er hvite, kan man allikevel ikke slutte at alle svaner er hvite, fordi vår øvrige kunnskap sier at dyr av samme art godt kan ha forskjellig farge. Dersom man integrerer den kunnskap man fikk ved observasjon av kun hvite svaner med denne kunnskapen, ser man lett at man ikke kan slutte at alle svaner er hvite.

Newtons lover
Poppers syn om at det ikke finnes induksjon har stor innflydelse innen teori, dvs. innen videnskapsteori *i teori* i andre fag. Alle videnskapsmenn har hørt om dette, mange sier at de er enige (for eksempel var ifølge Popper både Galilei og Einstein av samme oppfatning som Popper), men de er selvsagt ikke enige i praksis. Det videnskapsmenn gjør i praksis er å foreta observasjoner, og så danner de teorier på basis av det de har observert. Det er dette som er induksjon. Deretter tester de implikasjoner av de teoriene de har laget for å undersøke om teorien stemmer med nye fakta. Det er slik videnskapsmenn arbeider.

Dette beskrives idag av enkelte som hypotetisk-deduktiv-metode (kjent ved forkortelsen HDM), og med hypotese menes her «gjetning». Men hypotesene som videnskapsmenn benytter er ikke resultat av gjetning, de er resultat av induksjon. Popper bruker riktignok «conjecture» og ikke «guess», men begge er i norske ordbøker oversatt til «gjetninger». Hva er så gjetninger? Gjetninger er – i mangel av et bedre ord – fantasi-slutninger man trekker når man ikke har noen/nok fakta å basere seg på. Oxford English Dictionary sier at en «conjecture» er «an opinion formed on slight or defective evidence or none, an opinion without proof, a guess».

Eksempler på en virkelig gjetning: Hvis jeg spør dere om hva har jeg nå i min lomme, så må dere gjette – er det en mynt, en lommekniv, en hyssing, et nøkkelknippe? Dere har ingen kunnskap om dette, og hvis dere skal svare må dere gjette. Hva slags vær blir det 17. mai – regn eller opphold? Idag, 23. november, har man ingen mulighet til å si noe om dette fordi man ikke har noen fakta å basere seg på (meteorologer har endel fakta noen dager i forveien), og hvis man svarer, så gjetter man. Det er dette gjetning eller «conjecture» egentlig er: å foreta en «conjecture» er å danne en slutning uten å ha (nok) fakta å basere den på. Men har man fakta, og baserer sin slutning på disse, så er det ikke en gjetning man foretar.

Sherlock Holmes sa engang noen kloke ord om gjetning: Han ble spurt av dr. Watson om han gjettet. Og en indignert Holmes svarte at «No no: I never guess. It is a shocking habit – destructive to the logical faculty» (Conan Doyle, s. 130.)

Alle bruker induksjon, enten de vil eller ikke. At man blir mett av å spise når man er sulten, at man blir skadet når man går ut foran en bil i full fart, at man holder varmen ved å kle seg godt når det er kaldt – alt dette er induserte slutninger. Alle bruker induksjon, så når Popper sier at «induction by repetition do not exist», så er dette direkte feil. Men så kan man spørre om de induserte konklusjonene er sikre? Jeg vil si Ja – dersom man tar hensyn til alle relevante fakta, og også tar hensyn til kontekst og integrasjon når man trekker slutningen. Feilen – eller en av feilene – Popper gjorde var at han ikke tok hensyn til disse viktige poengene.

Induksjon gir sikker kunnskap – men sikkerhet må altså forståes kontekstuelt. Dessuten må man skille mellom «sikker» og «allvitende». Man er sikker dersom man i en kontekst tar hensyn til alle relevante fakta og baserer sin slutning logisk på disse, men allvitende blir man selvsagt aldri.

Alle bruker induksjon – det er helt feil av Popper å beskrive det man gjør som gjetninger. Ett avslutningspoeng i denne seksjonen: Hvordan kom Popper frem til sin teori? Ved å observere hvordan teorier ble dannet, og ved så å trekke en slutning på basis av disse. Popper kom altså til sin teori om at induksjon ikke finnes ved å bruke induksjon. Men siden han utelot endel relevante fakta, ble konklusjonen feil.

Vi kan trekke en parallell her. Hume hevdet at det ikke finnes noen årsakslov, men han var allikevel klar over at folk trodde på årsaksloven. Så forsøke han å finne årsaken til dette. Men hvis han virkelig hadde ment at det ikke finnes noen årsakslover, ville han da ha forsøkt å finne årsaken til at folk trodde på dem?

Induksjon henger nært sammen med prinsippet om at alt har identitet. Identitet – at alt som eksisterer er noe bestemt – er et aksiom;

man kan ikke komme utenom det, alle benytter det, også de som forsøker å benekte det. Siden årsaksloven er et korollar av identitetsloven, kan man heller ikke komme utenom den. Og induksjon er kun en aksept av årsaksloven.

La meg gå litt dypere inn på dette: Det Objektivistiske synet er at all kunnskap i utgangspunktet kommer fra induksjon (unntatt fra dette er de grunnleggende aksiomene – at noe eksisterer, at mennesket har bevissthet, at ting har identitet – som er identifiseringer av opplagte fakta, og de er selvinnlysende, «self-evident»). Vi induserer altså at gress – alt gress, også det vi ikke har sett – er grønt, at sne – også den sneen som vil falle neste vinter – er hvit, osv.

Men Popper sier faktisk at han ikke har problemer med denne type kunnskap, han vil være enig i at utsagnet «gress er grønt» er en sann og sikker påstand. Han skiller nemlig mellom «knowledge» og «scientific knowledge». Han har ingen problemer med «knowledge»: han er enig i at vi vet at sneen er hvit og at gresset er grønt. Men det er «scientific knowledge» som er «conjectural»: for eksempel at de planter/dyr som finnes nå har utviklet seg i store trekk slik evolusjonsteorien beskriver, at lys bøyes av stjerners gravitasjonsfelt, at menneskekroppen må ha vitaminer og mineraler for å fungere – alt dette er videnskap, og er «conjectural», sier Popper. Han sier: ... «[it is a] mistaken assumption that scientific knowledge is a species of knowledge...» (Popper 1992, s. 110). «Vanlig» kunnskap og videnskapelig kunnskap tilhører altså ifølge Popper forskjellige kunnskapskategorier.

Hva er problemet her – og hva er løsningen? Han er enig i at identifiseringer av det vi direkte kan observere er kunnskap: det regner nå, gresset er grønt. Men viten om fakta vi ikke direkte kan observere er ikke samme type kunnskap; vi kan ikke direkte observere for eksempel hvordan evolusjonen har skjedd, evolusjonen er ikke et objekt vi kan direkte observere. Løsningen på Poppers problem ligger i det Objektivistiske syn på bevisstheten, og i Objektivistisk begrepsteori.

Objektivismen sier at bevisstheten fungerer på to nivåer (utover «sensations»-nivået): det perseptuelle nivå og det konseptuelle nivå. Det perseptuelle nivå består i direkte observasjon av de objekter og deres egenskaper («objekt» her omfatter også slike ting som lyder). Det konseptuelle, begrepsmessige, nivå, benytter og inneholder abstraksjoner fra det som direkte observeres.

Popper har ingen problemer med det perseptuelle nivå – det finnes fakta som vi direkte observerer, og vi har derfor kunnskap av typen «gress er grønt». Men han er ikke enig i at det som finnes på det konseptuelle nivå er kunnskap med samme status: vi kan ikke direkte observere at evolusjonsteorien er sann på samme måte som vi observerer at det er sant at gress er grønt.

For at informasjon på det konseptuelle nivå skal være like virkelighetsforankret og like sikker som informasjon på det perseptuelle nivå, må man følge en begrepsteori hvor abstrakte begreper (begreper som ikke har observerbare referenter) er objektive, dvs. logisk dannet med utgangspunkt i det som er observerbart. Poppers problem her er at han ikke benytter noen slik begrepsteori.

Hva slags begrepsteori bygger Popper på? Popper gjengir et sted Humes begrepsteori, og det er tydelig at han er enig: «To have a meaning, a word must stand for an "idea", that is to say, for a perception, or the memory of a perception....» (Popper 1984, s. 171). Altså er begreper ifølge Popper og Hume kun gyldige dersom de har perseptuelle, dvs. direkte observerbare, referenter. Begreper som ikke har perseptuelle referenter – så som for eksempel «samfunn», «politikk», «årsakslov» er ikke gyldige, dvs. de har ingen mening.

Popper sier: «observations are always concrete, while theory is abstract. ... we can never – I repeat never – observe anything like Newtonian forces.» (Popper 1984, s. 186). Det er riktig at vi ikke kan direkte observere den type krefter Popper snakker om her – f.eks. gravitasjonskraften, som holder månen i bane rundt jorden – men vi kan utlede dem logisk fra det som vi kan observere.

Løsningen her er den Objektivistske begrepsteorien, som som nevnt forankrer alle begreper, også abstrakte begreper, i det som observeres, og som viser at det er en objektiv basis for selv de mest abstrakte begreper. Det Objektivistiske syn er at «scientific knowledge» er en form for «knowledge», fordi videnskapelig kunnskap er dannet på basis av, og logisk utledet av, observasjon.

Som dere vet beskrev Ayn Rand iblant enkelte personer med sterke uttrykk som «enemies of man's mind», og enkelte hadde også ifølge henne «a perceptual-level mentality». Disse sitatene fra Popper viser hva hun sikter til – det folk om Popper og Hume fundamentalt sett gjør er å benekte at abstrakt tenkning er forankret/kan forankres i virkeligheten. Og grunnen til at de gjør dette er at de ikke har en begrepsteori som forankrer abstrakte begreper i konkreter.

Falsifisering
Intimt sammen med Poppers benektelse av induksjon hører hans falsifiseringsprinsipp. Popper kontrasterte Freuds og Marx' teorier med Einsteins teorier: Einsteins teorier førte til bestemte prediksjoner: noe helt spesifikt vil skje, og intet annet. Lys fra en stjerne bak solen kan sees fra jorden under en solformørkelse fordi lysstrålen blir avbøyet av solens gravitasjonsfelt. Einsteins prediksjon ble bekreftet i Eddingtons berømte eksperiment i 1919.

Marx/Freud derimot, eller egentlig deres tilhengere, fremmet egentlig ikke bestemte prediksjoner. Marx hevdet at revolusjonære forandringer kommer nedenfra: først endres produksjonsforhold, så endres sosiale forhold, så endres politisk makt, og til slutt vil den dominerende ideologien i samfunnet bli endret. Men i forbindelse med den russiske revolusjon skjedde disse tingene ifølge Popper i motsatt rekkefølge: det var den politiske makten som endret seg først, så ble ideologien endret, og som følge av den ble det endringer i sosiale forhold og til slutt ble produksjonsforholdene endret. Det som skjedde var en forandring ovenfra og ned, en rekkefølge som ifølge Popper var stikk i strid med det Marx hadde spådd (Popper 1992, s. 43). Fikk dette marxister til å forkaste teorien? Nei, de fant bortforklaringer. Slik kunne marxismen bringes i overensstemmelse med enhver utvikling. Tilsvarende med Freud (jeg bruker et forenklet eksempel): Freud hevder at alle sønner elsker sin mor og er sjalu på sin far, dette er det såkalte Ødipuskomplekset. Elsket man sin mor hadde man et Ødipuskompleks, men hvis man ikke gjorde dette hadde Freud også en forklaring: hvis man hatet sin mor hadde man fortrengt sitt Øidipuskompleks, og begge muligheter var i fullt samsvar med Freuds teori. Freuds og Marx´ teorier hevder altså å kunne forklare alt som skjer, og dette er ifølge Popper noe som en vidsnskapelig teori ikke kan.

I Poppers terminologi blir dette formulert slik: Einsteins teori kan falsifiseres, Freuds og Marx' teorier kan ikke falsifiseres; og dette lager Popper om til et kriterium som skal skille vidsnskap fra pseudo-videnskap: Videnskap kan falsifiseres, pseudo-videnskap (som for eksempel Freud og Marx) kan ikke falsifiseres. Falsifikasjonskriteriet blir for Popper et demarkasjonskriterium som skiller videnskap fra ikke-videnskap.

Man må her være oppmerksom på at også induksjon er et demarkasjonskriterium: Det vanlige synet var at videnskap blir indusert, mens ikke-videnskap ikke er indusert. Newton observerte legemers bevegelse, og induserte de lovene som nå er oppkalt etter ham, og som perfekt beskriver legemers bevegelse ved små hastigheter. Med for eksempel religioner er det annerledes: Gud skapte verden på seks dager, sendte sin sønn for å gå på vannet og mette 5000 med tre fisker og så stå opp fra de døde – dette er ikke en indusert forestilling, det er fri fantasi og oppspinn. Så: videnskap blir indusert, ikke-videnskap blir ikke indusert. Men hva er det som skiller videnskap fra ikke-videnskap dersom induksjon ikke finnes? Og det er her Popper kommer med sitt kriterium: falsifisering.

At falsifisering er det som skiller videnskap fra pseudo-videnskap er et poeng som er meget enkelt å forstå, og i alle fag på universitetene hvor man får korte innføringer i videnskapsteori setter dette poenget seg fast i alle studentenes hoder. Dette poenget er meget utbredt, og praktisk talt alle akademikere (unntatt seriøse filosofer og folk som tenker rasjonelt) deler dette synet. Det legger dog i liten grad hindringer i veien for forskernes arbeid, så vidt jeg kan bedømme. Men som et reellt skille mellom videnskap og ikke-videnskap er dette kriteriet ubrukelig: dette kriteriet sier for eksempel at darwinismen ikke er en videnskap (teorien om at «noen ganger forekommer mutasjoner» kan ikke falsifiseres). Heller ikke er matematikk eller logikk falsifiserbare, og de er derfor ifølge Popper ikke videnskaper. Kan kristendommen falsifiseres? Nei – den er da heller ikke videnskap.

Popper klassifiserer altså både darwinisme, kristendom, logikk og matematikk som ikke-videnskap. Det Poppers kriterium egentlig gjør er ikke å skille videnskap fra ikke-videnskap, det hans kriterium gjør er å skille ut fag hvor man kan foreta eksperimenter og hvor hvert eksperiment kun har ett mulig resultat, og kriteriet sier at kun disse er videnskap. Men eksperimenter med kun ett mulig resultat kan man jo ikke gjøre i alle fag. Man kan ikke si at kun fag hvor man kan foreta eksperimenter er videnskap, de andre ikke. Og da er Poppers skille ubrukelig.

Denne kritikken er selvsagt ikke original med meg eller Objektivismen, den har vært kjent lenge. Men det ser ut som om den er helt ukjent for alle de som får et ti sekunder kurs i videnskapsfilosofi som en del av sine studier på et universitet.

Et viktig poeng her: Selv om filosofer ikke setter Popper høyt, så er han viktig allikevel. Forskere som arbeider innenfor andre fag kjenner hans teorier, og alle «vet» at falsifisering er det som skiller videnskap fra ikke-videnskap. Også biologer er kjent med dette. De vet at drawinismen ikke kan falsifiseres, og de vet at kreasjonismen (teorien om at Gud skapte verden på seks dager) ikke kan falsifiseres – darwinisme og kreasjonisme er således likeverdige som videnskapelige teorier, ifølge Poppers teori. Dette er etter mitt syn hovedgrunnen til at biologer ikke har vært gode til å argumentere mot og bekjempe kreasjonismen, som i de siste tiår har kommet inn i naturfagpensum på skoler mange steder i USA.

Popper innrømmet at dersom en «conjecture» er bekreftet svært mange ganger, så kan det skje at dens «tentativeness may cease to be obvious» (sitert i Dykes, s. 19), men hans teori sier rett ut at sanne videnskapelige teorier (som for eksempel Harveys teori om blodomløpet, eller Kopernikus' teori om planeters bevegelse) fortsatt er hypoteser eller gjetninger. Popper holdt altså fast på kriteriet om at all videnskap bestod av «conjectures» og at falsifisering var det kriterium som skilte videnskap fra pseudo-videnskap. Han sier i *Unended Quest* (Popper 1992, s. 79): «....scientific theories, if they are not falsified, for ever remain hypotheses or conjectures». Og i *Conjectures and Refutations*: «...all laws, all theories, remain essentially tentative, or conjectural, or hypothetical, even when we feel unable to doubt them any longer» (Popper 1984, s. 51).

Det som er korrekt er at Harveys og Kopernikus' teorier kan falsifiseres, men det de sier er ikke gjetninger; Darwins teori er videnskap, men den er ikke falsifiserbar. Om darwinismen skrev Popper at den har «very little content and very little explanatory power, and is therefore far from satisfactory...» (sitert i Dykes, s. 25), og han sa at «I have come to the conclusion that Darwinism is not a testable scientific theory, but a Metaphysical research programme» (sitert i Dykes, s. 19).

Og her må man huske på hva metafysikk er for denne skolen filosofer som Popper hører hjemme i: det er nærmest virkelighetsfjern spekulasjon. Popper sier også at metafysikk er det samme som pseudovidenskap: «...pseudo-science or ... metaphysics- ...» (Popper 1984, s. 33)

Så når darwinismen ikke er falsifiserbar, da bør man ikke slutte at darwinismen ikke er videnskap, det man bør slutte er selvsagt at falsifisering ikke er et brukbart kriterium for å skille videnskap fra sprøyt.

Litt om metafysikk

For Aristoteles er metafysikk det fag som studerer «væren qua væren», dvs. metafysikk er den gren av filosofien som studerer fundamentale egenskaper ved virkeligheten: eksistens, identitet, årsakslov. Ifølge Objektivismen er dette et meget lite emne; «kun ett aksiom med dets koollarer» sier Leonard Peikoff (Peikoff, s. 6). Men Kant hevdet at det er prinsipielt umulig å oppnå kunnskap om virkeligheten, og etter Kant er derfor metafysikk blitt synonymt med spekulasjon (bokhandler har ofte en seksjon kalt metafysikk, og der finner man bøker om religion, astrologi, overnaturlige fenomener, newage, etc.). Positivismen, som er Poppers utgangspunkt, hevdet at metafysikk er nonsens, eller tull: Carnap (en av Poppers umiddelbare forgjengere og meningsmotstandere) hevdet at skillet mellom videnskap og metafysikk var det samme som skillet mellom «sense and nonsense» (Popper 1984, s. 253).

Forgjengerne mente dog at med induksjon dannet man «sense», og «nonsense» var dannet på basis av ikke-induksjon (Popper 1984, s. 56). Men så sier altså Popper at induksjon også gir opphav til nonsense: som eksempler gir han astrologi og kjerringråd. Astrologi og kjerringråd er resultat av induksjon, påstår Popper. Derfor gir ikke induksjon et skille mellom sense og nonsense – et annet kriterium må til. Og her kommer da Popper med sitt skille: falsifisering. Men dette medfører også at skillet mellom videnskap og nonsens ikke blir det samme som skillet mellom videnskap og (det positivistiske syn på) metafysikk.

Popper hevder altså at det finnes ting som må klassifiseres som metafysikk selv om det ikke er meningsløst. Det er altså ifølge Popper ikke noe galt eller mindreverdig for et fag å ikke være en videnskap, det er da bare ikke en videnskap.

Det korrekte utgangspunkt for enhver videnskap, inkludert metafysikk, er selvsagt systematisk observasjon av fakta, korrekt begrepsdannelse, sammensetning av abstraksjoner fra observasjonene i teorier, innsamling av flere fakta, og testing av teoriene mot fakta. Dette er med andre ord induksjon og deduksjon. Man må hele tiden være oppmerksom på nye fakta, og evt. integrere dem i teoriene. Gjør man dette vil de slutningene/teoriene man da kommer frem til være kontekstuelt sikre. Og det er selvsagt slik seriøse forskere arbeider.

Grunnen til at marxisme og astrologi ikke er videnskaper er at det svikter her – disse teoriene er ikke indusert fra fakta. Og Freuds filosofiske basis er for irrasjonell til å bli tatt på alvor.

Teorinøytrale observasjoner
Vi vil si at det vi observerer er fakta. At det nå står et glass vann foran meg, det er et faktum. Og jeg tror at Popper vil være enig i dette, selv om han en gang skrev at «The statement, "Here is a glass of water", cannot be (completely) verified by any sense-experience...» (Popper 1984, s. 119).

Men observasjoner er noe mer problematisk enn dette – det er ikke slik at vi kan si at vi uten videre observerer og ser/hører etc. det som er/eksisterer.

Først Poppers syn. Det finnes ingen teorinøytrale observasjoner (dette er det vanlige norske uttrykket), sier Popper. Hans ord: «there is no such thing as an unprejudiced observation» (sitert i Dykes, s. 17). Popper syn her er nesten riktig. Skal man observere, må man ha «en retning å gå i». Jeg kan for eksempel ikke bare be dere her og nå om å observere og så deretter forvente at dere i utgangspunktet ville beskrive det samme. Hva skal dere i så fall observere? En som er interessert i malerier vil bli ledet i en retning, en som er interessert i psykologi vil bli ledet i en annen retning, en som er interessert i klesmoter vil bli ledet i en annen retning og bli svært skuffet, osv.

Det som er korrekt er at også observasjoner skjer i en kontekst – når man foretar en observasjon har man med seg sin kontekst: en som er mest interessert i malerier ville her fokusert sin observasjon om maleriene, en som er mest interesser i moter ville fokusert sin oppmerksomhet om de klærne dere har på, osv. Man blir ledet av den interesse og dermed den kontekst man har.

Men det er feil av Popper å bruke det ordet han gjør – «prejudiced» – for dette ordet konnoterer noe negativt og upassende. Slik er det absolutt ikke, det man må kjenne til er kontekst – mht. observasjon betyr dette at man må være oppmerksom på at enhver observatør bringer med seg sin egen kontekst, en kontekst som det kan være vanskelig, men ikke umulig, å slippe løs fra. For eksempel vil det ikke være motstrid mellom observasjonene som den kunstinteresserte gjør og de observasjoner som den moteinteresserte gjør – og de observasjonene den ene foretar vil også kunne foretaes av den andre. Det som er korrekt er at når man skaffer seg ny kunnskap, så vil det man observerer/tar til seg være påvirket av den konteksten man allerede har.

Men svaret her er ikke å gjøre som Popper og nedvurdere observasjon; svaret er å si at det er – bør være – en stadig samvirkning mellom observasjon og teori, og at man hele tiden må sjekke teorier mot virkeligheten.

Dessuten, det er ikke sant at *alle* observasjoner er teoriladet – vi kan direkte observere at det eksisterer noe, og dette er ikke teoriladet. Så aksiomet om eksistens er ikke teoriladet (tilsvarende gjelder for aksiomene bevissthet og identitet).

La meg si litt mer om observasjoner: det vi gjør er å observere i utgangspunktet gjenstander som eksisterer uavhengig omkring oss disse har identitet, og virkeligheten er derfor lovmessig. Vi observerer noe som eksisterer uavhengig av oss, vi observerer en lovmessig virkelighet. Men dette var ikke Kants syn, og Popper er enig med Kant. Sitat fra Popper:

> «Kant was right that it is our intellect which imposes its laws –
> its ideas, its rules – upon the inarticulate mass of our
> "sensations" and thereby brings order to them. Where he was
> wrong is that he did not see that we rarely succeed with our
> impositions» (sitert i Dykes, s. 8).

Altså: Kant sier at det er vår bevissthet som gjør at det vi observerer ser lovmessig ut, mens Popper sier at bevissthetens forsøk på å få virkeligheten til å se lovmessig ut, «sjelden lykkes».

Popper sier altså her at det vi observerer ikke er lovmessig, og dette er selvsagt i samsvar med hans syn på induksjon.

Tre verdener
Popper sier at det er praktisk å dele virkeligheten inn i tre: 1) Den fysiske verden, det vi observerer, 2) Bevisstheten, dvs. alle mentale prosesser og hendelser, og 3) Bevissthetens resultater eller produkter, og som Popper kaller «objektiv kunnskap». Popper utviklet denne teorien tidlig i sin karriere, og beskrev den en rekke ganger. Her fra hans selvbiografi: «If we call the world of ... physical objects ... the first world, and the world of subjective experiences ... the second world, we may call the world of statements in themselves the third world, (I now prefer to call these "world1", "world2" and "world3")».

Verden3 er både autonom og menneskeskapt, sier Popper, den inneholder således bøker, redskaper, institusjoner, kunstverker. Men egentlig mener han vel den informasjon som er lagret i kode i disse objektene.

En grunn til at han sier at menneskeskapte teorier er en egen verden er at vi kan gå på oppdagelsesferd i den. Vi har for eksempel laget de naturlige tallene og regneoperasjonene, men i dette tallsystemet oppdager vi ting som primtall og at det ikke finnes noe største primtall, vi oppdager Fermats teorem, osv. – vi oppdager ting som var ukjente for oss da vi laget tallsystemet.

Dette er slik jeg ser det både en harmløs og en poengløs teori. Men la meg allikevel si noen få ord: Popper selv antyder et sted at det muligens finnes verden4 og verden5: bestående av kunstverker og institusjoner. Man hvorfor stanse der: hva med verden6 bestående av dyrs bevissthet – den er jo fundamentalt forskjellig fra menneskers bevissthet. Og handel er jo fundamentalt forskjellig fra alt annet – handel er da verden7! Osv. ad infinitum.

Jeg slutter meg til John Searle, som sa at «Vi lever i én verden, ikke i to eller tre eller syv og tyve». Poppers oppdeling av verden er så vidt jeg kan se en helt unødvendig teori.

Poppers forsvar for det frie marked
Både når det gjelder kunnskap og når det gjelder politikk må vi gjøre det samme, sier Popper, vi må flikke. Men det er feil hvis Popper med

dette mener at vi må flikke på alle nivåer av teorien. Fundamentale prinsipper, som at rasjonell egoisme er det eneste moralske og at samfunns organisering må baseres på respekt for individers rettigheter, er fullt ut begrunnet og må ligge fast. Men på mer derivative felter må vi hele tiden tilpasse våre teorier i overensstemmelse med ny kunnskap (for eksempel hvordan implementerer man copyright på internett?).

Faste holdninger – her er det kanskje bedre å si fastlåste holdninger – hindrer en i å finne/ta til seg nye fakta. Dette gjelder også i vare- og tjenesteproduksjon, dvs. næringslivets planer må hele tiden forandres i overensstemmelse med det som skjer i virkeligheten, for eksempel i samsvar med kundenes etterspørsel som kan endre seg fra dag til dag, og dette er umulig dersom man har statlig styring med økonomien.

Staten, når den skal styre økonomien, legger i praksis faste langtidsplaner, og disse kan ikke tillempes og forandres på kort tid for å ta hensyn til nye fakta. Skal man tilfredsstille kundene, må man ha mulighet til kontinuerlig å skifte ut planene, og derfor er statsdirigering av økonomien etter det som kalles Øst-Europeisk modell, umulig. Dette er Poppers begrunnelse for hvorfor en fri markedsøkonomi er ønskelig. Til tross for dette var Popper tilhenger av velferdsstaten og at staten skulle blande seg inn i økonomien – han var langt ifra noen tilhenger av laissez-faire, jeg har aldri sett ham si at initiering av tvang er umoralsk. Han var kun motstander av statsstyring av økonomien etter Øst-Europeisk modell, han var tilhenger av den type inngrep i økonomien som finnes i alle land i Vesten idag.

Men det argumentet som proliberalistiske Popper-tilhengere bruker er følgende (se for eksempel Ingemar Nordins artikkel: «Kunnskap och civilitsation»): Siden vi ikke har objektiv kunnskap – Nordin sier at vi ikke kan vite noe som helst – kan vi ikke ha objektiv kunnskap om rett og galt, og derfor er det galt å bruke tvang. Enkelte liberalister bruker altså dette argumentet for å støtte frihet. (Undertittelen på Nordins artikkkel er «Om hvorfor vi ikke kan vite noe og dettes etiske og politiske konsekvenser», og man kan da stille seg spørsmålet om hvilke implikasjoner det kan ha at vi ikke kan vite noe.)

Den vanlige oppfatning er at staten bruker tvang for å tvinge oss til å gjøre det som er rett og riktig, og for å hindre oss i å gjøre det som er galt. Derfor bruker staten tvang for å hindre oss i å stjele og bedra, den bruker tvang for å hindre oss i å bruke narkotika, den bruker tvang for å hindre oss i la være å gå på skole, den bruker tvang for å få oss til å hjelpe de svake, osv. Grunnen til at staten bruker tvang er at den (dens representanter) er sikre på at disse tingene objektivt sett er riktige eller gale: det er galt å stjele, det er galt å bruke narkotika, det er riktig å gå på skole, osv. Staten må bruke tvang for å få oss til å gjøre det som er riktig, og for å hindre oss i å gjøre det som er galt.

En tidlig versjon av dette argumentet kommer fra John Stuart Mill, som i sin klassiske *On Liberty* sier at «It is the duty of governments, and of individuals, to form the truest opinion they can, to form them carefully, and never impose them upon others unless they are quite sure of being right». Han fortsetter med å si at å la være å bruke tvang når man er sikker ikke er annet en feighet. Dvs. hvis man er sikker på at det er riktig å hjelpe de svake, så er det en plikt å bruke tvang for å få folk til å bidra – alt annet er feighet (Mill, s. 78).

Ifølge Mill – som ofte, og helt feilaktig, fremstilles som liberalist – kan man bruke tvang dersom man er sikker på at det man tvinger folk til er rett. Popper (egentlig Poppers liberalistiske tilhengere) forsøker å gjendrive denne begrunnelsen for tvang med å si at vi aldri kan være sikre på noe, og derfor er det galt å bruke tvang.

At vi aldri kan være sikre på noe – er dette en korrekt gjengivelse av Popper? Poppers egne ord.

> «The quest for certainty ... is mistaken ... though we may seek the truth ... we can never be quite certain that we have found it». «Precision and certainty are false ideals. They are impossible to attain therefore dangerously misleading». [Popper oppsummerte dette i følgende ofte siterte aforisme:] «We never know what we are talking about» (sitert i Dykes, s. 6).

Men det finnes et opplagt svar på dette – hvis man ikke kan være sikker på noe – kan man da være sikker på at det er galt å bruke tvang? Nei, selvsagt ikke. Jeg vil derfor påstå at hans forsvar for frihet er helt innholdsløst. Han begrunnelse for frihet er helt ubrukelig den vil ikke kunne overbevise noen. Og jeg må si at jeg overhodet ikke forstår de som bruker denne begrunnelsen.

Et annet poeng fra Popper om politikk: En innsiktsfull Popper-tilhenger skriver følgende i en artikkel som skal fremstille Poppers ideer for et politisk interessert publikum:

> «Popper er opptatt av toleransens paradoks: ubegrenset toleranse fører nødvendigvis til at toleransen blir borte. Hvis vi viser toleranse overfor de intolerante, hvis vi ikke er innstilt på å forsvare det tolerante samfunn mot angrepene fra de intolerante, så vil de som tror på toleransen bli utslettet – så også toleransen. Popper vil imidlertid ikke si at man alltid må hindre teorier som forkynner intoleransen å komme til uttrykk. Så lenge det er mulig å bekjempe disse med rasjonelle argumenter, ville det være galt å forby disse teoriene. Likevel må vi kreve rett til å forby dem om nødvendig, endog med makt. Det er nemlig mulig at de som forfekter disse teoriene, nekter å være med på diskusjonen, og at de besvarer argumentene med vold – enten med knyttneve eller våpen. I toleransens navn vil vi i et slikt tilfelle måtte kreve retten til ikke å tolerere intoleransen»
> (Thunem Herre, s. 15).

Det man først må gjøre for å forstå dette er å finne ut hva ordene betyr. Hva er toleranse? Ifølge Gyldendals fremmedordbok betyr det «fordragelighet overfor andres meninger». Toleranse betyr at man bør lytte med fordragelighet, altså med tålmodighet og respekt, til andres meninger, uansett hva de måtte være. Etter mitt syn er dette en holdning man ikke bør ha. Men det er muligens ikke dette som Popper og de som bruker ordet «toleranse» på denne måten mener, det de mener er sannsynligvis at også folk som har kontroversielle meninger bør ha rett til å ytre dem. Men dette poenget kan man enklere poengtere ved å si at individers rettigheter bør respekteres – og respekt for individers rettigheter innebærer full ytringsfrihet.

Respekt for individers rettigheter medfører selvsagt ingen aksept for kriminelle handlinger. Om for eksempel nazister, som slike diskusjoner om «toleranses problem» alltid handler om, begynner å handle på basis av sine ideer og begår kriminelle handlinger, så skal de settes i fengsel. Heller ikke her er det noen «toleransens problem» – folk som begår kriminelle handlinger skal settes i fengsel, punktum.

Grunnen til at diskusjoner om «toleransens problem» forekommer er at de som diskuterer dette er motstandere av prinsippet om individers rettigheter. De er tilhengere av initiering av tvang – de er for statlig styring av økonomien, de er tilhengere av tvungen skatt, etc. Derfor må disse på noe de fremstiller som demokratisk vis sette grenser for hvilken oppførsel som skal være tillatt, og disse grensene må være slik at de aksepterer den initiering av tvang som flertallet ønsker, men ikke den initiering av tvang som diverse mindretallsgrupper ønsker. Dette er selvsagt et uløselig problem hvis man ikke baserer seg på individers rettigheter. Et problem som det som beskrives i sitatet kan kun løses på en eneste måte: ved en aksept av individers rettigheter, som innebærer at alle meninger er det tillatt å ytre, men ingen krenkelse av individers rettigheter er tillatt.

Tilbake til definisjoner. Man må altså definere de begrepene man bruker. Mange vil si at definisjoner kan være nyttige, og at det kanskje vil være lurt å definere hva toleranse er. Men hva er Poppers syn på definisjoner?

> «Definitions do not play any very important part in science ... Our "scientific knowledge" .. remains entirely unaffected if we eliminate all definitions». «Definitions never give any factual knowledge about "nature" or about "the nature of things"». «Definitions are never really needed, and rarely of any use» (sitert i Dykes, s. 6).

Det kan være nyttig å kontrastere dette med det Objektivistiske syn på definisjoner: Definisjoner holder fast ords bestemte betydninger. Korrekte definisjoner gjør at det man tenker og ytrer har kontakt med virkeligheten, mao. definisjoner gjør at man vet hva man snakker om. Ayn Rand beskrev på følgende måte viktigheten av definisjoner: «Definitions are the guardians of rationality, the first line of defense against the chaos of mental disintegration» (Binswanger, s. 119). Dette er i skarp kontrast med Poppers syn, som altså er at definisjoner er helt unyttige.

Etikk

Hva er sammenhengen mellom verdier og fakta? Dette er et svært viktig etisk spørsmål. Popper sier at «values enter the world with life», og dette er i samsvar med det Objektivistiske synet. Men han ødelegger alt for seg når han videre sier at det er «two sorts of values: values created by life, by unconscious problems, and values created by the human mind ...». Han sier altså at det finnes verdier som ikke er forankret i liv, men som er forankret i menneskers forestillinger, dvs. basert på fri fantasi, og dette er feil (hvis man snakker om hvordan verdier bør være).

Allikevel sier han iblant endel gode ting: han sier for eksempel at «all racial pride is not only stupid, but wrong ... [her impliserer han at noe kan være "stupid", men ikke "wrong"]. All nationalism or racialism is evil...» (Popper 1992, s. 105). Men han sier også – helt feil – at «success in life is largely a matter of luck» (Popper 1992, s. 70). Jeg er selvsagt ikke uenig i at flaks kan spille en rolle, men det er ikke riktig at flaks er den viktigste bestanddel i suksess. Det som er viktigst for suksess er kreativitet, produktivt arbeid og integritet.

Poppers syn på sammenhengen mellom filosofi/epistemologi og politikk er i samsvar med det Objektivistiske synet: «Man can know: thus he can be free. This is the formula which explains the link between epistemological optimism and the ideas of [classical] liberalism. This link is paralleled by the opposite link. Disbelief in the power of human reason, in man's power to discern truth, is almost invariably linked with distrust in man. Thus, epistemological pessimism is linked, historically, with a doctrine of human depravity, and it tends to lead to the demand for the establishment of powerful traditions and the entrenchment of a powerful authority which would save man from his folly and wickedness» (Popper 1984, s. 6). Han sier her at fornuft gir frihet og at ufornuft gir tvang og kaos.

Og vi tar med følgende gode poeng til slutt i denne seksjonen: selv om ikke alt er perfekt i de vestlige samfunn, sier han, «så er de de beste som har eksistert. Og mye av det som er galt er forårsaket av den dominerende religion, og da mener jeg den religion som sier at Vesten er et slags helvete. Denne religionen blir spredt av de intellektuelle, spesielt de som er i undervisning og i media. Det er nesten som om det er en konkurranse i å spre mest mulig «doom and gloom», og jo sterkere man fordømmer de vestlige samfunn, jo større ser det ut til at ens sjanse er til å bli hørt (og til kanskje å spille en ledende rolle i det [vestlige samfunn])» (Popper 1992, s. 197). Popper sier ingenting om hvorfor de intellektuelle hater Vesten (dvs. de verdier som Vesten virkelig bygger på); det måtte en langt større filosof til for å se at årsaken til intellektuelles hat mot Vesten har sitt utspring i Kants nihilisme.

Poppers etterfølgere
Popper betraktet seg selv som en tilhenger av fornuft, objektiv kunnskap, videnskap, sivilisasjon, frihet. Men det er slik at det er fundamentale filosofiske ideer som styrer, og Poppers syn på metafysikk og epistemologi vil ikke støtte, men tvert imot svekke, fornuft og videnskap, og dermed vil Poppers ideer også svekke sivilisasjonen.

Blant Popper fremste etterfølgere er Thomas Kuhn og Paul Feyerabend, og svekkelsen av de verdiene Popper mente han stod for er helt klar og tydelig i disse. Kuhn hevder i sin berømte *The Structure of Scientific Revolutions* at det ikke finnes objektiv kunnskap om virkeligheten, men at videnskapsmenn benytter paradigmer, som er en ved enighet allment akseptert modell som på tidspunktet best forklarer observasjonene. Når det kommer nye observasjoner som ikke kan forklares av det gamle paradigmet, skjer det er videnskapelig revolusjon og et nytt paradigme blir dominerende. Det forskning består i, ifølge Kuhn, er å «make nature fit a paradigm» (Kuhn, s. 135). Kuhn sier også for eksempel at «Pendulums were brought into existence by a paradigm shift», dvs. at teorien om pendler førte til at pendler ble skapt (Kuhn, s. 120).

Dette er selvsagt ren subjektivisme. Forskere er selvsagt enige om modeller av virkeligheten, men Kuhn impliserer at disse modellene er mer eller mindre vilkårlige, og dette er feil.

Videre sier Kuhn at referentene til Newtons masse «are by no means identical» med referentene til Einsteins masse (Kuhn, 102). Løsningen på akkurat dette problemet er det Objektivistiske synet at begreper er åpne («open ended»): begreper referer til (dvs. bør referere til) ting som eksisterer, og etter hvert som vi oppnår mer kunnskap om referentene så blir denne nye kunnskapen tatt inn i begrepene. Det er altså ikke slik at man for eksempel har et begrep dannet på basis av noe man har observert, og når man så oppdager noe nytt om referentene, så må man danne et nytt begrep. Det Objektivistiske syn er at begrepet er det samme selv om man oppnår ny kunnskap, men det inneholder mer.

Verre, langt verre, enn Kuhn er Feyerabend, som med bøker med titler som *Farewell to Reason* og *Against Method* forfekter epistemologisk anarkisme. Han har til og med hevdet at naturlover bør etableres på samme måte vanlige lover, nemlig ved flertallsbeslutninger. Feyerabend ble også gjenstand for direkte kritikk av Ayn Rand i essayet «Kant vs. Sullivan»: Bakgrunnen for Ayn Rands kritikk var en artikkel av Feyerabend med tittelen «Science without Experience».

Men hva er sammenhengen med Popper her? Foruten det fundamentalt filosofiske, hvor disse er helt enige med Popper, så er det også en parallell i følgende: Popper har skrevet en artikkel med tittelen: «Epistemology Without a Knowing Subject» (Popper 1992, s. 61) – epistemologi handler om hvordan subjekter oppnår kunnskap. Uten subjekter kan det ikke være kunnskap, og derfor er artikkelens tittel meningsløs. Popper har også uttalt følgende:

> «My rationalism is not dogmatic. I fully admit that I cannot rationally prove it. I choose rationalism because I hate violence, and I do not deceive myself into believing that this hatred has any rational grounds. Or put it another way. My rationalism is not self-contained, but rests on an irrational faith in the attitude of reasonableness...» (Popper 1984, s. 357).

Popper sier her at hans rasjonalitet ikke har en rasjonell begrunnelse. Poppers etterfølgere forfekter altså den rene subjektivisme innen metafysikk og epistemologi, og derfor forfekter de reellt sett subjektivisme innen etikk og politikk, og derfor fører disse ideer til kaos og diktatur i politikken. Grunnlaget for dette finnes altså hos Popper selv.

La meg si litt mer om dette. Alle tenkere som er (eller er betraktet som) viktige har ideer som i utgangspunktet oppfattes som plausible. Dette gjelder Platon, Aristoteles, Kant, Ayn Rand, Newton, Einstein, Freud og Marx, m.fl. Alle disses teorier løser tilsynelatende reelle problemer. Men formuleringene de bruker har implikasjoner som kan lede i korrekt retning, eller kan lede i feilaktig retning. La oss kontrastere Popper og Ayn Rand.

Popper sier at virkeligheten er egentlig kaotisk, at induksjon ikke finnes, at all videnskap begynner med/egentlig er myter, at sikkerhet ikke finnes, at rasjonalitet ikke kan begrunnes rasjonelt, og at «vi vet aldri hva vi snakker om». Det er opplagt fra dette at Popper åpner for alle typer subjektivisme. La oss gjenta ett eksempel som viser dette: siden Darwins teori ikke kan falsifiseres, men siden religion og kreasjonisme heller ikke kan falsifiseres, vil Poppers teori her implisere en likestilling av darwinisme og kreasjonisme. Som et resultat av dette er idag kreasjonisme likestilt med darwinismen som en biologisk teori i mange skoledistrikter i USA.

Ayn Rand sier at virkeligheten er lovmessig og derfor forutsigbar, at induksjon finnes, at all kunnskap kommer fra observasjon og fornuftsmessig/logisk analyse av det som observeres, at videnskap er fundamentalt forskjellig fra myter, at videnskap gir konklusjoner som er kontekstuelt sikre. Ayn Rand holder fast at objektiv kunnskap er både mulig og nødvendig: objektiv kunnskap er basert på observasjon og utledes av fornuften i overensstemmelse med logikkens lover.

Jeg sa at formuleringene Popper benyttet åpner for slike implikasjoner, men man må være klar over at disse formuleringene selvsagt ikke er tilfeldig valgt, en intelligent skribent velger formuleringer som er i samsvar med hans fundamentale ideer, og det er egentlig de fundamentale ideene, og ikke kun formuleringene, som åpner for de implikasjonene jeg beskriver her. Det er altså Poppers ideer som åpner for disse implikasjonene.

Hvorfor er dette relevant for oss? Hvorfor er filosofi – også andres feilaktige filosofiske ideer – relevante for oss? Slike holdninger som Popper har, vil, hvis de blir dominerende, medføre kaos og diktatur og igjen kaos – diktaturer er ustabile og vil nødvendigvis bryte sammen. Et samfunn har frihet og harmoni hvis rasjonalitet dominerer, dvs. hvis det er en utbredt og akseptert oppfatning at individer kan styre seg selv og at dette resulterer i harmoni mellom mennesker. Hvis dette synet ikke eksisterer blant folk flest, får man først forsøk på styring, og slike vil alltid ende i kaos og en stadig sterkere alles kamp mot alle, fordi «samfunnsmessig styring og kontroll» alltid vil forsterke de problemene man prøver å løse. Fred, frihet og velstand forutsetter bred aksept av rasjonelle ideer. Popper selv sier dette i det sitatet som jeg tidligere gjenga, men han ser dessverre ikke implikasjonene av sine egne fundamentale standpunkter. For å gjenta et sitat her: «Kant was right that it is our intellect which imposes its laws – its ideas, its rules – upon the inarticulate mass of our "sensations" and thereby brings order to them. Where he was wrong is that he did not see that we rarely succeed with our impositions» (sitert i Dykes, s. 8). Dette er en oppskrift som vil svekke fornuften. Og svekkes fornuften, svekkes tiltroen til at individer selv kan styre sine liv. Dette igjen fører til statsstyring og kaos.

Personen Karl Popper
Popper sa at alle teorier måtte utsettes for kritikk og diskusjon, hans egne teorier inkludert. Dette var hva han sa og skrev. Når han selv virkelig ble utsatt for kritikk, så forsvarte han alt han hadde sagt og skrevet – han gikk praktisk talt ikke tilbake på noe som helst av det han hadde hevdet. Det er som nevnt allment akseptert at hans demarkasjonskriterium er ubrukelig, men han fravek det ikke en tomme og sto fast på det så lenge han levde. La meg gjenta hans beskrivelse av den ikke falsifiserbare og derfor ifølge Popper uvidenskapelige darwinismen: den er ikke en videnskapelig teori, men et metafysisk forskningsprosjekt.

Som menneske var han meget vanskelig å ha med å gjøre, og dette var allment kjent. I hans nekrolog i The Times ble han omtalt som «a difficult man». Et morsomt poeng er at hans bok *The Open Society and Its Enemies* av hans studenter konsekvent ble omtalt som *The Open Society By One of Its Enemies.*

Men la meg ta med et annet viktig poeng her: Popper bevarte alltid respekt og beundring for Marx og hans visjon. Dette går tydelig frem av *The Open Society and Its Enemies*. Denne boken ble utgitt i 1945, og kom senere i et stort antall nye opplag og utgaver. I alle utgavene gjengis følgende utsagn om Marx: «[Marx was] a brilliantly original thinker and philantropist» og Marx var «one of the great liberators of mankind» (sitert i Dykes, s. 21).

Men i 1948 utkom Leopold Schwartzschilds biografi om Marx, *The Red Prussian*. Forfatteren hadde gravet dypt i alle tilgjengelig kilder, og fremstilte Marx korrekt som en sløsaktig drukkenbolt, og som en lite pålitelig, intrigant og maktbegjærlig person. Marx, konstaterte Schwartzschild, foraktet arbeidere og var primært interessert i dem som begrunnelse for å oppnå makt. Marx' tenkning var ikke original, han stjal det meste fra andre tenkere, og hans mest kjente og oppsiktsvekkende konklusjoner ble trukket ut av luften uten å være basert på fakta i det hele tatt. Når han iblant fant ut at fakta var i strid med hans konklusjoner, ignorerte han fakta. Popper leste denne boken rett etter at den ble utgitt, men til tross for dette forandret han ikke noe i sin beskrivelse av Marx i *The Open Society and Its Enemies*. Det tok hele 15 år før han innrømmet at han var oppmerksom på dette bevismaterialet, og at dette materialet «falsifiserte» hans syn på Marx.

I et forord til en nyutgave av *The Red Prussian* i 1986 ble Popper av Anthony Flew forsiktig kritisert for ikke å ha korrigert sitt feilaktige bilde av Marx. Forlaget sendte dette til Popper, som sa at han aksepterte kritikken, men at han ikke hadde uttalt seg tidligere fordi hans syn på Marx ikke hadde vært særlig positivt til å begynne med. Ikke særlig positiv til Marx? Popper hadde i *The Open Society and Its Enemies* skrevet at Marx' teori om merverdi var «brilliant» og «a theoretical success of the first order», at Marx' teori om utbytting «deserved the greatest respect», og at Marx hadde kommet med «serious and important contributions to social science». Selv etter at han hadde lest Schwartzschild – som førte til at han ble som han sier «personally shattered» – lot han være å korrigere det bildet av Marx han gir i *The Open Society and Its Enemies*. Etter at han hadde lest Schwartzschilds bok uttalte seg han omtrent like beundrede og respektfullt om Marx som han hadde gjort i *The Open Society and Its Enemies*.

Man får et sterkt inntrykk av at Popper ikke var en ærlig person.

Konklusjon

Hvordan skal man oppsummer dette? Mitt syn er at Popper har svært lite positivt, og svært mye negativt, å bidra med. Han ikler gamle standpunkter – Humes innvendinger mot induksjon, hans motstand mot definisjoner – ny drakt, og Popper er dermed reelt sett en motstander av fornuften, selv om han selv ikke ville være enig i denne karakteristikken. Popper åpner dermed for folk som Kuhn og

Feyerabend. Popper er tilhenger av velferdsstaten, og er dermed motstander av individers rettigheter. Han er dermed en motstander av frihet. Hans fremstilling av og analyser av Platon, Hegel og Marx er tildels svært gode – det er vanlig at filosofer er gode til å kritisere andre, men når de skal fremstille noe selv er det ofte av liten verdi. Dette gjelder spesielt for Popper.

Litteratur
Binswanger, Harry (ed): *The Ayn Rand Lexicon,* NAL 1984
Conan Doyle, Arthur: *The Complete Sherlock Holmes Long Stories,* Murray Cape 1973
Dykes, Nicholas: «Debunking Popper», Reason Papers, Fall 1999
Kuhn, Thomas: *The Structure of Scientific Revolutions,* University of Chicago Press 1970
Mill, John Stuart: *On Liberty*, Penguin 1987
Nordin, Ingemar: «Kunnskap och civilisation», Nyliberalen 1-2 1998
Peikoff, Leonard: «Letter to the Editor», The Intellectual Activist, May 2000
Popper, Karl: *Conjectures and Refutations,* Routledge 1984
Popper, Karl: *Unended Quest,* Routledge 1992
Popper, Karl: *Det öppna samhället och dets fiender*, Akademilitteratur 1980/81
Rand, Ayn: *Philsophy: Who Needs It?*, Bobbs Merril 1982
Thunem Herre, Anne Mette: «Karl Popper og kritisk rasjonalisme», FRI politisk journal 1/94

Ayn Rand, Objektivismen, Nietzsche, og Gunnar Schrøder Kristiansen

Publisert i AerA nr 1 2001

Siste nummer av Samtiden, et av landets viktigste kulturtidsskrifter, inneholder en lengre artikkel av idéhistorikeren Gunnar Schrøder Kristiansen med tittelen «Ayn Rand og egoismens evangelium». Artikkelen inneholder dessverre et stort antall feil og misforståelser, og jeg skrev derfor et tilsvar for å korrigere noen av disse, og sendte tilsvaret til Samtiden. Imidlertid kunne ikke redaktøren, Thomas Hylland Eriksen, la dette tilsvaret trykke, fordi Samtiden nå står foran et redaktørskifte, og den nye redaktøren ønsker ikke å fortsette debatter som ble innledet under den tidligere redaktøren. Her følger artikkelen slik den ble sendt til Samtiden.

Gunnar Schrøder Kristiansens artikkel i Samtiden nr 5-6/2000 om Ayn Rand, det filosofiske system hun utviklet, Objektivismen, og hennes idéhistoriske bakgrunn, åpner ganske godt – leseren får til og begynne med inntrykk av at Kristiansen er godt kjent med temaet og at hans fremstilling er objektiv. Lenger ut i artikkelen, derimot, finner man flere til dels meget grove feilfremstillinger. Her vil jeg forsøke å korrigere noen av de viktigste feilene i Kristiansens artikkel. Når det gjelder Kristiansens *vurderinger* av Objektivismen, vil jeg for det meste la disse ligge, det ville kreve for stor plass å behandle alle disse her på en tilfredsstillende måte.

Rand og Nietzsche
Blant de viktigste feilene i Kristiansens (heretter GSK) artikkel er at han trekker sammenligninger mellom Rand og Nietzsche uten å gjøre leseren oppmerksom på vesentlige forskjeller mellom disse. F.eks. påstår GSK at han har vanskeligheter med å se forskjellen mellom Nietzsches «overmenneske» og Rands «heroiske skikkelser». Her må man være oppmerksom på at Nietzsche er determinist, og derfor hevder

at noen er født til å bli hensynsløse herskere, og at andre er født til å bli hersket over. Rands syn er at mennesket har fri vilje, og hennes «heroiske skikkelser» er således personer som selv velger å arbeide hardt for å realisere sine visjoner om å skape rasjonelle verdier for så eventuelt å tilby disse for frivillig bytte på et marked. GSK burde ha nevnt denne viktige forskjellen.

GSK påstår også at «Rand er ikke klar når det gjelder hva den heroiske natur består i». Dette er en meget overraskende påstand; dersom man leser Rands to store romaner vil man ha lest mer enn 2000 sider som fremstiller og beskriver heroiske mennesker. Men noen vil kanskje si at 2000 sider er for lite.

Ifølge GSK finner man et nietzscheansk trekk hos Rand i følgende sitat: «Så lenge mennesket er fritt til å uttrykke seg, vil en liten, rasjonell minoritet alltid herske over en irrasjonell majoritet», og GSK påstår at «her virker det som om Rand mener at det å være heroisk, er en medfødt egenskap».

Først må man her stille spørsmål om hvorvidt GSKs oversettelse er god: Ayn Rands formulering er «As long as men are free to speak, a small, rational minority will always prevail over an irrational majority». GSK har her oversatt Rands «prevail» med «herske», og her er det ikke korrekt. Det som sies i dette sitatet er at de som er rasjonelle, dvs. de hvis tenkning har kontakt med virkeligheten, i det lange løp vil *få gjennomslag i diskusjoner* med de irrasjonelle, og i motsetning til de irrasjonelle vil de klare å få gjennomført sin planer. Det er helt feil å tolke dette sitatet som om det sier at de rasjonelle på nietzscheansk vis skal *herske* over de irrasjonelle. Videre er det som nevnt en meget viktig forskjell mellom Nietzsche og Rand at Nietzsche er determinist og Rands syn er at mennesket har fri vilje – og dette innebærer at Rands syn er at enhver kan velge å være rasjonell eller ikke.

Individets rettigheter
GSMs artikkel inneholder flere formuleringer som tyder på at han ikke tar med i betraktningen Rands syn om at individer har rettigheter.

GSK skriver at «det er et gjennomgående problem i Rands forfatterskap at hun ikke gir klart uttrykk for om hun beskriver et ideal for bare noen få, eller for oss alle. Jeg [GSK] tolker det slik at hun mener at det er de geniale *prime movers* som driver verden framover, og at de har en naturlig rett til å gjøre det. Men om det å opptre som *heroic being* ikke er forbeholdt alle, men bare noen få, er det et stort spørsmål hvem som skal få lov til å definere hvilke som er slike *heroic beings*, eller hvem som skal ha rett til å utnevne seg selv til det. Hver gang noen har påstått å representere en allmenn vilje i det brede lag av folket, har det gått galt. Se bare på revolusjonene i Frankrike og Russland. Rousseaus begrep om "allmennviljen" har ført til lite godt. Det ligger også et problem i det å oppfordre *the heroic being* eller *the prime movers*, om de nå er oss alle eller bare noe få utvalgte, til å sette seg opp mot samfunnets orden, lover og regler. Objektivismen gir ikke noe godt svar på hvordan dette skal organiseres i praksis, slik at diktaturet kan unngås. Hva om *the heroic being* viste seg å være en demagog? En ny Hitler! Objektivismens vegring mot kompromissløsninger er sterkt udemokratisk, og vil raskt ende i det totalitære.»

La meg først her nevne at Rands ideal er et ideal for alle – enhver bør forsøke å være rasjonell og kreativ. Det andre problemet GSK her beskriver løses av prinsippet om individers rettigheter. Dette prinsippet ble opprinnelig formulert av John Locke – det er forøvrig derfor det er Locke som er liberalismens far; GSK tar feil når han gir Adam Smith denne ærefulle tittelen. (Adam Smith er forøvrig sosialøkonomiens far, og det hender at enkelte forveksler sosialøkonomi og politisk liberalisme, men en idéhistoriker som GSK burde ikke begått en slik feil.) Individers rettigheter innebærer at ingen har rett til å initiere bruk av tvang overfor andre mennesker, og dette prinsippet løser det problem GSK omtaler her. Forøvrig har GSK selv omtalt dette prinsippet tidligere i artikkelen: Rands politiske syn beskrives nokså korrekt på følgende måte: «Ingen, verken enkeltmennesker eller samfunnet, har rett til å ta noe fra en annen med makt. Vold er bare akseptabelt som selvforsvar. Hennes idealstat er en nattvekterstat [hvis eneste oppgave er å beskytte individers rettigheter]». I et slikt system finnes ingen påskudd som kan benyttes for å gi moralsk legitimitet – og derfor heller ikke legal makt – til å initiere tvang mot enkeltmennesker, slik Rousseau og Hitler forutsetter.

Dessuten, det er ingen som *utpeker* de heroiske mennesker, og de styrer altså ikke ved bruk av tvang, og det finnes ingen allmenvilje de kan påstå å representere. Det virker som om GSK forsøker å trekke isolerte og misforståtte elementer fra Objektivismen inn i en tradisjonell kollektivistisk styringsmodell; at resultatet da blir noe merkelig er det ikke Rand som skal klandres for.

Frihet vs. demokrati
Det virker som om GSK er en ivrig tilhenger av demokrati som et ideal, og han gjengir til og med Churchills ofte siterte «Demokrati er en dårlig styreform, men den er den beste vi har». Rands syn er at «Democracy is a social system in which one's work, one's property, one's mind and one's life is at the mercy of any gang that may muster the vote of the majority at any moment for any purpose». Langt bedre enn demokrati er derfor *frihet* – respekt for individers rettigheter. La meg her også gjengi følgende sitat fra Alexander Hamilton, som i motsetning til mange andre visste hva han snakket om: «It has been observed that pure democracy ... would be the most perfect government. Experience has proved that no position in politics is more false than this. Three ancient democracies, in which the people themselves deliberated, never possessed one feature of good government. Their very character was tyranny». Det er altså kun den første delen av Churchills sitat som er korrekt.

Også i forbindelse med demokrati berører GSK sammenhengen mellom Rand og Nietzsche, begge var antidemokrater, konstaterer han. Dette er riktig, men de er det fra motsatte sider: Nietzsche ønsket at det ikke skulle være noen begrensninger på de sterkes rett til å tråkke på de svake, mao. de sterke skulle ikke være bundet av noe som helst, heller ikke av flertallsbeslutninger. Rand er antidemokrat fordi hun ønsker å sikre frihet, dvs. sikre det enkelte individ mot alle former for overgrep, selv når de er demokratisk vedtatt. GSK har endog nevnt dette poenget tidligere i artikkelen: «Hun [Rand] er inspirert av tradisjonell naturrettstenkning, og de individuelle rettighetene, liv, frihet og eiendom, står sentralt.» Dette betyr at Rands syn er at ingen har rett til å krenke andres rettigheter, *heller ikke et flertall har rett til dette*. Det er altså korrekt at både Rand og Nietzsche er antidemokrater, men å omtale dette uten å nevne den svært viktige forskjellen mellom dem er en grov feilfremstilling fra GSKs side.

GSK sier at «om alle skulle handle som sanne objektivister, ville det raskt oppstå kaos» – igjen glemmer GSK at Objektivister respekterer individers rettigheter. Full respekt for individers rettigheter innebærer at alle mellommenneskelige forhold skal være frivillige, og dette innebærer igjen full markedsøkonomi, som er det eneste harmoniske samfunnssystem. Vi kan vel anta at GSK ikke forsøker å benytte det gammelsosialistiske argumentet om at det frie marked er kaotisk og at kun en statlig dirigert økonomi vil være harmonisk. Uansett, svaret på dette argumentet er det ingen grunn til å være i tvil om etter sammenbruddet i de sosialistiske økonomiene i Øst-Europa omkring ca 1990. La meg også nevne at det er demokratiet som fører til kaos, og dette skulle ikke være vanskelig å observere omkring seg idag.

Objektivister vil nok bli overrasket over GSKs påstand om at «Den sanne objektivist er enten fri eller død». Hvis frihet her betyr politisk frihet, så er dette helt feil; en Objektivist er en som er enig i Objektivismen, og dette gjelder selv om han lever i et ufritt samfunn, dvs. i et samfunn hvor staten initierer bruk av tvang overfor sine innbyggere. Man kan altså være en sann Objektivist både i et fritt samfunn, i det sosialdemokratiske Norge og i det kommunistiske Cuba.

Den Objektivistiske bevegelsen

GSK tar også opp det han kaller splittelsen i Objektivistbevegelsen etter Rands død. Utbryteren, David Kelley og hans organisasjon, beskrives av GSK som «mer åpen og menneskelig».

Årsaken til «splittelsen» – det er mer korrekt å si at det var en gruppe som ikke var enige i Objektivismen og som så brøt ut fra den organiserte bevegelsen – var at Kelley og hans assosierte gjerne vil fjerne elementer fra Objektivismen de ikke liker, tilføye ting de selv har tenkt ut, og så markedsføre denne sammenblandingen under navnet «Objektivismen». Dette er i strid med Ayn Rands syn, hun ga eksplisitt navnet Objektivismen til sitt filosofiske system. Kelleys uenighet er altså ikke med Rands arving, Leonard Peikoff, som GSK hevder, Kelleys uenighet er med Rand selv. Peikoff hevder i samsvar med Rands eget standpunkt at Objektivismen er det filosofiske system som er fremstilt i det Rand skrev eller godkjente, og som ble publisert av henne, og at det derfor er et lukket system.

Det blir iblant misforstått hva «lukket» her betyr; det betyr selvsagt ikke at alle filosofiske sannheter er oppdaget med Rand, det betyr kun at Objektivismen er navnet (et egennavn, skrevet med stor forbokstav) på det system som Rand utviklet, og derfor at ingen andre har rett til å markedsføre sine egne filosofiske ideer under dette egennavnet. Naturlig nok vil da Objektivister hevde at Objektivismen er *i samsvar med* all sann filosofi. Den som er enig i betydelige deler av Objektivismen, men ikke alt, bør ikke kalle seg Objektivist, han bør kalle seg randianer – og det er et slikt navn som har historisk presedens (aristoteliker, kantianer, platoniker).

GSK henviser til Kelleys poeng om at historien viser at filosofiske systemer utvikler seg og at det kan ta opp i seg nye elementer, og at dette så blir en del av tradisjonen. Ja, dette er selvsagt riktig, men dette er i så fall randianisme, ikke Objektivisme. Kelley viser sin uærlighet ved å ekvivokere mellom disse to helt ulike navnetypene: han fremstiller «Objektivisme» som et navn av samme type som f.eks. «kantianisme». Og hvis man skal sammenligne med navn som «eksistensialisme», så er ikke jeg kjent med at noen filosof har skrevet at «Eksistensialismen er navnet *jeg* har gitt til *min* filosofi».

GSK påstår at «Objektivismen preges av en kynisk selvsikkerhet. Den sanne objektivist er ikke villig til å diskutere sine standpunkter når han først har bestemt seg. Ut fra egen fornuft tar han stilling til spørsmål om smak og behag, og han innrømmer aldri feil.» Det er meget merkelig at GSK kan finne på å skrive noe slikt i fullt alvor, men la meg for ordens skyld si at det er fullstendig galt. (La meg også tilføye at det er overraskende at Samtidens redaktør lot en slik beskyldning slippe igjennom.)

Videre påstår GSK at «Rand skal ha styrt sin egen organisasjon med hard hånd fram til sin død, og lagt sterke bånd på medlemmenes rett til å kritisere ideologien». Man kan spørre seg hvor GSK har fått dette fra, siden det aldri fantes noen organisasjon. Derfor kan Rand heller ikke ha ledet noen organisasjon, og det har da heller aldri vært noen form for medlemskap. Hvis GSK tenker på Nathanial Branden Institute, så var dette kun en slags skole som arrangerte kurs og forelesninger, den hadde heller ikke noen form for medlemskap, og den ble dessuten ledet av Branden, ikke av Rand. Hvis GSK tenker på den krets av beundrere og elever som kom sammen i Rands leilighet for å delta i diskusjoner, så er det riktig at folk som var useriøse eller uærlige ikke ble invitert tilbake, men å beskrive en slik krets av venner og bekjente som en organisasjon med medlemskap, det er meget uvanlig.

«Et eksempel på dette [at Rand styrte sin organisasjon med hård hånd] er eksklusjonen av Nathaniel Branden». Branden ble ikke ekskludert fordi han «kritiserte ideologien», han ble ekskludert fordi man oppdaget at han var en fundamentalt uærlig person, og da var det selvfølgelig riktig av Rand å bryte alt samarbeide med ham. GSK påstår at «En bevegelse som ekskommuniserer sine motstandere, kan ikke være i samsvar med objektivismens sanne idé. Friheten er altså ikke ubegrenset.» Dette er det rene tøv. Mener GSK virkelig at en ideologisk bevegelse skal ønske motstandere av bevegelsen velkommen, og la dem arbeide innenfor og få fremtredende verv i bevegelsen?

Kanskje er ikke GSK klar over forskjellen mellom hvordan et *samfunn* organiseres og hvordan en *organisasjon/bedrift* organiseres. I et fritt samfunn kan det være kommunister, katolikker, rasister og narkotikabrukere, men bedrifter bør drives slik eieren finner riktig, og hvis en bedriftseier ikke ønsker å ansette noen slike, så har han full rett til dette, og dette er ikke en krenkelse av disses rettigheter. En slik holdning er derfor i fullt samsvar med frihetlige idealer.

Så, enhver bevegelse bør absolutt ekskommunisere folk hvis det viser seg at de er motstandere av bevegelsen (jeg har vanskelig for å tro at GSK egentlig kan mene noe annet), og dette er i fullt samsvar med Objektivismens sanne idé.

Hva Objektivismen står for: frihet, harmoni og velstand

Hva med de fattige i et fritt samfunn, dvs. et samfunn uten statlige, tvangsfinansierte støtteordninger? spør GSK. Han påstår at uten «et samfunn [han mener stat] som tar seg av oss» vill det bli «en meget smertefull erfaring for alle de som ikke [er] født til rikdom, og dermed ikke [har] råd til dyre private forsikringer». Denne innvendingen mot frihet er like feilaktig som den er vanlig.

Frihet – som innebærer at det ikke finnes noen statlige begrensninger på verdiskapning – utløser kreativitet og arbeidslyst, og et fritt samfunn vil derfor ha stadig stigende velstand, og vil derfor være et samfunn med utbredt velstand for alle. I et fritt samfunn blir alt mer og mer effektivt, og i hovedsak vil alle typer varer og tjenester derfor bli stadig billigere – dette ser vi tydelig idag på de områder som er minst regulert av staten, f.eks. innen elektronikk. En virkning av dette er at flere og flere da vil ha råd til mer og mer, og dette inkluderer selvsagt også helsetjenester. (At helsetjenester er så enormt dyre i USA i dag er et resultat av den omfattende statlige reguleringen av dette markedet.) Det skulle også være unødvendig å peke på det faktum at i de statsstyrte sosialistiske landene i Øst-Europa var det de fattige som led verst, og i Norge er det de ressurssvake som står lengst – og bakerst – i helsekøene.

Hvis det virkelig var slik som GSK antyder; dvs. at man kan betale litt til staten, og så vil staten gi oss gode skoler, godt helsevesen, osv. – da ville ingen være motstandere av et slikt system! Men i virkeligheten vil et slikt system føre til stadig økende skatter, mer og mer penger vil forsvinne i byråkrati og statlige prestisjeprosjekter, de som virkelig trenger hjelp vil fortsatt ofte være uten, og det vil stadig bli lagt hindringer i veien for produktiv virksomhet, og dette vil resultere i en stadig synkende velstand. Da er det de svake som vil tape mest på et slikt system.

GSK: «Vi kan spørre oss hva det er objektivistene egentlig kjemper for? Er det ikke slik at det meste av det de etterlyser, allerede er gjennomført i vår vestlige verden?» ... «Ble ikke objektivismens viktigste krav innfridd allerede i 1989, ved kommunismens fall? Lever vi ikke allerede i en egoistisk tidsalder, preget av turbokapitalisme?»

Alle land i Vesten er idag preget av et stadig voksende byråkrati, stadig flere lover, stadig flere politikere (dette skjer også på internasjonalt nivå i bl.a. EU og FN), stadig flere avtaler som detaljstyrer handel mellom innbyggere i forskjellige land, stadig høyere skatter og flere avgifter, en kolossal detaljregulering av praktisk talt all næringsvirksomhet, store restriksjoner på alle former for nyetablering av virksomheter, og i de siste år har vi til og med opplevet angrepene på tobakksindustrien, angrepet på Microsoft, og nå kommer angrepet på mobiltelefonprodusentene! – GSK kan ikke være særlig observant når han omtaler dette som «turbokapitalisme». Videre er det vekst i irrasjonelle bevegelser som religion, «new age», rasisme (også i en mer akseptert form kalt «etnisitet»), og miljøbevegelsen. Til og med vitenskapen blir mer og mer preget av irrasjonelle ideer (dette siste poenget nevner også GSK i sin artikkel).

Videre, kriminaliteten øker, narkotikabruk øker, kunsten blir mer og mer nihilistisk og menneskefiendtlig, folk oppfattes å ha mindre og mindre ansvar for resultatene av egne valg, osv. – alt dette viser at vi beveger oss vekk fra det samfunn Objektivister ønsker. Det vi opplever nå er velferdsstatens sammenbrudd, et sammenbrudd som Ayn Rand spådde i *Atlas Shrugged* allerede i 1957 (boken kom ut på norsk i 2001 med tittelen *De som beveger verden*). Vesten har i de siste år ikke hatt økonomiske kriser, men disse vil komme igjen – kun et fritt samfunn, dvs. ren laissez-faire-kapitalisme, vil være et harmonisk, fredelig og velstående samfunn. Det eneste alternativet til laissez-faire-kapitalisme er et system hvor statens favoriserte pressgrupper slåss om det de kaller samfunnskaken, og hvor de produktive må forsørge et stadig økende antall uproduktive (og med uproduktive her menes i hovedsak byråkrater og offentlig ansatte skjema-lesere og papirflyttere). Når man er kjent med slike fakta, blir GSKs spørsmål «Er det ikke slik at det meste av det [Objektivistene] etterlyser, allerede er gjennomført i vår vestlige verden?» ganske merkelig.

Alle de nevnte trender er resultater av at intellektuelle i flere hundre år har forfektet irrasjonelle filosofiske ideer, og slike kan kun bekjempes med rasjonelle ideer. Og er det noe Objektivismen står for, så er det viktigheten av rasjonalitet og fornuft i alle sammenhenger. Fornuft er ifølge Ayn Rands definisjon den evne mennesket har til å identifisere og integrere det materiale som mottaes via sansene fra virkeligheten; metoden som benyttes til dette er logikk. Å være rasjonell er å være virkelighetsorientert og logisk. GSK bruker som en innvending mot Rands fornuftssyn at «fornuften er historisk foranderlig og kontekstavhengig» – GSK tar feil på det første punktet, men han har rett på det annet – men dette er allerede inkludert i Objektivismen: at all kunnskap er kontekstuell er et av Ayn Rands viktige epistemologiske prinsipper.

La meg avslutningsvis nevne at Objektivsmen ikke primært er en politisk ideologi, Objektivsmen er et integrert og konsistent filosofisk system som hevder at mennesker bør forsøke å leve slik at de blir lykkelige, og for å oppnå lykken bør man være rasjonell egoist.

Til tross for det store antall feilopplysninger i GSKs artikkel, og til tross for hans forsøk på å gjøre Ayn Rand til en slags nietzscheaner, er det positivt at Objektivistiske ideer nå blir trukket inn i samfunnsdebatten, og GSK fortjener takk for det. GSK nevner i sin artikkel en rekke fakta som tyder på en sterkt økende interesse for Ayn Rands ideer, og Gunnar Schrøder Kristiansens egen artikkel er også et tegn på en slik økende interesse.

Svar til Gunnar Schrøder Kristiansen

Siden mitt tilsvar til «Ayn Rand og Objektivismens evangelium» ikke ble tatt inn i Samtiden, sendte jeg det til en e-mail-diskusjonsliste. Gunnar Schrøder Kristiansen sendte et svar til samme liste. Det som følger er mitt svar på hans innlegg. Av hensyn til hans copyright kan jeg ikke publisere hele hans tilsvar, men mitt svar nedenfor inneholder on del sitater fra hans svar. Jeg vil dog gjøre oppmerksom på at disse innleggene kun ble skrevet for en internettliste, og de var ikke beregnet for publikasjon i en bok. Derfor er nok formuleringene her noe mindre polerte enn de ville ha vært dersom innleggene var blitt skrevet for slik publisering.

La meg først si takk til GSK for at han tok seg tid til å svare på mitt innlegg.

La meg også si at GSK og jeg har helt ulike filosofiske utgangspunkter, og det viser seg ofte at det er vanskelig å kommunisere mellom slike. Når GSK henviser til Kuhn og Foucault som en slags sannhetsvitner, så sier det endel om hans filosofiske utgangspunkt, og viser at det kan være vanskelig for ham å forstå en aristotelisk tilnærming til filosofiske spørsmål.

Jeg vil her ikke skrive noe om Nietzsche eller om forholdet mellom Rand og Nietzsche, det er dog mulig at jeg vil ta dette opp i et senere innlegg. [Se artikkelen «Nietzsche og Rand: en sammenligning» i denne boken.]

Så til noen av GSKs konkrete innvendinger til min artikkel. GSK skrev at «Du [VM] lovet å fatte deg i korthet. Det har du ikke gjort.» Hvor lovet jeg dette?

GSK spør «Eller er du så gammeldags at du mener historien blri [sic] stadig mer rasjonell etter som tiden går. I så fall kan du repetere Kuhns teori om paradigmeskifter på ex.phil». Nei, selvsagt tror jeg ikke dette. Det er også ganske overraskende at GSK bruker Kuhn som et slags sannhetsvitne, mitt inntrykk er at de fleste filosofiske miljøer kun betrakter ham (Kuhn) som en noe tvilsom vidensskapshistoriker.

Jeg må protestere på at GSK omtaler min form og mitt

standpunkt som «religiøst». Grunnen er antagelig at dagens rådende holdning er subjektivisme, og at alt som ikke er subjektivisme betraktes som dogmatisme (=religion). Løsningen her er objektivitet: kontekstuell sikkerhet med utgangspunkt i observasjon. Ayn Rand har utførlig behandlet denne trikotomien: subjektivisme, intrinsikalisme (=dogmatisme) og objektivisme (liten o). Kontekstuell sikkerhet – som jeg støtter – er noe helt annet enn religiøsitet, religiøsitet betyr at man godtar «sannheter» via åpenbaringer eller via en autoritet (Bibelen, Koranen, paven, Joseph Smith). Som nevnt, Objektivismen hevder at all kunnskap kommer fra observasjon og logisk analyse av det som observeres. Det er underlig at noen kan påstå at dette er religiøst.

GSK sier at jeg argumenterer for en særinteresse. Jeg vil si at jeg argumenterer for det som er sant og rett og riktig. Men den som mener at objektive sannheter ikke finnes vil naturlig nok ha vanskelig for å forstå mitt standpunkt og min form.

GSK sier forøvrig at «Jeg ikke interessert i å føre noen politisk diskusjon. Du er liberalist og jeg noe mellom konservativ og sosialdemokrat. Dette må vi bare slå oss til ro med. Vi kommer ingen vei i det spørsmålet.» Dette virker – for å bruke GSKs terminologi – religiøst på meg. En rasjonell person er villig til å vurdere alle argumenter som måtte dukke opp og eventuelt forandre standpunkt deretter. At GSK låser sitt syn fast og nekter å endre standpunkt virker forøvrig som et av de ankepunkter han hadde mot hvordan han påstår Objektivister oppfører seg. At kun laissez-faire vil gi alminnelig velstand på lang sikt er vist i verkene til Ludwig von Mises, og disse anbefales på det varmeste. All statlig innblanding i økonomien vil etterhvert ødelegge samfunnet. Til GSKs påstand om at kapitalismen ikke har fungert i Russland vil jeg hevde at de ikke har hatt kapitalisme i årene etter kommunismens sammenbrudd. Kapitalisme forutsetter en bestemt type lovverk som igjen forutsetter rasjonelle verdier utbredt i befolkningen, og siden dette ikke finnes i Russland, så har man ikke kapitalisme i Russland.

Det som skjer nå er ikke en økning i frihandel, slik mange inkludert GSK tror. Ja, det inngås «frihandelsavtaler» som GSK hevder, men en virkelig frihandelsavtale ser slik ut: «Alle innbyggere i land A kan kjøpe og investere hva de vil i land B og eventuelt ta med ting til land A, og vice versa». Slike avtaler trenger ikke forhandles gjennom flere år med 100-vis av byråkrater på hver side. Avtalene som nå inngåes kalles «frihandelsavtaler», men de fører til øket regulering og detaljstyring av handel mellom land.

GSK sier at min «analyse av samfunnet er en helt annen enn den de fleste mennesker i dette landet har.» Hva så? Hvor stor oppslutning et syn har er vel irrelevant for om synet er riktig eller galt? Han fortsetter: «Det virker som du mener at velferdsstatens fall er et krisetegn, mens dette vel heller skulle bety et sunnhetstegn i [VMs] ideologi!?» Velferdsstaten har negative konsekvenser for mange mennesker. Om vi kan si «se, vi hadde rett», så gjør ikke dette plagene mindre for de mennesker som rammes av de negative konsekvenser som velferdsstaten nødvendigvis fører med seg. GSK spurte: "Rasisme/ etnisitet? Hva snakker du om her?» Jeg tenkte på slike ting som favorisering pga. rase – f.eks. i USA er det slik at opptak til endel universiteter/skoler er kvotert på den måte at de skal ha så og så mange prosent hvite studenter, så og så mange prosent svarte studenter, så og så mange prosent hispanics, etc. Dette er en meget urettferdig og skadelig politikk.

GSK skrev «For dannede mennesker [det er tydelig at GSK mener han selv tilhører disse; hans dannethet kan man lett se f.eks. i at han beskriver andres standpunkter som «på trynet»] er det ikke vanskelig å se hvilken forflatning og popularisering som er på gang som følge av markedets makt». Dette er som å høre Gail Wynand. Mitt syn er at det er grovt umoralsk å legge avgifter på f.eks. Sputniks tilhengere for å subsidiere f.eks. opera, uansett om dette vil føre til en «forflatning» eller ikke. Intet kan unnskylde initiering av tvang, og i hvert fall ikke «god smak».

At Pufendorf et. al. snakket om rettigheter før Locke betyr ikke at Smith er liberalismens far, slik GSK opprinnelig påstod. Locke bør ha denne tittelen fordi han var den første rettighetsteoretiker som laget en teori som var slik at den fikk betydelig innflydelse (f.eks. gjennom Jefferson).

GSK skriver at «et rent markedsliberalistisk samfunn vil lede til mer tyranni enn det vi har i dag», og derfor må statlige reguleringer til for å bevare frihet. GSK sier altså at frihet fører til tyranni, og at initiering av tvang fra statens side må til for å opprettholde frihet. Dette er et argument som er fullstendig ulogisk, og da skulle det være unødvendig å tilføye at det er helt uholdbart.

GSK skrev også at «Om det er snakk om en filosofisk ide eller politisk ideologi må det selvfølgelig være rom for diskusjon, som i et politisk parti. Hva har de å tjene på å lukke seg inne og avvise alle motargumenter. Dette er ikke bra. Har dere noe å skjule? Er dere redde for motstand?» La meg stille samme spørsmål til GSK – han støtter jo Samtidens beslutning om ikke å trykke mitt innlegg. Er det dere som har noe å skjule? La meg minne om det faktum at vi gjerne diskuterer, men det er GSK og Samtiden som ikke er villige til å diskutere i det forum hvor denne diskusjonen skulle ha foregått.

GSK snakker positivt om verdimangfold og sier at «Jeg håper vi aldri blir enige! Det er bar [sic] for demokratiet at vi aldri blir enige!» GSK ønsker altså diskusjon, men har allikevel forståelse for Samtidens beslutning om ikke å trykke mitt innlegg. Da mener vel GSK også at det er bra for demokratiet at Samtiden nekter å trykke artikler fra folk som er uenige?

GSK skrev helt korrekt om et av mine avsnitt at det var en ren hyllest til kapitalismen, og fortsatte med «[VM] forstår sikkert at Samtiden ikke kan trykke et slikt avsnitt». Til GSKs ønske om meningssensur kan jeg bare si at redaktøren begrunnet avslaget med plasshensyn. At GSK er tilhenger av meningssensur; at han mener at enkelte meninger ikke kan trykkes, får vi bare ta til etterretning, men det stiller jo hans ønske om debatt i et merkelig lys. Det er også meget merkelig at GSK i Samtiden bruker flere sider på en artikkel om Ayn Rand, samtidig som han sier at et avsnitt som forteller hva hun virkelig står for «ikke kan trykkes».

GSK sier at han «vet ikke hva slags autoritet denne Hamilton [jeg gjenga et demokrati-kritisk sitat fra Hamilton] har, men det han sier høres ikke betryggende ut.» Det er overraskende at GSK ikke vet hvem Alexander Hamilton var (dette sier kanskje litt om det universitetet GSK studerte ved).

GSK kritiserer meg også for at jeg ikke skrev noe om anarkisme. Jeg ville ikke bruke noe plass i Samtiden på anarkismen, som er en uviktig og urealistisk teori. For igjen å bruke GSKs terminologi, anarkismediskusjoner hører hjemme på gutteværelset.

At Objektivismen er et egennavn sier GSK er «unikt i historien». Hva slags innvending er dette? Objektivismen er et integrert og hierarkisk filosofisk system som er sant – dette er også unikt i historien.

GSK spør «"Sann filosofi", hva er det??? Poenget med filosofi er jo nettopp å stille spørsmål, ikke å hevde at man har sannheten (Sokrates).» GSK vil antagelig forstå at dette er dette et syn på filosofi som vi ikke deler.

GSK skrev: «Mitt [GSKs] innlegg er selvfølgelig ikke objektivt, og det er jo åpenbart ikke ditt [VMs] heller. Svært subjektivt vil jeg heller si». Jeg vil si at GSKs innlegg ikke var objektivt, og at mitt innlegg var objektivt. Å foreta en objektiv vurdering er å foreta en vurdering som er tro mot objektet. Kanskje GSK forveksler «objektiv» og «upartisk»? Mine innlegg er aldri upartiske, jeg vil alltid ta standpunkt for det som er rett og riktig, og jeg gjør alltid mitt beste for å være objektiv.

GSK blander sammen de ulike begrepene «bevegelse» og «organisasjon». F.eks. består Miljøbevegelsen av organisasjoner som Bellona, FIVH, Naturvernforbundet, Natur og Ungdom, men kan også inneholde personer som ikke er medlem noe sted. Selvfølgelig finnes det en Objektivistbevegelse, men det finnes intet formelt medlemskap i denne*, og det har det heller aldri vært.

GSK skrev «...Og kunnskapen kan jo ikke være kontekstuell hvis det som du hevder finnes en sannhet som ble gitt av gud i skapelsen (evt. The Big Bang) og som gjelder ennå.». Hvor har GSK dette fra? Hvor skrev jeg noe som lignet « ...sannhet gitt av gud...»?

GSK antyder endog at jeg er uærlig: «Man finner andre påskudd, slik du har gjort i tilfelle Branden». Jeg har ikke kommet med påskudd, det jeg har skrevet er sant. Den som selv vil undersøke om det jeg har skrevet er riktig kan jo lese Brandens egen bok *Judgement Day*. Og den som vil kaste bort tid på det kan også sammenligne denne boken med nyutgaven som kom 10 år senere (*My Years with Ayn Rand*), hvor Branden dekker over ting han innrømmet i den første boken.

GSK sier at «Det er vel ikke noe poeng å være objektivist helt alene, eller sammen med noen få.» Joda, det er det. Ang. samme poeng spør GSK: «men får dere utrettet noe særlig da ? Eller er objektivismen

---

* Selvsagt finnes det organisasjoner innenfor Objektivist-bevegelsen. og i noen av disse kan man være medlem.

bare en personlig greie som skal tilfredstille ens egen indre sjelefred. Dette smaker mer og mer av religion og mindre og mindre av ideologi og praktisk handling. Jeg kan ikke se noen poeng i det å være objektivist hel alene.» GSK forstår ikke at man trenger filosofi for å leve. En filosofi gir råd om hva man bør velge i de tallrike situasjoner man står overfor hver eneste dag. Man trenger Objektivismen – en sann filosofi – fordi denne gir de råd som gjør en best i stand til å treffe de valg som vil kunne gjøre en lykkelig (en korrekt filosofi er en nødvendig, men selvsagt ikke en tilstrekkelig forutsetning, for å bli lykkelig). Forøvrig ville vi ha oppnådd mer dersom ikke GSK og hans meningsfeller hadde sensurert* oss. Det er da ganske merkelig at GSK kritiserer oss fordi vi får gjort så lite, samtidig som han er med på å nekte oss å komme til orde i vanlige diskusjonsfora.

Det er flere punkter jeg kunne ha nevnt, men jeg stopper her. Mht. de epistemologiske poenger GSK har nevnt og som jeg ikke har tatt opp her, så henviser jeg til *Introduction to Objectivist Epistemology* og *Objectivism: The Philosophy of Ayn Rand,* hvor de er utførlig omtalt.

La meg avslutningsvis poengtere at det ofte er vanskelig å kommunisere for personer som har helt ulike filosofiske utgangspunkter. Nye poenger blir plassert inn i den kontekst man allerede har, og dette kan føre til at man «forstår» en forfatter/filosof på en helt annen måte enn det som var meningen. Man leser f.eks. hos Ayn Rand om «prime movers», og plasserer dette så inn i sin egen kontekst, som f.eks. kan være nietzscheansk, og da forstår man uttrykket på en helt annen måte enn det som var Ayn Rands mening.

Jeg mener GSK filosofisk sett tar feil, han mener jeg tar feil, og det er greit. Men en slik uenighet innebærer at man må at man må vokte seg vel mot å tro at den andre er f.eks. «ufilosofisk» (slik Truls Lie omtalte et Objektivistisk standpunkt i Morgenbladet nylig). GSKs filosofi (her: fundamentale måte å betrakte og vurdere verden på) er helt ulik min. Han hevder at det ikke finnes objektive sannheter, og at poenget med filosofi er å stille spørsmål, ikke å finne svar. Mitt syn er

---

* Det er ikke korrekt å bruke ordet sensur her. Sensur er noen stater bedriver. Private aktører har all rett til å selv å bestemme hva som skal publiseres i deres magasiner og tidsskrifter. Dette siste er en helt legitim redaksjonell kontroll, det er ikke sensur,

at filosofi er det fag som setter oss i stand til å forstå verden, og derved gir filosofi oss en basis for å treffe korrekte valg. Filosofi er derfor en livsnødvendighet. Men, som sagt, det er vanskelig for oss å bli enige, det er nok mest sannsynlig at vi vil forbli uenige inntil vi evt. blir plassert sammen på en øde øy med kun hverandres selskap i noen år. Men inntil da bør vi kunne føre en sivilisert diskusjon uten personangrep, beskyldninger og fornærmende formuleringer («på trynet», «religiøst», «les og lær», «hører hjemme på gutteværelset»).

Foreløpig ser det dog ut til at jeg vil bli stående på min fjelltopp, hvor også Aristoteles og Ayn Rand befinner seg, mens GSK vil bli stående sammen med Foucault, Derrida, Kuhn, Feyerabend, Simon Pritchett og Floyd Ferris i et landskap jeg skal avholde meg fra å beskrive.

Krig og kristendom

Denne artikkelen er et svar på en kronikk av Kåre Willoch i Dagsavisen 23. april 1999, og en tidligere versjon av denne artikkelen ble trykt i Dagsavisen 7. mai 1999.

Kåre Willoch sier i sin kronikk at man må foreta en «spesiell tolkning» av de hellige skrifter for å kunne benytte dem som begrunnelse for å bruke tvang mot andre. Men det er ikke nødvendig med noen spesiell tolkning for å komme til denne konklusjonen, det er nok å lese det som står i Bibelen. Ett eksempel blant mange er Lukas 19.27, hvor Jesus i en lignelse lar Herren si «Men mine fiender som ikke ville ha meg til konge, skal dere føre hit og hugge ned for mine øyne». Historien viser klart at kristne har praktisert dette: inkvisisjon, heksebrenning, korstog, religionskriger, voldelig misjonering.

Dette er heller ikke et tilbakelagt stadium. Religiøse grupper bruker selv idag vold: kristne abortmotstandere i USA kaster bomber mot sykehus hvor det utføres abortinngrep, og flere leger som utfører abort er blitt utsatt for attentatforsøk av kristne abortmotstandere, endel av disse legene har også mistet livet – og dette er utført av grupper som beskriver seg selv som «pro life». Kristendommen er heller ikke den eneste religionen som støtter bruk av vold mot de som ikke er enige: vi vet at islam har dødsstraff for kjetteri; flere personer som var med på utgivelsen av Salman Rushdies *Sataniske vers* er blitt drept av islamske fundamentalister. Og er den tredje store religionen, jødedommen, bedre? Mannen som i november 1997 på kloss hold fyrte av tre pistolskudd mot Israels statsminister Yitzhak Rabin, var sterkt religiøs.

Det er to grunner til at religion fører til vold og krig. Den ene grunnen er at mens konflikter bør løses ved rasjonell diskusjon, foretar all religion en nedvurdering av rasjonalitet og fornuft (Luther: «Den største fare på jorden er et menneske med en rikt utstyrt fornuft») og baserer seg på tro. Men å tro er intet annet enn uten videre å akseptere innholdet i påstander som det ikke finnes noen som helst saklig begrunnelse for. Derfor, hvis en persons tro sier en ting og en annen persons tro sier det motsatte, da har disse ingen annen måte å løse en konflikt på enn å slåss. Den andre grunnen til at religion fører til vold mot andre er en nedvurdering av dette livet: mange religioner hevder at det viktige livet er det som kommer etter døden, hva som da skjer før døden er derfor ikke spesielt viktig. Dette fører til en nedvurdering av dette livet, og derved en nedvurdering av andre menneskers liv.

Fred og frihet er resultat av verdier som rasjonalitet og et positivt syn på livet før døden (som altså er det eneste vi har). Så og si alle religioner er motstandere av og bekjemper disse verdiene, og derfor er det vold og strid i alle de områder hvor religioner står sterkt: Midt-Østen, Nord-Irland, Kosovo, India/Pakistan, Indonesia, m.fl. (og man kan spørre seg om det er en sammenheng mellom den høye kriminaliteten i USA og det faktum at 96% av alle amerikanere tror på Gud). Med andre ord: Der er altså ikke en spesiell tolkning av religion som gir opphav til vold og krig, vold og krig er en integrert del av religiøse menneskers måte å forholde seg til andre på.

Andreas Wiese og Ayn Rand

Publisert i Dagbladet 3. september 1998

Sommeren 1998 satte Dagbladet i gang en avstemning for å kåre århundrets beste bok. Etter at det var avgitt 295 stemmer, 9. august 1998, var stillingen som følger:

Beste norske bok:
1. *Christensen, Lars Saabye:* Beatles
2. *Mykle, Agnar:* Lasso rundt fru Luna
3. *Hamsun, Knut:* Markens grøde
4. *Vesaas, Tarjei:* Fuglane
5. *Gaarder, Jostein:* Sofies verden

Beste internasjonale bok:
1. *Tolkien, J.R.R.:* Ringenes Herre
2. *Irving, John:* En bønn for Owen Meany
3. *Rand, Ayn:* Atlas Shrugged
4. *Kafka, Franz:* Prosessen
4. *Márquez, Gabriel Garcia:* Kjærlighet i Koleraens Tid

Dagbladets Andreas Wiese ble meget fortørnet over at en bok av Ayn Rand kunne komme så høyt på listen, og han skrev en artikkel om Ayn Rand i Dagbladet 13. august. En kortere versjon av svaret som følger ble trykt i Dagbladet 3. september.

Vi Objektivister har selvsagt intet imot en saklig diskusjon med personer som er uenige med oss, men vi bør vel kunne forvente et visst saklighetsnivå. Dessverre har Andreas Wieses artikkel i Dagbladet 13. august – «Helt på randen» – et saklighetsnivå som er langt under det man kan forvente av en kommentator i landets viktigste kulturavis.

Artikkelen inneholder en rekke feilaktige gjengivelser av Ayn Rands synspunkter.

Billedteksten lyder som følger: «Egoisme er godt, medmenneskelighet umoralsk».

Ayn Rand har aldri sagt noe negativt om medmenneskelighet, men hun er en sterk motstander av altruismen, som sier at det eneste som er moralsk er å gi avkall på egne verdier til fordel for andre mennesker (slik Jesus oppfordrer til i Bergprekenen). Ayn Rand tar selvsagt avstand fra prinsippet om at det eneste moralske er å gi avkall på sine ønsker til fordel for andre.

Wiese skriver at Rand kun lot seg intervjue av personer som delte hennes syn. Ingen har tidligere påstått at TV-journalister som Mike Wallace og Phil Donahue er Objektivister. Wiese sier også at hun omtalte sine tilhengere som sine barn. Dette er feil. Man kan spørre seg hvor Wiese får slike opplysninger fra de er jo rent oppspinn.

Wiese bruker også endel ord for å beskrive Objektivismen på en negativ måte. Den er «kompromiss- og humørløs». En filosofi bør være konsistent og således kompromissløs – dette er et gode selv om Wiese fremstiller det som noe negativt, og at den er humørløs – vel, en filosofi er ikke noen vitsesamling. (Men overalt i hele Ayn Rands litterære produksjon finner man mye fin humor.) Wiese snakker om Ayn Rands «private filosofi» – men er ikke også Kants, Platons og Aristoteles' filosofier private?

Wiese skriver om overmenneskets simple plikt til å ta seg til rette og om forakt for den gemene hop, og hevder at dette er Ayn Rands syn. Også dette er direkte galt. Beskrivelsen kan muligens passe på Nietzsche, men den passer overhode ikke på Ayn Rand.

Wiese beskriver det første erotiske møtet mellom Roark og Dominique i *Kildens utspring* som en voldtekt. Det er riktig at endel meget uoppmerksomme lesere har fått et slikt inntrykk, men dette møtet er ikke en voldtekt – intenst, ja, men ikke en voldtekt.

Wiese sier også at *Kildens utspring* «ble grundig slaktet av anmelderne». Også dette er feil. For eksempel skrev Ragnvald Skrede i sin anmeldelse av den norske utgaven i VG 22. september 1949 at «Spennende er forresten hele boka, den er velskrevet og personene lever. Alt i alt er den bedre enn de fleste bestsellere; den er bygd på en klar idé, og denne ideen er utviklet og nyansert på en blendende måte»). Anmelderen i Vårt Land skrev 22. september 1949 at «*Kildens utspring* er et fullendt litterært kunstverk fra ende til annen. Språk og språkføring er på høyden med det beste som finnes... ».

Wiese skriver at «å hakke på Ayn Rands tilhengere ... er å bekrefte deres livssyn». Motargumenter har vi selvsagt intet imot, men vi liker ikke at, som i Wieses artikkel, Ayn Rands navn knyttes til standpunkter hun ikke har.

I sin artikkel kommer Wiese overhodet ikke inn på hvorfor Ayn Rand kan ha fått så mange stemmer i avstemningen om århundrets beste bok. Det er dette Wiese burde ha skrevet om, isteden for å strø om seg med uttrykk som «kvisete tenåringer», «uspiselig», «pinlig graut av floskler», «smaker ille» og «lukter ille», men dette er dessverre blitt Dagbladets saklighetsnivå.

Og Dagbladets lesere burde vel kunne få vite at oppmerksomheten omkring Ayn Rand er stadig økende over hele den vestlige verden – for eksempel ble en biografisk film om hennes liv i år nominert til Oscar som beste dokumentarfilm. En ansvarlig kulturavis burde gjøre sine lesere kjent med hva dette fenomenet er, og ikke kun la en av sine ansatte få spalteplass til å vise sin uvitenhet og spre sine fordommer.

Rimi-professor Hylland Eriksen slår til igjen!

Publisert i Dagbladet 3. juli 2001

Den masseproduserende professor Thomas Hylland Eriksen har i Dagbladets kronikk «Rimi-samfunnet» 30. juni 2001 tydelig demonstrert hva han baserer sine meninger på. Med påstander som at vi nå har «markedsliberalismens totale dominans» og at personer med en fortid i organisasjoner som «Kapitalistisk Ungdom» nå «har inntatt både mediene og partiene», kan man tydelig se at det er fantasi, ikke fakta, som er basis for hans ytringer.

Idag går 70-80 % av all verdiskapning igjennom det offentlige, staten har nå solgt seg ned til 80 % eierandel i Statoil, staten dominerer bankvesenet, omtrent 100 % av sykehus og skoler er offentlig drevet, det offentlige er den dominerende aktør innen kringkasting, skattenivået øker – se for eksempel momsreformen, som ikke bare øker satsen til 24 %, men også utvider grunnlaget.

Dette er fakta. Hvis Hylland Eriksen hadde hatt rett i at markedstenkningen hadde seiret, ville alle de nevnte prosentene vært null! Og hvor finnes aviskommentatorer som fullt ut støtter markedet? Det et ingen – den eneste som er i nærheten er den utmerkede Egil Bakke. Journalister er ifølge undersøkelser så og si alle som en sterkt venstreorienterte, og de som nå sitter overalt i redaksjoner og organisasjoner og bedriftsstyrer, er tidligere AKPere. Hva med partier? Alle, unntatt ett, ønsker å øke statens, dvs. politikernes og byråkratiets, makt, kun Det Liberale Folkepartiet ønsker å redusere statens makt. Det er selvsagt riktig at den allmenne retorikk nå er mer positiv til det frie marked, men en professor burde kunne forstå at retorikk er noe annet enn fakta.

Det er også feilaktig når Hylland Eriksen beskriver Ayn Rand som en som primært er opptatt av «den tøyleløse konkurransens saliggjørende virkninger». Det hun sier er at mennesket må være rasjonelt og langsiktig, og avstå fra å initiere tvang mot andre mennesker. Årsaken til den utbredte korttenkthet som Hylland Eriksen beskriver, ligger i mangelen på rasjonalitet, men det er et for stort tema å ta opp her. Men Ayn Rands bøker anbefales.

Hylland Eriksen har selvsagt rett i at masseproduksjon ofte fører til redusert kvalitet, men han burde kanskje begynne med seg selv?

Den såkalte voldtektsscenen i *Kildens utspring*

Publisert på Facebook september 2017

Teksten nedenfor ble skrevet i en diskusjon på Facebook om den såkalte voldtektsscenen i Kildens utspring.

Kommunikasjon skjer både verbalt og ikke-verbalt. Fordelingen mellom disse to er vanskelig å bedømme, og vil variere fra situasjon til situasjon. Et vanlig brukt tall for fordelingen mellom disse to er omtalt her:

«Research shows that when we communicate feelings and attitudes, only a small percentage of our overall message comes from the words we use. 55 % of our message comes from body language (especially from movements of the small muscles around the eye which can convey shock, disbelief, doubt or disgust). 38 % of our message comes from tone of voice. Only 7 % of our message is conveyed by the words we use» (Mehrabian, 2007, link nedenfor)

Mitt poeng er ikke at kun 7 % av det man kommunisere skjer verbalt, mitt poeng er et en vesentlig del av det man kommuniserer skjer ikke-verbalt.

Det er klart at Dominique sier Nei, hennes verbale kommunikasjon er Nei. Men ut i fra det som fortelles om hennes innstilling til Roark før og etter hendelsen er det opplagt at hennes ikke-verbale signaler er et klinkende klart og entusiastisk JA! – det verbale er bare en liten del av det hun totalt sett kommuniserer til Roark, en del som ikke stemmer overens med alt hun ellers kommuniserer til Roark. Og dette (det verbale) kan være påvirket av den tidens kvinnerolle, husk at Ayn Rand vokste opp i tsar-Russland tidlig på 1900-tallet, en tid hvor kvinnens rolle var langt mindre frigjort enn den er i dag.

I virkelighetens verden er en kvinnes verbale Nei et Nei, og en mann må respektere dette; man har ingen rett til å overprøve dette uansett situasjon. Men det vi snakker om her er en roman hvor forfatteren har laget personer og situasjoner for å illustrere viktige poenger. Forfatteren kjenner personene ut og inn, og for å forstå dem må man se på den helheten som forfatteren har laget, man må se på konteksten. Ut i fra denne handlet Roark i samsvar med både sine egne og hennes ønsker.

Vi kan også supplere dette med følgende sitat fra en artikkel av psykologen Kristin Spitznogle:

> «Kvinner er ofte dobbeltkommuniserende i forhold til sine krav og hva de egentlig ønsker fra mannen. Han kommer henne i møte på de myke verdiers arena, hvilket er bra, men samtidig tar hun seg i å savne et litt større innslag av maskulinitet når de trekker seg tilbake til sine indre gemakker. Det er nemlig kraften i maskuliniteten som vekker kvinnen seksuelt, og problemer oppstår når hun har forvandlet han fra en mannlig tiger til en søt og kastrert kattepus.
>
> Da jeg intervjuet kvinner til min bok om norske kvinners seksuelle fantasier, uttrykte et betydelig antall at noe av det de lengtet mest etter hos sin partner, var en større grad av seksuell dominans. Ergo har man kanskje noe av forklaringen på hvorfor norske kvinner løp på kino for å se *Fifty Shades of Grey,* det var neppe den filmatiske kvaliteten som satte fart i dem» (link nedenfor).

De feminister og andre som påstår at dette allikevel er en voldtekt har enten ikke kapasitet til å se helheten, eller de misforstår med vilje.

Vi minner om at den som har skrevet *Kildens utspring* er en kvinne.

https://www.workplacestrategiesformentalhealth.com/mmhm/pdf/articles/Verbal_vs_Non_Verbal_Communication.pdf

https://resett.no/2018/06/01/kvinner-som-elsker-menn/

Ayn Rand om kunst og arkitektur

Publisert på <u>sivilisasjonen.no</u> juli 2019

Dette er et svar til en artikkel om Ayn Rands syn på arkitektur, publisert på sivilisasjonen.no, link nederst.

I Bork S. Nerdrums interessante artikkel om Ayn Rands kunst- og arkitektursyn (link nedenfor) leser man dette i de to siste avsnittene:

> «Ornamenteringer er ikke meningsløse, ubrukelige detaljer, ….Ornamentering er resultatet av menneskets generøse overflod. Det forsterker kontakten med naturen og opphøyer tilværelsen. … Man kan ikke plassere den barokke skulpturgruppen Laocoön i et hus designet av Howard Roark. En en slik blanding harmonerer rett og slett ikke»

og jeg er helt enig med Nerdrum i dette.

Nerdrum avslutter med å si at Rands syn var at

> «ornamenteringer er … meningsløse, ubrukelige detaljer», og at det derfor «oppstår et praktisk problem i hennes estetiske teori»

og her er jeg uenig med Nerdrum.

I det følgende skal jeg begrunne min uenighet, og jeg vil også kommentere noen av de andre punktene som Nerdrum tar opp i sin artikkel. Artikkelen inneholder en rekke interessante punkter, og der hvor Nerdrum er uenig i Rands syn vil jeg forsøke å klargjøre hva hennes syn egentlig er.

Aller først: Det er et vanlig prinsipp at man ikke kan ta en forfatter til inntekt for det hans eller hennes oppdiktede personer sier eller gjør. Romanpersoner er laget for at forfatteren skal illustrere visse poenger, men de oppfører seg også i samspill med romanens andre personer, og de sier og gjør ting som er farvet av romanens handling og dramatikk. Det er altså ikke slik at Rands synspunkter er i samsvar med alt Roark sier og gjør, og det er heller ikke slik at alt det Roark sier og gjør mht. sine byggeprosjekter er dekkende for Rands syn på kunst eller på arkitektur. Ja, Roark er Rands første «ideal man», men han er et levende menneske av kjøtt og blod, og han er preget av de erfaringer han har gjort og av de vurderinger han har foretatt tidligere i livet – og derfor er hans meninger, hans preferanser, hans smak og hans verdier spesielle for ham. Roarks syn på arkitektur er nok ikke i strid med Rands syn, men innenfor Rands syn på arkitektur er det plass til mer enn det som Roark gir uttrykk for i *The Fountainhead.* Jeg kommer tilbake til dette punktet nedenfor.

Nerdrum skriver: «Et av Ayn Rands hovedverk, *Kildens utspring* (1943), er viet til temaet arkitektur. Helten i historien er Howard Roark, modernisten som underkjenner Parthenons storhet fordi rillene i søylene ikke har annen funksjon enn pynt.»

Temaet i *The Fountainhead*, som kom på norsk som *Kildens utspring* i 1949, er integritet, eller «individualisme versus kollektivisme, ikke i politikken, men i menneskets sjel». Romanens handling foregår dels i et arkitektmiljø og dels i et pressemiljø, og Rand sier i boken en god del om arkitektur som kunst. Man finner i boken meget interessante og originale ideer, og jeg tillater meg å gjengi to korte utdrag. Disse beskriver The Stoddard Temple, et av Roarks oppdrag. Først gir Rand en beskrivelse av et ordinært syn på hvordan et tempel/gudshus bør være etter vanlige normer, og det er Roarks motstander, kritikeren Ellsworth Toohey, som fører pennen:

> «Mr. Hopton Stoddard, the noted philanthropist, had intended to present the City of New York with a Temple of Religion, a non-sectarian cathedral symbolizing the spirit of human faith. What Mr. Roark has built for him might be a warehouse—though it does not seem practical. It might be a brothel—which is more likely, if we consider some of its sculptural ornamentation. It is certainly not a temple. **It seems as if a deliberate malice had reversed in this building every conception proper to a religious structure. Instead of being austerely enclosed, this alleged temple is wide open, like a western saloon. Instead of a mood of deferential sorrow, befitting a place where one contemplates eternity and realizes the insignificance of man, this building has a quality of loose, orgiastic elation. Instead**

of the soaring lines reaching for heaven, demanded by the very nature of a temple, as a symbol of man's quest for something higher than his little ego, this building is flauntingly horizontal, its belly in the mud, thus declaring its allegiance to the carnal, glorifying the gross pleasures of the flesh above those of the spirit.** The statue of a nude female in a place where men come to be uplifted speaks for itself and requires no further comment. **A person entering a temple seeks release from himself. He wishes to humble his pride, to confess his unworthiness, to beg forgiveness. He finds fulfillment in a sense of abject humility. Man's proper posture in a house of God is on his knees. Nobody in his right mind would kneel within Mr. Roark's temple. The place forbids it. The emotions it suggests are of a different nature: arrogance, audacity, defiance, self-exaltation.** It is not a house of God, but the cell of a megalomaniac. It is not a temple, but its perfect antithesis, an insolent mockery of all religion. We would call it pagan but for the fact that the pagans were notoriously good architects. This column is not the supporter of any particular creed, but simple decency demands that we respect the religious convictions of our fellow men. We felt we must explain to the public the nature of this deliberate attack on religion. We cannot condone an outragoeus sacrilige.»

Her er forfatterens beskrivelsen av tempelet:

«The Temple was to be a small building of gray limestone. **Its lines were horizontal, not the lines reaching to heaven, but the lines of the earth. It seemed to spread over the ground like arms outstretched at shoulder-height, palms down, in great, silent acceptance.** It did not cling to the soil and it did not crouch under the sky. **It seemed to lift the earth, and its few vertical shafts pulled the sky down. It was scaled to human height in such a manner that it did not dwarf man, but stood as a setting that made his figure the only absolute, the gauge of perfection by which all dimensions were to be judged. When a man entered this temple, he would feel**

space molded around him, for him, as if it had waited for his entrance, to be completed. It was a joyous place, with the joy of exaltation that must be quiet. It was a place where one would come to feel sinless and strong, to find the peace of spirit never granted save by one's own glory [alle uthevelser gjort her]. There was no ornamentation inside, except the graded projections of the walls, and the vast windows. The place was not sealed under vaults, but thrown open to the earth around it, to the trees, the river, the sun—and to the skyline of the city in the distance, the skyscrapers, the shapes of man's achievement on earth. At the end of the room, facing the entrance, with the city as background, stood the figure of a naked human body.»

Sammenlign med hvordan katedraler er i virkeligheten; de har ofte enorme dimensjoner, og har meget stor takhøyde (i bokstavelig, ikke metaforisk, forstand), og formålet med dette er å gi de som befinner seg i kirkerommet en følelse av hvor små og ubetydelige de er når de er i nærvær av guddommen (eksempel på dreamstime, link nedenfor).

Nerdrum spør «hvordan man skal gå til verks for å bygge et hus… som… gir uttrykk for ens verdier», og jeg vil vel tro at dette er besvart i det som er gjengitt ovenfor.

> Nerdrum: «Det er naturlig å konkludere at et menneske er lykkeligere i en bygning som minner ham om naturen, enn i en bygning som støter ham bort fra den. For å illustrere problemet: Ayn Rands yndlingsarkitekt var Frank Lloyd Wright (virkelighetens Howard Roark). Han sverget til noe han kalte "organisk arkitektur" som var ment å skulle harmonere med menneskeheten og dens omgivelser. Dette er vakre ord, men et raskt øyekast på Wrights bygninger viser at ingenting kunne vært lenger unna sannheten. Bygningene han tegnet er funksjonalistiske, med harde, rette linjer som skjærer gjennom omgivelsene som kvasse knivstikk.»

Nerdrums artikkel er her illustrert med et fotografi av Fallingwater, Lloyd Wrights mest kjente bygning. Og et av de viktigste poengene med denne bygningen er at den ser ut som om den vokser ut av eller frem fra omgivelsene; den er så velintegrert med omgivelse som det er mulig å være. Jeg besøkte Fallingwater for et par år siden, og jeg opplevde ikke noe som tydet på at denne bygningen støtte meg bort fra naturen. Jeg har heller ikke hørt andre beskrive Fallingwater på denne måten.

Nerdrum har dog rett i at mange av Llolyd Wrigts bygninger har «harde, rette linjer som skjærer gjennom omgivelsene som kvasse knivstikk». Men dette gjelder ikke alle, og han uttalte følgende:

«The good building is not one that hurts the landscape, but one which makes the landscape more beautiful than it was before the building was built».

Myke linjer og kurver finner man bla. i hans Guggenheim Museum i New York og i hans SC Johnson Administration Building, for bare å nevne to (linker nedenfor).

Jeg tror ikke Nerdrum har rett når han sier at «et menneske er lykkeligere i en bygning som minner ham om naturen», i så fall ville flere boliger minnet om fjellhuler eller vært laget av tømmer.

Nerdrum skriver:

«Howard Roark…, [er] modernisten som underkjenner Parthenons storhet fordi rillene i søylene ikke har annen funksjon enn pynt.»

Dette er vel ikke helt rettferdig gjengitt. Roark kritiserer søylene fordi de er kopier i sten av søyler som hadde en nyttig funksjon da man ikke kunne bruke sten på denne måten, men kun kunne bruke tre. Å lage unødvendige sten-kopier av ting som var nyttige da de var laget av tre virker ikke optimalt. Jeg er dog enig i at Roarks kritikk skyter noe over mål, men dette kan jo komme av at Roark var ganske ung da han fremsatte den – man må ta hensyn til at også romanpersoner lever og utvikler seg over tid, og man kan ikke bruke ting fremsatt i ungdommelig overmot som representativt for samme persons modne og gjennomtenkte syn; og i hvert fall ikke uten videre for forfatterens synspunkt!

Nerdrum skriver: Rands «syn på arkitektur stemmer nemlig lite overens med hennes øvrige estetikk, som verdsetter det klassiske. Rachmaninoff var for Rand den uovertrufne i musikken, i litteraturen sverget hun til Victor Hugo».

Det er nok ikke helt riktig å klassifisere Rand som klassisist, (Nerdrums formulering er at Rands estetikk «verdsetter det klassiske»), hun omtalte seg selv som «romantisk realist». I *The Romantic Manifesto*, hennes samling av essays om estetikk, finner man en rekke steder kritikk av klassisismen. I bokens indeks finner man følgende:

> «Classisism: Romanticism as rebellion against; rules of, as improper criteria of esthetic value; school of, improperly regarded as representative of reason».

Dessuten regnes nok ikke Rachmaninov som klassiker i musikkhistorien: blant klassisistene finner man Mozart, Beethoven og Schubert, mens komponister som Brahms, Tsjaikovskij, Grieg, Richard Strauss og Rands favoritt Rachmaninoff regnes som romantikere. Victor Hugo er for Rand den aller fremste av de romantiske forfattere; i *The Romantic Manifestos* indeks er han beskrevet som «a top rank Romantic novelist». Blant andre forfattere som har skrever verker i samme kategori finner man bla. Dostojevskij, Sienkiewicz, Hawthorne, Conrad, Schiller.

I *Kildens utspring* forteller Rand dette: «En bygning skaper sin egen skjønnhet, og dens pryd beror på reglene for dens prinsipp og dens struktur, hadde Cameron sagt.» Nerdrum innvender at «Idéen om at en bygning "skaper sin egen skjønnhet" er subjektiv og mystisk». Jeg ser ikke dette. Camerons forsøker å si at en bygning skal være vakker slik den er konstruert og slik at dens nødvendige elementer og bestanddeler bidrar til dens skjønnhet, han sier at en bygning ikke skal trenge funksjonelt sett unødvendig krimskrams for å kunne være vakker. Dette har han rett i. Men han sier ikke at pynt aldri er på sin plass.

> «Ayn Rand ville aldri ha sagt om en hellenistisk figur at den "skaper sin egen skjønnhet" eller at et litterært verk ikke er avhengig av et tema», sier Nerdrum.

Jeg ser ikke helt hva som er poenget her: en skulptur er en helhet og er vel sjelden påklistret unødvendig krimskrams, mens bygninger ofte ble utsatt for slike forsøk på pynt. Rand skrev at «the four essential attributes of a novel are: Theme-Plot-Characterization-Style» (RM, s. 80), men også at alt som er med i en roman må ha en betydning for bokens tema; elementer i en roman som ikke støtter opp under bokens tema gjør boken dårlig eller mindre god – akkurat som unødvendig krimskrams gjør en bygning dårlig. Ordet «integritet» spiller på at noe henger sammen, at det er et udelelig hele. Et menneske bør ha integritet, og Roark sier at også en bygning har integritet:

> «A building is alive, like a man. Its integrity is to follow its own truth, its one single theme, and to serve its own single purpose. A man doesn't borrow pieces of his body. A building doesn't borrow hunks of its soul. Its maker gives it the soul and every wall, window and stairway to express it».

Det samme kan sies om en roman og om en skulptur!

Nerdrum trekker mot slutten av sin artikkel frem et par viktige elementer.

> «Som et moteksempel [mot Roarks forkjærlighet for rette linjer] utviser ikke Kallikrates og Iktinos' Parthenon én eneste rett linje i konstruksjonen. Det gjør heller ikke planeten vi lever på. I stedet for å bekjempe naturen, slik modernistene gjør, lar klassisistene seg henføre av den og bli dens mester. [Jeg har allerede nevnt at Rand ikke er klassisist, hun er hun er romantisk realist.] Renessansens byutviklere forstod dette. På midten av 1400-tallet gjorde pave Pius II sin fødeby Corsignano om til den fullkomne renessanse-by og tilegnet den navnet Pienza. Det fascinerende med Pienza er at veiene og bygningene er bevisst konstruert med helninger og skjevheter for å gi den virkning at gatene er større enn det de faktisk er. Det moderne mennesket latterliggjør gjerne disse skakke og rare landsbyene. Likevel flokker de seg til dem og føler seg hjemme blant skrå, ujevne former. Dette er fordi naturen ikke er lineær, men sirkulær.»

At en slik by kan være artig å besøke er nok riktig, men siden den ikke har vokst til en stor by konstruert på de samme prinsipper, og siden ingen storbyer er konstruert slik, er nok dette er sted mange godt kan besøke, men ikke vil bosette seg i.

Forøvrig tar Rand i *The Fountainhead* ikke opp byplanlegging i det hele tatt. Det finnes dog en bok om byplanlegging skrever av en Objektivist: *Blight Ideas* av David Wilens anbefales på det varmeste for den som er interessert i slikt.

Nerdrum:

> «I et avsnitt i *De som beveger verden* kjører heltinnen Dagny Taggart sammen med Henry Rearden langs en tom motorvei i Wisconsin. Hun forteller ham at menneskene hun hater mest av alle er de som klager over alle reklameskiltene langs veien som forstyrrer utsikten. Det hun kanskje glemmer er at disse menneskene ikke misliker reklameskilt som sådan, men at de misliker ting som ikke harmonerer med sine omgivelser.»

Dette er et godt poeng – hvis Rand ikke hadde lagt vekt på at integrasjon også må gjelde menneskers bygninger og konstruksjoner; i *The Fountainhead* legger Rand stor vekt på at en bygning bør harmonere med sine omgivelser, den bør være integrerte i omgivelsene. Dette må også gjelde reklameskilt.

> Nerdrum: «Ornamenteringer er ikke meningsløse, ubrukelige detaljer, slik Ayn Rand hevdet. Ornamentering er resultatet av menneskets generøse overflod. Det forsterker kontakten med naturen og opphøyer tilværelsen.»

Rand hevdet aldri at ornamentering alltid er «meningsløse, ubrukelige detaljer», hennes poeng var at unødvendig ornamentering ikke kan gjøre en likegyldig konstruksjon vakker.

> Nerdrum: «Man kan være enig eller uenig i Rands arkitektursyn, men det er vanskelig å motsi at det oppstår et praktisk problem i hennes estetiske teori.»

Jeg vil si at at man kan støte på problemer dersom man tror at hele den Objektivistiske teorien om arkitektur er å finne i Roarks personlige preferanser innen arkitektur.

> Nerdrum: «Man kan ikke plassere den barokke skulpturgruppen Laocoön i et hus designet av Howard Roark. En en slik blanding harmonerer rett og slett ikke.»

Nei, plasserer man Laocoön i noen av de bygningene Roark konstruerte og som er beskrevet i *Kildens utspring*, vil den nok ikke passe inn. Roark kunne nok designet en bygning hvor denne skulpturen hadde passet perfekt inn, og hvis han ikke kunne eller ønsket dette ville han henvist kunden til en annen arkitekt som fulgte de samme arkitektoniske prinsipper som Roark og som kunne utføre oppdraget på en glimrende måte.

For å oppsummere i én setning: det er ikke slik at det Objektivistiske syn på arkitektur er sammenfallende med Howard Roarks syn på arkitektur.

https://sivilisasjonen.no/lykke/3103/ayn-rands-feilslatte-syn-pa-arkitektur/

https://sivilisasjonen.no/lykke/3156/ayn-rand-om-kunst-og-arkitektur/

https://www.dreamstime.com/interior-cologne-cathedral-germany-s-most-visited-landmark-attracting-average-people-day-which-corresponds-to-seven-image139298474

https://www.thejakartapost.com/life/2019/06/01/new-exhibition-on-basquiats-social-activism-opening-at-ny-guggenheim-museum.html

https://www.flickr.com/photos/thompsonphotography1/7976698391

Ayn Rand og Jordan Peterson

Publisert i to deler på Gullstandard 21. februar 2018 og 6. mars 2018

En av de aller største overraskelsene det siste året er den popularitet som Jordan Peterson har oppnådd. Og hvem skulle tro bare for noen måneder siden at akademias nye superkjendis skule være en kristen konservativ psykologiprofessor fra Canada?

Men det er en forklaring. Han behersker de nye mediene (de kalles nye selv om youtube har vært her i omtrent 15 år), en rekke av hans foredrag, forelesninger og intervjuer er tilgjengelige på youtube, og man ser at han er vittig, oppdatert, karismatisk, og ikke minst, på sitt fagområde gir han uttrykk for standpunkter som er velbegrunnede og med basis i omfattende forskning spesielt innen områder som kjønnsroller. Han har også en viss innsikt i hvordan en markedsøkonomi fungerer, og han er som sagt konservativ, noe som betyr at han ikke slutter opp om standpunkter som ser ut til fullstendig å dominere akademia.

Han angriper venstresiden «head on», og sier sannheter som venstresiden med god grunn forsøker å skjule. På youtube finner man videoer med titler som «Delusions of Leftist Political Activism», «Dr. Jordan Peterson DISMANTLES leftism, feminism» og «Leftist Mumbo Jumbo». Verd å se.

Et av de temaer hvor han er mest lyttet til og hvor han har standpunkter som ser ut til å være sjeldne i akademia, er kjønnsroller. Det som ser ut til å være det dominerende syn på dette området er at det ikke er noen medfødt sammenheng mellom det som på engelsk heter «sex» og «gender», dvs mellom medfødt biologisk kjønn og «kjønnsrolle». Man kan lett få inntrykk av at det dominerende syn er at «gender» kun er et produkt av kultur, og at medfødte egenskaper ikke spiller noen betydelig rolle. At det er forskjeller mellom menn og kvinner mht. arbeidsoppgaver (menn har de viktige jobbene), inntekt (menn tjener mer), og innflydelse (de fleste direktørstillinger innehas av menn), skyldes da, ifølge det som kan se ut til å være det dominerende syn, kun diskriminering og ikke virkelighetsbaserte, reelle forskjeller.

Peterson er sterkt uenig i dette, og har i flere foredrag påpekt at det er en sterk forskningsmessig basis for å hevde at det er forskjeller mellom menn og kvinner, og at disse er medfødt. (Her er det snakk om egenskaper som dominerer over store grupper av mennesker, det betyr ikke at det allikevel kan finnes store individuelle forskjeller.)

Peterson er derfor imot en statlig pålagt innføring av det som kalles «gender-neutral pronouns». (Dette er for oss kanskje best kjent fra Sverige, hvor enkelte ikke omtaler barn med pronomen som «han» og «hon», men som «hen»; dette for ikke å presse et barn inn i en kjønnsrolle det senere ikke vil være komfortabel med. De som bruker «hen» vil at barnet selv etter hvert selv skal velge om det vil være gutt eller jente.)

Peterson har nektet å føye seg etter et eventuelt statlig pålegg om å bruke slike pronomener, og har sammelignet de aktivistene som kjemper for en slik lovgiving, en lovgiving som altså vil pålegge alle å bruke slike kjønnsnøytrale pronomener og formodentlig gjøre det straffbart å ikke bruke slike pronomener, med kommunistdiktatoren Moas rødegardister. (Vi skyter dog inn at loven kun skal gjelde for offentlige institusjoner og de som opptrer på vegne av dem. Professorer ved offentlige universiteter må da adlyde den i arbeidstiden. Det er dette Peterson ikke er villig til å gjøre.)

Dette har ført til omfattende protester, og ikke alle har vært kun verbale: «… Dr Peterson has had his office door glued shut and received complaints from students calling his comments "unacceptable, emotionally disturbing and painful"».

Vi skyter inn at Peterson har sagt at dersom en person han omgås (f.eks. en av hans studenter) ønsker å bli tiltalt som «hun» selv om vedkommende ser ut som en gutt/mann, vil han etterkomme dette; det Peterson protesterer mot er statlige pålegg om bruk av slike pronomener overfor alle. Slik vi forstår dette, og oversatt til svenske tilstander, blir det som følger: Peterson vil bruke «hen» om personer som ønsker det, eller «hun» om en person som ser ut som en mann som ønsker å være kvinne, men han vil ikke etterkomme et statlig pålegg om å bruke «hen» om alle. Vi er enige med Peterson på dette punktet.

Peterson gir også mange gode råd til unge mennesker, spesielt menn, om hvordan de bør leve sine liv. Vi anbefaler hans videoer, og vi lenker til noen av dem nedenfor.

Men det er et noen problemer med ham. For det første: Peterson er religiøs, dvs. tror at det finnes guder – eller en gud, den guden de kristne tror finnes. Han mener at etiske normer ikke kan begrunnes rasjonelt; en av hans videoer har følgende sammendrag: «Dr. Jordan Peterson explains in this short 6 minute video the problem of why atheism leads to moral relativism». Underforstått, han slutter opp om maksimen som er kjent fra Dostojevski: «Uten gud er alt tillatt». Siden det ikke finnes noen som helst rasjonelle beviser eller begrunnelser for guders eksistens, betyr dette at Peterson mener at etikk må begrunnes irrasjonelt. Og irrasjonelle begrunnelser er ikke begrunnelser i det hele tatt, de er kun innfall og ønsketenkning. At ulike religiøse grupper tror på forskjellige guder og ikke blir enige via en rasjonell diskusjon er noe man ser i det utbredte fenomen religionskriger.

Å si at etiske prinsipper ikke kan begrunnes rasjonelt, men må begrunnet med hva en gud har sagt, er å si at den epistemologiske metode som benyttes i alle andre fag – å observere fakta og systematisere dem etter essensielle likheter, danne de riktige begrepene, og så benytte resonnementer som er i samsvar med logikkens lover – ikke kan brukes innen etikk. Og for å si det rett ut; dette er et standpunkt som man ikke kan ta alvorlig: et slikt argument (om at etikk må begrunnes med guder) må skyldes svært dårlig tenkning – ikke nødvendigvis at tenkeevnen er dårlig, men at man ikke har sett behovet for å tenke igjennom denne type problemstillinger på en rasjonell måte.

Å tro på guder, å betrakte fantasi og oppspinn – som alle religioner er – som fakta, burde være umulig for en intellektuell, og det er umulig for en ærlig intellektuell.

For det annet: Peterson er tilhenger av den sveitsiske psykiateren Carl Jung, som mener at det finnes en «kollektiv ubevissthet» som vi alle tar del i gjennom en slags kollektiv bevissthet.

Fra SNLs artikkel om Jung: «Under omfattende studier av mytologi i 1909 begynte Jung å se likheter mellom mytene han leste om og innholdet i monologene til de schizofrene pasientene han behandlet sammen med Eugen Bleuler. Da kom han på ideen at i tillegg til en privat ubevissthet fantes det en kollektiv ubevissthet, som besto av instinkter og arketyper. Instinktene kommer av en biologisk selvoppholdelsesdrift, mens arketypene former hvordan vi forstår verden.»

Dette er også en forestilling som mangler en rasjonell begrunnelse.

For det tredje: Peterson forstår ikke vanlig videnskapelig metode. I en tweet sa han følgende;

> «Proof itself, of any sort, is impossible, without an axiom (as Gödel proved). Thus faith in God is a prerequisite for all proof.»

(Vi er med på at viktige videnskapsteoretiske prinsipper sjelden kan formuleres spesielt presise i en tweet, men denne synes å være tydelig nok.)

Det Peterson sier er ikke bare feil, det er latterlig, og viser dessverre en total mangel på innsikt i og kunnskap om vanlig videnskapelig metode. Et bevis kan være deduktivt, og da må det bygge på induserte premisser (ikke nødvendigvis på aksiomer; at beviser bygger på aksiomer skjer i hovedsak bare i matematikken). Et bevis kan også være induktivt, og da må det bygge på observasjoner som igjen er grunnlag for dannelsen av korrekte begreper og proposisjoner. (Det er dog en utbredt forestilling at «bevis» kun kan brukes i deduktive sammenhenger, men dette skyldes at fortsatt innflydelsesrike filosofer som Hume og Popper mener at induksjon er umulig. Men alle forskerer bruker induksjon, og vil betrakte det de kommer frem til som bevist så fremt induksjonen er riktig gjennomført.)

Det er også feil å si at Gödel beviste at «bevis er umulig uten aksiomer» (selv om dette var en utbredt holdning blant en del matematikere på Gödels tid. Gary McGaths bok *Model and Reality*, linket til nedenfor, inneholder en langt mer rasjonell forståelse av Gödels teorem enn den Peterson gir uttrykk for.)

Så Peterson er god på enkelte punkter, og på et overfladisk vis. Der er er det mye å hente hos ham. Men mer fundamentalt er hans synspunkter på de mer grunnleggende områdene helt uten virkelighetsforankring.

Siden han når mange ved å innta etter vårt syn i hovedsak riktige standpunkter på enkelte viktige områder, vil han dessverre kunne lede mange inn på en gal vei, en vei som egentlig er preget av irrasjonalitet og manglende virkelighetforankring.

Jordan Peterson ser altså ut til å være akademias nye rockestjerne. En av de viktigste grunnene til at han har fått så mye oppmerksomhet er at han retter treffsikker og velformulert kritikk mot de siste manifestasjoner av den venstreorientert ideologien. Han får også bred omtale i mainstream pressen. Vi henter følgende fra The Guardian:

> «He certainly doesn't sit well with the usually left-leaning academic establishment. Apart from anything else, he believes most university humanities courses should be defunded because they have been "corrupted by neo-Marxist postmodernists" – particularly women's studies and black studies. This has led him to be branded a member of the alt-right – although his support for socialised healthcare, redistribution of wealth towards the poorest and the decriminalisation of drugs suggests this is far from the whole story. He defines himself as a "classic British liberal". But he also says – when challenged for being a reactionary – that "being reactionary is the new radicalism".
>
> Peterson has largely been in the news for his blazing, outspoken opposition to much of the far-left political agenda, which he characterizes as totalitarian, intolerant and a growing threat to the primacy of the individual – which is his core value and, he asserts, the foundation of western culture.»

Som sagt, Peterson får stor oppmerksomhet og er blitt utsatt for kritikk i MSM. Mange ser på Peterson som motvekten mot en venstreorientert ideologi som i stadig større grad dominerer mer og mer i alle samfunnets institusjoner: staten, akademia, pressen, endog private selskaper som Google, Facebook og youtube legger hindringer i veien for spreding av materiale som avviker fra det venstreorienterte verdensbildet.

Det finnes en annen talsmanns for opposisjon mot den stadig voksende venstreorienterte ideologien, Ayn Rand, og det kan være interessant å sammenligne disse tos fundamentale holdninger.

Rand er som kjent en bestselgende romanforfatter. Hennes mest kjente romaner *The Fountainhead* (1943) og *Atlas Shrugged* (1957) er klassikere som fortsatt selger innpå en halv million eksemplarer hvert år. I disse, og i en rekke essays, la hun frem et filosofisk system, Objektivismen, som etter Rands død i 1982 er fremstilt og diskutert i en rekke bøker, bla. *Objectivism: The Philosophy of Ayn Rand* av Leonard Peikoff (1991), *Ayn Rand's Normative Ethics: The Virtuous Egoist* (2006) av Tara Smith og *Blackwell's Companion to Ayn Rand* (2016) redigert av Greg Salmieri og Allan Gotthelf.

Rand står for individualisme, rasjonalitet, rasjonell egoisme, full politisk og økonomisk frihet (dvs. laissez faire kapitalisme) og ateisme. Hun taler venstresiden, inkludert de konservative, rett imot på alle punkter – en av hennes artikler heter «Conservatism: An Obituary», og hun er fortsatt en inspirasjon for individualister over hele verden.

Rands tilstedeværelse er nå blitt så stor at hun nærmest daglig blir kritisert i ulike avisartikler i den engelskspråklige verden. (Google tilbyr en tjeneste hvor de daglig sender linker til artikler om et selvvalgt tema, og de som abonnerer på artikler om Rand får nå tilsendt 4-10 linker hver dag, selv om antallet kan variere.)

Men dessverre består artiklene praktisk talt alltid, og uvisst av hvilke grunn, av ren stråmannsargumentasjon. Her er et ferskt eksempel, fra en link mottatt fra Google 5/3: «…As a normal teenager, I went through a period of self-absorption, searching for meaning. I found it in Barry Goldwater's *Conscience of a Conservative* and the writings of Ayn Rand. The philosophy of Conservatism, as they defined it, fit my adolescent needs. The world really was all about me. Selfishness was a virtue. Personal success, even at the expense of others was a worthy goal. I wallowed in this world of the self for more than a year …» Tittelen på artikkelen er: «My Philosophy: grow up..!» – som om det å vokse opp er en filosofi; en filosofi er et sett med tenkemetoder, verdier og normer… (Les gjerne hele denne vurderingen av Rands filosofi på linken nedenfor).

Men det som er dagens tema er forholdet mellom Rand og Peterson. La oss først si at Peterson er fan av Rands romaner; men han mener at hennes romanpersoner er endimensjonale, hun plasserer ikke «the struggle between good and evil in the characters, but between her characters, she does not show the struggle within the characters», og han sier at Rand ikke er «a great mind».

La oss kort kommentere poenget om litteraturen: Rand viser tydelig «the struggle within a character» i den idealistiske kommunisten Andrei i *We the Living* (1936) som oppdager at kommunismen i praksis viser seg å være noe helt annet enn han forventet, og i personer som Dagny og Rearden i *Atlas Shrugged*.

I seriøs litteratur er det ikke striden mellom godt og ondt som er interessant – dette finner man i barnelitteratur som som f.eks. hos Tolkien, det som er interessant er striden mellom den gode og den som nesten er god, og denne konflikten finner man f.eks. i forholdet mellom Roark og Wynand i *The Fountainhead*. En utvikling mot større innsikt finner vi hos en rekke av Rands personer, bla. Kira, Roark, Dagny, Rearden, Cherryl.

Enkelte som er blitt flasket opp på annenrangs litteratur vil muligens hevde at disse personene er endimensjonale fordi de ikke har rusproblemer, ikke har hatt en vond barndom, ikke sliter med dårlig selvbilde, ikke sliter med selvmordstanker, eller ikke må ta seg av en slektning som lider av en alvorlig sykdom, men det Rand vil fortelle har intet behov for slike ingredienser.

Men til hovedpunktet. Hva er den fundamentale forskjellen mellom Rand og Peterson i deres syn på verden og menneskets lodd. Rand oppsummerte sitt syn slik:

«My philosophy, in essence, is the concept of man as a heroic being, with his own happiness as the moral purpose of his life, with productive achievement as his noblest activity, and reason as his only absolute. ... By the grace of reality and the nature of life, man – every man – is an end in himself, he exists for his own sake, and the achievement of his own happiness is his highest moral purpose».

Her er en oppsummering av Petersons syn, en oppsummering som ser rimelig saklig ut selv om den er hentet fra den venstreorienterte The Guardian:

> «Life is tragic. You are tiny and flawed and ignorant and weak and everything else is huge, complex and overwhelming. Once, we had Christianity as a bulwark against that terrifying reality. But God died. Since then the defense has either been ideology – most notably Marxism or fascism – or nihilism. These lead, and have led in the 20th century, to catastrophe. … Happiness is a pointless goal. Don't compare yourself with other people, compare yourself with who you were yesterday. No one gets away with anything, ever, so take responsibility for your own life. You conjure your own world, not only metaphorically but also literally and neurologically. These lessons are what the great stories and myths have been telling us since civilization began».

Overskriften på artikkelen i The Guardian er slik: «Jordan Peterson: "The pursuit of happiness is a pointless goal"». Dette er ikke en overskrift som avisen har valgt i blinde. Her er et sitat fra vaskeseddelen til hans siste bok: «Happiness is a pointless goal, he shows us [in the book]. Instead we must search for meaning, not for its own sake, but as a defense against the suffering that is intrinsic to our existence.»

Petersens menneskesyn er treffende oppsummert i dette sitatet: «A chimpanzee full of snakes: that's what a human being is*» (fra Petersons Biblical Series II: Genesis 1: Chaos & Order Transcript, link nedenfor). Dette er et godt stykke unna Ayn Rands syn på mennesket som «a heroic being».

I en dokumentar om Peterson (på youtube, linket til nedenfor) snakker Peterson om «transcendentale sannheter». Hva betyr så «transcendent»? SNL skriver følgende: « Et fenomen sies i filosofien å være transcendent hvis det er en forutsetning for, bakenfor, utenfor, eller hinsides all menneskelig erfaring». Vi synes det er merkelig at

---

* Takk til Martin Johansen som gjorde meg oppmerksom på dette sitatet.

samme ord kan brukes både om noe som er forutsetning for kunnskap, og som hinsides alle kunnskap (eller som SNL sier det, hinsides erfaring). Det som er rimelig å ta som utgangspunkt for både Petersons og den vanlige språkbruken er nok betydningen «hinsides menneskelig erfaring». Det er rimelig å gå ut i fra at Peterson mener dette i og med hans forhold til religion og hans syn på Jung. Peterson sier altså at man må bygge sine oppfatninger og verdier på ting som ikke kan begrunnes på rasjonelt vis, de må bygge på (det vi vil kalle) fantasi og oppspinn.

Rand, på den annen side, hevdet at man måtte være rasjonell, noe som innebærer

> «the recognition and acceptance of reason as one's only source of knowledge, one's only judge of values and one's only guide to action. It means one's total commitment to a state of full, conscious awareness, to the maintenance of a full mental focus in all issues, in all choices, in all of one's waking hours. It means a commitment to the fullest perception of reality within one's power and to the constant, active expansion of one's perception, i.e., of one's knowledge. It means a commitment to the reality of one's own existence, i.e., to the principle that all of one's goals, values and actions take place in reality and, therefore, that one must never place any value or consideration whatsoever above one's perception of reality. It means a commitment to the principle that all of one's convictions, values, goals, desires and actions must be based on, derived from, chosen and validated by a process of thought – as precise and scrupulous a process of thought, directed by as ruthlessly strict an application of logic, as one's fullest capacity permits.»

I samme dokumentar snakker Peterson også om ansvar – men ikke på en tilfredsstillende og tilstrekkelig tydelig måte. Hvis man mener ansvar for seg og sitt og egne handlinger, inkludert egne barn, er dette i samsvar med Ayn Rands syn. Hvis man derimot mener at man skal ha ansvar for andre mennesker, for deres valg og handlinger, vil Rand si at man ikke har noe slik ansvar. Hva Peterson mente gikk ikke tydelig frem av dokumentaren. (La oss skyte inn at det ser ut som om venstresiden mener at man ikke har ansvar for seg og sitt, men at man har ansvar for alle andre. Vi vil tro at Petersons syn ligger nærmere dette syn enn Rands syn.)

Så forskjellen på Rand og Peterson er rimelig klar.

Petersons kritikk av dagens manifestasjoner av den venstreorienterte ideologien er ofte treffsikre, men den veien han anbefaler oss å gå er ikke en vei å følge dersom man vil gjøre sitt beste for å oppnå et lykkelig liv.

https://www.theguardian.com/global/2018/jan/21/jordan-peterson-self-help-author-12-steps-interview

http://www.gdnonline.com/Details/320733/My-philosophy-Grow-up

https://www.jordanbpeterson.com/transcripts/biblical-series-ii/

http://www.mcgath.com/mr/modelandreality.html

Rzadkowska, Joanna: *Carl Gustav Jung* i *Store norske leksikon* på snl.no. Hentet 14. november 2021 fra https://snl.no/Carl_Gustav_Jung

Duenger Bøhn, Einar: *transcendent* i *Store norske leksikon* på snl.no. Hentet 14. november 2021 fra https://snl.no/transcendent

Så, hvem er egentlig denne John Galt?
Publisert på Gullstandard 7. oktober 2019

Ayn Rands *Atlas Shrugged* kom ut i 1957 og har vært en bestselger siden da. Hvert år har den solgt innpå 200 000 eksemplarer, hovedsakelig i USA, men den selger også stort i mange andre vestlige land. Det tok noen år før den romanen Rand skrev før *Atlas*, *The Fountainhead* (1943), ble en bestselger; den var jo skrevet av en inntil da ukjent forfatter og fikk ingen markedsføring, men ble etter hvert kjent gjennom jungeltelegrafen, og den selger fortsatt om lag en kvart million eksemplarer hvert år. Grunnen til at *Atlas* ble en salgssuksess fra dag én var at leserne kjente forfatteren fra hennes forrige roman, og visste sånn omtrent hva de ville finne i den nye romanen. Ja, det er likheter mellom disse to romanene, men det er også vesentlige forskjeller mellom dem.

The Fountainhead foregår i et USA som i store trekk ligner på USA på tredve-tallet. Forholdene i landet på denne tiden berøres i liten grad i boken; dette fordi romanen er individ-orientert og ikke samfunnsorientert. Bokens hovedperson er arkitekten Howard Roark, som vil følge sin kunstneriske visjon uansett hva lærere, kritikere, kollegaer, professorer, intellektuelle og mulige kunder foretrekker; Roark vil bygge sin type bygninger, og hvis han ikke får bygge sin type bygninger lar han heller være å bygge. Som han sier: «I don´t build in order to have clients, I have clients in order to build».

Denne romanen er som man kan forvente populær blant kunstnere; de har ofte sans for en roman hvor hovedpersonen er en kunstner som står på sitt, som følger sin visjon, og som til slutt får gjennomslag uten å kompromisse så mye som en eneste millimeter. Også kunstnere som ikke har sans for den individualisme, rasjonalitet og egoisme som Roark er en representant for, liker boken. *The Fountainhead* ender med at Roark får gjennomslag, hans motstandere står så svakt i kulturen at de ikke klarer å bringe ham til taushet.

Men hva vil skje med folk av Roarks type dersom hans motstandere har vunnet og overtatt kulturen, hva vil skje dersom Roarks individualistiske visjon er blitt så upopulær i den kulturelle eliten at det ikke på noe område vil være rom for at personer som Roark kan utfolde seg? Det er dette som er tilstanden i det samfunnet leseren møter i *Atlas Shrugged.*

Den ytre handling i *Atlas Shrugged* beskriver da et samfunn som gradvis forfaller; av skatter og avgifter og statlige reguleringer og byråkrati blir de produktive tynget ned – den ytre handlingen beskriver altså den siste fase i en velferdsstats utvikling.

Når reguleringsskruen ble ytterligere strammet til under president Obama fra 2009, var det mange som kjente igjen det som var beskrevet i *Atlas Shrugged*, og salgstallene ble enda større. Her er en kommentar som ble publisert i juni 2010:

> «… the Obama presidency has been a boon to Rand's publishers … sales of *Atlas Shrugged* have tripled since Obama took office. From 2000 through 2008, the 50-year-old 1,088-page tome sold about 166,000 copies a year. Since Obama was sworn in, more than 600,000 copies have been sold. That's 530,000 more than it sold in its first year of publication, when it was reviewed by more than 100 literary outlets.» (kilde outsidethebeltway).

Så *Atlas Shrugged* taler til mange, det er opplagt at mange har utbytte av den. Men dette er en roman som er så rik og mangfoldig og dyp at man trygt kan si til enhver som har lest den at «Ja, du har fått mye ut av den, men det er fortsatt langt mer å hente!».

Det er ikke uvanlig at store litterære verker – og forfattere – er gjenstand for en omfattende kommentarlitteratur; mengden bøker og artikler som kommenterer Shakespeare er så kolossal at den fyller store biblioteker. Kommentarlitteraturen om Rand og hennes romaner er ennå ikke så stor, men det er i de siste årene kommet enkelte bøker som på en seriøs og grundig måte kommenterer og forklarer ting som gjør at leseren vil få enda større utbytte av og respekt både for henne og for bøkene hennes.

Blant de viktigste av disse titlene er Robert Mayhews essaysamling *Essays on «Atlas Shrugged»*, og Andrew Bernsteins bøker om hennes romaner utgitt i serien Cliffnotes.

Disse to bøkene er glimrende, men Bernsteins bok er primært rettet mot de som har *Atlas* som pensum i et studium, mens Mayhews bok er rettet mot de som vil ha en grundig og dyp filosofisk, litterær og historisk analyse av romanens innhold og bakgrunn.

Nå er det kommet en ny kommentarbok, og den er helt annerledes enn disse to. Den er skrevet av Robert Tracinski, og har tittelen *So Who Is John Galt, Anyway?: A Reader's Guide to Ayn Rand's «Atlas Shrugged»*.

Denne boken har et annet hovedfokus enn de to nevnte bøkene, den er i større grad rettet mot en leser som er opptatt av dagens politikk og samfunnsliv. Og bare for å ha nevnt det, John Galt er altså hovedpersonen i *Atlas,* og han er Rands talerør.

De fleste av kapitlene i Tracinski bok ble først publisert som en serie i hans politisk/kulturelle newsletter The Intellectual Activist, men noen av kapitlene er nye og er publisert i denne boken for første gang.

De første kapitlene – «Capitalism's Epic», «To Make Money – Eventually», and «Did Dominique Francon Win?» – gir en bred oversikt over boken, og imøtegår noen misforståelser og gjendriver noen feiloppfatninger av *Atlas.*

Det neste kapitlet har tittelen «Where Is John Galt?» – og dette er et viktig spørsmål siden han som bokens hovedperson først ser ut til å dukke opp i bokens siste tredjedel. Men med et smart litterært grep – eller egentlig to grep! – sørger Rand for at han er tilstede på nesten hver eneste side også i bokens første to tredjedeler.

I kapitlene «So Who Is This John Galt Fellow, Anyway?» «The *Atlas Shrugged* Movie That's Been Playing for 60 Years», og «Who Is James Taggart?» finner man en slags litterær analyse som fokuserer på Rands stil, beskrivelsen av personene i boken, og hvordan intrigen er konstruert.

Kapitlene «Atlas Is Still Shrugging», «The Novel That Prevented Itself from Becoming Prophetic», «An Objectivist LARP» og «Shrug Trek» plasserer boken i sin historiske kontekst, og viser hvordan hendelser i dagens samfunn kunne vært hentet rett ut fra det Rand beskriver i boken.

I kapitlet «The Management Secrets of *Atlas Shrugged*» summerer Tracinski noen av de prinsipper som bedriftslederne/kapitalistene i boken følger, og som alle andre i samme situasjon bør følge. Tracinski diskuterer disse i en viss detalj, men vi bare gjengir disse prinsippene her: 1) Han bør kjenne sin virksomhet/sitt firma fra bunnen av, 2) Han må sørge for at alle han har med å gjøre respekterer ham, 3) Han må alltid ta ansvar, 4) Han må sørge for at de som blir ansatt i firmaet er de beste som er å få, 5) Han må skape en innovativ visjon, 6) Han må sørge for at alle avtaler med leverandører, kunder og ansatte er vinn/vinn, og 7) Udugelige folk må bort fra firmaet. Som sagt, både Rand og Tracinski diskuterer disse prinsippene i detalj.

Disse kapitlene følges av noen kapitler som inneholder en filosofisk analyse av de ideene som presenteres i boken: filosofi generelt, etikkens grunnlag, kritikken av altruismen, følelsens rolle, forholdet mellom Rands filosofiske ideer og de ideene som var den reelle kjernen i opplysningstiden.

Man kan si at den viktigste filosofiske ideen som Rand via sitt talerør John Galt forfekter er rasjonalitet. Rasjonalitet innebærer at all ens kunnskap og verdier og vurderinger må være solid forankret i virkeligheten og i samsvar med logikkens lover. Dette innebærer at følelser, intuisjon, tro, etc., ikke er veier til kunnskap. Rasjonalitet innebærer at man i sine vurderinger tar hensyn til alle fakta, dvs. at man ikke ignorerer relevante fakta og ikke later som om fantasi og oppspinn er fakta (slik de religiøse gjør). John Galt er altså talsmann for en fullstendig rasjonalitet, men han er ikke den første beundringsverdige litterære person som er slik. Kanskje den mest kjente av eksplisitt rasjonelle personer før Galt er Sherlock Holmes.

Tracinski har noen interessante betraktninger om hvorfor Holmes, som ble skapt for ca 150 år siden, er svært populær i dag – noe man kan se ut i fra en rekke forskjellige filmer og TV-serier, og til og med i avleggere som serien om Dr. House. Både Holmes, og nesten alle andre krim-helter, har enkelte eksentriske sider, og Tracinski kommer inn på hvorfor forfatterne har valgt å gjøre det slik. Men vi må også si at Conan Doyle, forfatteren som laget Sherlock Holmes, ikke har den dype innsikt i hva rasjonalitet er, som Rand har.

Mot slutten av boken kommer de viktige kapitlene «The Power of the Powerless» og «The Special Sense of Existence». I «The Power of the Powerless» beskriver Tracinski Galts tale som en opprørers manifest, og trekker noen overraskende paralleller mellom talen og et virkelig manifest som var sterkt medvirkende til å rive ned den kommunistiske Østblokken. Og i «The Special Sense of Existence» beskrives Rands spesielle «sense-of-life» og hvorfor denne spesielt appellerer til unge mennesker, og hvorfor dette er en god ting både ved ungdom og ved boken. Tracinski trekker her inn viktige nye innsikter innen psykologi.

Atlas Shrugged er en roman som omfatter nesten alt: den er en spennende action-roman som appellerer til alle lesere, og den fremstiller et nytt filosofisk system som dels bygger på i hovedsak Aristoteles (og i visse elementer på John Locke og Adam Smith), men som også bringer nye svar på viktige klassiske spørsmål. Mange vet at boken inneholder enkelte lange taler hvor bokens hovedpersoner diskuterer klassiske problemstillinger som alle er relevante for ting som skjer i boken, og det er velkjent at enkelte lesere hopper over noen av disse ved første gjennomlesning – og dette er helt OK. Tracinski sier at noen av talene er for lange og at noe av materialet i dem, selv om det er korrekt og viktig, burde ha blitt plassert i en annen sammenheng, f.eks. i en bok som inneholdt utvidede utgaver av talene. (Talene er som kjent samlet i boken *For the New Intellectual*, som kom i 1961, fire år etter *Atlas Shrugged*.) Mitt syn er nok at det var best å ha dette materialet i *Atlas Shrugged*, da nådde det flere – og som nevnt, de som synes de er for tunge kan bare hoppe over dem ved første gangs gjennomlesning.

En av fordelene ved å lese Tracinski (ikke bare denne boken, men også hans newsletter) er at han er fullstendig oppdatert mht. alt som skjer i kulturen og i politikken. Han er derfor i stand til å trekke paralleller mellom det som Rand beskriver i *Atlas Shrugged* og det som skjer i USA. La meg gi noen eksempler:

Romanen er skrevet på 50-tallet, og bærer på enkelte måter preg av det – på samme måte som alle andre litterære verker er preget av den tid de ble skrevet i. Tracinski trekker frem enkelte formuleringer som antagelig ville ha blitt skrevet annerledes dersom de hadde blitt til i dag. Ett eksempel: et sted sier Galt «Brother, you asked for it». I dag har «brother» andre konnotasjoner enn dette ordet hadde på 50-tallet, da betydde det noe sånt som «buddy» eller «pal», men i dag er konnotasjonene noe annerledes. Kanskje Rand, dersom hun hadde skrevet i dag, hadde formulert seg slik: «Dude, you, like, totally asked for it». Eller kanskje ikke.

Tracinski never det poeng at enkelte kritiserer romanen for Rands bruk av enkelte spesielle navn: Dr. Blodgett, Orren Boyle, Cuffy Meigs, Claude Slagenhop – mens de samme kritikere ikke har noen innvendinger mot Milo Minderbinder (fra *Catch 22*), Humbert Humbert (fra *Lolita*), Holly Golightly (fra *Breakfast at Tiffany's*) eller Buzfuz, Pecksniff, Tappertit, Uriah Heep, M´Choakumchild, Pumblechoock, eller Grewgious (som alle er personer fra Charles Dickens´ univers).

Noen har kritisert Rand fordi hun et sted introduserer karakterer som kun har en oppgave: å omkomme i en ulykke. Men denne ulykken er fundamentalt sett forårsaket av de etiske og politiske standpunktene som disse personene har. Men kritikerne protesterer ikke når det i favoritter som *Game of Thrones* eller i Shakespeares verker introduseres karakterer som bare er der for å omkomme etter hovedpersonenes forgodtbefinnende – eller maktbegjær. Men ulykken har en viktig funksjon i romanen: den er der også fordi kun en svært viktig hendelse kan få Dagny til å vende tilbake ...

Tracinski skiver følgnede om John Galt, romanens hovedperson:

«It is this preternatural skill at accepting the facts no matter what that makes his character so outside of the normal and makes him hard for readers to relate to or understand. His serene acceptance of all facts removes a lot of the commonplace motivations or emotional reactions that the reader would expect from an ordinary person. Galt is not prone to anger, jealousy, or even annoyance. That he doesn't react like an ordinary person is what makes his character interesting. But for readers who are expecting those ordinary, surface-level emotions and motivations, Galt will seem to have abnormal reactions to the events around him or to have no reaction at all. This is why some readers conclude that the character of Galt is empty and unrealistic. But Ayn Rand is asking us to rise to Galt's level, to see the world from his perspective, and to emulate his virtue of accepting every fact as it comes—which is extraordinarily difficult to do. Note one other distinctive characteristic of Galt. His usual reaction to big events is serenity combined with amusement. Again, this is because he sees so much and sees how events fit together— "his eyes were grasping this moment, then sweeping over its past and its future, [and] a lightning process of calculation was bringing it into his conscious control"—so by the time he reacts, he sees that an event which might seem like an unpleasant surprise was inevitable all along ...».

Og hva hvis Donald Trump hadde vært en karakter i boken? Tracinski siterer en bloggpost med dette uautoriserte tillegget til *Atlas Shrugged*, hvor Trump deler en scene med Hank Rearden:

«Trump slouched against the buffet table as Rearden held forth on the merits of his newly invented wonder alloy, Rearden Metal, which was said to combine the tensile strength of a spider's web with the durability and load-bearing capacity of the purest titanium. Rearden was saying that his metal, with its unheard-of resistance to heat, could revolutionize the smelting of vital industrial ores in foundries of such might as to approach the heart of the sun, when Trump interrupted the conversation. "Rearden Metal? Let me tell you something about metals. Now I happen to be quite an expert in metals, and alloys, and it's very well known that my opinion counts for a lot in these things. Reporters, cable TV guys, metallurgists, all the polls, they say Trump's the go-to guy when you want the latest on metals. Trump knows metals, they all tell me. It's a fact. I've been making deals in the metal markets for a long time. And not your average everyday metals, no tin pots at a Trump hotel. I'm talking about high grade metals, the very best of metals, you understand. Gold, platinum, all of your classier metals, that's what you'll find at my resorts and casinos. All of the guests at my Trump Atlantis resort, they come up to me after dining on USDA prime angus steaks, those mouth-watering steaks you can only find at world-class restaurants and exclusively through The Sharper Image with my Trump Steaks brand, the very best steaks you can buy, with my beautiful silverware, and they say, 'Donald, I have never seen such rare and expensive metals as are on display at your five star resorts and casinos. Where do you find such metals?' And I tell them I know all there is to know about metal. You could say, and people have said it, very influential people say it, they say it all the time: that Donald Trump is America's foremost expert on metals." As Rearden cleared his throat to reply, Trump went on. "And it's because I know people. I make deals. I negotiate the lowest and best prices for the finest quality metals. I do it all the time. Not like Rearden here, who to put it frankly, doesn't know metals the way I do. Now Hank's a good friend, Hank and I go back in the metals markets, so I hate to say it, but Hank doesn't know his metals, doesn't know his alloys, doesn't know his chromium from a hole in the ground. Totally ignorant about metals. A very low energy guy, this Hank Rearden.

Came up in life the hard way, dug his way out of an iron mine. And it shows. Hank Rearden would never be admitted to one of my top-rated golf courses, the groundskeeper would take one look at Hank and he'd say, 'This guy looks like a bum. Probably dug his way out of an iron mine, or a coal smelter, or something.' And who can blame him? Everybody come round and look at this guy Hank: He's wearing Rearden Metal cufflinks. Jesus Christ, is that what you wear to a business gathering, among all these titans of industry? No class. And no Rearden Metal, not at any of my hotels and resorts, which are consistently rated five stars, the best in the world. I wouldn't use a Rearden Metal club at the training hole at a Putt-Putt Goofy Golf in Fargo North Dakota, and I sure as hell wouldn't allow one at the Trump golf course and country club at Mar-A-Lago, the finest in south Florida, where the waiting list for a guest reservation is six months, the most exclusive golf resort in the United States of America» (popehat).

Tracinskis bok er stappfull av interesante poenger og betraktninger om boken, og dens relevans for dagens kulturelle og politiske situasjon – og jo mer man vet om disse temaene, jo mer får man ut av både *Atlas Shrugged* og Tracinskis bok. Tracinski kommer også inn på kritikk som er kommet mot Rand fra bestselgende skribenter som Sam Harris og Steven Pinker.

I en bokens forord har Tracinski skrevet følgende:

> «*Atlas Shrugged* is a novel that deserves to be the frequent subject of serious analysis, with writers eager to share new insights about its plot structure, philosophical themes, and literary technique. Since mainstream writers aren't doing this, and since I have some interesting new observations to offer, I decided to do my part to help give *Atlas Shrugged* the thoughtful appreciation it deserves».

Jeg kan bare slutte med til dette, og anbefaler boken.

https://www.outsidethebeltway.com/obama_administration_leads_to_record_sales_of_atlas_shrugged/

https://www.amazon.co.uk/Rands-Atlas-Shrugged-Cliffs-Notes/dp/0764585568/ref=sr_1_1?keywords=andrew+bernstein+atlas+shrugged&qid=1570084630&s=gateway&sr=8-1

https://www.amazon.co.uk/Essays-Ayn-Rands-Atlas-Shrugged/dp/0739127802/ref=sr_1_1?keywords=robert+mayhew+atlas+shrugged&qid=1570084737&s=gateway&sr=8-1

https://www.amazon.co.uk/So-Who-John-Galt-Anyway-ebook/dp/B07YCY22W8/ref=sr_1_1?keywords=robert+tracinski&qid=1570084989&s=gateway&sr=8-1

https://www.popehat.com/2016/01/28/atlas-mugged/

Ny Tid over kanten og utfor stupet – svar til «USA på Rand-en»

Publisert på DLFs nettside 29. november 2017

I sin november-utgave publiserte Ny Tid en artikkel med tittelen «USA på Rand-en». Jeg sendte inn følgende tilsvar:

Mark Twain sa en gang at «if you read newspapers, you are misinformed». Leser man norsk presse får man stadig bekreftet dette, men sjelden i den grad som man ser i Matthew Harles artikkel «USA på Rand-en», publisert i Ny Tids november-utgave.

Artikkelen begynner slik: «Ayn Rands ekstremindividualistiske utopi er for lengst blitt en realitet i USA». Vi må vel betrakte skribenten som en profesjonell forfatter, og vi regner også med at redaksjonen består av profesjonelle folk – vi vil derfor ta utgangspunkt i at det som menes med denne formuleringen befinner seg i nærheten av det som sitatet virkelig sier.

Sannheten er dog en annen. Hvis Ayn Rands ideer hadde stått sterkt i USA ville mye vært helt annerledes enn det er i dag. Noen få eksempler: det ville ikke ha vært planer om å bygge en mur mot Mexico; Rand var for fri innvandring. Det ville ikke har forekommet bailouts av dårlig drevne banker (bailouts består i at staten redder dårlig drevne banker fra konkurs med skattebetalernes penger), dårlige banker ville ha lidt den skjebne som markedet ville ha gitt dem: konkurs. Det ville ikke ha vært noen restriksjoner på frihandel, mens Trump som kjent vil begrense frihandelen ytterligere. Det ville ikke ha vært noen statlig innblanding i helseforsikringene (det nyeste i denne jungelen av reguleringer og støtteordninger er Obamacare, som praktisk talt alle politikere, både demokrater og republikanere, støtter).

Videre, det ville ikke ha vært noe statlig pensjonssystem (Social Security), en ordning som i realiteten er konkurs. Det ville ikke ha vært noe statlig skolesystem. Det ville heller ikke ha vært noen statlige reguleringer av boligmarkedet (intet Department of Housing and Urban Development (HUD), intet Federal Housing Finance Board, ingen

Federal Housing Administration, etc.). Det ville heller ikke ha vært noen statlig sentralbank som manipulerer pengeverdi og rentenivå og dermed skaper økonomiske kriser. Rand var tilhenger av «free banking», som ville ha gitt en gullstandard, en stabil pengeverdi, og et rentenivå bestemt av markedet og ikke av statlige byråkrater.

Hvis Rands utopi hadde «blitt en realitet i USA» ville velstanden ha vært langt høyere enn den er i dag, dette fordi dagens utallige restriksjoner på verdiskapning ikke ville ha vært der. Å si at Rands modell er blitt en realitet i USA er da påstand som ikke har noen forankring i virkeligheten overhode. Hadde Rands utopi vært en realitet ville staten kun drevet med sine legitime oppgaver (politi, rettsapparat og det militære), og alt annet ville vært drevet av private. Det er heller ikke slik at utviklingen i USA går i denne retningen, noe enhver som følger amerikansk politikk kan bekrefte; den går i motsatt retning.

Harle fortsetter sin argumentasjon på denne måten: «Trump beskrev seg selv som en fan av Ayn Rand» og «[utenriksminister] Rex Tillerson har sagt at Rands siste roman *De som beveger verden* (*Atlas Shrugged*) er hans favorittbok». Men dette betyr bare at disse personene liker god litteratur, det betyr ikke at de slutter opp om den filosofien som presenteres i disse bøkene eller at «Howard Roark er det ideologiske forbildet til nøkkelmedlemmer av Trump-administrasjonen». Harles argumentasjon blir enda svakere i fortsettelsen av artikkelen, men i samsvar med ordtaket om at «man behøver ikke drikke hele glasset for å konstatere at melken er sur» forlater vi Harles artikkel her.

Hvis det er noen som vil vite hva Ayn Rands tilhengere egentlig mener om tilstanden i dagens USA vil vi anbefale Don Watkins` *Rooseveltcare,* som vurderer dagens statlige støtteordninger, hvordan de oppsto og hvordan de kommer til å kollapse (statlige støtteordninger er ikke bærekraftige fordi de styres av politikere som må love stadig større offentlige «gratisgoder» for å bli valgt); John Allisons *The Financial Crisis and the Free Market Cure* og Yaron Brooks og Don Watkins` *Equal is Unfair*.

Vi kan også anbefale Onkar Ghates artikkel «The anti-intellectuality of Donald Trump: Why Ayn Rand would have despised a president Trump», publisert av The Ayn Rand Institute (link nedenfor).

En journalist bør sette seg inn i et tema før han skriver om det, men det er lite som tyder på at Harle har gjort dette. Det at Ny Tid publiserer en slik artikkel bare bekrefter enda en gang at pressefolk følger mantraet «ikke la fakta komme i veien for en god story». En redaksjon bør dog tenke på hva som blir konsekvensene dersom de stadig publiserer artikler som er fulle av feil og usannheter og løgner: tilliten til journaliststanden og pressen vil bare synke enda dypere. Dette er en utvikling vi allerede har sett: «Bare en av tre nordmenn har tillit til journalister. Dermed har færre tillit til journalistene enn [de har til] mange av [virksomhetene som journalistene] skal dekke kritisk, viser ferske tall fra Tillitsundersøkelsen 2016» (link nedenfor).

Artikkelen over ble sendt til Ny Tid v/redaktør Truls Lie 11. november 2017. Lie ønsket ikke å trykke den, men han var så generøs og velvillig at han skrev en lang kommentar til artikkelen. Bla. påpekte han at artikkelen som ble besvart i hovedsak omhandlet filmversjonen av The Fountainhead *– artikkelen var «videreformidlet fra Cineaste, Englands anerkjente filmmagasin» – men i tilsvaret ble ikke filmen berørt.*

Det er klart at den innsendte artikkelen kunne vært lenger, og filmen kunne ha vært kommentert. Det er ikke ukontroversielt å hevde at filmen er svak, dette var også noe Rand selv mente. Filmen var heller ikke noen suksess hverken hos kritikere eller publikum, selv om boken den var bygget på var en bestselger. Etter at den gikk på kino omkring 1950 blir den kun en gang i blant vist på TV. Men artikkelen fra Cineaste og Ny Tid mener allikevel at man kan bruke filmen – og ikke bøkene – som et grunnlag for å vurdere både Rands filosofi og filosofiens innflydelse, dette til tross for at Rand altså er en bestselgende forfatter med et boksalg på over 30 millioner eksemplarer.

Som man ser i artikkelen over ble hovedvekten lagt på dagens politikk, men også der var det mer som kunne ha blitt sagt for å vise at påstanden som åpner artikkelen i Ny Tid/Cineaste ikke var korrekt. Artikkelen kunne blant annet nevnt følgende: Gammelsosialisten Bernie Sanders er den politiker som har størst oppslutning blant de unge, hele det politiske spektrum slutter opp om statlige ordninger som Medicare, Medicaid og Social Security, ordninger som Rand mente burde være private og ikke statlige. Det er heller ikke mange politikere som ønsker å avvikle president Obamas ytterligere forsterkning av den offentlige innblandingen i helseforsikringsmarkedet (Obamacare). Det er bred oppslutning om at staten kan ta opp lån for å ytterligere styrke velferdstilbud til befolkningen, mens Rand mente at det ikke skal finnes statlige velferdstilbud overhode. Videre, ytringsfriheten blir stadig svekket på USAs universiteter; kun venstreorienterte talere får snakke fritt, konservative talere blir ofte «shouted down» og må ikke sjelden ha livvakter for å kunne holde sine taler, osv. osv. Rand var selvsagt for full ytringsfrihet.

For en som vet eller burde vite dette, er det fullstendig meningsløst å si at «Ayn Rands ekstremindividualistiske utopi forlengst er blitt en realitet i USA».

Redaktør Truls Lies svar til Vegard Martinsen inneholdt ellers en rekke interessante poenger, men han ønsket altså ikke å publisere innlegget over i Ny Tid. Imidlertid inviterte han Martinsen til å skrive en artikkel på 1000 ord til desember-utgaven av Ny Tid. Denne artikkelen er gjengitt på de påfølgende sider i denne boken.

https://www.nytid.no/usa-pa-rand/

https://ari.aynrand.org/issues/culture-and-society/culture-and-society-more/The-Anti-Intellectuality-of-Donald-Trump-Why-Ayn-Rand-Would-Have-Despised-a-President-Trump/

https://kommunikasjon.ntb.no/pressemelding/norsk-tillitsundersokelse-2016-hoy-tillit-til-lokalavisene?publisherId=1726414&releaseId=10730460

Ayn Rand og Donald Trump:
sjelefrender eller erkefiender?

Publisert som kronikk i Ny Tid 1. desember 2017

Jeg ble invitert av Ny Tids redaktør til å skrive en artikkel på inntil 1000 ord om om Ayn Rands mulige innflydelse på Donald Trumps administrasjon. Den artikkelen jeg skrev viste seg å være på 1600 ord, og jeg sendte inn denne sammen med en versjon av artikkelen som var blitt forkortet til 1000 ord. Nedenfor er gjengitt den lange versjonen; de avsnitt som ikke var med i den korte versjonen er satt i kursiv.

Under Obama ble skattebyrden økt, reguleringene intensivert, statens låneopptak/gjeld doblet, offentlige tilbud styrket, og byråkratiet este ut. Denne politikken hadde stor støtte fra hele makteliten: akademia, presse, byråkrati, filmindustri, mm.

Obama var ikke nådig i sin karakteristikk av sine meningsmotstandere: «They get bitter, they cling to guns or religion or antipathy to people who aren't like them or anti-immigrant sentiment or anti-trade sentiment as a way to explain their frustrations», noe som lignet Hillary Clintons utsagn under valgkampen om at hennes motstandere i betydelig grad var «a basket of deplorables[,] racist, sexist, homophobic, xenophobic, Islamaphobic».

Mange husket en 50 år gammel bok som hadde forutsagt en slik utvikling: Ayn Rands *Atlas Shrugged* (1957). Salget av *Atlas* økte sterkt etter 2009, og som man kunne vente ble det også et folkelig opprør mot Obama. Som president valgte USA i 2016 den totale outsider, en vulgær, nyrik oppkomling, TV-stjerne (og tidligere demokrat og Clinton-venn): Donald Trump.

Trump var ikke politiker og hadde aldri hatt noen politiske verv. Men han var en tilsynelatende vellykket forretningsmann, også kjent fra reality-show på TV. Siden skillet mellom politikk og underholdning var blitt svekket bla. i og med at komikere som Jon Stewart og Stephen Colbert laget komishow som så ut som nyhetssendinger, var det blitt enkelt å hoppe fra TV til politikk. Rands romaner har solgt godt siden de kom ut; en forfatter og kommentator som er glemt i dag (Gore Vidal) bemerket med forferdelse at Rand var den eneste forfatter alle Kongressmedlemmene har lest. Rands bøker ble ikke betraktet som god litteratur, men hva eliten betrakter som god litteratur avhenger av de ideer som dominerer i kulturen, en kultur hvor Samuel Beckett og James Joyce settes høyt vil ikke sette Victor Hugo og Ayn Rand høyt (og vice versa).

Rand hyllet kapitalister og entreprenører og hadde ikke mye godt å si om makteliten – var det blitt slik at Rands idealer begynte å prege USA? Enkelte toppolitikere liker Rands romaner, men var plasseringen av Trump i presidentembedet et tegn på at Rand hadde fått gjennomslag? Mange påstår dette, bla. publiserte Ny Tid nylig en artikkel som hevdet at at Rands «ekstremindividualistiske utopi for lengst er blitt en realitet i USA».

Blant de som har sagt at de liker Rands romaner er presidenten selv (han er ikke kjent som noen lesehest, for å si det slik, men han har muligens sett filmversjonen av The Fountainhead *(1949), en versjon som ikke er god og som aldri var noen suksess, hverken hos kritikere eller publikum). Trumps utenriksminister Rex Tillerson har også sagt noe lignende om Rands bøker, og også Hillary Clinton gikk igjennom en Ayn Rand-fase, noe som førte til at hun engasjerte seg i republikaneren Barry Goldwaters presidentvalgkamp i 1964.*

Blant andre som har vært influert av Rand i sin ungdom, men som senere har forlatt disse ideene, finner vi Paul Ryan, visepresidentkandidat for republikanerne i 2012, og tidligere sentralbanksjef Alan Greenspan. Ryan sa i 2005 at «Rand inspired me to get involved in public service», men han forsto antagelig raskt at med Rand-inspirerte synspunkter var karrieremulighetene begrenset. Wikipedia forteller: «Ryan rejected Rand's philosophy as an atheistic one, saying it "reduces human interactions down to mere contracts". He also called the reports of his adherence to Rand's views an "urban legend" and stated that he was deeply influenced by his Roman Catholic faith and by Thomas Aquinas». Alan Greenspan tilhørte kretsen omkring Ayn Rand på 60-tallet, og han skrev gode artikler om bla. gullstandard i Rands tidsskrift. Hans forståelse av Objektivismen var aldri dyp, og i perioden som sjef for sentralbanken 1987-2006 førte han en politikk som ikke var i samsvar med det Rands ideer ville ha implisert.

Rand beundret entreprenører: de skaper produkter, de forbedrer tilbud, de tilbyr ting som publikum kjøper fordi de gjør deres liv bedre. De anser konkurranse som et gode som motiverer til forbedringer. Entreprenørene skaper fordi de er kreative; Steve Jobs er et virkelig eksempel: iPhone, iPad, og iTunes finnes i utallige hjem. Jobs revolusjonerte flere industrier: filmindustrien (Pixar), musikkindustrien, dataindustrien. Jobs´ motiv var å skape gode produkter, motivet var aldri å tjene penger. Jobs´ egne ord: «*I was worth over a million dollars when I was 23, over 10 million when I was 24 and over 100 million when I was 25. But it was not that important ... Because I never did it for the money*». Nå sier riktignok en av Rands romanpersoner at «*penger er roten til alt godt*», men dette er sagt av en bestemt person i en bestemt sammenheng og må forstås i lys av dette. Poenget der var at eksistensen av penger gjør arbeidsdeling mulig, noe som styrker produktiviteten og dermed øker velstanden.

I *Atlas* finner man også forretningsfolk som Rand ikke beundrer: de ber staten om støtte og beskyttelse mot konkurranse, de søker særfordeler, de kjøper politikere og får skreddersydde reguleringer. Trump er en slik type: han donerte til politikeres kampanjer (dvs. han ga bestikkelser), han ba om særfordeler, han ønsket beskyttelse mot konkurranse. Ingen slår ham i å vise sin rikdom på vulgært vis, noe Trump Tower bekrefter – og til å tegne denne bygningen ville Howard Roark ha sagt Nei takk; opportunisten Peter Keating ville gladelig ha tatt jobben (Roark og Keating er fra Rands *The Fountainhead*).

Trump ønsker ikke frihet; han bruker politisk makt for å støtte pressgrupper. Han sier at «Kina stjeler våre jobber» – selv om internasjonal arbeidsdeling er en fordel siden det fører til at den totale produktiviteten og dermed velstanden øker. Trump vil stenge grensene for å holde fremmede ute, men jo flere som utfører produktivt arbeid i et land, jo større blir produksjonen og velstanden. Rand støtter frihet både mht. handel og innvandring. Trump har, i motsetning til Rand, liten respekt for den enkeltes rett til å søke lykken hvor han måtte ønske. Mange vil til USA fordi friheten er større der – dette er bra for USA, men ikke for opphavsland som mister ressurssterke folk. I *Atlas* omtaler Rand dette fenomenet som «a drain of brains» (uttrykket «brain drain» er blitt stadig oftere brukt etter 1957 for å beskrive flukten av ressursterke mennesker fra mindre frie til mer frie land). Trump har redusert noen skatter og fjernet en del reguleringer, og dette vil gi vekst – Trump sa i talen i Sør-Korea nylig at «Our stock market is at an all-time high. Unemployment is at a 17-year low.», man alt den mannen sier må tas med noen klyper salt.

Både Trump og andre sentrale personer har sagt at de beundrer Rands heroiske skikkelser, men det er ofte langt mellom ord og handling; man kan beundre Rands idealer og samtidig være imot disse idealenes implikasjoner.

Rand flyktet fra kommunisttyraniet i Sovjet i 1926, og kom til et USA hvor hun trodde frihetsideene sto sterkt. Hun ble raskt skuffet: 30-årene ble «the red decade», en periode hvor praktisk talt alle intellektuelle hyllet det noble eksperiment som de mente Sovjetunionen var, og ønsket en tilsvarende utvikling i USA. Etter at først Hoover og deretter Roosevelt intensiverte reguleringene med bla. økt proteksjonisme (Smooth-Hawley-loven vedtatt i 1930; at den ville komme var kjent i forkant og var i stor grad årsaken til krakket i 1929); forbud for privatpersoner å eie gull, dvs. inflasjonssikre penger (innført i 1933); samt en rekke andre inngrep. Økonomien gikk inn i en krise. Få har tatt lærdom av denne perioden, og Trump er proteksjonist.

Finanskrisen i 2008-09 var i hovedsak forårsaket av at sentralbanken hadde holdt rentenivået kunstig lavt i en periode (bla. for å få fart på næringslivet etter 11. september 2001), og så iverksatte en betydelig renteøkning i 2005-06 (mer teknisk: de inverterte yield-kurven, dvs. de snudde forholdet mellom renter på korte og lange lån). Investeringer og lån som hadde vært lønnsomme med lave renter var da ikke lønnsomme lenger, og konkursene kom. (Å hevde at krisen skyldtes dereguleringer eller grådige bankfolk tyder på at man ikke har stor innsikt i hva som virkelig skjedde eller hvordan en økonomi fungerer.) En rekke banker hadde spekulert i dette, i trygg forvissning om at dersom det gikk galt ville staten redde dem (Obama støttet redningspakkene). Støtteordninger medfører uforsiktig oppførsel, og dette preger også forretningsfolk. Statlige «bailouts» reddet noen banker og firmaer fra det som det frie marked ville ha gitt dem: konkurs. Kostnaden ved «bailouts» (og statsgjeld) belastes skatte-betalerne, all skatt betales ved at vanlige folk må jobbe enda mer for å tjene til det de kjøper; å beskatte en bedrift et bare en indirekte måte å beskatte kundene på.

Disse tiltakene skjedde dog før Trump, men de ville ikke har skjedd dersom Rands ideer hadde stått sterkt: hun støttet full næringsfrihet, inkludert «free banking». Dette ville gitt stabil pengeverdi knyttet til en gullstandard, og et rentenivå bestemt av markedet og ikke av byråkrater. Det ville ikke ha vært en statlig sentralbank som manipulerer pengeverdi og rentenivå og skaper økonomiske kriser.

Rands ideal er rasjonalitet, som innebærer at man retter seg etter fakta, er logisk, er ærlig, er prinsipiell, er langsiktig, har integritet, tenker seg godt om før man handler. Passer denne beskrivelsen på Trump? Hans omgang med fakta er lemfeldig, hans utallige tweets tyder ikke på at han tenker igjennom det han sier, og han skifter syn så raskt at han stiller selv profesjonelle politikere i skyggen. *(Om Hillary Clinton – som han kalte «Crooked Hillary» – før valget, sa han: «You belong in jail». Etter valget var tonen en annen: «Hillary has worked very long and very hard over a long period of time, and we owe her a major debt of gratitude for her service to our country. I mean that very sincerely».)*

Så Trump og Rand er ikke i samme seng, de er ikke i samme ideologiske univers, de er praktisk talt motsatte ytterligheter. Å påstå at Rands ideer har betydelig innflydelse på USAs politikk eller kultur er bare absurd.

$ $ $

Så vidt vi har kunnet se trykte Ny Tid den korte versjonen kun med noen mindre endringer. Tittelen ble dog endret til «Sjelefrender eller erkefiender?», og det ble lagt inn følgende undertittel: «Det er tvilsomt om Trumps presidentskap er basert på Ayn Rands filosofi».

Undertittelen som redaksjonen la inn sier altså at det er «tvilsomt» om Trumps presidentskap er basert på Ayn Rands filosofi; det som den innsendte artikkelen sier er at det helt feil å påstå at Trumps presidentskap er basert på Ayn Rands filosofi: artikkelen sier at en påstanden er «feil», redaksjonen endrer dette til «tvilsomt».

Ayn Rand og altruismen

Publisert som kronikk i Dagsavisen 9. februar 2016

Den kontroversielle og bestselgende filosofen Ayn Rand har i det siste vært gjenstand for en rekke artikler og kommentarer i pressen – i Dagsavisen, i Aftenposten, og i bloggosfæren. En rekke momenter ved hennes omfangsrike forfatterskap er blitt kommentert, men spesielt er det hennes angrep på altruismen som har vakt størst motstand, for ikke å si sinne. Enkelte hevder at Rand nærmest gir et forsvar for det å være bøllete, hensynsløs og, ja, nærmest ond.

Men hva er det hun egentlig mener? Hun er imot altruismen, men hva er altruisme? La oss først se på noen aktuelle og relevante eksempler.

Eksempler

«[Psykolog] Sissel Gran [sier at] "mange vonde forhold er ufattelig stabile i lang tid". Etter 37 år som kjærlighetens fanebærer tenker Sissel Gran at mange holder ut i forhold altfor lenge» (fra Aftenposten).

«Islamekspert: – Dropp alkoholen på julebordet. Alkoholfrie lønningspils og julebord kan være et alternativ som inkluderer alle på en arbeidsplass, uansett religion, sier Lars Gule» (nrk.no).

«Kölns ordfører ber kvinner oppføre seg. Kvinner må være påpasselige med hvordan de oppfører seg for å unngå framtidige overgrep, uttaler Kölns ordfører Henriette Reker etter at 90 kvinner sier de ble utsatt for seksuelle overgrep fra rundt 1 000 utlendinger nyttårsaften» (tv2.no).

«I trusselvurderingen het det at politiet og forsvaret kan være mål for terrorangrep i Norge. Derfor oppfordres vernepliktige til ikke å benytte uniform utenfor tjeneste» (Nettavisen).

En tilsvarende oppfordring er kommet i England: «British soldiers have been warned not to wear their uniform outside barracks amid fears of a

Woolwich copycat attack. They have also been told not to let strangers know that they are serving in the British Army» (fra Daily Mail).

«Våldtagen kvinna ville inte polisanmäla: "Det är synd om honom för han är flykting"» (Fritatider.se).

«UDI: – Korset må bort før asylsøkerne kommer. -Vi gjør ikke dette med glede, sier Det Norske Misjonsselskapet. Dette handler om at UDI krever at kors på bygninger som eies av Misjonsselskapet må fjernes før de kan brukes av asylsøkere» (Dagbladet).

Det er noe som er felles i alle disse eksemplene. Alle handler om ettergivenhet, og det er vi som er eller oppfordres til å være ettergivende. Vi skal tilpasse oss andre, de skal ikke tilpasse seg oss. Dette skal gjelde dersom de vi tilpasser oss er vanskelige ektefeller, voldtektsmenn, potensielle terrorister, eller bare innvandrere med en annen religion enn den som er mest vanlig her: vil de ikke delta på jobbens julebord dersom det drikkes alkohol så må vi andre droppe akevitten denne kvelden; vil de ikke oppholde seg i boliger som er smykket med kors må vi ta bort korset; klarer de ikke oppføre seg anstendig på fest så er det vi som må endre vår påkledning og vår oppførsel; blir de provosert av å se våre soldater i uniform må soldatene gå i sivil.

Dette handler om ettergivenhet, det handler om å gi avkall på egne verdier til fordel for andre. Finnes det noen personer – eller en ideologi – som hevder at det er slik man bør handle? Ja, slike personer er det mange av. En av dem er Jesus: «Sett dere ikke imot den som gjør ondt mot dere. Om noen slår deg på høyre kinn, så vend også det andre til. Vil noen saksøke deg og ta skjorten din, la ham få kappen også. Tvinger noen deg til å følge med en mil, så gå to med ham.» Jesus sier også: «Vil du være helhjertet, gå da bort og selg det du eier, og gi det til de fattige».

I skjønnlitteraturen finner man en rekke eksempler på at dette anses som et gode. For å bare å ta med ett eksempel: I Olav Duuns *I stormen* har den onde Lauris og den gode Odin kappseilet, og den veltede båten kan bare holde en av dem flytende. Odin, som er sterkest, lar Lauris få plassen på den veltede båten og velger selv døden. Odin ofrer seg, og han gjør dette fordi han, ifølge forfatteren, er et bedre menneske enn Lauris.

Altruisme

Dette idealet sier at det som er moralsk høyverdig er å ofre seg, det som er riktig er å gi avkall på egne verdier til fordel for andre. Det er dette som er altruisme. Dette går også frem av ordbøker og leksika, f.eks. Kunnskapsforlagets leksikon, som definerer altruismen slik: «den etiske grunnsetning som sier at andres vel bør være målet for våre handlinger. Motsatt: egoisme».

I lærebøker om etikk finner man det samme: E. J. Bond: «[altruism is the policy of] always denying oneself for the sake of others» (*Encyclopedia of Ethics*, 1992), Burton Porter: altruism is «the position that one should always act for the welfare of others» (*The Good Life*, 1995). Lawrence Blum: «altruism refers to placing the interests of others ahead one's own» (*Encyclopedia of Ethics*, 1992).

Opphavsmannen til ordet altruisme, August Comte, skrev at «vi er født med en rekke forpliktelser av alle slag – til våre forfedre, til våre etterkommere, til våre samtidige. Når vi blir født blir vi pålagt flere slike forpliktelser ... » (fra *Cathecism Positive*, 1852).

Denne etikken er så utbredt og ukontroversiell at en politiker som John Kerry kunne si følgende i en tale i 2004: «...whatever our faith, one belief should bind us all: The measure of our character is our willingness to give of ourselves for others and for our country. These aren't Democratic values. These aren't Republican values. They're American values. We believe in them. They're who we are». John McCains taler på samme tid inneholdt som regel følgende konstatering: «To sacrifice for a cause greater than oneself, and to sacrifice your life for the eminence of that cause, is the noblest activity of all».

Alle sier at selvoppofrelse er høyverdig, og det er dette som er altruisme. Altruismen har implikasjoner på alle livets områder, og det er lett å finne langt flere eksempler enn de som er nevnt over.

Rands syn

Ayn Rand er den eneste filosof som er imot denne etikken, og hun har som ingen annen foretatt dyptborende analyser av hva altruisme er og hva den innebærer. (Enkelte betrakter også Nietzsche som en slags egoist, men han snudde bare den tradisjonelle etikken opp ned; han forfektet en irrasjonell egoisme for overmenneskene og krevde selvoppofrelse fra undermenneskene).

Før vi gjengir Rands egne ord tar vi med følgende fra en ikke helt fersk (2001) forskningsrapport fra NTNU/SINTEF: «mye tyder på at selvutslettende og oppofrende kvinner blir lettere syke. De lar andres ve og vel gå foran egne behov, og kommer til slutt til et punkt der kroppen sier stopp» (Gemini). Her sies det tydelig at altruisme er skadelig for de som praktiserer den.

Altruisme er altså ikke at man skal være snill og grei og hensynsfull, altruismen sier at man skal ofre seg for andre. Og dette er skadelig. Rand skriver:

> «What is the moral code of altruism? The basic principle of altruism is that man has no right to exist for his own sake, that service to others is the only justification of his existence, and that self-sacrifice is his highest moral duty, virtue and value. Do not confuse altruism with kindness, good will or respect for the rights of others. These are not primaries, but consequences, which, in fact, altruism makes impossible. The irreducible primary of altruism, the basic absolute, is self-sacrifice—which means; self-immolation, self-abnegation, self- denial, self-destruction—which means: the self as a standard of evil, the selfless as a standard of the good.»

Det er svært få som praktiserer altruisme fullt ut; blant de som kom nært finner vi folk som Jesus, Frans av Assisi og Albert Schweitzer. Det er svært få som lever sine liv slik de gjorde.

Et ideal?
Men kan man ikke si at altruismen er et ideal som man bør strebe etter? Dette betyr at man fremholder et ideal som er umulig å følge, det betyr også at alle vet at man er umoralsk og at man må være umoralsk for å leve godt, det betyr også at moral blir en fiende for et godt liv.

Med andre ord, å fremholde altruisme som et ideal vil føre til voksende umoral, og dette er skadelig fordi da vil folk ikke ha noen veiledning for hvordan de kan og bør leve sine liv.

Et annet poeng er at maktmennesker, personer som liker å bestemme over andre og å få dem til å adlyde, benytter altruismen for å få makt. Hitlers velkjente oppfordring lød slik: «[The] self-sacrificing will to give one's personal labor and if necessary one's own life for others is most strongly developed in the Aryan. ... he willingly subordinates his own ego to-the life of the community and, if the hour demands, even sacrifices it.»

Rand ser ut til å være den eneste som tar et oppgjør med altruismen. Hennes etikk er det motsatte av altruismen, hun forfekter rasjonell egoisme, en etikk som sier at man skal handle slik at man selv virkelig vil tjene på det på lang sikt. Dette innebærer dyder som rasjonalitet, ærlighet, integritet, uavhengighet og rettferdighet, at man skal forsørge seg og sine ved produktivt arbeid, og at man ikke skal initiere tvang mot andre mennesker.

Egoisme er en forutsetning for et godt liv, sier Rand. Egoister er i motsetning til altruister umulige for maktmennesker å dirigere og styre, og det er muligens derfor så mange i det siste har fått stor spalteplass for å forsvare altruismen og å gi et helt feilaktig bilde av hva Ayn Rands syn egentlig er.

https://www.aftenposten.no/amagasinet/i/m0Kq/sissel-gran-mange-vonde-forhold-er-ufattelig-stabile-i-lang-tid

https://www.tv2.no/a/7882500

https://www.dagbladet.no/nyheter/udi---korset-ma-bort-for-asylsokerne-kommer/60469240

https://www.nettavisen.no/nyheter/forsvaret-anbefaler-a-ikke-bruke-uniform-pa-reise/s/12-95-8513011

http://www.dailymail.co.uk/news/article-2863008/Proud-soldiers-told-not-wear-uniforms-public-foil-Woolwich-repeat-denounced-victory-terror.html

https://www.nrk.no/tromsogfinnmark/islamekspert_-_-dropp-alkoholen-pa-julebordet-1.12678793

https://www.friatider.se/v-ldtagen-kvinna-ville-inte-polisanm-la-det-r-synd-om-honom-f-r-han-r-flykting

Fra tidsskriftet Gemini: Forskningsnyheter fra NTNU og SINTEF nr 4/2001

Kunnskapsforlagets leksikon, 1982

Bond sitert fra «Theories of the Good» i *Encyclopedia of Ethics*, 1992, Porter sitert fra *The Good Life*, 1995 Blum sitert fra «Altruism» i *Encyclopedia of Ethics*, 1992

Kronikken i Dagsavisen førte til flere tilsvar. Her følger to av mine svar:

Rand, egoisme og altruisme

Publisert i Dagsavisen 2. mars 2016

Førsteamanuensis Einar Jahr tar i et innlegg 24/2 opp noen poenger fra min kronikk 9/2. Han sier bla. at Rand angriper «en nærmest karikert variant» av altruismen. Men å innvende at ingen praktiserer altruismen slik Jesus m.fl. anbefalte, er å slå inn en åpen dør. Poenget er, som jeg også skrev i kronikken 9/2, at hvis man sier altruismen er et ideal, fremholder man et ideal som er umulig å følge. Man må derfor være umoralsk for å leve godt, og Rands poeng er at moral da blir uforenlig med et godt liv. Altruismen som ideal vil derfor fremme umoralske handlinger. Dette er opplagt skadelig.

Man har selvsagt nytte av andre, og man forholder seg til dem ved å omgås dem på en fredelig og vennlig måte, ved å handle med dem, ved ikke å initiere tvang mot dem, og, i den grad man har noe å avse, å hjelpe de som ufortjent er kommet i en vanskelig situasjon. Det er få som ikke kan klare seg selv, og å gjøre disse til kjernepunktet i en etikk, er galt.

Jahr oversetter «laissez-faire-kapitalisme» med «tøylesløs kapitalisme». Kapitalismen bygger på fravær av initiering av tvang, dvs. at staten skal respektere og beskytte eiendomsretten, og ikke legge hindringer i veien for produksjon og handel. Svindel, tyveri, etc. er selvsagt forbudt, og verdiskapning skjer da uten hindringer. «Tøylesløs» beskriver derimot godt den sosialdemokratiske statens vekst, en vekst som gjør at de produktive i stadig større grad må kjempe seg igjennom en mer og mer tettvokst jungel av nye avgifter, skjemaer, reguleringer, lover, mer og mer kompliserte skatteregler og tilskuddsordninger, mm. Blant de mange skadelige resultater av dette er redusert vekst, og at mange helt eller delvis flykter inn i den svarte økonomien. At penger i dag konsentreres på færre hender er en virkning av stadig mer innskrenket frihet, noe som er følgen av statlige reguleringer. Frie samfunn er dynamiske med stor mobilitet oppover (og nedover), mens samfunn med omfattende reguleringer er statiske og rigide.

Jahr nevner Aristoteles' «gyldne middelvei», men det er feil å tro at dette betyr at man alltid skal velge det som som ligger mellom to ekstremer. Aristoteles' poeng er at man bør velge en gylden middelvei mellom to ytterpunkter kun dersom begge er gale: man skal ikke være ødsel og man skal ikke være gjerrig; her bør man velge en mellomting. Men det er ingen gylden middelvei mellom rett og galt, mellom godt og ondt. Initiering av tvang er et onde, så det er ingen gylden middelvei mellom tvang og frihet

Jahr vs. Rand: demokrati vs. frihet

Publisert i Dagsavisen 14. mars 2016

Jeg vil gjerne kommentere noen av Einar Jahrs poenger i svaret til meg 4/3. Ayn Rand mener at hver enkelt skal kunne bestemme over seg og sitt uansett hva andre måtte mene. Demokrati innebærer at flertallet kan krenke den enkelte, noe Rand er imot. Kravet om at man skal finne seg i krenkelser fra andre forutsetter altruisme.

Jahr: elever har ikke frihet når de ikke kan sette opp et stykke om Tarzan uten tillatelse fra Disney. Men frihet er ikke retten til å bruke andres eiendom, frihet er retten til å bruke egen eiendom. Disney har her copyright, et aspekt ved eiendomsretten.

Jahr sier at markedskreftene gir trafikkfare pga. biler med billige og dårlige dekk, etc. Staten som vei-eier burde satt betingelser for bruk som hindret slikt. Brudd på disse reglene burde straffes strengt, noe dagens demokratiske stat åpenbart ikke ønsker.

Om bønder har kjøpt såkorn på betingelser som innebærer restriksjoner, er det rimelig at de overholder disse. Primærnæringene er underlagt omfattende reguleringer og statlig favoriserte salgsordninger, f.eks. at staten gir enkelte selskaper monopol på kjøp/salg (velkjent i Norge). Dette er grunnen til den type problemer Jahr nevner. At disse landene er demokratiske løser ikke problemene.

Finanskrisen [i USA] skyldes i utgangspunktet at staten påla banker å gi lån til kunder som ikke var kredittverdige. Statlige redningspakker, demokratisk vedtatte sådanne, førte til at bankfolk oppførte seg uansvarlig. Rand er imot alle slike inngrep i bankvirksomheten; hun mener at alle bør stå til ansvar for sine handlinger.

Det er ikke mitt syn at byråkratene synes det er morsomt å bestemme over folk, slik Jahr impliserer. Statens regelverk (lover, forskrifter, rundskriv) viser seg i kontakt med virkeligheten alltid å være mangelfullt, det må da stadig lages nye regler for å supplere de gamle. Dette krever flere byråkrater, og de gjør sitt beste for å tolke og implementere det stadig mer omfattende og kompliserte regelverket. Alt det offentlige er involvert i blir da tidskrevende og kostbart.

Jahr har rett i at statlige inngrep er underlagt demokratisk kontroll, men er dette et gode? Her er tre negative eksempler på hva demokratisk innblanding, dvs statlig tvang, har medført på viktige områder. Alle har gått igjennom den offentlige skolen og resultatet er at mer enn 400.000 voksne mangler grunnleggende ferdigheter i lesing og regning (vox.no), norske sykehus har opparbeidet en gjeld på 5 mrd kr (VG 8/7-11). Staten skylder idag pga. opparbeidede pensjonsrettigheter 6.550 mrd kr, som tilsvarer ca. fem statsbudsjett. Dette er langt mer enn der som er i oljefondet (Finansdep).

Ayn Rand, Monbiot og Klassekampen

Onsdag 16. mai 2012 publiserte Klassekampen et usedvanlig løgnaktig og ondskapsfullt angrep på Ayn Rand. Jeg skrev følgende svar og sendte det inn dagen etter. Innlegget var på 6000 tegn, og 22. mai ba redaksjonen meg kutte det til 2000 tegn. Her følger begge versjoner av innlegget.

At mye av det som står i avisene ikke er å stole på er en velkjent sannhet, en sannhet man dessverre får bekreftet ganske ofte. George Monbiots artikkel om Ayn Rand, presentert av Klassekampen på prominent plass 16. mai, er enda et eksempel som bekrefter dette.

Det den forteller om Ayn Rand er dog så absurd at enhver burde forstå at det som fortelles ikke er sant, men siden Klassekampens lesere muligens ikke kjenner så godt til Ayn Rand og derfor ikke har en klar oppfatning av hva hun står for, tillater jeg meg å be om plass til følgende oppklaring.

«Hun kalte de fattige og svake ´avfall´ og ´parasitter´» påstår Monbiot. Hun har aldri sagt noe slikt, selvsagt. Hun var dog iblant ganske frisk i sin språkbruk overfor de som mente at de hadde rett til å leve på andres bekostning, men å sidestille disse med fattige og svake er rent oppspinn fra Monbiots side.

Egoisme er en etisk teori som sier at man bør handle slik at man selv virkelig vil tjene på det på lang sikt, og med et lykkelig liv som mål; altruisme er å gi avkall på egne verdier til fordel for andre. Monbiot beskriver dette som ufyselig, selv om egoisme var idealet i filosofiens gullalder i antikkens Hellas, og selv om altruisme forkynnes av alle religioner og er noe som alle maktmennesker spiller på. Monbiot påstår at Rand fordømte alle som ville hjelpe; dette er en vanvittig påstand som savner enhver basis i fakta. Men Rand fordømte alle som forfektet selvoppofrelse, dette fordi selvoppofrelse er en etikk som ødelegger liv.

Monbiot forteller om en scene i Rands roman *Atlas Shrugged* som omhandler gassing; det som skjer er at et tog blir sittende fast i en tunnel og passasjerene omkommer. Grunnen til at ulykken skjedde var at de som arbeidet i jernbaneselskapet var udugelige, og hun trekker en kobling mellom det å utføre en jobb som krever dyktighet og personer som ikke synes at kvalitet og dyktighet er viktige egenskaper. Hun viser med denne scenen at mangel på dyktighet, og en kultur som ikke legger vekt på en slik egenskap, har dødelige konsekvenser.

«Rand er blitt ledestjernen for republikanerne i USA» sier Monbiot, men også dette er feil. En av de som i mest positive ordelag har omtalt henne, Paul Ryan, uttalte nylig at han tok avstand fra henne: «I reject her philosophy … It's an atheist philosophy. It reduces human interactions down to mere contracts and it is antithetical to my worldview».

Monbiot synker også så lavt at han trekker frem at hun i sin alderdom valgte å ta imot Social Security. Social Security er USAs pensjonssystem, finansiert av skattebetalerne. Å delta i dette systemet er noe alle amerikanere har krav på, og siden Rand i alle år hadde betalt sin skatt så hadde hun all rett til dette. Mener Monbiot at hun skulle betale sin skatt, men ikke motta noen av de statlige ytelser som var beskatningens begrunnelse og som skatten var med på å finansiere?

Ja, hun var imot at slike ordninger – pensjoner, trygder – skulle være statlige og finansiert med tvang gjennom skatt, men dette var fordi slike systemer ikke er økonomisk bærekraftige og på sikt og vil bryte sammen. Også her fikk Rand rett; det amerikanske pensjonssystemet er reellt sett konkurs (slik det også er i alle andre velferdsstater).

Rand var også imot alle tvangsreguleringer av verdiskapning og produksjon, og hun var imot alle statlige velferdsordninger. Hvordan det ender opp når man begynner å regulere økonomien og når staten deler ut goder kan man se i alle sosialistiske eksperimenter: Nord-Korea, Sovjet-Unionen, Frankrike, Hellas, Detroit, California, kibbutzer, etc. – de er mislykkede alle sammen (men ikke alle har brutt sammen ennå).

Monboit omtaler sentralbanksjef Alan Greenspan som hennes «mest hengivne» tilhenger. Monbiot utelater da det faktum at Greenspan tok avstand fra Objektivismen, og at den politikk han førte som sentralbanksjef var i strid med det han sto for mens han var i Rands krets.

Finanskrisen skyldtes ikke det frie marked, som Rand var en varm tilhenger av, den skyldtes statlige pålegg til bankene om å foreta uansvarlige disposisjoner med garantier om statlige redningspakker dersom det gikk galt. I tillegg hadde man et pengesystem hvor staten kunne manipulere pengeverdi, rentenivå, skatteregler, etc. Man kunne heller ikke benytte alternative pengesystemer pga. lover om «legal tender» («tvungent betalingsmiddel»). I et fritt marked ville man ikke hatt noe av dette, i et fritt marked finnes ingen statlige ordninger som innebærer subsidiering av og støtte til uansvarlig oppførsel.

I det ytre beskriver *Atlas Shrugged* velferdsstatsmodellens sammenbrudd, den går inn på de grunnleggende årsakene til at denne modellen har oppslutning og den argumenterer grundig for et rasjonelt alternativ. Denne romanen, som kom i 1957, inneholdt altså en spådom om det vi alle kan se omkring oss i dag. For bare å belyse ett konkret poeng ved dette: Alle velferdsstater har stor gjeld, dette fordi politikerne har gitt befolkningen løfter om statlige goder i bytte for stemmer. Men de statlige tilbudene må finansieres, og skatteinntektene blir raskt for små og da må det tas opp lån. Offentlig gjeld i noen land som andel av BNP: Frankrike 82 %, Tyskland 83 %, Italia 119 %, Spania 60 %, Hellas 143 %, Irland 95 %, England 76 %, Belgia 100 %, USA mer enn 100 %. Dette er ikke bærekraftig. Resultatet er at alle velferdsstater er vei mot sammenbrudd.

Ayn Rand advarte mot dette på en helhetlig og fundamental måte, og hun skapte et alternativ, et system med full individuell frihet som vil føre til en jevnt voksende velstand for alle. At Klassekampen i denne situasjonen velger å presentere Monboits innlegg viser bare at avisen ikke har forlatt sin tidligere inkarnasjon som et organ for stalinistisk løgnpropaganda.

Klassekampen publisere 30. mai 2012 en noe forkortet versjon av min forkortede versjon av innlegget over.

Monbiots angrep på Ayn Rand

16. mai publiserte Kk G. Monbiots løgnaktige angrep på Ayn Rand. Jeg tilbakeviste påstandene i et svar sendt 17. mai men jeg ble bedt om å kutte det.

«Hun kalte de fattige og svake ´avfall´ og ´parasitter´» påstår GM, noe som er rent oppspinn. Rand brukte ofte frisk språkbruk overfor de som mener at man har rett til å leve på andres bekostning, men å sidestille disse med fattige og svake er feil.

Egoisme, en etisk teori som sier at man bør handle slik at man selv virkelig tjener på det på lang sikt, var idealet i filosofiens gullalder i antikkens Hellas. GM beskriver dette som ufyselig. Altruisme, å gi avkall på egne verdier til fordel for andre, forkynnes av alle religioner og spilles på av alle maktmennesker; Rand var sterkt imot dette, GM er antagelig for. GM påstår at Rand fordømte alle som ville hjelpe; også dette mangler enhver basis i fakta. Men Rand fordømte alle som forfektet altruisme, fordi denne etikken ødelegger liv.

GM kobler en scene i *Atlas Shrugged* til gassing; et tog blir sittende fast i en tunnel og passasjerene dør. Dette skjer pga udugelighet hos jernbanearbeiderne. Rand kobler her dyktighet opp mot personer som ikke legger vekt på kvalitet og dyktighet. Denne scenen viser at en kultur som ikke vektlegger dyktighet har dødelige konsekvenser.

GM kritiserer Rand fordi hun mottok Social Security, dvs. pensjon. Siden Rand hadde betalt skatt hadde hun rett til dette. GM mener åpenbart at hun skulle betale skatt, men ikke motta de ytelser som var beskatningens begrunnelse og som skattene finansierte. Rand var imot at slike ordninger skulle være statlige, dette fordi de ikke er økonomisk bærekraftige og vil bryte sammen. Rand fikk rett; pensjonssystemene i alle velferdsstater er reelt sett konkurs.

Finanskrisen skyldtes ikke det frie marked, den skyldtes statlige pålegg til bankene om å foreta uansvarlige disposisjoner med garantier om statlige redningspakker dersom det gikk galt.

Alle velferdsstater har i dag stor gjeld: politikerne har gitt løfter om statlige goder i bytte for stemmer. Disse godene må finansieres, skatteinntektene blir raskt for små og det tas opp lån. Offentlig gjeld i noen land som andel av BNP: Frankrike 82 %, Italia 119 %, Hellas 143 %, USA mer enn 100 %. Dette er ikke bærekraftig. Resultatet er at alle velferdsstater er vei mot sammenbrudd.

Atlas Shrugged beskriver velferdsstatsmodellens sammenbrudd, går inn på de fundamentale årsakene til denne modellens oppslutning, og viser et rasjonelt alternativ.

Ayn Rand advarte mot det vi i dag ser omkring oss på en helhetlig og fundamental måte. At Kk nå trykker Monboits innlegg viser bare at avisen ikke har forlatt sin tidligere inkarnasjon som et organ for primitiv stalinistisk løgnpropaganda.

Noen betraktninger om kunst

Teksten som følger er en noe utvidet versjon av et referat fra et kåseri holdt i november 2019. Referatet er skrevet av Espen Hagen Hammer, og det ble publisert på nettsiden www.aynrand.no 6. januar 2021.

Den 19. november 2019 arrangerte Foreningen for studium av Objektivismen (FSO) et medlemsmøte hvor Vegard Martinsen holdt et kåseri med tittelen «Om et møte med en av Norges største kunstnere, mm.» Kåseriet omhandlet dette møtet, Odd Nerdrum som kunstner, mer generelt om kunst og estetikk, samt kunsthistorie.

Møtet med Nerdrum

Sommeren 2019 besøkte Martinsen Nerdrums gård i forbindelse med at Martinsen skulle bli intervjuet av Cave of Apelles, og det var slik anledningen til møtet med Nerdrum oppstod. Det var altså dette møtet mellom Martinsen og Nerdrum som var bakgrunnen for FSOs medlemsmøte. Ettersom samtalen mellom Nerdrum og Martinsen var privat, er innholdet av denne samtalen kun forbeholdt kåseriets tilhørere, og gjengis derfor ikke her. Innledningsvis gikk Martinsen inn på Nerdrum som kunstner og hans utvikling.

Nerdrum er en figurativ kunstmaler, som har hentet mye av sin inspirasjon fra barokken og kunstnere som Rembrandt og Caravaggio. Dette står i sterk kontrast til dagens kunstkultur, som er dominert av modernismen og såkalt non-figurativ kunst. Det var mens Nerdrum var på en tur med Kunstakademiet til Stockholm i 1962 at han så «kunstverket» *Monogram* (1955–1959) av Robert Rauschenberg, og det var dette som fikk Nerdrum til å forstå at noe er alvorlig galt med kunstens tilstand. Det var også her at Nerdrum oppdaget Rembrandt, og tok veivalget med å male figurativt i barokkstil.

I begynnelsen malte Nerdrum malerier med sosialrealistiske motiver. Som eksempler på dette viste Martinsen til kjente verk som *Mordet på Andreas Baader* (1977–1978), *Arrestasjon* (1975–1976), og *Trygd* (1973). Men så skjedde det noe. Nerdrum endret stil, og eksempler på dette er verk som *Morgengry* (1989), *Nattevakten* (1986–1988), *Vannvaktene* (1985), og *Skumring* (1981). Disse kunstverkene preges av store, åpne, golde, postapokalyptiske landskaper. I en pause spurte jeg Martinsen om han kunne si noe nærmere om hva som var årsaken til denne endringen. Han kunne ikke si noe sikkert om årsaken til dette, men at det kan skyldes en endring i Nerdrums «sense of life», som så har kommet til uttrykk i hans kunst. I *The Romantic Manifesto* (1969) definerer Ayn Rand «sense of life» slik:

> «A sense of life is a pre-conceptual equivalent of metaphysics, an emotional, subconsciously integrated appraisal of man and of existence. It sets the nature of a man's emotional responses and the essence of his character.»

Om kunst, noen definisjoner, mm.
Det finnes fem kunstarter:
- Litteratur
- Bildende kunst
- Dans
- Musikk
- Arkitektur

Ifølge Martinsen er denne listen uttømmende; det finnes ingen flere kunstarter enn dette. Dersom det skulle komme noen nye uttrykk for kunst i fremtiden, vil det være en kombinasjon av noen av disse kunstartene. F.eks. er film en kombinasjon av litteratur, bildende kunst, og musikk. Martinsen var kort innom spørsmålet om fotografi kan være kunst. Ifølge personer som Ayn Rand, Susan Sontag, og Roger Scruton er fotografi ikke kunst, men Martinsen er uenig i dette; han mener at fotografi kan være kunst.

Historisk sett var det fortellinger og bilder som ble først brukt, så kom musikk, dans, og arkitektur. Opera er en type verk som forsøker å inkludere alle disse. I dag er det film som er folks hovedkilde til kunst, men ifølge kunstteoretikeren Ray Percival har dataspill potensialet til å overta denne posisjonen i fremtiden.

Man bør skille mellom «fine art» og «decorative art», og skapende kunstnere og utøvende kunstnere. Eksempler på skapende kunstnere er malere, forfattere, komponister, mens eksempler på utøvende kunstnere er skuespillere og musikere. I noen sammenhenger er derfor skapende og utøvende kunstnere avhengig av hverandre, for eksempel er en skuespillforfatter avhengig av skuespillere for å sette kunsten ut i live, mens skuespillerne er avhengig av forfatteren for å ha noe å kunne vise frem.

Martinsen argumenterte for at dersom et verk skal kunne kvalifiseres som kunst, må det oppfylle to kriterier:

1. Et verk må være av en viss håndverksmessig kvalitet.
2. Et verk må inneholde en viss idé-rikdom, dvs. at det må på en måte formidle en idé med en viss dybde.

Etter disse kriteriene kan altså ikke amatører lage kunst, og det kan heller ikke teknisk dyktige håndverkere dersom de ikke formidler idéer gjennom sine kreasjoner.

Martinsen viste så til noen definisjoner av kunst av Store norske leksikon (SNL), George Dickie, Dave Davies, Thomas McEvilley, og Ayn Rand.

SNL: «Kunst, kulturytring hvor utførelsen gjerne krever spesiell kunnskap og ønske om å bruke denne og individuelt tilpasse den til en situasjon og hensikt.

Kunst i vid betydning står for spesiell ferdighet og dyktighet på vidt forskjellige felter. Noen vil for eksempel si at Lionel Messi er en kunstner på fotballbanen.

I snevrere betydning betegner det skapende eller utøvende, tolkende estetisk virksomhet, for eksempel dans, musikk, litteratur, billedkunst.

Med henvisning til filosofen Ludwig Wittgensteins teorier hevdet estetikere og filosofer i 1950-årene at det er umulig å definere kunst ved å angi hvilke egenskaper som er karakteristisk for kunst. Enkelte teoretikere hevder at det faktisk er kunstverdenen som institusjon som avgjør hva som er kunst.»

Dickie: «A work of art is an artifact of a kind created to be presented to an artworld public.»

Davies: «Something is an artwork if it has a particular status conferred upon it by a member of the Artworld, usually an artist ... An artist is someone who has acquired the authority to confer art status….»

McEvilley: «It is art if it is called art, written about in an art magazine, exhibited in a museum, or bought by a private collector ….»

Rand: «Art is a selective re-creation of reality according to an artist's metaphysical value-judgments.»

Disse definisjonene er, bortsett fra Rands, for brede og klarer ikke å definere kunst på en objektiv og presis måte. Det gjennomgående trekk er at noe er kunst dersom noen sier det er kunst, eller endog at kunst ikke kan defineres. Rand skiller seg her klart ut og definerer kunst som «en selektiv gjenskapelse av virkeligheten i henhold til en kunstners metafysiske verdivurderinger».

Med referanse til SNL poengterte Martinsen at kunst og «art» i vid betydning også kan bety «ferdighet» eller «metode». Noen vil for eksempel si at Lionel Messi er en kunstner på fotballbanen. Et annet eksempel på dette er definisjonen av logikk som «the art of non-contradictory identification».

Kunst er viktig, og Martinsen poengterte dette med at kunst er noe som alle mennesker bruker, og i alle kulturer har kunst hatt en betydelig plass. Årsaken til dette er at alle mennesker har en filosofi, og alle trenger å vedlikeholde denne filosofien. Det er dette som er kunstens funksjon. Eksempelvis skaper en kunstner verker som gir uttrykk for hans filosofi, mens en som bruker kunst liker verker som samsvarer med vedkommendes filosofi. Dette er årsaken til at mennesker liker ulike typer kunst, de liker den type verker som er i samsvar med de grunnleggende verdiene de har.

«Immanuel Kant Changed our Heads»

I en forelesning publisert på YouTube gjennomgår Odd Nerdrum deler av filosofiene til Immanuel Kant og Georg W. F. Hegel og den innflytelse de har hatt på kulturen generelt og kunsten spesielt. I sin *Kritikk av dømmekraften* (1790) mener Kant blant annet at genialitet er det motsatte av å bedrive imitasjon, og at et verk skal bedømmes etter innfall og ikke håndverk. Essensielt sett mener Kant at geniet ikke trenger kunnskap, og det gjør heller ikke kritikeren. Hegel, som er påvirket av Kant, mener på sin side at et verk som ikke forholder seg til tidsånden, på tysk *Zeitgeist*, har ingen verdi. Hegel mener også at ånden i et verk er viktigere enn dets håndverk, og at uansett hvor stygt et verk er har det mer verdi enn naturen.

I kontrast til dette står Aristoteles, som mener at alle kan utvikle seg gjennom gode handlinger, og at den beste kunstkritikeren har egen erfaring med håndverket.

Dette var de poengene fra forelesningen Martinsen gjennomgikk, men hele Nerdrums forelesning kan sees på YouTube.

Kants kunstteori

Martinsen viste frem noen sitater som illustrerer Kants kunstteori og hvor innflytelsesrik den har vært:

> «Kant's notion of the *free play of the faculties* (sometimes referred to as the "harmony of the faculties") *is probably the most central notion of his aesthetic theory.* But what is it for the faculties of imagination and understanding to be in "free play"? Kant describes the imagination and understanding in this *"free play" as freely harmonizing, without the imagination's being constrained by the understanding as it is in cognition.*
> Imagination in the free play, he says, conforms to the general conditions for the application of concepts to objects that are presented to our senses, yet without any particular concept being applied, so that imagination conforms to the conditions of understanding without the constraint of particular concepts.
> Given Kant's view that concepts are, or at least correspond to, rules by which imagination "synthesizes" or organizes the data of sense-perception, this amounts to saying that imagination

functions in a rule-governed way but without being governed by any rule in particular. The free play thus manifests, in Kant's terms, "free lawfulness" or "lawfulness without a law"».

«Kant distinguishes two notions of the sublime: the mathematically sublime and the dynamically sublime. In the case of both notions, the experience of the sublime consists in a feeling of the superiority of our own power of reason, as a supersensible faculty, over nature...

We have this feeling when we are confronted with something that is so large that it overwhelms imagination's capacity to comprehend it. In such a situation imagination strives to comprehend the object in accordance with a demand of reason, but fails to do so. ... The fact that we are capable, through reason, of thinking infinity as a whole, "indicates a faculty of the mind which surpasses every standard of sense". While Kant's discussion of the mathematically sublime mentions the Pyramids in Egypt and St. Peter's Basilica in Rome it is not clear that these are intended as examples of the sublime; and *Kant claims explicitly that the most appropriate examples are of things in nature. More specifically, they must be natural things the concept of which does not involve the idea of a purpose*: this rules out animals, the concept of which is connected with the idea of biological function, but it apparently includes mountains and the sea ... » (Stanford dictionary of philosophy, alle uthevelser her).

«Greenberg, like Kant, seeks to combat kitsch... Abstract art is the best ally in this struggle ... because abstract art refuses to spare its observers the efforts of understanding ...» (Cheetham, s. 92).

«...aesthetics for Kant is about the judge, not what is judged ... » (Cheetham, s. 6).

«...art history and the practicing visual arts have not – since the late eighteenth century – worked without Kant.» ... «Kant´s position ... effected almost every aspect of German learning». (Cheetham, s. 19, 23).

Kunst eller «kunst»

I *The Romantic Manifesto* skriver Rand følgende om kunstens rolle i forhold til kulturen:

«Art ... is the barometer of a culture. It reflects the sum of a society's deepest philosophical values: not its professed notions and slogans, but its actual view of man and of existence.»

Med dette som bakteppe viste Martinsen til en rekke «kunstverker» som typisk anerkjennes som god kunst i dag: *Into the World There Came a Soul Called Ida* (1929–1930) av Ivan Albright, *Leigh Bowery (Seated)* (1990) av Lucian Freud, *Crucifixion (Corpus Hypercubus)* (1954) av Salvador Dalí, masterstudentenes avgangsutstilling ved Kunsthøgskolen i Oslo (2019), *Monogram* (1955–1959) av Robert Rauschenberg, *Cold Mountain 4* (1991) av Brice Marden, *Composition VII* (1913) av Wassily Kandinsky, *Lectern Sentinel* (1961) av David Smith, *Zygotic Acceleration, Biogenetic, De-Sublimated Libidinal Model* (1995) av Jake Chapman og Dinos Chapman, og *Diver* (1962–1963) av Jasper Johns.

Som kontrast til dette viste Martinsen til to kunstverker fra en annen tid da andre filosofiske syn dominerte; *Pietá* (1498–1499) av Michelangelo, og *Discobolus* (ca. 460–450 f. Kr.) av Myron.

Vermeer

Johannes Vermeer (1632–1675) var en nederlandsk kunstmaler fra Delft i Nederland, hvor han bodde og arbeidet hele sitt liv. Han er i dag anerkjent som en av barokkens fremste kunstnere fra den nederlandske gullalderen, men ifølge Rand er Vermeer tidenes største kunstner. Hun argumenterer for dette synet i *The Romantic Manifesto*, hvor hun sier følgende om Vermeer:

«The greatest of all artists, Vermeer, devoted his paintings to a single theme: light itself. The guiding principle of his compositions is: the contextual nature of our perception of light (and of color). The physical objects in a Vermeer canvas are chosen and placed in such a way that their combined interrelationships feature, lead to and make possible the painting's brightest patches of light, sometimes blindingly bright, in a manner which no one has been able to render before or since. (Compare the radiant austerity of Vermeer's work to the silliness of the dots-and-dashes Impressionists who allegedly intended to paint pure light. He raised perception to the conceptual level; they attempted to disintegrate perception into sense data.)

One might wish (and I do) that Vermeer had chosen better subjects to express his theme, but to him, apparently, the subjects were only the means to his end. What his style projects is a concretized image of an immense, nonvisual abstraction: the psycho-epistemology of a rational mind. It projects clarity, discipline, confidence, purpose, power—a universe open to man. When one feels, looking at a Vermeer painting: "This is my view of life," the feeling involves much more than mere visual perception.»

Det er kun 34 verker som vanligvis tilskrives Vermeer. Blant de mest kjente er _Pike med perleøredobb_ (ca. 1665–1667) og _Melkepiken_ (ca. 1657–1661). Noen andre kunstverk er _Soldaten og den smilende piken_ (ca. 1655 – 1660), _Astronomen_ (1668), og _Geografen_ (ca. 1668–1669).

Ikke bare Vermeer

Martinsen viste til noen utvalgte store og kjente kunstverker som har frihet som tema. Et meget kjent kunstverk i denne sammenhengen er _Liberty Leading the People_ (1830) av Eugène Delacroix, som fremstiller Julirevolusjonen i Frankrike i 1830. Et annet er _Washington Crossing the Delaware_ (1851) av Emanuel Leutze, som på storslått vis fremstiller George Washington og den kontinentale armé som krysser elven Delaware natt til 26. desember 1776 under den amerikanske uavhengighetskrigen mot Storbritannia.

I kontrast til dette viste Martinsen til et annet og nyere kunstverk om Washington, *The Prayer at Valley Forge* (1975) av Arnold Friberg, som ble laget i forbindelse med USA sitt 200-årsjubileum i 1976. Dette kunstverket fremstiller Washington i et ganske annerledes lys; ikke som en modig, sterk og selvsikker hærfører, men som en troende kristen som bøyer seg for Gud. Dette er enda et eksempel på forfallet i den amerikanske kulturen, et forfall som illustreres ved at religionens innflytelse i kulturen blir sterkere.

Videre viste Martinsen til andre kjente kunstverk som tegn på forfallet i kulturen: *Skrik* (1893) av Edvard Munch, *The Temptation of St. Anthony* (1946) og *The Persistence of Memory* (1931) av Salvador Dalí, og *A Sunday on the Island of La Grande Jatte — 1884* (1884–86) av Georges Seurat. Martinsen påpekte at en distinksjon mellom *The Persistence of Memory* og *A Sunday on the Island of La Grande Jatte — 1884* er at førstnevnte har en klar epistemologi, men en uklar metafysikk, mens sistnevnte har en uklar epistemologi, men klar metafysikk.

En konsekvens av at nær sagt hva som helst kan betraktes som kunst, er at det oppstår forvekslinger og misforståelser blant folk om hva som er kunst og hva som ikke er det. Som et eksempel på dette viste Martinsen til da Riksdagen i Berlin ble pakket inn i en hvit duk i 1995 før restaureringen ble påbegynt, noe som tiltrakk millioner av tilskuere. Dette prosjektet, *Wrapped Reichstag* (1971–1995) av kunstnerparet Christo og Jeanne-Claude, er betraktet som kunst av mange. Dette er dog kun en gimmick som noen synes er morsom, men det er altså ikke kunst.

Dette eksemplifiseres videre i følgende sitat av Henning Tegtmeyer i boken *After the Avant-Gardes* (2016), redigert av Elizabeth Millán:

«Art ... is nothing more than an umbrella title for a number of very different, only loosely connected practices and projects.»

Martinsen kontrasterer dette med et annet utdrag fra *The Romantic Manifesto*:

> «Art is inextricably tied to man's survival … to that of which his survival depends: to the preservation and survival of his consciousness … Art brings man's concepts to the perceptual level … and allows him to grasp them directly, as if they were percepts.»

Martinsen viste så til tre andre eksempler på hvor ulike verdier et kunstverk kan fremstille: *Christina's World* (1948) av Andrew Wyeth, *Gamle Furutrær* (1865) av Lars Hertervig og *Stratford Mill* (1820) av John Constable; man kan også se at verdiene er mindre livsbejaende jo nyere verket er. (Dette er selvsagt et svært lite utvalg for å begrunne en så omfattende påstand.)

Still life
Still life er en malerifremstilling av ubevegelige og hverdagslige gjenstander, som frukt, blomster, drikkeglass, planter, møbler, servise, jaktbytte, og lignende, typisk med et «stille» tema. Still life er ofte svært virkelighetstro og laget med høy presisjon. Martinsen fremhevet en mulig årsak til fremveksten av denne typen malerier, nemlig at kunsten i lang tid hadde vært dominert av kristendommen, og at det med fremveksten av rasjonelle idéer oppstod et behov for skildring av det nære og hverdagslige fremfor det guddommelige og overnaturlige: Det ble lagt større vekt på objekter som elegant bestikk, fine gardiner og duker, vakkert dekkede bord, smakfulle interiører osv. – ting som ble tillagt større vekt etter at religionens stilling ble svekket og det ble lagt større vekt på livet før døden.

En annen kunstner fra den nederlandske gullalderen, og som spesialiserte seg på still life, er Willem Kalf (1619–1693). Noen av hans kunstverker som Martinsen viste til er *Still Life with the Drinking-Horn of the Saint Sebastian Archers' Guild, Lobster and Glasses* (ca. 1653), og *Pronk Still Life with Holbein Bowl, Nautilus Cup, Glass Goblet and Fruit Dish* (1678). Johann Wolfgang von Goethe skrev i 1797 følgende om Kalfs malerier:

> «One must see this picture in order to understand in what sense art is superior to nature and what the spirit of mankind imparts

to objects, which it views with creative eyes. For me, at least, there is no question but that should I have the choice of the golden vessels or the picture, I would choose the picture.»

I *The Romantic Manifesto* sier Rand dette om still life:

> «It is a common experience to observe that a particular painting —for example, a still life of apples—makes its subject "more real than it is in reality." The apples seem brighter and firmer, they seem to possess an almost self-assertive character, a kind of heightened reality which neither their real-life models nor any color photograph can match. Yet if one examines them closely, one sees that no real-life apple ever looked like that. What is it, then, that the artist has done? He has created a visual abstraction.»

Norman Rockwell

Norman Rockwell (1894–1978) var en amerikansk maler og illustratør, og verkene hans oppnådde høy popularitet i USA for sine refleksjoner av amerikansk kultur. Noen av hans mange kjente malerier er <u>The Connoisseur</u> (1962), <u>The Lineman</u> (1948), <u>The Runaway</u> (1958), og <u>The Problem We All Live With</u> (1963–1964). Martinsen mener at denne typen malerier ikke er kunst, til dét er de for konkrete, de er for virkelighetstro og realistiske; de har ikke tilstrekkelig idémessig innhold til å kvalifisere som kunst. Det korrekte er å beskrive dem som *illustrasjoner*.

Kitsch

Martinsen refererte til <u>SNL</u> sin definisjon av kitsch:

> «Kitsch, betegnelse på kunstlignende gjenstander med lav kunstnerisk verdi, gjerne slike som er produsert med tanke på et massemarked. Uttrykket oppstod trolig blant Münchens kunsthandlere på 1800-tallet som betegnelse på billige kunstgjenstander. Kitsch-gjenstander ansees gjerne å mangle originalitet og oppriktighet, og spille på følelser som sentimentalitet og patos. Det kan omfatte alt fra Mikke Mus-

telefoner og plastikkmadonnaer til kopier av Eiffeltårnet og nipshunder i naturlig størrelse, populære malerimotiver har vært sigøynerkvinne, gammel fisker og gråtende barn. I norsk kunstsammenheng har kitsch-begrepet fått en spesiell betydning ettersom Odd Nerdrum i 1990-årene begynte å kalle sin figurative kunst for kitsch og omtale seg selv som kitsch-maler.»

Martinsen viste så til noen typiske kitsch-eksempler fra SNL sin artikkel om kitsch, for så å vise til et annet sitat om kitsch:

«The current Renoir aversion, more than reflecting the actual goodness or badness of his art, reflects shifting cultural politics, a change in American art theory and practice, and a change in our attitude towards pleasure in art. Pleasure, once celebrated, now sets off alarm bells. It must mean kitsch, or misogyny, or bourgeois blandness, or, even worse, that we are not serious viewers of art.»

Martinsen krediterte dette sitatet til den amerikanske kunstkritikeren Peter Schjeldahl, men dette er egentlig et sitat fra kunsthistorikeren Martha Lucy i en artikkel av Schjeldahl.

Romanticism
Martinsen viste så til noen kjente kunstverker i den romantiske tradisjonen, som <u>Wanderer above the Sea of Fog</u> (c. 1818), <u>Winter Landscape with Church</u> (1811), og <u>Two Men Contemplating the Moon</u> (1819–1820) av Caspar David Friedrich, og <u>Langt, langt borte så han noe lyse og glitre</u> (1900) av Theodor Kittelsen.

Martinsen viste så til to sitater av henholdsvis Tore Bøckmann og Ayn Rand:

«The romantic school of art … is concerned – in the words of Aristotle – not with things as they are, but with things as they might be and ought to be. In her esthetic writings, Ayn Rand elaborated on this idea relative to her own field, the novel. But she said little about how it applies to the visual arts; and, when asked, she commented, "I wouldn't claim that the classifications

I've defined for literature hold for the other realms of art. Someone would have to establish that".

"Romantic art ... deals, not with the random trivia of the day, but with the timeless, fundamental, universal problems and *values* of human existence". And at its highest development, the concern of romantic literature "is not merely with values, but specifically with *moral* values and with the power of moral values in shaping human character". Friedrich held similar views in regard to painting. "To many it is incomprehensible that art has to emerge from a person's inner being", he wrote, "that it has to do with one's morality, one's religion". But so it does. *"You should trade only in what you recognize to be true and beautiful, noble and good in your soul"*». [Uthevet av Martinsen.] And indeed, Friedrich's paintings typically deal (from his own perspective) with man's noblest, most exalted moral values and abstractions.» (Tore Bøckmann, i *The Objective Standard*.)

«That which is not worth contemplating in life is not worth re-creating in art.» (Rand, *The Romantic Manifesto*.)

Noen bygninger
Martinsen innledet delen om arkitektur med et sitat fra *Manifesto of the Staatliches Bauhaus* (1919) av Walter Gropius:

> «The ultimate goal of all art is the building! The ornamentation of the building was once the main purpose of the visual arts, and they were considered indispensable parts of the great building.»

Martinsen viste også til Wikipedias definisjon på kunstmanifester:

> «An **art manifesto** is a public declaration of the intentions, motives, or views of an artist or artistic movement. Manifestos are a standard feature of the various movements in the modernist avant-garde and are still written today.»

Blant slike kunst-manifester finner man *The Futurist Manifesto, Manifesto of Industrial Painting, Maintenance Art Manifesto, Women's Art: A Manifesto* (Wikipedias liste omfatter ca 70 slike manifester).

Rand hadde derfor en bred tradisjon å bygge på da hun gav sin bok om estetikk tittelen *The Romantic Manifesto*.

Med dette som bakteppe viste Martinsen til en rekke eksempler på bygninger og henvisning til at det også står dårlig til med arkitekturen. Martinsen viste til Peter B. Lewis Building i Cleveland, Ohio, innsiden av Dansk Jødisk Museum i København, Museum of Pop Culture i Seattle, Washington, innsiden av klosterkirken Saint-Denis i Frankrike, Casa Milà i Barcelona, og New York County Family Courthouse i Manhattan, New York City (før ombyggingen i 2006). Martinsen viste også til noen eksempler på bygninger hvis arkitekturer som er mer i henhold til rasjonelle ideer, deriblant Taj Mahal i India og J. G. Melson House i Melson City i Iowa.

Som avsluttende ord om romantikken viste Martinsen til to utdrag fra *The Romantic Manifesto*:

> «The major source and demonstration of moral values available to a child is Romantic art (particularly Romantic literature). What Romantic art offers him is *not* moral rules, not an explicit didactic message, but the image of a moral *person*—i.e., the *concretized abstraction* of a moral ideal. It offers a concrete, directly perceivable answer to the very abstract question which a child senses, but cannot yet conceptualize: What kind of person is moral and what kind of life does he lead?»

> «Romantic art is the fuel and the spark plug of a man's soul; its task is to set a soul on fire and never let it go out. The task of providing that fire with a motor and a direction belongs to philosophy.»

Kunstens viktighet

Kunst er av avgjørende betydning for menneskelig eksistens og det å leve som menneske, noe som Martinsen antydet ovenfor med kunstens rolle og posisjon i alle kulturer til alle tider. I noen situasjoner kommer dette svært tydelig frem, noe Rand selv har berettet om. Hun fikk penger av foreldrene sine til trikken, men valgte heller å gå og spare pengene, og valgte heller bruke pengene på teater- og operabilletter. Martinsen siterte et utdrag fra *Essays on Ayn Rand's* We the Living (2004), redigert av Robert Mayhew med bidragsytere:

> «[T]he whole spectacle of that sort of glamorous ... existence ... were marvelous. And to see that after coming in from a Soviet reality, that was worse than anything ... Then I discovered operettas ... That was my first great art passion. That really saved my life.»

Dette er ikke vanskelig å forstå når man vet hvordan forholdene i Sovjetunionen var på denne tiden. Operaforestillingene var et vindu for Rand som viste at et bedre liv er mulig, hvilket også er en essensiell del av romantisk kunst.

Martinsen viste også til et sitat av Primo Levi, en kjent italiensk kjemiker, forfatter, og overlevende fra Auschwitz:

> «Art was useful to me ... It served me well and perhaps it saved me ... In the Death Camps, lines from Dante had great value. They made it possible for me to re-establish a link with the past, saving it from oblivion and reinforcing my identity. They convinced me that my mind had not ceased to function ... They granted me a respite...»

Men Ayn Rand er ikke den eneste som har innsett kunstens viktighet. Filosofen Elisio Vivas konstaterte følgende:

> «Art is no mere adornment of human living ... for which a substitute could easily be found, but an indispensable factor in making the animal man into a human person...».

Dette er stikk i strid med et svært utbredt syn som Oscar Wilde formulerte slik: «All kunst er fullstendig unyttig».

Immanuel Kants siste dager

Immanuel Kants siste dager er et skuespill skrevet av Odd Nerdrum, som portretterer Kant som på sine eldre dager møter sin egen filosofi i døren. Han har blitt gammel, feig og skrøpelig, han ser ned på håndverk og talent, og et helt liv viet til sin virkelighetsfjerne filosofi har medført at han selv fremstår nærmest som en abstraksjon av et menneske, og han blir da også hjemsøkt av fremtiden av Vermeer-forfalskeren Han van Meegeren sitt fremtidsspøkelse.

Van Meegeren

Han van Meegeren (1889–1947) var en nederlandsk maler, og er mest kjent for å ha laget Vermeer-forfalskninger. Han startet sitt kunstnervirke på et mer vanlig vis, og av hans tidlige verk er kanskje *The Deer* (1921) mest kjent. Men hans verker ble i stor grad oversett og nedvurdert av samtidens kunstkritikere. Dette ergret van Meegeren stort, og han bestemte seg for å virkelig vise hva han var god for. Han valgte seg derfor ut en virkelig stor kunstner, nemlig Vermeer, for å kopiere hans stil og fremstille nye malerier som gamle originaler. Det van Meegeren altså gjorde var å lage nye malerier som skulle se ut som om de var laget av Vermeer.

Van Meegeren lyktes i å forfalske Vermeer. Han klarte å lure kunsteksperter til å tro at han var i besittelse av Vermeer-originaler, og han laget malerier som han solgte som Vermeer-originaler til flere personer, deriblant Hermann Göring. Forfalskningene hans var så gode at de ikke ble avslørt før van Meegeren selv tilstod etter den andre verdenskrigens slutt, i forbindelse med en rettssak hvor han var tiltalt for å ha solgt nettopp et Vermeer-maleri til nazistene. Blant maleriene han fremstilte som Vermeer-originaler, men som altså var malt av van Meegeren, er *The Supper at Emmaus* (1937), *Woman Reading* (1935–1936), *The Last Supper I* (1938–1939), og *Christ with the Woman Taken in Adultery* (1942). Noen av disse maleriene, samt en liste over alle kjente forfalskninger av van Meegeren, kan sees her.

Grunnen til at Martinsen snakket om van Meegeren var som nevnt ovenfor at han dukker opp i Nerdrums skuespill *Immanuel Kants siste dager*, og man får lite ute av skuespillet dersom man ikke vet hvem van Meegeren er.

PS

Etter kåseriet ble det åpnet for spørsmål fra tilhørerne. Undertegnede spurte Martinsen om hva det er som har gjort Nerdrum så kjent og populær, tatt i betraktning av at han maler figurativt mens det står såpass dårlig til med kunsten som det gjør. Martinsens svarte dette med å sammenligne med mainstreampressen og alternative presseaktører som Resett og Document, dvs. aktører som deler det grunnleggende synet, men som har litt forskjellig vinkling på ting. Med dette peker han på at selv om Nerdrum maler figurativt, og er en svært dyktig maler som behersker håndverket like godt som noen annen maler i historien, så er hans motiver og emner ikke av en type som vil appellere til de som foretrekker «romantic realism».

Litteratur

https://plato.stanford.edu/entries/kant-aesthetics/

Bøckmann, Tore: «Caspar David Friedrich and Visual Romanticism», The Objective Standard, Vol 3 No 1

Cheetham, Mark: *Kant, Art and Art History,* Cambridge University Press, 2001

Rand, Ayn: *The Romantic Manifesto*, New American Library 1975

Vegard Martinsen intervjuet på Cave of Apelles:

https://caveofapelles.com/2019/how-ayn-rands-aesthetics-could-serve-as-an-antidote-to-kants-influence/

Om enkelte aspekter ved darwinismen

Teksten som følger er et referat fra et kåseri holdt 19. januar 2021. Referatet er skrevet av Espen Hagen Hammer, og det ble publisert på nettsiden www.aynrand.no 11. februar 2021.

Den 19. januar 2021 avholdt Foreningen for Studium av Objektivismen (FSO) et medlemsmøte der Vegard Martinsen kåserte om enkelte aspekter ved darwinismen. I invitasjonen til FSOs medlemmer stod det at «Vegard Martinsen vil kåsere om enkelte aspekter ved darwinismen; om dens opprinnelse, om kritikken av den, om dens mulige svakheter, og han vil gjennomgå det som er det sterkeste argument for evolusjonsteorien».

Martinsen innledet kåseriet med å si at Charles Darwin (1809–1882) var en stor vitenskapsmann og at han gjorde det meste riktig, men at det er enkelte ting som er verdt å påpeke. Martinsen påpekte at hans innvendinger mot Darwin kan omtales som pirk, men i noen sammenhenger er pirk passende. Et annet viktig poeng er at Darwin ikke visste om mutasjoner; mutasjon som begrep oppstod etter Darwins tid. Martinsen nevnte også, i en noe humoristisk tone, at kåseriet har en overordnet selvmotsigelse, som han vil komme tilbake til på slutten.

I *Philosophy: Who Needs It* (1982) skriver Ayn Rand:

> «I am not a student of the theory of evolution and, therefore, I am neither its supporter nor its opponent.»

Martinsen har alltid syntes at dette var merkelig; man skulle tro at enhver som er tilhenger av vitenskap og rasjonalitet vil si at evolusjonsteorien er riktig, men Rand hadde altså en nærmest likegyldig holdning til evolusjonsteorien. For omtrent ett år siden fikk Martinsen av Amazon anbefalt boken *The Deniable Darwin* (2009) av David Berlinski (1942–), som han kjøpte. *Fornuft, Egoisme, Kapitalisme* (2003) av Martinsen, inneholder et essay om Karl Popper (1902–1994), og dette essayet er blant annet bygget på en artikkel av David Stove (1927–1994), som har skrevet boken *Darwinian Fairytales* (1995).

Ettersom Martinsen hadde et godt forhold til Stove, så fant han det interessant også å lese *Darwinian Fairytales,* dette fordi han synes at alle som har standpunkter som er viktige for dem, regelmessig bør lese forfattere som utfordrer det man selv mener, dette for enten å endre sine standpunkter dersom argumentene skulle tilsi det, eller for å styrke begrunnelsen for de standpunkter man allerede har.

Hverken Berlinski eller Stove er kreasjonister, begge er rasjonelle og vitenskapsorienterte, men de er altså kritiske til Darwin. Berlinski er matematiker, men han er tilknyttet den kreasjonistiske institusjonen Center for Science and Culture. Stove var professor i filosofi i Sydney, han skrev godt og morsomt, men er ikke helt god på alle områder. Martinsen påpekte også at akademikere ofte er selvmotsigende, ettersom de som regel baserer sine meninger på gale premisser, og da kan man ikke være konsekvent.

Fag
Før Martinsen begynte å snakke om evolusjonsteorien, tok han en omvei om fag. Martinsen vil påstå at alle fag, spesialvitenskapene man kan studere på universitetet, fag man bruker i jobben sin, osv., de er nyttige – altså fag som fysikk, matematikk, biologi, historie, osv. Fag er nyttige enten direkte ved at man bruker dem selv, eller indirekte ved at man bruker produkter som er fremkommet på grunn av fag som man ikke er direkte involvert i. For eksempel har ting som mobiltelefoner, biler, og hus blitt til som resultat av at noen kan fysikk. Også fag som «gay studies» kan inneholde nyttige elementer. Men, det er enkelte spørsmål innenfor enkelte fag som ikke er nyttige: Det vil si, de kan være nyttige for fagfolk som kan gjøre en karriere ut av å finne svarene på slike spørsmål. Et typisk eksempel på slike spørsmål er: «Hvor kom mayaene fra?» Mayaene, et folkeslag i Mellom-Amerika, vet man ikke hvor kom fra, og en forsker kan kanskje gjøre en karriere hvis han klarer å svare på det, men dette er ikke noe som har betydning for vanlige folk.

Evolusjonsteorien
Martinsen gikk så inn på evolusjonsteoriens opprinnelse, og begynte med universets opprinnelse. Noen påstår at universet kommer fra Big Bang, og en teoretisering av dette er gitt i en rekke bøker, men

Martinsen trakk frem boken *A Universe from Nothing* (2012) av fysikeren Lawrence M. Krauss (1954–), som inneholder et etterord av adferdsbiologien og evolusjonsteoretikeren Richard Dawkins (1941–), vår tids mest kjente darwinist. Big Bang-teorien går ut på at universet ble til i en stor eksplosjon for rundt 13,5–14 milliarder år siden, hvor universet deretter har utvidet seg fra et lite punkt. Hvis den teorien er riktig, har man ifølge Krauss teorier og formler som forteller om universets mekanismer og innhold. Videre sier Krauss at av den energien som må være i universet, kan vi kun observere ca. 30 %, mens de resterende ca. 70 % som må være der, kan vi ikke observere og følgelig ikke vite noe om. Det Krauss altså sier er at universet må ha blitt til som følge av noen reaksjoner inne i den delen som vi ikke kan vite noe om. Etter Big Bang ble det dannet stjerner, planeter, og galakser, og man har beregnet at Solen ble til for ca. 4,6 milliarder år siden. Jorden oppstod utenfor Solen, og man mener at liv oppstod på Jorden for ca. 3,5 milliarder år siden. Hvordan oppstod liv? Slik Martinsen ser det er det tre teorier som man har tatt utgangspunkt i:

1.Gud skapte liv
2.Liv kom fra verdensrommet
3.Liv oppstod ved en tilfeldighet

Ifølge Martinsen kan teori nr. 1 avskrives ettersom det ikke er noen gud. Teori nr. 2 kan også avskrives ettersom liv da må ha oppstått et annet sted, noe som reiser spørsmålet om hvordan liv oppstod der. Konklusjonen er altså at liv må ha oppstått ved en tilfeldighet. Forklaringen er sannsynligvis at det på ett eller annet tidspunkt ett eller annet sted har det vært den riktige kombinasjonen av kjemikalier og mineraler med riktig temperatur og lynnedslag i riktig rekkefølge og i en fordelaktig frekvens, og det er altså disse prosessene som har ført til at det oppstod liv. Sannsynligheten for at liv oppstår er riktignok liten, men på den annen side finnes det mange muligheter for liv å oppstå ettersom det finnes et enormt antall stjerner og planeter i universet, og liv eksisterer vitterlig på Jorden.

Livet må ha begynt i en svært enkel form, altså i form av encellede mikroorganismer, og dette har etter hvert utviklet seg til mer avanserte livsformer som dinosaurer, pattedyr, og mennesker.

Evolusjonsteorien sier at disse har utviklet seg ved mutasjoner, som vil si at avkommet er litt forskjellig fra opphavet. Avkommet har da vært litt bedre tilpasset omgivelsene enn det opphavet har, et fenomen kjent som *survival of the fittest*. Dette betyr ikke at det er den sterkeste som overlever, men at det er den som er best tilpasset omgivelsene som overlever. Dette har over tid ført til at nye arter har blitt til som er bedre tilpasset omgivelsene, og derfor har vi i dag et stort antall forskjellige arter.

Ved nærmere inspeksjon av kroppens anatomi, for eksempel øyet, ser man at dets anatomi er meget komplisert. Hvordan det mottar og tolker lyssignaler og sender dem videre til hjernen hvor de så blir til synsinntrykk, det at det er to øyne og ikke ett – noe så å si alle avanserte dyr har og som tillater dybdesyn – osv. Martinsen bemerket at noen dyr, slik som for eksempel ugler, ikke har en kobling mellom de to synsinntrykkene som direkte tillater dybdesyn, og at de følgelig må bevege hodet fra side til side for å oppnå dybdesyn. En tilsvarende komplisert mekanisme finner man i øret og dets anatomi, der dets indre komponenter registrerer lyder gjennom vibrasjoner, for så å sende signaler videre til hjernen som vi da oppfatter som lydinntrykk. Dette er altså meget kompliserte mekanismer, hvor hver av disse tingene har blitt til ved meget små og tilfeldige endringer og mutasjoner fra generasjon til generasjon – men det kan gå mange generasjoner før forskjellene er merkbare.

Kritikerne av evolusjonsteorien mener at det er for lav sannsynlighet til at alt dette kan skje. Martinsen siterte den tysk-østerrikske logikeren, matematikeren, og analytiske filosofen Kurt Gödel (1906–1978), som ikke trodde på evolusjon:

> «The formation within geological time of a human body by the laws of physics (or any other laws of similar nature), starting from a random distribution of the elementary particles and the field, is as unlikely as the separation by chance of the atmosphere into its components.»

Det Gödel altså sier er det at alle livsformene i dag er blitt dannet i løpet av den tiden som har gått siden liv oppstod, det er like sannsynlig som at alle molekylene som flyr rundt i et rom tilfeldig samler seg i et vannglass, noe som er helt usannsynlig.

For å undersøke om det er noen sammenheng mellom teorien og virkeligheten har man gjort forsøk på bananfluer, som har en veldig kort livssyklus og følgelig et kort tidsspenn mellom hver generasjon. Utfra disse eksperimentene har man ikke observert noen mutasjoner *som kan føre til at det oppstår nye arter* (uthevet her.)

Martinsen bemerket at idéen om evolusjon ikke er ny med Darwin, det er noen som har vært inne på den før ham. Martinsen viste til boken *The Lunar Men* (2002) av Jenny Uglow (1947–), som handler om en gruppe intellektuelle menn i England på slutten av 1700-tallet og starten av 1800-tallet, som møttes ved hver fullmåne* for å diskutere og utveksle idéer. Denne gruppen, som formelt het Lunar Society, bestod av blant annet kapitalister, entreprenører, skribenter, oppfinnere, og naturfilosofer. Blant de som var med i den gruppen var James Watt (1736–1819), oppfinneren av dampmaskinen; John Baskerville (1707–1775), en boktrykker som er kjent i dag fordi han har fått en skrifttype oppkalt etter seg; Josiah Wedgwood (1730–1795), en porselensmaker; og Erasmus Darwin (1731–1802), bestefaren til Charles Darwin, som altså var inne på evolusjon. Martinsen siterte fra *The Lunar Men*, som igjen siterer fra *Histoire Naturelle* (1753) skrevet av den franske biologen Georges-Louis Leclerc de Buffon (1707–1788), som altså skrev etter at Carl von Linné (1707–1778) hadde kartlagt planteriket:

> «Once it was admitted that there were families among plants and animals, then one can equally well say that the ape is of the family of man, that it is a generative man, or that man and ape have had a common ancestor like the horse and the ass, that each family, whether of animals or plants, came from a single stock.»

Dette er altså skrevet i 1753, mens Charles Darwins hovedverk *On the Origin of Species* ble publisert over 100 år senere, i 1859. Videre fra *The Lunar Men*:

---

* De møttes kun ved fullmåne fordi kun på netter med fullmåne var det lyst nok til at de kunne finne veien hjem langt på natt.

«The more [Erasmus] Darwin thought upon this, the more convinced he became.»

Idéen om evolusjon var altså en idé som var i tiden da Charles Darwin publiserte *On the Origin of Species*.

Dette punktet ble oppsummert med følgende to poenger: «Nothing in Biology Makes Sense Except in the Light of Evolution» (som biologen Theodosius Dobzhansky sa det), og å velge Gud som forklaring på at liv eksisterer heller enn å godta at liv oppstod ved en tilfeldighet, det er forkaste en teori med svært liten sannsynlighet for heller å akseptere en teori med sannsynlighet lik null.

Malthus
En annen kjent og viktig person som også var aktiv på denne tiden, var den engelske presten og økonomen Thomas Robert Malthus (1766–1834). Martinsen siterte fra *An Essay on the Principle of Population* (1798) av Malthus:

«Population, when unchecked, increases at a geometrical ratio. Subsistence increases only in an arithmetical ratio.»

Det Malthus mener med dette er at befolkningen øker eksponentielt, mens matproduksjonen øker lineært, noe Martinsen understreket er feil. Martinsen poengterte at noe spesielt ved Malthus er at det er fire viktige poenger ved ham, hvorav tre av dem er feil og ett er riktig. De tre poengene der Malthus tok feil er velkjente (hvorav det ene er nevnt ovenfor), mens det ene riktige poenget er ukjent. Martinsen gjennomgikk ikke alle disse fire poengene, men en gjennomgang av alle poengene er å finne i Martinsens innlegg om Malthus på Gullstandard, som Martinsen siterte fra:

«I sine teorier innen sosialøkonomi fornekter Malthus Says lov, og derfor blir stort sett alt han hevder innen økonomi, feil. Han hevder at aggregert tilbud og aggregert etterspørsel ikke nødvendigvis er like, og ofte er ulike; han hevder at det kan være for mye produksjon, for mye sparing og for liten etterspørsel; han mener at arbeidsløshet kan skape deflasjon. Han mener også at for stor etterspørsel kan skape inflasjon. Han er tilhenger av statlig pengebruk for å kompensere for manglende privat etterspørsel. Malthus ser at en slik offentlig pengebruk kan innebære sløsing, men mener at dette er nødvendig for å korrigere for den overflødige produksjonen. Malthus var således en proto-keynesianer.»

Martinsen la til at Malthus var en av de få økonomene på den tiden som var tilhenger av kornlovene, som innebar toll på korn. Adam Smith (1723–1790) var kjent for å være imot kornlovene. Men Malthus hadde altså rett på ett viktig punkt, som han i dag ikke er husket for, og Martinsen siterte videre fra innlegget:

«Statlige tiltak for å hjelpe [de fattige] [...] løser ikke problemet, de fører tvert imot til at problemene blir enda større. [De engelske Poor Laws gjorde bare problemene verre og verre.]»

Videre siterte Martinsen fra Stove sin bok *What's Wrong With Benevolence* (2011), som også er sitert i innlegget på Gullstandard, der Stove kommenterer Malthus:

«People were puzzled in Malthus' time why the Poor Laws never effectively relieved poverty but, on the contrary, always found more poverty to be relieved. People are similarly puzzled now why the welfare state never achieves its objects, but instead, always finds that a greater proportion of people is entitled to its assistance. But Malthus solved this mystery by pointing out that such systems must tend to create more of the very poverty which they are meant to relieve.»

Martinsen siterte så videre fra *An Essay on the Principle of Population*:

«The unlimited exercise of private judgement is a doctrine inexpressibly grand and captivating and has a vast superiority over those systems where every individual is in a manner the slave of the public.»

Malthus sier altså at et system der individet får bestemme selv er mye bedre enn et system der individet er «slave of the public», eller sagt med andre ord at private eller frivillige tiltak er mye bedre enn statlige tvangstiltak.

Martinsen siterte videre fra *An Essay on the Principle of Population*:

> «The proper office of benevolence is to soften the partial evils arising from self-love, but it can never be substituted in its place. If no man were to allow himself to act till he had completely determined that the action he was about to perform was more conducive than any other to the general good, the most enlightened minds would hesitate in perplexity and amazement; and the unenlightened would be continually committing the grossest mistakes.»

Martinsen siterte så fra *Darwinian Fairytales* (1995) av Stove:

> «Malthus was convinced that communism would replace the existing comparative poverty of most by the absolute poverty of all, and that it would in the process, destroy 'everything which distinguishes the civilized from the savage state'.»

Malthus innså altså at kommunisme vil erstatte «litt fattigdom for noen» med «absolutt fattigdom for alle». Martinsen siterte igjen fra *What's Wrong With Benevolence*:

> «… the psychological root of communism is benevolence. Lenin, Stalin, and the rest would not have done what they did, but for the fact that they were determined to bring about the future happiness of the human race.»

Martinsen siterte videre fra sitt innlegg på Gullstandard, fra at avsnitt som igjen er hentet fra *What's Wrong With Benevolence*:

«Malthus innså også, ifølge Stove, at når muligheten til å tjene penger blir fjernet som motivasjon for arbeid vil tvang være det eneste alternativ: "cash nexus" ([Thomas] Carlyles begrep fra 1839, mye brukt av marxister som noe forferdelig) må erstattes av "terror nexus". Alle kommunister og sosialister foretrekker "terror nexus" fremfor "cash nexus", dvs. de foretrekker å bruke tvang som motivasjon heller enn å tillate at muligheten til å tjene penger skal fungere som motivasjon.»

Martinsen påpekte at der Malthus bruker ordet «benevolence», ville vi i dag ha brukt «altruisme». Ordet «altruisme» ble skapt først i 1851 av Auguste Comte (1798–1857), og dette var etter Malthus´ død i 1834. Stove bruker også noen ganger ordet «benevolence», men mener med dette altså «altruisme».

Martinsen siterte videre fra eget innlegg på Gullstandard, hvor han siterer *Darwinian Fairytales*, der Stove kommenterer Malthus:

«..in advanced societies of the present day ... altruism has not only survived, but spread like wildfire, and even assumed monstrous proportions. In fact it long ago reached a stage of morbid gigantism which Malthus as an economist had warned against as tending to the destruction, both of all existing wealth, and of the kind of persons that can create wealth.»

Altruismen vil ødelegge alt, og dette forstod Malthus.
Martinsen siterte videre fra innlegget om Malthus på Gullstandard, fra Stoves konklusjon om Malthus, som Martinsen omtalte som upassende:

«Malthus was the last thinker of major importance who was an unqualified supporter of private property, the bourgeois family, and the "apparently narrow principle of self-interest".»

Martinsen poengterte at om man oppdaterer Malthus sin terminologi, så er han på akkurat dette punktet om altruisme på side med <u>Objektivismen</u>.

Martinsen gikk så tilbake til Malthus sitt poeng om befolkning og mat, hvor han altså mener at befolkninger vokser raskere enn produksjonsveksten av mat. Martinsen poengterte at man bør huske på at – dersom vi inkluderer våre venner fra planteriket – alle befolkninger er mat, og all mat er befolkninger. Malthus skrev kun om mennesker, og å skape et slikt skille mellom mennesker og dyr og planter, blir feil. Malthus skrev flere utgaver av *An Essay on the Principle of Population*, og etter hvert modererte han dette poenget. Opprinnelig mente han altså at folk ville fått så mange barn som mulig inntil man ikke lenger kunne fø dem. Etter hvert innså Malthus at folk ofte venter med å gifte seg, og at de ikke får så mange barn de kan, og i senere utgaver av *An Essay on the Principle of Population* har han moderert poenget om at befolkninger vokser raskere enn mat-produksjonen. Men det Malthus er kjent for er dette poenget slik det opprinnelig var formulert, og det var den versjonen som fant veien inn i darwinismen.

Noen svakheter ved Darwins evolusjonsteori
Ifølge Darwins teori gjør alle det de kan for å få flest mulig barn, noe som opplagt er feil, og flere utsagn av den typen fra Darwin finner man flere steder. Martinsen siterte fra *The Biological Basis of Teleological Concepts* (1990) av Harry Binswanger, der Binswanger siterer *On the Origin of Species*:

> «As many more individuals of each species are born than can possibly survive […]»

Dette skulle tilsi at barnedødeligheten hos mennesker er stor, men i virkeligheten er den nær sagt null. Ser man videre til dyr som mennesker omgir seg med, slik som hunder, katter, husdyr, osv., så stemmer ikke det der heller. Darwin tar derfor feil også med dette utsagnet. Martinsen påpekte at Stove sier å ha lest alt som Darwin har skrevet, i tillegg til mange moderne darwinister, og ifølge ham er det *ingen* som har hatt innsigelser mot Darwin på dette punktet. Også Binswanger gjengir dette utsagnet uten noen innsigelser.

En implikasjon av Dawkins sin mer moderne versjon av darwinismen er at alle vil ofre seg for mer enn to brødre, hvilket vil si at dersom man i en situasjon kan la to eller flere av sine brødre overleve mens man samtidig selv dør, så gjør man det. Men dette stemmer ikke.

Darwinismen sier også at alle skadelige vaner vil forsvinne, det vil si alle vaner som kan begrense befolkningsvekst. Ifølge Darwins teorier vil derfor ting som abort, alkoholisme, adopsjon, altruisme, sølibat, narkotikabruk, usunt levesett, osv. forsvinne av seg selv. Darwin sier også at de vellykkede er de som formerer seg mest, noe som heller ikke stemmer – dersom man da ikke har en noe uvanlig definisjon av «suksess».

Darwin brukte uttrykket «struggle for life» – kampen for tilværelsen, men Darwin sier eksplisitt at «struggle» er en metafor; livet er ikke en endeløs kamp for tilværelsen. Det nærmeste man kommer noe som ligner på det i virkeligheten er for eksempel om man kaster brødsmuler til noen måker på stranden, hvorpå måkene kaster seg over brødsmulene i noe som kan ligne en kamp for tilværelsen. Martinsen refererte til en av Darwins tilhengere, den engelske biologen og antropologen Thomas Henry Huxley (1825–1895), som hadde blitt spurt om å gi et eksempel på kampen for tilværelsen. Eksempelet Huxley ga var den engelske borgerkrigen (1642–1651), som handlet om maktfordelingen mellom kongen og parlamentet, noe Martinsen omtalte som absurd.

«Det egoistiske gen»
I forordet til *The Selfish Gene* (1976) av Dawkins, leser man følgende:

> «We are survival machines, robot vehicles blindly programmed to preserve the selfish molecules known as genes.»

Dette kommer altså fra vår tids fremste darwinist. Martinsen påpekte at Dawkins senere går tilbake på dette, men dette er fordi – som påpekt innledningsvis – at han er determinist, og følgelig ikke kan være konsekvent. Martinsen viste så til et annet spesielt eksempel fra *The Selfish Gene*, om små apekatter som blir kidnappet av en mor som har mistet sitt eget barn for så å oppdra den kidnappede som sin egen:

> «This is the case of bereaved monkey mothers who have been seen to steal a baby from another female, and look after it.»

Det Dawkins sier her er at et slikt scenario, der en annen kvinne kidnapper en annen kvinnes barn for så å oppdra det som sitt eget, er fordelaktig for en ung mor, ettersom hun da vil ha ressurser til å skaffe flere barn. Nå snakker Dawkins her om apekatter, men det interessante er mennesker, og Martinsen poengterte at Dawkins åpenbart mener at dette også skal/bør gjelde for mennesker.

Stove har uttalt at bokens tittel, *The Selfish Gene*, er et salgstriks. En vitenskapelig presis tittel ville vært noe slikt som *Det selvreplisende gen,* men det ville vært en like spennende tittel som *Den fiskespisende katt* eller *Den bjeffende hund*, og Stove gir Dakwins et pluss for å ha markedsføringsteft for å ha gitt boken tittelen *The Selfish Gene*. Martinsen poengterte at dersom man snakker om egoisme på en positiv måte, så kan man oppnå salgssuksess – verdens mestselgende etikkbok er tross alt *The Virtue of Selfishness* (1964) av Ayn Rand (hvis man da ikke betrakter bøker som Bibelen og lignende som etikkbøker). Leonard Peikoff har uttalt at om Rand hadde kalt etikken sin for noe annet, så ville hun ikke fått noe oppmerksomhet i det hele tatt. Man kan derfor si at tittelen *The Virtue of Selfishness* er et salgstriks – i tillegg til at tittelen perfekt oppsummerer kjernen i etikken.

Martinsen refererte til et annet poeng Stove har om Dawkins' teori om egoistiske gener: Dawkins' teori går ut på egentlig skulle mennesket handlet helt slik som genene våre fortalte oss at vi skulle handle, altså formere oss mest mulig, leve sunt, osv., men vi klarer å vri oss unna fordi vi har fri vilje, selv om Dawkins ikke sier dette eksplisitt – vi kan jo gjøre «syndige» ting slik som å ikke få barn og å leve usunt. Men egentlig bør vi gjøre som genene våre sier, og Stove poengterer at teorien om egoistiske gener kanskje da kan sees på som en ny religion, ettersom den inneholder noe overordnet som mennesket bør adlyde, men som vi kan velge å synde imot som følge av fri vilje. Stove sier at teorien (darwinismen) som visstnok tok slutt på religionen (kristendommen) har vist seg å være en ny religion (det er typisk for Stoves stil å si noe slikt).

Dawkins har også et poeng med memer eller «memes», som er noe man har i bevisstheten, noe som man i dagligtalen kaller en idé, et prinsipp, eller et begrep, og som man kan spre gjennom kommunikasjon. I Dawkins' teori ligger det implisitt at man ikke har fri vilje; man bare mottar og godtar en slik idé uten at det foregår en tankeprosess. Slik kan man si at man kan spre memer. Den engelske nevropsykologen Nicholas Humphrey (1943–) har kommentert følgende om Dawkins' teori, et poeng som Dawkins støtter og siterer i *The Selfish Gene*:

«Memes should be regarded as living structures, not just metaphorically but technically. When you plant a fertile meme in my mind you literally parasitize my brain, turning it into a vehicle for the meme's propagation in just the way that a virus may parasitize the genetic mechanism of a host cell. And this isn't just a way of thinking—the meme for, say, 'Pythagoras's Theorem' is actually realized physically, millions of times over, as a structure in the nervous systems of individual men.»

Stove kommenterer dette på følgende måte i *Darwinian Fairytales*:

«I cannot speak for others, but for my own part, it is impossible to read these words without feeling anxiety for Dr Dawkins' sanity. I try to think of what I, or anyone, could say to him, to help restrain him from going over the edge into absolute madness. But if a man believes that, when he was first taught Pythagoras's Theorem at school, his brain was parasitized by a certain micro-maggot which, 2,600 years earlier, had parasitized the brain of Pythagoras, ... what can one say to him, with any hope of effect?»

Oppsummering

Martinsen vil si at i det store og det hele så har Darwin rett: liv ble til ved en tilfeldighet, det har vært en evolusjon, det har oppstått nye arter; noen av disse har vært bedre tilpasset og overlevd mens andre har dødd ut, men enkelte av premissene som Darwins teori er bygget på er feil, og Darwin sier noen ting som er feil.

Martinsen poengterte at evolusjonsteorien er et spørsmål innen biologi, i et område som er helt unyttig for folk flest. Det har ingen betydning for vanlige folk om det er Darwins teori, Jean-Baptiste Lamarck (1744–1829) sin teori, eller om det er en annen teori som er riktig. Ettersom dette ikke har noen påvirkning på våre liv, så trenger ikke vanlige folk å vite noe om dette. Vi lever, vi er slik vi er, og sånn er det. Hvordan livet oppstod er heller ikke viktig. Spørsmålet om evolusjonsteorien er kun nyttig for biologer. Evolusjonsteorien ble riktignok opprinnelig brukt til å svekke oppslutningen til og troen på Gud, men det finnes andre holdbare argumenter mot troen på Gud. Det sterkeste argument for evolusjonsteorien er at ingen annen teori kan være sann.

Appendiks
Etter at *On the Origin of Species* ble publisert i 1859, fikk Darwins evolusjonsteori stor oppslutning, og den ble diskutert hyppig i mange land. Av alle land der Darwins evolusjonsteori fikk innflytelse, så fikk den størst innflytelse i Russland. I Russland fikk Darwins evolusjonsteori så mye omtale at det kan sammenlignes med klimadebatten i Norge i dag. På slutten av 1800-tallet og starten av 1900-tallet var det seminarer, konferanser, tidsskrifter, diskusjoner i avisene osv. om Darwins evolusjonsteori, der alle som var en smule oppgående må ha fått betydelige kunnskaper om evolusjonsteorien.

En av Russlands mest fremtredende biologer på denne tiden var Lev Semyonovich Berg (1876–1950), som var en verdenskjent biolog; han publiserte bla. et verk i flere bind om russiske ferskvannsfisker, og han fikk Stalin-prisen posthumt i 1951. Martinsen påpekte at det at Berg fikk Stalin-prisen ikke nødvendigvis er diskvalifiserende for Berg. Berg var professor i biologi ved universitet i Petrograd, han var kritisk til Darwins evolusjonsteori, og han hadde sin egen teori om evolusjon. I motsetning til Darwins evolusjonsteori, som sier at evolusjonen skjer gjennom mange små skritt, går Bergs evolusjonsteori ut på at evolusjonen skjer gjennom store, kraftige skritt, altså at det var større forskjeller mellom avkom og opphav enn det Darwins teori sier.

På universitetet i Petrograd var det på den tiden et krav til studentene om at de måtte ha en viss bredde i sitt studium; for eksempel for å kunne ta tilsvarende en mastergrad i historie måtte man ha noe større faglig bredde utover bare historie. Ett av tilbudene som skulle gi studentene faglig bredde var et kurs i biologi, og det kurset ble gitt hvert semester. Berg underviste ofte i det kurset. Han kjente altså godt til Darwins evolusjonsteori, kritisert den, og har så antagelig presentert sin teori som et alternativ til Darwins teori i sitt kurs i biologi. Martinsen påpekte at dette er noe akademikere gjør når de har anledning til det. En av de som tok en mastergrad i historie ved universitet i Petrograd, og som da tok dette kurset i biologi, var Ayn Rand. Sannsynligvis var det Berg som var hennes foreleser i biologi, og han har da antagelig lagt vekt på Darwins evolusjonsteori og sin egen teori som en alternativ teori. Martinsen spekulerte i at Rand antagelig må ha tenkt at: «Det her må være interessant for de som er interessert i dette, men det spiller ingen rolle for meg.» Og derfor han hun følgelig inntatt dette standpunktet til evolusjonsteorien:

«I am not a student of the theory of evolution and, therefore, I am neither its supporter nor its opponent.»

Angående den overordnede selvmotsigelsen som Martinsen nevnte innledningsvis; han holdt et kåseri om et tema som han selv sier er helt unyttig for folk flest.

PS
Dette kåseriet var en forkortet og muntlig versjon av en lengre versjon med lysbildepresentasjon som opprinnelig skulle ha blitt holdt tidligere, men som ble utsatt og forkortet grunnet at lysbildepresentasjonen gikk tapt.

Litteratur

Berlinski, David: *The Deniable Darwin and Other Essays*, Discovery 2010
Binswanger; Harry: *The Biological Basis of Telelogical Concepts*, ARI Press 1989
Dawkins, Richard: *The Selfish Gene*, Oxford University Press 1990
Krauss, Lawrence: *A Universe From Nothing*, Simon & Schuster 2012
Martinsen, Vegard: «Malthus», https://www.gullstandard.no/2021/01/25/malthus/

Malthus, Thomas: *An Essay on the Principle of Population*
Stove, David: *Darwinian Fairytales: Selfish Genes, Errors of Heredity and Other Fables of Evolution,* Encounter 1995
Stove, David: *What's Wrong With Benevolence,* Encounter 2011
Rand, Ayn: *Philosophy: Who Needs It,* NAL 1982

Kritikken mot Ayn Rand:
«The good, the bad, and the ugly» –
en gjennomgang av saklig, mindre saklig og ondsinnet kritikk mot Ayn Rand og Objektivismen

Teksten som følger er et noe bearbeidet referat fra et foredrag holdt 3. juni 2019. Referatet er skrevet av Vegard Ottervig, og det ble publisert på nettsiden www.aynrand.no 13. september 2019.

Foreningen for studium av Objektivismen (FSO) hadde medlemsmøte 3. juni 2019, hvor Vegard Martinsen holdt foredrag med tittelen «Kritikken av Ayn Rand: the Good, the Bad and the Ugly».

Martinsen tok for seg kritikk av Ayn Rand fra ulike kommentatorer og kritikere. Ifølge Martinsen er Rand med i den generelle politiske debatt; hun blir iblant nevnt, men hennes synspunkter blir sjelden korrekt gjengitt. Kritikk kan være vel og bra, men ikke alt er av like god kvalitet. Formålet med foredraget var å gå i gjennom noen av de viktigste punktene som kritikere av Rand baserer sin kritikk på.

Martinsen delte kritikken inn i tre kategorier:

- Kritikk som er usaklig, ondsinnet og under enhver anstendighet («the Ugly»)
- Kritikk som er grei nok og er et rimelig utgangspunkt for saklig diskusjon, men som egentlig ikke er holdbar («the Bad»)
- Kritikk som er holdbar og har et reellt innhold («the Good»)

Martinsen hadde ingen skarpe grenser mellom de tre kategoriene. Han innledet med det verste.

«The Ugly»
Social Security
En utbredt «kritikk» av Ayn Rand er at hun angivelig var en hykler fordi hun benyttet seg av Social Security og Medicare. Rand var imot at det skulle finnes offentlige systemer for helseforsikring og pensjon, og det at hun likevel benyttet seg av disse tilbudene er ifølge enkelte kritikere

et bevis på at hun og filosofien hennes, Objektivismen, er hyklersk, umoralsk og urealistisk å leve etter i den virkelige verden.

Det er dog forskjell på å være imot innføringen av en ordning, og å være imot å bruke den etter at den er innført – til tross for ens protester. Rand hadde dessuten betalt sin skatt og hadde all rett til å motta offentlige tjenester tilbake. Det ser ut til at disse kritikerne mener at Rand skulle betale de skatter og avgifter hun var tvangsmessig pålagt å betale, men ikke benytte seg av de tilbud som var begrunnelsen for pålegget om å betale disse skattene, og som alle borgere har en juridisk rett til å motta*. Forøvrig, ingen av de som kritiserer Rand på dette punktet ser ut til å ha lest hennes artikkel «The Question of Scholarships» (publisert i *The Voice of Reason*), hvor hun diskuterer akkurat denne problemstillingen.

Hickman

En av de nedrigste angrepene på Ayn Rand er påstanden om at hun i sine tidlige notater, notater som først ble publisert lenge etter hennes død, hyllet barnemorderen William Hickman. Vanligvis er løgnen om at Rand beundret Hickman forbeholdt Internett-troll, men den har også dukket opp i «fagbøker» som *Mean Girl* av Lisa Duggan, som er professor ved New York University.

I rettssaken mot Hickman opptrådte han selvsikkert, karismatisk og brydde seg ikke om andres oppfatninger. Dette var, isolert sett, trekk som man på enkelte måter kan beundre – likevel fastslo Rand at Hickman var et monster: «He is a monster in his cruelty and disrespect of all things ….», «Yes, he is a monster…» (s. 38 i *Journals*). De som kritiserer Rand for å ha hyllet eller beundret Hickman utelater disse sitatene.

Rand fattet interesse fordi Hickman og saken mot ham kunne benyttes som materiale for en skjønnlitterær fortelling. Rand, som på den tiden var en aspirerende forfatter, vurderte om hun kunne basere en rollefigur i en planlagt roman på det Hickman representerte. Det er som kjent meget vanlig i skjønnlitterære verker å bygge en intrige rundt en kriminell handling, og det er heller ikke uvanlig å fremstille kriminelle

---

* Vegard Ottervig har skrevet mer utførlig om dette temaet her: https://aynrand.no/ayn-rand-mottok-offentlig-pensjon/

som relativt sympatiske hovedpersoner (*Raskolnikov, American Psycho, The Sopranos, Dexter*).

Vegard Martinsen påpekte at påstanden om at Rand beundret en barnemorder er grovt usaklig*. Men hvorfor er det nokså rimelig å forvente at venstreorienterte tror at Rand var fan av en barnemorder? Det er fordi venstreorienterte tror at kapitalister vil ødelegge verden og undertrykke de fattige. Derfor er det enkelt for dem å tro at at kapitalismens fremste forsvarer også beundrer barnemordere.

Obama

I et intervju med Rolling Stone i 2012 uttalte daværende president Barack Obama følgende:

> «Ayn Rand is one of those things that a lot of us, when we were 17 or 18 and feeling misunderstood, we'd pick up. Then, as we get older, we realize that a world in which we're only thinking about ourselves and not thinking about anybody else, in which we're considering the entire project of developing ourselves as more important than our relationships to other people and making sure that everybody else has opportunity – that that's a pretty narrow vision.»

Å bare tenke på seg selv uten hensyn til andre er *ikke* en del av Rands etikk. En av Rands fremste litterære helter, den rasjonelle egoisten og arkitekten Howard Roark fra *The Fountainhead*, betalte for eksempel husleien til vennen og skulptøren Steven Mallory:

> «He [Roark] paid Mallory's rent and he paid for most of the frequent meals together.»

Er dette å «kun tenke på seg selv» slik Obama påstår?

---

* Vegard Ottervig har skrevet mer utførlig om dette temaet her: https://aynrand.no/beundret-ayn-rand-morderen-william-hickman/

Christopher Hitchens

Christopher Hitchens* var en populær venstreorientert forfatter og kommentator (han døde i 2011). I motsetning til de fleste andre venstreorienterte kom han med kritikk av islam; han var også sterkt kritisk til konspirasjonsteoriene om angrepene 11. september 2001 og forsvarte blant annet USAs frigjøring av Irak i 2003.

Tidlig på 1980-tallet deltok han i en av debattene om kapitalisme vs. sosialisme med Objektivistene Harry Binswanger og John Ridpath. Hitchens burde med andre ord hatt en viss kjennskap til Ayn Rand og Objektivismen.

I et videoklipp fra youtube som Martinsen viste ble Hitchens spurt om hva han synes om Ayn Rand. Han mente at romanene var «transcendently awful», mens han hadde en viss respekt for *The Virtue of Selfishness*. Likevel, Hitchens hevdet at det var intet behov for essays som argumenterer for mer egoisme blant mennesker, siden folk flest i dag er egoister og vi ikke trenger å gjøre dem mer egoistiske.

Å mene noe slikt etter å ha lest romanene, *The Virtue of Selfishness,* og diskutert med Binswanger og Ridpath, er totalt useriøst, påpekte Vegard Martinsen.

«The Bad»
Uheldige formuleringer fra Rand?

Neste post i foredraget om kritikken av Ayn Rand dreide seg om noen formuleringer fra Rand selv. Hvorvidt dette passer inn i kategorien «Bad» eller «Good» er vanskelig å si.

Uansett: den første formuleringen Vegard Martinsen stusset over var følgende fra *The Fountainhead,* hvor Roark sier følgende:

> «Man cannot survive except through his mind. He comes on earth unarmed. His brain is his only weapon.»

---

* I november 2021 kom jeg over følgende treffende karakteristikk av Hitchens: «Hitchens was very rarely anything other than a forensics bully, never conceding a grain to the other side of the scale, even when he knew the truth was otherwise. For him the affair was less about finding the truth than humiliating his opponent at any cost, evidently believing the audience wouldn't know the difference.» Dette er hentet fra *Is Atheism Dead?* av Eric Metaxas, kap 3.

Hvis mennesket kommer til Jorden *ubevæpnet*, hvordan kan vi da si at hjernen er menneskets eneste *våpen*?

Et annet sted i samme bok sier Roark følgende:

> «But don't they know that if suffering could be measured, there's more suffering in Steven Mallory when he can't do the work he wants to do, than in a whole field of victims mowed down by a tank?»

Kan det virkelig påstås at en skulptør som ikke får utøve kunsten sin lider mer enn en gruppe mennesker som blir meiet ned av en stridsvogn – enn massemord?

Vegard Martinsen sendte inn dette spørsmålet til Harry Binswangers ukentlige *Meeting of the Minds*-nettmøte, og hadde fått tillatelse av Binswanger til å spille av hans svar på dette møtet.

Ifølge Binswanger er denne setningen et litterært virkemiddel. Lidelse kan ikke måles mellom mennesker (kun innad i en selv), og er en måte å vektlegge Mallorys lidelse på. Hvis lidelse mellom mennesker kunne måles ville «påstanden» ikke vært sann. Men som forfatter har man en såkalt «litterær lisens», og poenget er å si at det finnes ren fysisk smerte og det finnes spirituell/psykologisk smerte: å få hele sitt formål i livet ødelagt for seg selv.

Vegard Martinsen selv skjøt inn at formuleringen stammer fra en roman, og det som blir sagt og gjort av Howard Roark i romanen til enhver tid ikke nødvendigvis er det Rand selv mener. Roark sier dette fordi han er fortvilet over at Mallory ikke får skape det han vil – det er sammenlignbart med den kjente frasen de fleste av oss sier fra tid til annen: «det er det verste jeg har hørt!». Det man da refererer til er antakelig ikke det verste man noengang har hørt, men det er et virkemiddel for å understreke et poeng. Akkurat da Roark sa dette var hans så fortvilet over Mallorys skjebne at han formulerte seg på en noe overdrevet måte.

Gierløff i Minerva

Minerva nr. 4/2013 inneholdt artikkelen «Hvem er redd for Ayn Rand?» av Høyre-politikeren Fredrik Gierløff. Til tross for Gierløffs påstand om at han har foretatt «et dypdykk i Rands forfatterskap» finner man kun en rekke misforståelser og faktafeil i artikkelen.

For eksempel: Gierløff siterer Martinsen fra en artikkel som ble skrevet til Samtiden i 2001 (men som ble refusert, noe Gierløff ikke nevner). I sitatet nevner Martinsen noen av de angivelige godene vi får med velferdsstaten og at ingen kunne vel være motstandere av et slikt system – dersom et slikt system hadde være bærekraftig. Ifølge Gierløff er dette feil fordi «objektivismens forsvar for frihet stammet jo nettopp fra logikk utledet fra aksiomer, ikke forventninger om konsekvenser».

Gierløff utelater i sitt sitat Martinsens neste setning, som nettopp omtaler de negative konsekvensene av velferdsstaten. I tillegg tar Gierløff feil om Objektivismens syn på aksiomer og deres rolle. Objektivismen er et virkelighetsbasert filosofisk system, og baserer seg på observasjoner og logikk *fremfor* logisk utledelse fra aksiomer – slik man gjør i rasjonalistiske filosofier. Aksiomenes rolle i Objektivismen er å veilede til virkelighetsforankret tenkning. Gierløffs påstand er derfor helt feil. Rands etikk dreier seg om å følge konsekvensene av handlinger og integrere disse til prinsipper – veiledet av aksiomer som skal sikre en fast virkelighetskontakt.

Videre hevder Gierløff at han og Thorbjørn Røe Isaksen har påpekt feil og mangler i Rands eiendomsrettsteori i artikkelen «Rettferdighet og eiendom» publisert i det liberalistiske tidsskriftet Nytt paradigme i 2005. Denne artikkelen dreier seg imidlertid om anarkisten Murray Rothbards eiendomsrettsteori, og Rand blir kun nevnt i forbifarten ved at forfatterne sier at hennes teori skal ligne på Rothbards, bare at den er mer elegant formulert. Og *dette* skal være et «dypdykk i Rands forfatterskap»?[*]

Klassisk liberalisme, Ayn Rand og akademia
På Facebook har førsteamanuensis Pål Foss fra Høgskolen i Østfold foretatt en mindre smigrende sammenligning av Ayn Rand og andre liberalister: Hvorfor velge Coca Cola og Pizza Grandiosa når du kan spise en finere middag – altså hvorfor velge Ayn Rand når du har «bedre» tenkere som Kant, Smith, Locke, Mill, Nozick, Popper, Dahrendorf og Aron?

---

[*] Mitt svar til Gierløff er å finne i min bok *Krig, fred, religion og politikk*.

Akademikere fnyser ofte av Rand, som befant seg utenfor akademia og ikke fulgte de akademiske spillereglene (blant annet ved at det hun skrev var lett forståelig). Det akademikere imidlertid ikke kan ignorere er den stadig økende floraen av akademiske bøker om Objektivismen.

Blant disse finner vi *On Ayn Rand* (Gotthelf 2000), *Ayn Rand's Normative Ethics* (Smith 2006), *Metaethics, Egoism, and Virtue* (Gotthelf & Lennox 2010), *Concepts and Their Role in Knowledge* (Gotthelf & Lennox 2013), *Foundations of a Free Society* (Salmieri & Mayhew 2019) og *A Companion to Ayn Rand* (Salmieri & Gotthelf 2016) om Objektivismen, og *Essays on Ayn Rand's* We the Living (Mayhew 2004), *Essays on Ayn Rand's* Anthem (Mayhew 2005), *Essays on Ayn Rand's* The Fountainhead (Mayhew 2006) og *Essays on Ayn Rand's* Atlas Shrugged (Mayhew 2009) om Rands skjønnlitterære forfatterskap.

For å få gjennomslag for frihet må frihetlige idéer prege kulturen – disse ideene må prege akademikere, mediefolk og kulturfolk, og folk flest. Ayn Rand er den eneste tenkeren som konsekvent står for frihet, men henne skal vi ifølge Foss se bort fra. De tenkere Foss nevner vil heller aldri bli folkelesning, og kun forfattere som har en bred leserkrets vil kunne prege kulturen.

Foss vil altså forkaste den eneste tenkeren som har en moralsk begrunnelse for frihet, og som har mange lesere.

«Parasites, moochers and looters»

En påstand som ofte blir rettet mot Ayn Rand er at hun kalte de fattige for «parasites, moochers and looters» (parasitter, tiggere og plyndrere). Men de som påstår dette gjengir aldri noe sitater hvor hun sier dette, naturlig nok, siden slike sitater ikke finnes. Når hun bruker slike uttrykk snakker hun tvert imot om visse typer maktmennesker, akademikere og fagforeningspamper, og om personer som heller enn å jobbe produktivt ber om penger ved å henvise til hvor elendig de har det: «Money is not the tool of the moochers, who claim your product by tears...». (*Atlas Shrugged*, i kapitlet «Account Overdrawn»).

Verden vs. virkeligheten

I sin biografi om Ayn Rand skriver Anne Heller følgende: «"It is not I who will die, it is the world that will end", she liked to say. Of course, the world went on [after she died]» (s. 410).

Dette er fra Hellers side et slags forsøk på latterliggjøring av Rand; hun forsøker å gi leseren inntrykk av Rand mente at virkeligheten ville opphøre å eksistere når Rand døde. Men det er ikke helt uvanlig å bruke en slik formulering om livets opphør som Rand gjør her. I Don de Lillos roman *Cosmopolis* finner man denne formuleringen (i kapittel 1): «When he died he would not end. The world would end». Badger Clarks dikt The Westerner, et dikt Rand kjente godt, inneholder denne strofen: «And the world began when I was born».

Heller setter åpenbart likhetstegn mellom «verden» og «virkeligheten» – og noen ganger er disse ordene synonymer. Men ikke alltid, og det burde Heller vite. «Verden» har en rekke betydninger som «virkeligheten» ikke har: man kan snakke om «den vestlige verden», men ikke om «den vestlige virkeligheten»; man kan snakke om «den tredje verden» – og betydningen i slike uttrykk er geografisk. Man kan også si f.eks. at «hele verden ønsker fred», og da mener man «alle mennesker ønsker fred». Man kan også bruke uttrykk som «dyreverdenen» (alle dyr), «fantasiverden», etc.

Men det kan også finnes en annen betydning, en betydning som dekkes av sitatene over, og som gjør at uttrykk som «han lever i sin egen verden» blir klinkende klare.

Fra vi blir født mottar vi sanseopplevelser og inntrykk fra virkeligheten som er omkring oss, og vi tenker og analyser det vi mottar. Med utgangspunkt i dette danner vi begreper, verdier, prinsipper, holdninger, erfaringer, minner, vaner, kunnskap, etc. Man kan si at det er dette som er en persons verden. I denne betydningen er «verden» et sett med ideer som finnes i en persons bevissthet.

Ingen opplever eller skaffer seg erfaring fra alt som finnes i virkeligheten; hver enkelt opplever kun et meget lite utvalg av alt som eksisterer. Hvert menneske danner seg – altså med utgangspunkt i det det erfarer – begreper, verdier og prinsipper. Det som er viktig er da å sørge for at de begreper og prinsipper man danner er slik at de er korrekte og at de setter en i stand til å fungere godt i virkeligheten; man bruker jo sin bevissthet til å navigere i virkeligheten. Det man har i sin bevissthet bør da være representativt slik at alt i virkeligheten som er viktig, er dekket. Derfor bør ens verden være basert på en grundig analyse av det som eksisterer (dvs. av det utvalget man direkte eller indirekte kommer i kontakt med). Dersom man ikke foretar en slik grundig analyse, dersom man ikke har riktige begreper og riktige prinsipper, da vil man ikke fungere godt; dvs. ens liv vil bli dårlig siden en da nødvendigvis vil foreta dårlige valg. Dette siste poenget i klartekst: man kan si om en person som mangler viktige fakta og som derfor foretar dårlige valg at «han lever i sin egen verden». Det er også vanlig å benytte samme uttrykk noen som har verdier og prinsipper som skiller seg svært fra det som er vanlig og utbredt i kulturen.

Forøvrig: Hellers biografi om Rand har tittelen *Ayn Rand and the World She Made*. Da Rand døde i 1982 brakte Aftenposten en slags nekrolog, og den hadde tittelen «Ayn Rands lille store verden» (13. mars 1982), og disse formuleringene er brukt for å gi inntrykk av at Rand ikke hadde noen god virkelighetskontakt, at hun «levde i sin egen verden». Martinsens syn er dog at Rand er den tenker som hadde en verden som i ekstremt stor grad var i samsvar med virkeligheten; hun hadde en ekstremt god virkelighetskontakt.

Metaetikk: Dyr

I 2018 ga den tidligere Objektivisten Ari Armstrong ut boken <u>What's Wrong with Ayn Rand's Objectivist Ethics</u>. Det er mye man kan si om denne boken, og Don Watkins har skrevet en svært god kritikk med tittelen <u>«Atlas Neutered: Ari Armstrong's Straw Man attack on Objectivism»</u>. Vegard Martinsen tok imidlertid opp fire metaetiske problemstillinger fra boken.

Det første problemet dreier seg om dyr og metaetikk, som føyer seg inn i en større tradisjon av diskusjoner i Objektivistmiljøet. I essayet «The Objectivist Ethics» skriver Rand følgende:

> «Only a *living* entity can have goals or can originate them. And it is only a living organism that has the capacity for self-generated, goal-directed action. On the *physical* level, the functions of all living organisms, from the simplest to the most complex—from the nutritive function in the single cell of an amoeba to the blood circulation in the body of a man—are

actions generated by the organism itself and directed to a single goal: the maintenance of the organism's *life.*»

Planter og dyr handler automatisk for å overleve, mens mennesket *bør* handle for å overleve – dyr er determinerte, mennesket har fri vilje og må velge. Ved å henvise til biologi viser Rand at den egoistiske etikken kan integreres med interne prosesser i reelle, levende vesener. Ifølge Rand handler individer for å overleve, mens kjente biologer som Richard Dawkins hevder tvert imot at individer gjerne dør for å spre sine gener – individer fungerer som maskiner for å spre sine gener. Det som er kjernen ifølge Dawkins er at individer ikke handler for å overleve, de handler for å spre sine gener. Det finnes flere eksempler som kan se ut som om de bekrefter at Dawkins´ syn er det korrekte.

- Dyr som ofrer seg for sitt avkom
- Edderkoppen som blir spist etter seksualakten
- Bier som har én oppgave: å ofre livet for flokken

I *A Companion to Ayn Rand* skriver Greg Salmieri (s. 99) at «there are sometimes ambiguities about whether the individual organism or the species (or family) is the unit of life».

Det er i denne konteksten Armstrong kommer med sine kritiske innspill. Ifølge Rand utgjør liv standarden for moralsk verdi: det som gjøre livet bedre er moralske verdier, det som gjør livet dårligere er å anse som anti-verdier. Armstrong mener imidlertid at «the fact that we experience many values as valuable for their own sake» ugyldiggjør Rands syn på overlevelse som det endelige målet for levende organismer.

Hvis du liker å gjøre ting uten å tenke på om det fremmer ditt liv eller overlevelse, bekrefter dette ifølge Armstrong at Rands etikk feil: å lytte til musikk, å se sitt barn vokse opp, å spise et godt måltid, å se på en vakker solnedgang – denne type eksempler skal ifølge Armstrong være «values for their own sake» og ikke verdier som bidrar til overlevelse.

Når man foretar valg er det sjelden overlevelse som er motivasjonen, man velger det som gjør livet bedre der og da, og alle gode valg styrker eller bidrar til at den som handler overlever som et menneske. Vi velger mange ting fordi det gjør vårt liv bedre, noe som er i tråd med Rands argumenter om *formål*. Slike formål gjør livet verdt å leve og bidrar til overlevelse. Vi ville ha kjedet oss ihjel uten slike <u>verdier</u>, og derfor tar Armstrong helt feil, ifølge Martinsen.

Men hva med dyr som ofrer seg? En and lurer for eksempel vekk et rovdyr fra sitt avkom. Spørsmålet er da: Vet anden hva den gjør? Vet den at den kan komme til å dø? Dyr har en sterkt begrenset bevissthet, og de er ikke i stand til å tolke hele situasjonen like godt som et menneske kan. Dyret kan bli så opptatt av slåsskampen at det glemmer den fulle konteksten, og kjemper til det dør. I valget mellom sine unger og seg selv, er det å la ungene overleve heller ikke et eksempel på altruisme, siden dyrene har investert så mye i sine avkom (i biologien brukes riktignok «altruisme» på en annen måte enn i etikken).

Hva med edderkoppen som blir spist? Vet edderkoppen dette på forhånd? Vet han hva han går til? Neppe.

Hva med bien? Den vet heller ikke hva den går til. Den er fra naturens side programmert til å utføre den jobben den har – å forsvare flokken.

Martinsens syn er at denne type eksempler ikke er i strid med Rands prinsipp om at individer handler for å overleve – ut i fra den kunnskapskonteksten det enkelte dyr har.

Metaetikk: Slaveri
Et annet metaetisk problem Armstrong tar opp er spørsmålet om slaveeiere og slaver. Vil en egoist frigi slavene sine – vil han ikke da lide mer nød enn tidligere fordi han mister sin inntekt? Eller et mer realistisk eksempel: Hvis man vokser opp i et rikt hjem og finner ut i voksen alder at ens far er kriminell og at all velstanden i hjemmet skyldes illegale, rettighets-krenkende aktiviteter – hva gjør man da?

Å frigi slavene vil skade slaveeieren, ifølge Armstrong, og dette viser da angivelig at Rands egoistiske begrunnelse for å respektere <u>individers rettigheter</u> er svak.

Vegard Martinsen argumenterer derimot for at man bør komme seg ut av slaveeierskapet eller den kriminelle familien så fort som mulig. For eksempel: Slaveopprør forekommer sporadisk, dette er noe vi vet fra historien. Dine slaver kan med andre ord drepe deg i morgen.

Det man bør gjøre er å be (de nå løslatte) slavene om unnskyldning, tilby dem jobb og bolig til en markedsmessig lønn/pris, og hvis mulig gi dem erstatning.

Et tillegg som kan skytes inn her er at frigitte slaver blir en positiv og produktiv ressurs som til syvende og sist vil gjøre alles liv bedre via økt velstand.

Metaetikk: Barn

Et tredje metaetisk problem er visstnok barn. Er det egoistisk å få barn? Det er åpenbart slitsomt til tider med barn, men de fleste foreldre kan skrive under på at man får kolossal glede og nytte av barn – barn gjør livet bedre. Det holder derfor ikke å si at det er egoistisk å *ikke* få barn.

Martinsen henviste også til boken *Selfish Reasons to Have More Kids: Why Being a Great Parent is Less Work and More Fun Than You Think* av Bryan Caplan.

Metaetikk: Når krenkelser ikke oppdages

Et fjerde metaetisk problem er hvis krenkelse av rettigheter ikke oppdages. Er det da egoistisk å krenke rettigheter så lenge man ikke blir oppdaget? Er det for eksempel riktig å stjele penger fra noen som sannsynligvis aldri kommer til å oppdage tyveriet?

Dette poenget er uholdbart, ifølge Martinsen. Ærlighet er et *prinsipp*, og rasjonelle, produktive mennesker har respekt for rettigheter og ærlighet *integrert* i sin personlighet. Det er også umulig å krenke et prinsipp man har levd etter i alle år. I tillegg: Man vet heller aldri i forkant om man blir oppdaget eller ikke dersom man begår er tyveri e.l.

«The Good»

Merk at noe av det følgende materialet har en anekdotisk natur, og at ikke all kritikken nødvendigvis går mot Ayn Rand selv.

Rands egoismedefinisjon

I introduksjonen til *The Virtue of Selfishness* skriver Ayn Rand:

> «Yet the exact meaning and dictionary definition of the word "selfishness" is: *concern with one's own interests*.»

Rand henviser til en ordbokdefinisjon av «egoisme», men det finnes faktisk ingen engelskspråklig ordbok med denne definisjonen. Spørsmålet da er hvor lurt det er å skrive noe slikt.

I norsk kontekst har Vegard Martinsen sett på Kunnskapsforlagets leksikon fra 1982, hvor det står følgende om altruisme: «den etiske grunnsetningen at andres vel bør være målet for våre handlinger. Motsatt: egoisme». «Egoisme: Den oppfatning at egeninteressen alene kan og bør være motivet for våre handlinger». Dette er nærmere det Rand selv skrev. Martinsen påpekte videre det han vil si er korrekte definisjoner av altruisme og egoisme.

Altruisme: å gi avkall på egne verdier, verdier som er til fordel for en selv, til fordel for andre
Egoisme: å handle slik at man selv virkelig tjener på det på lang sikt.

«Å gi» er forbudt
I *Atlas Shrugged* sier John Galt følgende til Dagny Taggart:

> «Miss Taggart, we have no laws in this valley, no rules, no formal organization of any kind. We come here because we want to rest. But we have certain customs, which we all observe, because they pertain to the things we need to rest from. So I'll warn you now that there is one word which is forbidden in this valley: the word '*give.*'»

Vegard Martinsen spør om ikke å si at «å gi er forbudt» er litt uheldig, og vet ikke om han ville ha formulert det slik.

Definisjon av fornuft
Ayn Rand har gitt to ulike definisjoner av «fornuft» – én i *Atlas Shrugged* og én i «The Objectivist Ethics».

> *Atlas Shrugged* (1957): «Reason is the faculty that perceives, identifies and integrates the material provided by [man's] senses».

«The Objectivist Ethics» (1961): «Reason is the faculty that identifies and integrates the material provided by man's senses».

Ordet «perceives» er utelatt i den nyere definisjonen. Martinsen er enig i at det er riktig at «perceive» ikke skal være med. Dyr har for eksempel også <u>persepsjon</u>, men de har ikke <u>fornuft</u>.

Man kan også si at *Atlas Shrugged* var en roman rettet mot et bredt publikum, mens artikkelen «The Objectivist Ethics» er rettet mot et smalere publikum som burde få en mer presis formulering.

Privateid vs. eid av private individer
I *Capitalism: The Unknown Ideal* definerer Ayn Rand kapitalisme som følger:

«Capitalism is a social system based on the recognition of individual rights, including property rights, in which all property is privately owned.»

Det er også en tilsvarende definisjon på side 190 i boken <u>Objectively Speaking: Ayn Rand Interviewed</u>, men der står det ikke «privately owned», det står «in which all property is owned by private individuals».

Vegard Martinsen bemerker at innholdet i posthume utgivelser som *Objectively Speaking*, *Letters of Ayn Rand*, *Journals of Ayn Rand*, *The Art of Fiction*, *The Art of Nonfiction* og *Ayn Rand Answers*, ikke nødvendigvis inneholder de formuleringer Rand faktisk brukte. Disse tekstene er alle redigert etter hennes død, og de fleste formuleringer Rand tillegges i disse bøkene er visstnok forsøkt brakt i samsvar med det hun publiserte selv – eller i samsvar med Leonard Peikoffs oppfatning av hva Rand mente.

Men «privately owned» og «owned by private individuals» er ikke det samme. Å være «privateid» betyr at det finnes én eksklusiv eier som disponerer en eiendom, og eieren behøver ikke å være en privatperson. «Privat» benyttes om noe som ikke er tilgjengelig for publikum i sin alminnelighet (noe som bekreftes i en rekke uttrykk: «privatfly», «dette er en privat samtale så vennligst ikke lytt», etc.).

Ifølge Leonard Peikoff kan ikke staten eie noe under kapitalismen, den må *leie*. Men Vegard Martinsen argumenterer for at hvis staten eier en politistasjon eller militærleir, så er de privateid. Staten må kunne eie de bygninger og områder den benytter for å kunne utføre sine legitime oppgaver på en effektiv måte.

Spillane fremfor Shakespeare?
I tidsskriftet The Economist har Rand-forskeren James G. Lennox og David Ashton hatt en debatt om det moralske forsvaret av kapitalismen. I et leserbrev til The Economist skriver David Ashton at han tviler på at Rand ville ha godtatt dagens globale kapitalisme med hedge-fond og fri innvandring. I tillegg påstår Ashton at Rand rangerte kriminalforfatteren Mickey Spillane høyere enn Shakespeare: «Rand's ideological skyscraper rested narrowly on premises that led her, for example, to rate Mickey Spillane above William Shakespeare».

Martinsen tok hovedsakelig for seg dette siste utsagnet (selv om de første om økonomiske aspekter også kan diskuteres). Det er ikke riktig å påstå at Rand rangerte Spillane over Shakespeare, i alle fall ikke slik det står i leserbrevet.

Men Spillane er en moralsk forfatter: Heltene er gode, skurkene er onde, og heltene vinner til slutt (andre samtidsforfattere var nihilistiske og venstreorienterte i forhold). Spillane og Rand endte riktig nok opp med å bli venner, og Spillane skriver godt, men å si at han er en bedre forfatter enn eller står over Shakespeare, blir feil.

Shakespeare har det beste språket av alle engelskspråklige forfattere, og han forstår alle maktforhold – mellom konge og adelsmenn, mellom foreldre og barn, mellom menn og kvinner, mellom unge og gamle – ut og inn. Rand kjente godt til dette. Men Shakespeare er imidlertid nihilist.) Det er ingen sammenheng mellom verdier og handlinger i hans skuespill («life ... is a tale, told by an idiot, full of sound and fury, signifying nothing»). Hos Shakespeare kan skurker vinne og helter kan tape. Når det gjelder moral kan det derfor være riktig å si at Spillane står over Shakespeare.

Martinsen mener at dette for øvrig viser hvilken fare det er ved å uttale seg – man må regne med å bli sitert ut av kontekst.

«Rand leste aldri de hun kritiserte»
I en franskspråklig blogg ved navn De l'Objectivisme er Rand-forsker Shoshana Milgram intervjuet. Ifølge en fransk Rand-biografi fra 2011 leste Rand aldri (eller kun overfladisk) de filosofene hun kritiserte, som for eksempel Kant.

Shoshana begynner sitt svar med at Rand leste alt av Agatha Christie. Vegard Martinsen er ikke så sikker på hvor lurt det er å begynne med dette. Det gir et inntrykk av at Rand er en lettvekter – Soshana burde begynt med de tyngste og vanskeligste filosofene. I intervjuet ser riktig nok Shoshana på bøkene Ayn Rand har eid, og viser at hun hadde lest Kant og mange andre.

Vi må også huske på at Rand ble utdannet ved et førsteklasses universitet (Petrograd/St. Petersburg), og at hun der fikk en grundig og bred utdannelse. Personer som kjente henne sa om hennes kunnskaper om filosofi at «she knew that stuff inside out».

Rands skrivestil er også slik at hun essensialiserer det hun gjengir, mens personer som har vært utsatt for en mer moderne filosofi-opplæring har en tendens til å legge stor vekt på egentlig uviktige detaljer og har som regel problemer med å se det store bildet. Når disse da leser Rand får de da ofte det feilaktige inntrykket at hun ikke har noen dyp forståelse av det hun snakker om.

Hjernekvalitet og frekke publikummere
Ayn Rand var på 70-tallet flere ganger gjest på TV-programmet «The Phil Donahue Show». I en av episodene, tilgjengelig på youtube, svarer Rand på spørsmål fra salen, og når de diskuterer kvinners muligheter i USA sier en fra salen at hun var imponert over Rands bøker for 15 år siden, men at hun nå er mer *utdannet* – før hun kommer med kritikk.

Rand sier at dette er den typen innlegg hun ikke svarer på: Rand blir beskyld for å være en lettvekter, og Rand svarer at damen i salen har «showed us the quality of her brain» – hun har «vist oss kvaliteten på sin hjerne». Spørsmålets formulering var en grov fornærmelse, men Rand burde ha svart annerledes, ifølge Martinsen. På den annen side; kunstnere har ofte temperament …

Militærkuppet i Chile
På et Ford Hall Forum-foredrag i 1974 uttalte Ayn Rand følgende: «Compared to Allende and the socialists in Chile, Pinochet and his people are gentlemen and scholars and giants».

Konteksten i dette tilfellet er at en valgseier til venstreorienterte krefter med Salvador Allende som leder i Chile i 1970, kastet landet ut i kaos. Wikipedia: Allendes «regjeringstid var preget av sosiale reformer, nasjonalisering av industrien, og forsøk på omfordeling av rikdom, streiker, uroligheter og konfrontasjoner og økonomisk krise...». Flere amerikanskeide selskaper ble ekspropriert. Et vedtak i nasjonalforsamlingens underhus (81 mot 47 stemmer) anmodet militæret om å gripe inn for å gjenopprette orden med begrunnelse at Allendes regjering gjentatte ganger hadde brutt konstitusjonen. Dette var et militærkupp som åpenbar hadde støtte fra USA/CIA.

Lenge ble situasjonen ansett som en folkevalgt leder vs. onde USA-kuppmakere. General Pinochet, som altså tok makten i Chile ved et kupp, var påvirket av den såkalte Chicago-skolen til Milton Friedman, som i sin tur markedsliberaliserte det søramerikanske landet (som forøvrig var blitt svært velstående da Pinochet frivillig gikk av som landets leder i 1990). Å omtale Pinochet og hans medløpere slik Rand gjør, når de var ansvarlige for tortur og nærmest vilkårlige henrettelser, er uakseptabelt. Men kanskje disse fakta om hva som skjedde under Pinochet ikke var godt kjent da Rand uttalte seg. Og hun sa jo også «compared to Allende and the socialists». Det bør også nevnes at Rand aldri har uttalt seg eksplisitt om tortur, men ting hun har sagt («... thugs ... regard torture as a legitimate method of inquiry», The Objectivist, februar 1969) tyder på at hun tok avstand fra dette.

Rand om homofili
På Ford Hall Forum i 1971 svarte Rand på et spørsmål om homofili og sa at det var «umoralsk og avskyelig», men at hun samtidig mente at myndighetene ikke har rett til å forby det. Rand hadde omgangsvenner som var homofile, en svoger som var homofil, og hadde ikke noe problem med dette da hun en gang tidligere ble spurt om dette.

Da hun ble spurt om homofili i 1971 hadde hun og USA nettopp opplevd de mest ekstreme tilfellene av homoparader og en hippielivsstil. I tillegg: Rand vokste opp i erkekonservative Tsar-Russland, hvor slik livsførsel var utenkelig.

Vegard Martinsen argumenterer likevel for at Rands holdning i denne saken ikke er god. Grupper har blitt forfulgt og trakassert opp gjennom hele historien, homofile inkludert. Å formulere seg i slike ordelag overfor en utsatt gruppe er kritikkverdig.

Mottok ingen hjelp?
I «om forfatteren» i *Atlas Shrugged* skriver Rand følgende:

> «I decided to be a writer at the age of nine, and everything I have done was integrated to that purpose. I am an American by choice and conviction. I was born in Europe, but I came to America because this was the country based on my moral premises and the only country where one could be fully free to write. I came here alone, after graduating from a European college. I had a difficult struggle, earning my living at odd jobs, until I could make a financial success of my writing. No one helped me, nor did I think at any time that it was anyone's duty to help me.»

Da Rand først kom til USA lot slektninger i Chicago henne bo hos dem gratis, og de lot henne se film på kino gratis (de eide en kino), og de skaffet henne et introduksjonsbrev til viktige personer i Hollywood. Det er med andre ord overdrevet å påstå at ingen hjalp henne. Men hvis hun snakket om altruistisk hjelp, er det antagelig sant.

Konklusjon
Når det gjelder reell kritikk av Ayn Rand og Objektivismen, er eksemplene med Chile, Rands svar til publikummeren på Donahue-showet og synet på homofili, alt Vegard Martinsen har klart å grave frem. Martinsen leser alle bøker som kommer ut om Rand, men så og si all kritikk er reellt sett ondsinnet eller usaklig.

Det finnes dog én bok som er nokså saklig: Scott Ryan´s *Objectivism and the Corruption of Rationality: A Critique of Ayn Rand's Epistemology.* Kritikken i denne boken er ikke holdbar, men forfatteren er seriøs og saklig. Det er dog for omfattende å gå inn på denne boken ved en anledning som dette.

I Minerva skrev Fredrik Gierløff at hvis Ayn Rand skal bli noe annet enn en kuriositet, må Objektivister få innflytelse. Martinsen siterte da den kritiske boken *Mean Girls*, som lister opp en rekke ikke helt ukjente navn som er blitt influert av Ayn Rand: «Jeff Bezos, Jimbo Wales, Steve Jobs, Peter Thiel, Mark Cuban, John Allison, Travis Kalanik, Jeff Bezos, ad infinitum» (s. xiv). Duggan lister også opp en rekke personer innen underholdningsindustrien som er influert av Rand. Innflytelsen finnes og er reell, men vi har kun sett starten. Og Martinsen mente at vi må alle jobbe for å øke innflytelsen ytterligere.

Men det viktigste poenget er følgende: Objektivismen gir verdier og prinsipper for hvordan man kan leve et godt liv; den gir råd om hvordan man bør velge i valgsituasjoner man kommer i hver eneste dag. Alle andre filosofier og tankesett forfekter selvoppofrelse og underdanighet; Objektivismen, derimot, står for selvrealisering, uavhengighet, og retten for individer til å bestemme over seg og sitt. Objektivismen står for fornuft, egoisme og kapitalisme!

PS

I spørsmål-og-svar-delen etter foredraget ble det blant annet diskutert Rands syn på indianere, en kvinnelig president og den såkalte «voldtektsscenen» i *The Fountainhead*. Nedenfor følger korte sammendrag av det Martinsen sa om disse temaene.

Indianerne i Amerika praktiserte ikke eiendomsrett og var stort sett nomader. Konflikten sto essensielt mellom barbarer og nybyggere som skulle dyrke jorda. Forholdene var fredelige i begynnelsen, men indianerne startet etter hvert å angripe. Ifølge Martinsen finnes det omfattende data på dette. Videre, krigen mellom nybyggere (i hovedsak fra Europa) og indianere ble ført på omtrent samme måte som alle andre kriger ble ført på den tiden.

Når det gjaldt synet på en kvinnelig president, var Rands kjønnsrollesyn at kvinner alltid må ha en mann å se opp til. USAs president er øverstkommanderende og har følgelig ingen over seg, og en slik posisjon vil ifølge Rand være uholdbar for en kvinne. Ifølge Rand er kvinner selvsagt dyktige nok til å påta seg en slik rolle, men

Rands kjønnsrollesyn var slik det var. Forøvrig er dette standpunktet ikke en del av Objektivismen; problemstillingen hører hjemme i psykologi, ikke i filosofi.

Angående «voldtektsscenen» i *The Fountainhead*, skal Rand en gang ha uttalt «If it was rape, it was rape by engraved invitation».

Dominique Francon forfølger Howard Roark i flere scener i boken. Hun ødelegger sin peishelle, tilkaller Roark for å reparere den, og når Roark sender en liten og overvektig italiener for å gjøre jobben, blir Dominique rasende. Hun oppsøker Roark og slår ham med en pisk. Når akten først skjer, roper Dominique ikke etter hjelp, og hun dusjer ikke etterpå. Ifølge Vegard Martinsen er dette *ikke* en voldtekt – en lesning som innebærer at dette er en voldtekt er en lesning som ikke er forankret i fakta. *The Fountainhead* er en roman, og den *skal* være dramatisk. Forøvrig var slike scener vanlige i bøker og filmer på denne tiden.

Slaktet og ignorert filosof-forfatter

Publisert som kronikk i Aftenposten 5. januar 1987

Den første biografien om Ayn Rand kom ut i 1986 og var skrevet av Barbara Branden, som i en årrekke var en nær venn og samarbeidspartner av Ayn Rand. Boken solgte godt i USA, og kom på bestselgerlistene. Jeg tenkte at med denne boken som foranledning kunne jeg få en generell artikkel om Ayn Rand og de ideer hun sto for inn i en av de store avisene.

Jeg skrev artikkelen, sendte den inn til Aftenposten, og til min store overraskelse sto den på trykk som kronikk 5. januar 1987. Tittelen på kronikken var Aftenpostens, og jeg var ikke helt fornøyd med den.

I kronikken nevnte jeg bare så vidt bruddet mellom Rand og Barbara Branden og Nathaniel Branden; et brudd som hadde store konsekvenser. For den som er interessert i mer om det som virkelig foranlediget bruddet vil jeg anbefale James Valliants The Passion of Ayn Rand`s Critics *(Durban House 2005).*

[Aftenpostens ingress:] Ayn Rand – navnet tok hun fra skrivemaskinen – oppfattes av hennes tilhengere som den som har gitt kapitalismen en moralsk basis gjennom den filosofi hun kalte objektivismen. Dagens kronikk tar for seg en biografi over henne som da den kom i USA i juli havnet på bestselgerlistene.

Ayn Rand innehar en særpreget posisjon på den litterære og filosofiske scene. Hun skrev blant annet to enestående romaner; den ene, *The Fountainhead* (1943), ble refusert av 12 forlag før den ble antatt. Den andre, *Atlas Shrugged* (1957), er et dyptpløyende filosofisk verk på 1200 sider. Til tross for dette har disse to romanene, sammen med hennes andre bøker, solgt i over 20 millioner eksemplarer. Hun er blitt slaktet av anmeldere og blir stort sett ignorert av akademiske filosofiske miljøer. Nylig utga Doubleday & Co. i New York biografien *The Passion of Ayn Rand*, forfattet av Rands nære venn og kollega gjennom 19 år, Barbara Branden.

Russland
Boken forteller Ayn Rands liv, et liv så variert og spennende at det kunne vært hentet fra en av hennes egne romaner. Barbara Branden forteller om Ayns oppvekst i tsarens Russland; hun ble født i St. Petersburg i 1905. Vi får høre hvordan hun opplevde den russiske revolusjonens redsler og hvordan hun efterhvert greide å skaffe seg utreisetillatelse til USA. Rands første roman, *We the Living* (1936), er lagt til tiden efter revolusjonen, og handler om hvordan sosialismen spesielt ødelegger de beste menneskene — de mest begavede og de mest kreative — de som har mest å tilby verden. Allerede ni år gammel hadde hun valgt sitt fremtidige yrke, hun skulle bli forfatter. Før hun emigrerte til USA i 1926, hadde hennes familie og venner bedt henne fortelle verden at revolusjonen hadde gjort Russland om til en fangeleir. For å beskytte familien hjemme i Sovjet, måtte hun forandre navn; Ayn tok hun efter en forfatter hun likte, Rand tok hun fra sin Remington-Rand skrivemaskin*. (Hennes opprinnelige navn var Alisa Rosenbaum.)

Inntil hun kunne forsørge seg som forfatter, tok hun alle slags småjobber. Hun fikk efterhvert ansettelse som screenwriter for Cecil B. deMille, og i forbindelse med denne jobben traff hun skuespilleren Frank O'Connor. De forelsket seg i hverandre og giftet seg i 1920. Hun elsket ham så lenge han levde.

Hun mistet arbeidet hos deMille, og greide ikke å finne annet arbeide i Hollywood – hun var blitt svartelistet i Hollywood på grunn av det politiske innholdet i romanen *We the Living*.

Rasjonell egoisme
The Fountainhead ble utgitt i 1943. (Siste utgave på norsk kom på Midas Forlag 1982 under tittelen *Kildens utspring*, oversatt av Johan Hambro.) Den forteller historien om arkitekten Howard Roark, mannen som nektet å gå på akkord med sine prinsipper, uansett hva det kostet ham av personlige eller profesjonelle forsakelser. Boken handler om striden mellom kollektivistiske og individualistiske idéer, og legger grunnlaget for en etikk basert på rasjonell egoisme. Efter hvert ble

---

* Disse opplysningene fra boken var ikke korrekte. Antagelig tok hun Ayn fra det finske Aino, og Rand er en slags forkortelse av Rosenbaum.

boken en bestseller og den ble filmatisert i 1949 med Gary Cooper i hovedrollen.

Det dannet seg en krets av beundrere rundt Ayn Rand, i denne kretsen fant man Nathaniel Branden og Barbara Branden. I årene fremover utviklet Rand et filosofisk system, et system hun fremstiller i detalj i gigantromanen *Atlas Shrugged*: Mennesket må, for å leve som menneske, basere seg kun på fornuften, være rasjonell egoist og ikke bruke fysisk makt mot andre, unntatt i selvforsvar. Den politiske implikasjonen av dette er laissez faire–kapitalisme.

Objektivismen
Objektivismen, som var navnet Rand satte på sin filosofi, har hatt og har, en enorm innflytelse. At de mer og mer prokapitalistiske idéer får større og større oppslutning, er hovedsakelig hennes fortjeneste. Hun har påvirket de fleste yngre økonomene innen den pro-kapitalistiske «østerrikske» skole innen økonomi, og flere individualistisk orienterte filosofer (hovedsakelig i USA) anerkjenner hennes banebrytende innsats. Ayn Rand har gitt kapitalismen en moralsk basis. Denne basis er nødvendig for at vi igjen skal få en kapitalistisk renessanse, en renessanse som er nødvendig for fortsatt frihet og velstand.

Barbara Branden gir oss en opplysning om Ayn Rands privatliv som var ukjent for alle utenfor den indre krets. Ayn hadde i flere år et forhold til Barbaras ektemann, Nathaniel Branden. Ayn og Nathaniel hadde forelsket seg i hverandre, og Ayn hadde da underrettet sin ektemann, Frank, og Nathaniels kone, Barbara, om hvordan hun ville ha det. De respektive ektefeller kunne godta forholdet eller dra sin vei. Forholdet var åpent, ingen ble bedratt. *Atlas Shrugged* ble da også tilegnet både ektemannen og den 25 år elskeren. Efterhvert fikk Nathaniel Branden store personlige problemer, og han bedro både Ayn, Barbara og flere andre. Rand og kretsen rundt henne brøt med Brandens i 1968.

Boken er godt og spennende skrevet og den ineholder utallige morsomme historier om Ayn Rand. F. eks. følgende: Ayn bodde på Studio Club, et hybelhus for unge piker, før hun giftet seg. En velstående kvinne vil gi 50 dollar til en av pikene, og Ayn ble den heldige. Hun hadde knapt til maten, men for pengene kjøpte hun lekkert, sort silkeundertøy! Eller denne om hennes intelligens og menneskekunnskap: George Axelrod (som bla. skrev *The Seven Year Itch*) snakket med henne på en fest og sa efterpå: «Hun kjenner meg bedre efter fem timer enn min psykiater efter fem år.»

Boken har imidlertid en del meget vesentlige svakheter. Barbara Branden later til å tro at å være objektiv betyr å vær balansert, slik at hun prøver å si like mange negative som positive ting. Barbara forteller at Ayn Rand er det mest intelligente mennesket hun har møtt, derefter får vi høre at Ayn ikke vasket leiligheten sin så ofte som hun burde. (Ville man skrive noe slikt om en mann?) Å trekke frem slike ting er ufint, og det er flere slike ting i boken.

En annen svakhet er Barbara Brandens mangel på innsikt i Ayn Rands liv fra bruddet i 1968 til Rands død i 1982. Vi leser i boken at på slutten av sitt liv omga Rand seg med personer som var dårligere utrustet, intellektuelt sett, enn det som var tilfellet på 50- og 60-tallet. Dette er tøv.

Den største feilen ved boken er Barbara Brandens forsøk på å gi en fortolkning av Ayn Rands psykologi. Branden skriver f. eks. at Ayn og Frank holdt sammen fordi de begge hadde vokst opp i kvinnedominerte familier. Vi får høre at Ayn Rand utviklet en filosofi som ga moralsk verdi til det å tenke, for «som barn måtte hun kjøpe kjærlighet og beundring med sine egne intellektuelle kvaliteter», osv. Det virker som om Barbara Branden har lært psykologi fra en artikkel i Det Beste. Barbara Branden skriver at hun aldri igjen kommer til å møte noen som Ayn Rand. Denslags kan man si om en snill barnepike, ikke om en av historiens største filosofer. Kort sagt: Barbara Branden er ikke oppgaven voksen. Ayn Rand fortjener en bedre biografi enn denne. Barbara Branden har skrevet en biografi som kunne gått som føljetong i Se og Hør.

Spørsmål og svar om Objektivismen

Publisert på FSOs nettside 2008

Alle svar er ved FSOs daværende formann Vegard Martinsen, og de er kun uttrykk for hans standpunkter. Han vil dog hevde at alle svar er i samsvar med Objektivismen.

Er det ikke slik at alle egentlig er egoister – alle gjør jo det de ønsker å gjøre? Eksisterer altruistiske handlinger? I Ayn Rands filosofi er distinksjonen mellom egoisme og altruisme svært fremtredende. Dette innebærer at det finnes egoistiske og altruistiske handlinger. Spørsmålet mitt er følgende: Hvordan kan man hevde at en handling er altruistisk? Dersom et individ utfører en handling, er dette en konsekvens av de fordelene og ulempene som individet knytter til handlingen. Dermed vil en handling som for andre tilsynelatende virker altruistisk motivert egentlig være en avveining av fordeler og ulemper, hvor den handlende aktør velger det alternativet som gir størst nytte. Betyr ikke dette at altruistiske handlinger derfor i virkeligheten ikke eksisterer?

Jeg begynner med et eksempel: Tenk deg at Per og Kari begge er barn i en legefamilie (foreldrene er leger, besteforeldrene er leger, osv.) Per og Karis foreldre ønsker at barna også skal bli leger. Men hverken Per eller Kari ønsker å bli leger, de ønsker å bli gartnere, fordi det de er interesserte i er planter, ikke sykdommer.

Familien forsøker å overtale barna til å bli leger. Per tenker: «jeg er jo en del av familien, familien er jo viktig, dessuten det som er viktig er jo å gjøre sine foreldre fornøyde». Han begynner å studere medisin. Kari tenker annerledes: «det er mitt liv, jeg vil drive med noe jeg er interessert i og trives med» – hun lar seg ikke overtale og hun blir gartner. Per har her valgt altruistisk, Kari har valgt egoistisk.

Det er riktig som du sier at alle handlinger er MOTIVERTE – alle handlinger blir gjort for at den handlende skal oppnå en fordel – men ikke nødvendigvis en fordel for den handlende selv. En handling har alltid en benefisient (= den som har fordel av handlingen).

Altruisme sier at andre mennesker ska være benefisient, pietisme sier at Gud skal være benefisient, nihilisme sier at ingen skal være benefisient, egoisme sier at den handlende selv skal være benefisient.

Rasjonell egoisme sier altså at du bør handle slik som du selv virkelig vil tjene på, og på lang sikt. (Og det som setter deg istand til å foreta de valg du selv virkelig vil tjene på på lang sikt er den Objektivistiske etikken.) Altruisme sier altså at du bør handle slik at andre mennesker vil tjene på det. En altruistisk handling er således aldri egoistisk, og en egoistisk handling er aldri altruistisk. Men det er slik at alle virkelig vil tjene på at vedkommende selv og alle andre mennesker er rasjonelle egoister.

Eksempel på altruistisk handling: en kristen som gir alle sine penger til de fattige. Han selv vil ikke tjene på dette, og dette er derfor altruistisk. Det er mulig at han TROR at han vil tjene på det (komme til himmelen etter døden), og at han derved tror at handlingen er egoistisk, men dette er en tro som er feil – handlingen gir tap for ham, og er derfor egentlig altruistisk.

Dersom en og samme handling kan være til fordel for flere (både utøver og mottager) vil jo dette bety at en og samme handling kan være både altruistisk og egoistisk på samme tid. Er dette mulig?

Nei – de aller fleste rasjonelt egoistiske handlinger er også til fordel for andre – men dette gjør dem ikke altruistiske. Hvis f.eks. du er matematikklærer fordi du liker matematikk og du liker å undervise, så er dette til fordel for dine elever. Men den som blir matematikklærer selv om han hater matematikk og hater å undervise, men blir det fordi det er behov for matematikklærere, han blir mattelærer av altruistiske grunner, og han blir sannsynligvis en dårlig mattelærer og til skade for sine elever. Egoisme er nyttig for alle, altruisme er skadelig for alle.

Objektivismen forfekter rasjonell egoisme – som innebærer at man rasjonelt skal vurdere mulighetene, og så handle på en slik måte at det på lang sikt virkelig er til fordel for den som handler. Det er altså ikke slik at man er rasjonell egoist når man bare tror man handler til egen fordel.

Hvorfor er ikke anarkisme og kapitalisme forenlig?

Et kapitalistisk samfunn er basert på respekt for individers rettigheter. Hvis ens rettigheter blir krenket, må man ha et organ å henvende seg til, og dette organet er staten. Staten har nedfelt rettighetsteorien i et anvendelig lovverk, og har et apparat som arresterer, etterforsker og dømmer kriminelle. Dette rettsapparatet inneholder også en endelig domstol, dvs. en siste ankemulighet.

Under anarkismen kan man ha mange forskjellige beskyttelsesorganisasjoner, og disse kan ha forskjellige rettighetsteorier, f.eks. kan noen mene at abort er drap og bør forbys, mens andre kan mene at abort er lovlig. Dette fører til strid, kanskje krig.

Dessuten vil man under anarkismen ikke ha noen endelig domstol, dvs. man kan fortsette å anke til forskjellige rettsinstanser i det uendelige og å oppnå en endelig dom vil da være umulig.

Hvis derimot disse private beskyttelsesfirmaene håndhever samme rettighetsteori, og samarbeider slik at en konflikt mellom kunder fra to forskjellige firmaer fører til forhandlinger mellom firmaene og at de blir enige om en løsning som binder begge kunder, er dette systemet ekvivalent med det som finnes under kapitalismen.

Vil det kunne eksistere private domstoler under kapitalismen, eller vil det bare være statlige domstoler?

Private domstoler er OK så lenge de involverte partene godtar dommen. Men en privat domstol kan ikke bruke tvang. Hvis A bringer en anklage mot B inn for en privat domstol, kan resultatet f.eks. bli at B blir dømt til å betale A 1 mill kr som erstatning. Dette er OK så lenge B betaler frivillig. Men denne private rettsinstansen kan ikke tvinge B til å betale. En privat domstol kan også dømme B til fengsel, men B må sone frivillig, domstolen kan ikke få ham hentet med makt. Det som vil bli vanlig under kapitalismen er at partene som velger å bruke en privat domstol på forhånd vil være enige om å respektere dommen. Men de som ikke velger å godta en privat dom, må dømmes i det statlige domstolsapparatet hvis anklageren ønsker å forfølge saken.

Hvordan forhindrer det frie marked monopoler?

For det første er ikke monopoler noe som nødvendigvis må unngåes. Hvis f.eks. alle som leier bil velger å bruke AVIS, så vil Hertz og de andre bilutleiefirmaene forsvinne. Hvis folk er fornøyde med det produktet de får fra AVIS, vil AVIS ha monopol på bilutleie, og det er intet problem i dette.

Problemet kommer når staten sier at kun AVIS får leie ut biler – da vil AVIS kunne misbruke sin posisjon og ta høye priser og levere et dårlig produkt.

Problemet med monopoler er altså at staten – og det er kun staten som kan gjøre dette – forhindrer nye aktører å komme inn på markedet. (Slik skjer idag f.eks. med statens beskyttelse av Vinmonopolet.)

Det som forhindrer skadelige monopoler under kapitalismen er altså at det ikke finnes noen statlige hindringer for nyetableringer. Og med ingen statlige hindringer inkluderer jeg slike ting som at det ikke skal være konsesjonsordninger, ingen skatt, ingen avgifter, intet skjemavelde, etc. Alt slikt gjør det vanskeligere å etablere nye bedrifter.

Kan staten, under kapitalismen, eie eiendom?

Ja, f.eks. politistasjoner, militærbaser, bygninger for administrasjon, mm.

Hvordan ville det fungere med alkohollovgivningen under kapitalismen? Altså, promillegrenser, osv.

Voksne kan kjøpe hva de måtte ønske av rusmidler (det er dog sannsynlig at ens helseforsikring vil inneholde bestemmelser om slikt). Promillegrense: praktisk talt all eiendom er privat eiet, og eieren bestemmer betingelsene som gjelder for benyttelse av hans eiendom.

F.eks. vil den som eier en vei sette betingelser for kjøring på veien – han vil sette krav til sikkerhetsstandard for bilene som skal kjøre der, og han vil sette en promillegrense for den som kjører bil. Antagelig vil det på dette punktet ikke bli noen merkbare forskjeller i forhold til dagens situasjon.

Mht. restauranter etc. vil eieren antagelig ønske at det ikke er fyll og spetakkel på hans etablissement, og han vil bortvise folk som er for fulle og lager bråk. Politiet vil ta hånd om slike personer etter eierens anmodning.

Vil det være noen myndighetsalder under kapitalismen?

Ja. Barn er per definisjon umodne individer, og de kan derfor ikke fatte alle typer beslutninger som angår dem selv – f.eks. kan de ikke inngå kontrakter når de er fem år gamle. Barn blir gradvis mer modne etterhvert som de blir eldre, og de oppnår fulle rettigheter som voksne når de passerer en myndighetsalder – f.eks. 18 eller 20 år.

Mange hevder at man har plikt til å hjelpe de som måtte ha behov for hjelp. Hva er det Objektivistiske synet på dette?

Det Objektivistiske syn er at man ikke har noen forpliktelser overfor andre mennesker. Dvs. man må ta seg av sine egen barn inntil de er voksne, og man har ingen rett til å initiere bruk av tvang mot andre mennesker, men ellers: ingen forpliktelser (dersom man ikke frivillig har påtatt seg slike gjennom kontrakter).

Man har altså ingen plikt til å ta seg av de svake. Men dersom man har tid/penger til overs er det ikke urimelig at man gir hjelp til de som uforskyldt er i en vanskelig situasjon.

Problemet med tvangsmessige ordninger (f.eks. statlige og skattefinansierte hjelpeordninger) er at 1) de vil tiltrekke seg korrupte ansatte, dvs. ansatte som er i ordningen primært for å snylte på den, ikke for å hjelpe de som trenger det, og 2) at folk vil fremstille seg som svake bare for å få gratis penger. Dette er passiviserende og ødeleggende for dem selv. Av de to punktene ovenfor er 2) det viktigste; gratis hjelp passiviserer de som mottar hjelp.

Idag er det også vanskelig å få jobb pga. alle de reglene og forordningen og det skjemavelde – for ikke å snakke om skattenivået – som arbeidsgivere må igjennom for å kunne få folk til å gjøre en jobb for seg. Under kapitalismen vil det selvsagt ikke være noen skjemavelde og ingen avgifter for å kunne ansette folk. Det vil derfor være langt flere enn idag som kan arbeide og forsørge seg selv.

Er det korrekt at Objektivismen sier at det som skiller mennesket fra dyrene er at vi kan anvende oss av fornuft og logikk, men dyr ikke har denne egenskapen?

Ja. Derfor har dyr ingen rettigheter. Vi har ikke rettigheter fordi vi kan føle smerte, men nettopp på grunn av at vi kan bruke fornuft og ikke lever på instinkter.

Men er det ikke rart å si at dyr ikke har rettigheter, når uten dem ville ikke jorden gått rundt, altså, kretsløpet?

Kretsløpet ville heller ikke gått rundt hvis det ikke hadde vært planter – men ingen foreslår at planter skal ha rettigheter.

Pga. fornuften har mennesket mulighet til å arbeide på lang sikt – f.eks. så om våren og høste et halvt år senere, planlegge og bygge et hus, lage et dataprogram – slike prosesser tar lang tid, og muligheten til å gjøre slike prosesser som tar tid må beskyttes (ingen vil så hvis hvem som helst kan høste), og det er dette som er grunnen til at mennesker har rettigheter: rettigheter finnes for å beskytte menneskets mulighet til å arbeide på lang sikt. Dyr driver ikke med langsiktig arbeid – de har ingen behov for beskyttelse av det de arbeider med.

Dessuten, rettigheter skal løse konflikter, og dette skjer ved å henvise til rettighetsprinsippet («Det er A som har sådd, da kan ikke du, B, høste»). Slike oppfordringer er av ingen nytte i konflikten mellom A og en tiger.

Vi bør absolutt behandle dyr pent – etter mitt syn er det umoralsk å torturere dyr kun for underholdning (f.eks. tyrefekting), men medisinsk forskning på dyr er nyttig og bør kunne skje. At mye av den forskning som bedrives idag er av liten verdi, er en annen sak.

Ayn Rand hevder at Objektivismen er et lukket system. Betyr dette at Ayn Rand oppdaget alt som er verd å oppdage innen filosofi, og at det ikke er mer å oppdage?

Nei. At Objektivismen er lukket betyr kun at Ayn Rand satte navnet Objektivismen på sitt filosofiske system, dvs. at Objektivismen er et egennavn på hennes filosofiske system. Det er mye igjen å oppdage, og

Objektivister vil hevde at all sann filosofi er i overensstemmelse med Objektivismen.

Ayn Rand skrev i 1961 i *For the New Intellectual* at «the name I have chosen for my philosophy is Objectivism». I en artikkel i 1980 skriver hun at hun er opptatt av å beskytte navnet Objektivismen, og at «anyone using that name for some philosophical hodgepodge of his own, without my knowledge or consent, is guilty of the fraudulent presumption of trying to [...] pass his thinking off as mine [...] If you agree with some tenets of Objectivism, but disagree with others, do not call yourself an Objectivist...» (The Objectivist Forum, februar 1980). Objektivismen er altså navnet på det filosofiske system som Ayn Rand skapte, og dette filosofiske systemet er fremstilt i de verker hun skrev og publiserte. Det ble også skrevet noen artikler og bøker av andre, men med hennes godkjennelse, og disse er også en del av den Objektivistiske litteraturen.

Den Objektivistiske litteraturen består således av følgende bøker: *Anthem* (1946), *We the Living* (1959), *The Fountainhead* (1943), Atlas Shrugged (1957), *Night of January 16th* (1968), *Who is Ayn Rand?* (1961), *The Ominous Parallels* (1982), og *Introduction to Objectivist Epistemology* (1979). Nyutgaven av *Introduction to Objectivist Epistemology* fra 1990 inneholder et nytt appendiks som Ayn Rand ikke har godkjent, og dette er da ikke en del av den Objektivistiske litteraturen. Dessuten er følgende essaysamlinger med: *For the New Intellectual: The Philosophy of Ayn Rand* (1961), *The Virtue of Selfishness: A New Concept of Egoism* (1964), *Capitalism: The Unknown Ideal* (1966), *The Romantic Manifesto: A Philosophy of Literature* (1969), og *Philosophy: Who Needs It?* (1982). Ayn Rands artikler i samlingene *The Voice of Reason* (1988), *The Ayn Rand Column* (revidert utgave 1998), *Return of the Primitive: The Anti-Industrial Revolution* (1999) og *Why Businessmen Need Philosophy* (1999) er også en del av den Objektivistiske litteraturen.

I tillegg er alle artiklene i tidsskriftene The Objectivist Newsletter (1962-1965), The Objectivist (1966-1971) og The Ayn Rand Letter (1971-1976) med. Artiklene som ble publisert i The Objectivist Forum frem til Ayn Rands død er også med. Noe materiale, fortsatt kun tilgjengelig som pamfletter, er også med i den Objektivistiske litteraturen: foredragene «The Moral Factor» (1976) og

«Cultural Update» (1978), og intervjuet med Ayn Rand publisert i Playboy i 1964. To artikler som ikke er å finne i noen antologier er også med*: «J.F.K.—High Class Beatnik?», publisert i Human Events (1960) og «McGovern is the First to Offer Full-Fledged Statism to the American People» i Saturday Review (1972).

Objektivismen er altså det filosofiske innhold i alle de nevnte bøker og artikler. Dette betyr at Objektivismen ikke er alt som er presentert i disse verkene; Ayn Rand skrev iblant også om andre emner enn filosofi, og dette materialet er da ikke en del av Objektivismen.

Denne detaljerte listen er en komplett liste over den Objektivistiske litteraturen, og den er i fullt samsvar med Leonard Peikoffs utsagn om at «"Objectivism" is the name of Ayn Rand's philosophy as presented in the material she herself wrote or endorsed» (Peikoff snakker her om materiale som ble publisert i Ayn Rands levetid). Etter Ayn Rands død har andre Objektivister skrevet bøker, og flere av Ayn Rands etterlatte skrifter er blitt publisert. Disse verkene er dermed ikke en del av den Objektivistiske litteraturen. Dette betyr at Leonard Peikoffs *Objectivism: The Philosophy of Ayn Rand* ikke er en del av den Objektivistiske litteraturen. Dette sier Peikoff selv i bokens forord: «Ayn Rand «is not responsible for any misstatements of her views [this book] may contain, nor can the book be properly described as "official Objectivist doctrine"». Således er heller ikke materiale Ayn Rand skrev, men ikke publiserte, en del av den Objektivistiske litteraturen. Dette betyr at Ayn Rands tidlige litterære arbeider, hennes brev, hennes filosofiske journaler og hennes marginalia, ikke er en del av den Objektivistiske litteraturen.

Siden Objektivismen er navnet Ayn Rand ga sin filosofi, betyr dette at Objektivismen er et lukket system. Kun Ayn Rand selv kunne tilføye elementer til Objektivismen, og med Ayn Rands død opphørte denne muligheten. Dette betyr selvsagt ikke at Objektivismen inneholder all sann filosofi; men Objektivister vil hevde at all sann filosofi er i overensstemmelse med Objektivismen. Nye oppdagelser innen filosofi, vil, forutsatt at de er sanne, være i samsvar med Objektivismen, men de vil ikke være en del av Objektivismen.

---

* Disse to artiklene var ikke med i første publisering av denne artikkelen, og kom med etter at mangelen ble påpekt av Vegard Ottervig.

En kommentar til Gene Bell-Villadas bok om Ayn Rand

Publisert på amazon.com juli 2014

Boken er Gene H. Bell-Villadas On Nabokov, Ayn Rand and the Libertarian Mind: What the Russian-American Odd Pair Can Tell Us about Some Values, Myths and Manias Widely Held Most Dear, *Cambridge Scholars Publishing 2013. Jeg la inn en kommentar på bokens side på amazon.com, og den er naturlig nok skrevet på engelsk.*

This is a book by and about immigrant Gene Bell-Villada (he came to the US in 1957 when he was 17) and his experiences in American society, his family background, his interests and his exploration of two very different Russian-American writers, Ayn Rand and Vladimir Nabokov. Bell-Villada is now a «professor of Romance Languages», but still his book is filled with falsehoods about and misinterpretations of Rand.

Some parts of the book are interesting; the author's reflections on his experiences in America as a US citizen who spent his first 17 years outside the US, his views on Nabokov, Chernyshevsky, Dostoyevsky, etc. But when he speaks about Rand (and other free market supporters), the only thing that is interesting is how grossly Bell-Villada misinterpretates their views.

Bell-Villada says that his father «could well be described as a "Randian"». Why? Because he «lived for money-making at the exclusion of all else, whether these be family, parenting ...» (p. xii). To describe a man who lives only for money-making at the exclusion of all else as a Randian is wrong; none of Rands heroes, neither Roark, nor Galt, nor Rearden, were much interested in money. «Money is only a tool», Rand's premier hero John Galt says. And here is Rand speaking for herself (in the article «The Money-Making Personality», Cosmopolitan, April 1963): «The Money-Maker does not care for money as such». But still, Bell-Villada labels a man who lives only for money-making as a Randian.

Rand, as we know, chose not to have children. She knew that having children is a great responsibility, and she would not take the time necessary away from her career in order to take care of children.

Bell-Villada´s father did have children, but he ignored them in order to concentrate on his monomanic moneymaking. Bell-Villada´s father and Rand choose opposite paths here, but still, Bell-Villada says that his father´s path is the Randian one.

Bell-Villada claims that a more appropriate title for Rand's book on ethics would be «The Virtue of Selfishness and the Evilness of Caring about Others» (p. 7). Bell-Villada thinks that altruism means caring for others. It is nothing of the sort, as everyone who had read Rand's books with a modicum of attention knows. Altruism is the ethical doctrine that says that the only good is to live for others and that it is evil to live for oneself. To equate compassion (when appropriate) with altruism is a trick, it is trying to present something bad and harmful as something good.

Bell-Villada says that Rand opposes compassion by quoting Rand's character Dominique Francon: «Compassion is ... what one feels when one looks at a squashed caterpillar» (p. 7).

One must be careful when one tries to hold an author to the same views that his or her characters expresses. What a character in a novel says depends on the mood of the character at that time, on whom he or she is talking to, on the context in the novel, on the need for drama, etc. Granted, Rand is a special case, especially when it comes to her heroes, and her relationship with Dominique is very special, but here are Rand's own words on compassion: «I regard compassion as proper *only* toward those who are innocent victims» (from the Playboy interview). In other words: Rand´s view is that compassion can be proper. Bell-Villada ignores all this and says that Rand is opposed to compassion, a view he bases upon an out-of-context-quote from one of her fictional characters.

Bell-Villada says that Keating should be more grateful towards his mother who «scrimped and saved in order to put her son through college» (p. 20). But Keating's mother practically bullied her son into giving up his ambition to become a painter; she wanted him to become an architect – the reason being the social prestige that comes with being an architect. At the end of the novel, his life in ruins because he chose a career he did not care for, Keating regrets not choosing painting. So, the ungratefulness is well deserved.

Bell-Villada says that Rand's heroes are all «handsome ... Anglo-saxon ... unfailingly right about *everything* [emphasis in original]» (p. 64). Not true. Francisco d'Anconia was not Anglo-saxon, and Roark, Dagny and Rearden were wrong on important issues. And non-hero Keating was also handsome; he even worked as a model in his student days.

«...any interference with these superior beings' endeavors she [Rand] viewed as objectionable and indeed *immoral*», writes Bell-Villada (p. 63). The view Rand actually held is quite different; she viewed all initiation of force *against anyone* as immoral. Rand's important principle that initiation of force is evil, becomes, when transformed through Bell-Villads creative imagination, «interference with the endeavors of the superior beings is immoral», losing all contact with Rand's important principle in the process.

Bell-Villada claims that Rand reviewed Rawls' *A Theory of Justice* without reading it. Is this true? Let us see what Rand actually said. She wrote (in the article «An Untitled Letter»): «...I have not read and do not intend to read that book. But since one cannot judge a book by its reviews, please regard the following remarks as the review of a review». Bell-Villada presents this the following way: «In keeping with her cavalier treatment of other philosophers, she once wrote a review of John Rawls' *A Theory of Justice* without so much as having skimmed [it], consulting the reviewers instead» (p. 98). As we saw, Rand explicitly said that her article was «a review of a review», i. e. it was not a review of the book. And Bell-Villada talks about «cavalier treatment» ....

Bell-Villada quotes a Rand-supporter: «Parasites who persistently avoid either purpose or reason perish as they should» – and Bell-Villada thinks that «parasites» means «the poor, the orphaned, the unemployed, the maimed, the sick ...». (p. 30-31). This is really strange. Bell-Villada really says that Rand's view is that the poor and the sick should die (Bell-Villada: «"Perish" does mean "die"», p. 32) There is absolutely no basis for inferring that by «parasite», Rand means «the poor and the sick».

Here are some quotes from *Atlas Shrugged* that show what Rand really means by «parasite»: Eugene Lawson: «I wasn't concerned with the parasites of office and laboratory. I was concerned with the real workers – the men of callused hands who keep a factory going».

Dagny Taggart «thought suddenly of those modern college-infected parasites who assumed a sickening air of moral righteousness whenever they uttered the standard bromides about their concern for the welfare of others».

John Galt: «Sweep aside the parasites of subsidized classrooms, who live on the profits of the minds of others and proclaim that man needs no morality, no values, no code of behavior».

To have read this, as Bell-Villada has done, and to claim that Rand by «parasite» means «the poor and the sick» is really strange and has absolutely no basis in fact.

In Objectivism, according to Bell-Villada «there is nothing new. Her focus on reason is as old as philosophy itself. Her moral system ... is essentially a popularized, vulgarized and stealthily Americanized distillation of Nietzsche». (p. 98). This only shows that Bell-Villada neither knows Objectivism nor the history of philosophy. Rand's view that concepts are formed by measurement-omission; that man's life is the standard of moral value; that productivity is a moral virtue; that initiation of force is evil; and that art is a condensation of philosophy and brings man's widest metaphysical abstractions into his immediate, perceptual awareness; those are some of the important philosophical points that are new with her.

Bell-Villada also makes the fantastic claim that libertarians (people who favor free markets, free trade and limited government) really are very close to being fascists: «Libertarians are not, strictly speaking, fascist, inasmuch as they still believe in and rely on the established mechanisms of democratic governance in accomplishing their ends...» (p. xi). I.e. they are not fascist only because they want their politics to be implemented via democratic means.

Bell-Villada supports this by saying that Nazi-Germany was capitalistic, (i.e. he says that nazism/fascism and capitalism is one and the same), and that no conservatives opposed Hitler and Nazi-Germany during the 30ies – and neither did Rand.

Capitalism rests upon the full recognition of private property. In Nazi-Germany, private property was not seized by the government (as it was in Soviet Russia); it remained in private hands, but in name only.

All production and all trade was heavily regulated by the government. In reality, there was no respect for private property in Nazi-Germany, and therefore, the system was not capitalistic.

As for Rand not speaking up against nazism during the 30ies – during this decade, she was not a public figure. She was not known, she could not get an audience. Furthermore, she had escaped from communism in Russia, and she saw that communism was on the rise in the US. Therefore, she spent her energy fighting communism. She had published *We the Living* in 1936, but it did not sell well and soon went out of print. There was also a stage adaption of the book produced on Broadway in 1940 (*Anthem* was published in US only in 1946.) She used her energy fighting communism, which was a real danger in the US. Nazism was not a real danger in the US. To criticize the then unknown Ayn Rand for not also speaking up against nazism during this period is grossly unfair.

Bell-Villada also doubts Rand's story that she took her first name from a Finnish writer (Rand's original name was Alisa Rosenbaum): he cannot find any Finnish writer named Ayn (p. 14). But maybe Rand's memory was slightly off; in the Finnish national poem *Kalevala* (1835), a work Bell-Villada surely knows, there is a female character named Aino. Maybe Rand used this as an inspiration for Ayn, and confused a character in a literary work with a writer.

Bell-Villada ridicules the view that society does not exist; this point is number 5 in a list of 21 items that constitutes «a broad pattern of denial of the libertarian Right» (p. 193-4): «Point 5) Denial of the existence of society ([among people who have this view are] Rand, Nabokov, Hayek, Thatcher)».

Mrs. Thatcher did indeed say that «There is no such thing as society». But let us do what Bell-Villada did not bother to do, let us check the context. Here is the full quote from Mrs. Thatcher:

> «"[Someone says]: I am homeless, the Government must house me!" and so they are casting their problems on society and who is society? There is no such thing! There are individual men and women and there are families and no government can do anything except through people and people look to themselves first ... There is no such thing as society.... There is living

tapestry of men and women and people and the beauty of that tapestry and the quality of our lives will depend upon how much each of us is prepared to take responsibility for ourselves».

http://www.margaretthatcher.org/document/106689

She is saying in effect that when someone blames society for their problems and demand that society should solve them, there is no such *thing* as society, there are only individual men and women ... and that help can only be given through individual man and women («no government can do anything except through people»).

But let us investigate this a little further: a society is obviously not an object (or, as Mrs. Thatcher said, a thing), and it then does not exist in the same way that, say, an individual man exists. Does a society, then, exist in the same way an organization exists? In the same way that a firm exists? In the same way that a state exists? Of course, men and organizations and firms and states can do things, they can take action, but can a society – as a society – do things?

One can choose to be a member of an organization or not, one can even be elected to its board. One can choose to deal with a firm (as a customer, as an employee, as an owner) or not, but one cannot choose to be a «member» of a state or not, if you are born as a US citizen you are a US citizen and then you are a «member» of the US state for life (you can of course emigrate to another country, but then you become a «member» of the state in that country). So there are different types of cooperation between individuals, and there are different types of relations between an individual and an organization. But what is the connection between an individual man and society? Can one opt out if one wants to?

A firm, an organization, a state, have rules that are binding for its customers/members/citizens, and that is why these kind of entities can act; they (their leaders) can give orders to their members/employees. But is a society just a collection of men with norms and rules and habits living in a delimited area? If so, a society cannot act *as a society*. A society, then, is not the same kind of organization as a state. (It is normal procedure for leftists to equate society with the state, but this is obviously incorrect.)

Bell-Villada could have discussed these kinds of questions, but he chose not to. Instead he just dismisses the view that society does not exist – that society does not exist as a formalized organization and therefore cannot act – and bases his view upon a quote he removed from the context in which it appeared. But as we have seen, this is typical of Bell-Villada's approach.

Bell-Villads mentions the following story, which sheds some light on Bell-Villada himself. Vladimir Nabokov, whom Bell-Villada admires greatly, worked as a professor of literature, and on exams, he focused on elements like these: «List the contents of Anna Karenina's handbag!» or «Describe the wallpaper in the Karenins' bedroom!» (p. 84). Bell-Villada apparently approves of this approach during an exam. But facts like these are not essential parts of a novel. They can add color to the essentials, and can be somewhat important elements in a story, but they are not essentials. On an exam one should focus on essentials.

In a similar vein, but even more so, Bell-Villada tells the following story of his enjoyment of certain passages in Nabokov's most important work, *Lolita*: «I read *Lolita* maybe three times and carried around photocopies of some of its key pages ... I don't know how many times I grinned at the episode of Valeria and her lover the Tsarist taxi driver, who leaves a liquid souvenir of himself in cuckolded Humbert's toilet bowl ...» (p. 30). Bell-Villada will search in vain for similar incidents in Rand's books, and this may be one of the reasons Bell-Villada does not like them very much.

Bell-Villada is a man who grins at the contents of a toilet bowl (or over the literary expression of it), who thinks that the description of the pattern of the wallpaper in the protagonists' apartment is an essential a part of a novel, who has severe problems getting his facts straight, who really believes Rand wants poor people to perish – or die; he is a man who prefers *Lolita*, a book about a middle aged pervert lusting after a 12 year old girl, over *Atlas Shrugged*, a novel about the role of the mind in man's existence. It is then to be expected that Bell-Villada thinks that Ayn Rand is a bad novelist and a bad philosopher – he even compares *Atlas Shrugged* to junk food (p. 138). But it should be obvious which of the two novels that has the most nutritional value.

Bell-Villads's book is also about the political views of the classical liberals or neo liberals (Bell-Villada's preferred term, p. 176:

«Hayek, then was a classical ... liberal who indeed identified himself as such ... "Neo-liberal" is thus a strictly accurate term ... for denoting the committed, ideological defenders of the free market»).

But what Bell-Villada does is only to present the classical liberal views on various topics, and he finds them so absurd that they do not deserve even slightest attempt at refutation. What Bell-Villada really says is that it is obvious that the government should run schools and health care systems and social security, etc., and that the critique from the neo liberals about the dangers of the welfare state is not even worth an opposing argument. He implies that the success of the welfare states in Europe confirm his view: the welfare state is not a road to poverty and serfdom, as the neo liberals and Ayn Rand says.

To refute Bell-Villada's view, I will only here direct his attention to the recent developments in Europe (unemployment, deficits, general decline, etc.) and in left-wing bastions like Detroit, and recommend Don Watkins' short, but excellent book about the sad history of and the grim future of Social Security and those who will be forced to pay for it: *Rooseveltcare. How Social Security is Sabotaging the Land of Self-Reliance* (2014). The book is available both here on Amazon.com, and as a free pdf here:

http://ari.aynrand.org/~/media/pdf/rooseveltcare.ashx

There is much more in Bell-Vlllada's book that needed comments and corrections, but I will stop here, this piece is already way too long.

After a few days, Bell-Villada posted this attempt at a rebuttal:

1. Thanks for reminding me that D'Anconia was not Anglo-Saxon. I will correct that major error when preparing for the paperback edition of the volume.

2. I was surprised that you did not cite Appendix B of my book, in which I report on «My Encounters with Libertarians». For example, you might have alluded favorably to the arguments posited by Larry the Libertarian, with whom you surely must

agree! Larry is a true libertarian and Randian. He comes fairly close to having the final word in the book.

3. You note that «there was no respect for private property in Nazi Germany.» Precisely. And that is why, in my review of Will McPazzo's book, HITLER RECONSIDERED, I cite his eloquent assertion that Germany's businessmen «deserve to be memorialized along with the other victims of Nazism.» Moreover, McPazzo even calls for statues and monuments in Europe and the US in remembrance of «The Unknown German Businessman, 1933-1945.» McPazzo and you are not that divergent in your views, really. (He refers to Nazi price controls, for instance, as «among the most repellent features of fascism.»)

4. On the other hand, you observe that «Nazism was not a real danger in the US.» And indeed, McPazzo in his book makes exactly the same point. Which is why he believes the US should have sided with Nazi Germany against the Soviets! Most conservatives throughout the 1930s were of this opinion, and you must give McPazzo credit– as I do – for publicly assuming this politically incorrect and unpopular stance! Communism, you state, «was the real danger.» America, then, made a terrible mistake in not making common cause with Berlin against Moscow. As McPazzo says (as also does Larry the Libertarian), «Can anybody who killed 20 million Soviets be all that bad?»

5. According to my Webster's, the primary definition of «altruism» is «selfless concern for the welfare of others.» In this regard, e.g. parenting is basically an altruistic enterprise. But in Rand's novels, parents such as Keating's mother (plus all other blood kin, as well as philanthropists, charities, and social workers) are consistently portrayed as evil (save for the parent couple in Galt's Gulch). My brother, BTW, was a social worker, and, boy, the guy must truly have been villainous, according to Rand!

I published the following reply:

I can understand why Mr. Bell-Villada is only willing to correct the insubstantial error of Francisco not being Anglo-saxon; if he were to correct the other errors I pointed out, he would have to do a major rewrite of the book.

To those for whom it is difficult to see the difference between fascism and capitalism, let me put it this way. If the government says «It is your property, you can do with it whatever you want, and our job is to protect you and your property», the system is capitalism. If the government says «it is your property, but we decide what you can do with it. If you do something we do not like, we put you in jail», the system is fascism (or nazism). Rand, of course, supported capitalism and opposed fascism.

As for the conservatives, some of them were not strong opponents of fascism/nazism in the 30ies, as Mr. Bell-Villada correctly claims. The fictional Dr. McPazzo is in his book *Reconsidering Hitler* soft on nazism. However, Dr. McPazzo, a «scion of a renowned conservative clan and a Director of ... a respected conservative think tank» (p. 257), is a conservative.

Still, Mr. Bell-Villada claims that my views «are not that divergent [from Dr. McPazzo's]». To confuse Objectivists and conservatives is really strange. Rand did not have much respect for conservatism; she wrote that conservatism is an «embarrassing conglomeration of impotence, futility, inconsistency and superficiality ...» and that conservatives «do not stand for capitalism, they stand for and are nothing; they have no goal, no direction, no political principles, no social ideals ...». This description fits Dr. McPazzo and other conservatives well, they are soft on everything. I, of course, agree with Rand, and my views really are very divergent from Dr. McPazzo's. Mr. Bell-Villada claims that «in Rand's novels, parents ... are consistently portrayed as evil». Bell-Villada adds one exception to this claim – «the parent couple in Galt's Gulch», but Kira's family in *We the Living* is another counterexample.

It should be very easy to see that Ayn Rand's description of altruism as self-sacrifice and not kindness is correct. Here are a few examples from well-known ethicists that confirm this. E. J. Bond says that altruism is «always denying oneself for the sake of others» (in *Theories of the Good*), Burton Porter says that altruism is «the position that one should always act for the welfare of others» (in *The Good Life*), and Lawrence Blum says that altruism refers to placing the interests of others ahead of one's own (in *Encyclopedia of Ethics*). These quotes can be found on page 38-39 of Tara Smith's excellent *Ayn Rand's Normative Ethics: The Virtuous Egoist* (Cambridge University Press 2006).

The ethics of Jesus is probably an even more well-known example of altruism. In the Sermon on the Mount, he preaches total altruism and selflessness: «Do not resist the one who is evil. But if anyone slaps you on the right cheek, turn to him the other also. And if anyone would sue you and take your tunic, let him have your cloak as well. And if anyone forces you to go one mile, go with him two miles. Give to the one who begs from you, and do not refuse the one who would borrow from you.»

It is impossible to achieve happiness by giving up the things one values, which all variants of «selflessness» require. And happiness should be one's goal in life.

Regarding Larry and his views on, say, gun rights, if Mr. Bell-Villada is interested in discussing the implications of the American constitution in this area, there surely must be some discussion forums on the net where Mr. Bell-Villada can air his views and meet some well-reasoned opposition from people who disagree with him.

Let me conclude by saying that after reading Mr. Bell-Villada's reply, I get the impression that he has more in common with Charles Kinbote[*] than I originally thought.

---

[*]Kinbote is the protagonist of Nabokov's novel *Pale Fire*. Kinbote suffers from strange delusions and hallucinations, and his version of events rarely aligns with the truth.

En kommentar til boken
A Critique of Ayn Rand's Philosophy of Religion: The Gospel According to John Galt
av Dustin J. Byrd*

Publisert på amazon.com juni 2018

I was really looking forward to reading this book: a critique of Ayn Rand's philosophy of religion written by a professional intellectual. Religion is a primitive form of philosophy, and it is a necessary step in the intellectual development of mankind – from believing in gods and the supernatural to accepting a world view based upon observation, facts, proper concept formation, and logic: i.e. a development from faith to reason. Rand has written extensively about this, as have some of her students, and I was hoping that professor Byrd's book would provide a perspective that could illuminate this important subject: religion is still with us and dominates some parts of the world (with unfreedom and poverty as an inevitable result). However, religion is not as strong a force in the West as it was in earlier times, especially in the the middle ages, a period largely caused by Christianity, which became a dominant force in the West after around 300 AD. From the Enlightenment, Christianity's dominant presence was curtailed. Rand, of course, was an atheist and shared the Enlightenment world view: she supported reason, individualism, limited government, rule of law, free trade, freedom of speech, freedom of religion, separation of church and state – this in contrast to the dictatorships that most religionists support.

I was very disappointed by the book. Only a very few pages were dedicated to Rand's view of religion and its influence, and professor Byrd does not discuss Rand's main writings about this, most of the book consists of half-truths, out-of-context-quotes, speculative theories presented as uncontroversial facts, and outrageous claims that even an academic should check the validity of before he presented them as facts. There are also a few gaffes that are more amusing than embarrassing; on page 54 ha mentions the economist Ludwig von

---

* I wish to thank Per Arne Karlsen and Martin Johansen for useful suggestions during the writing of this article.

Hayek, perhaps mixing up classical liberal economists Ludwig von Mises and Friedrich von Hayek.

Professor Byrd says early in the book that he «rarely diverged [his] attention outside of her [Rand's] words ... [he] focus[ed] on the primary material written by Rand» (page xii). This is not completely true. Byrd quotes numerous secondary sources, he provides quotes from the hack journalist Gary Weiss, he quotes unreliable biographies by Jennifer Burns and Anne Heller, he quotes people with an obvious axe to grind, and he quotes people who have very poor insight into Rand's corpus. Biographical works by people who knew Rand or had access to sources close to her (works by Jeff Britting, Michael Paxton, Mary Ann Sures, Shoshana Milgram) are not quoted or mentioned (except one out-of-context quote from Britting), quotes from or references to serious Rand scholars like Leonard Peikoff, Harry Binswanger and Tara Smith are nowhere to be found, but worst of all is that almost all of the quotes from Rand herself are from interviews, letters and journal entries published after her death, and not from the works she herself wrote for publication. Of course, in interviews, letters and journal entries not intended for written publication, the reader will not find the polished and exact formulations that one finds in an author's published works.

I will only give about a dozen or so examples of professor Byrd's very poor scholarship. Professor Byrd mentions Rand's comments about John Rawls' thesis presented in his book *A Theory of Justice*. Byrd writes: «Rand said: "let med say that I have not read and do not intend to read the book" before she proceeded to criticize it» (page 110). However, Rand did read a review of the book, and said in the sentence immediately following the sentence professor Byrd quotes: «But since one cannot judge a book by its reviews, please regard the following discussion as the review of a review. Mr Cohen's [who reviewed the book] remarks deserve attention in their own right» (the complete quote is on page 131 in Rand's *Philosophy: Who Needs It*, Bobbs-Merril 1982). I will not speculate as to why professor Byrd did not include these sentences in his quote.

Professor Byrd claims that Rand in a quote provided by him on page 65 gave «an idealized reading of American history [that is] absolutely perverse in light of the enslavement of African [Americans] ...». (Rand wrote that «The most profound revolutionary achievement of the United States of America was the subordination of society to moral law. The principle of man's individual rights represented the extension of mortality into the social system …»). Byrd continues: «What is the moral law of private property that allowed human beings to be considered the possession of another, that allowed African children to be bought and sold …». Byrd's point seems to be that Rand more or less ignored the situation of black people in America: because of the racism that dominated in large parts of America, they were legally and morally regarded not as human beings, but as property: they were slaves. How can a society subordinated to moral law, as Rand said the US was, accept slavery?

However, Byrd ignores these statements from Rand, easily available on the Ayn Rand Lexicon website:

> «The major victims of such race prejudice as did exist in America were the Negroes. It was a problem originated and perpetuated by the non-capitalist South, though not confined to its boundaries. The persecution of Negroes in the South was and is truly disgraceful. But in the rest of the country, so long as men were free, even that problem was slowly giving way under the pressure of enlightenment and of the white men's own economic interests. … It was the agrarian, feudal South that maintained slavery. It was the industrial, capitalistic North that wiped it out —as capitalism wiped out slavery and serfdom in the whole civilized world of the nineteenth century».

Slavery had existed all over the world for thousands of years, and an entrenched institution like that will not disappear overnight; it will take time – and it was the ideas of the Enlightenment that made slavery disappear. The United States of America were in its founding principles (stated in the Declaration of Independence and the Constitution) explicitly based upon the ideas of the Enlightenment. That does not mean that these ideas immediately were accepted by everybody at once, the spread of ideas takes time.

Also, Rand wrote that

«racism is the lowest, most crudely primitive form of collectivism. It is the notion of ascribing moral, social or political significance to a man's genetic lineage—the notion that a man's intellectual and characterological traits are produced and transmitted by his internal body chemistry. Which means, in practice, that a man is to be judged, not by his own character and actions, but by the characters and actions of a collective of ancestors. Racism claims that the content of a man's mind (not his cognitive apparatus, but its *content*) is inherited; that a man's convictions, values and character are determined before he is born, by physical factors beyond his control. This is the caveman's version of the doctrine of innate ideas—or of inherited knowledge—which has been thoroughly refuted by philosophy and science. Racism is a doctrine of, by and for brutes. It is a barnyard or stock-farm version of collectivism, appropriate to a mentality that differentiates between various breeds of animals, but not between animals and men».

Byrd writes about the racism that was widespread in the USA, and supports initiation of force by the government in order to end racism. Rand never supported initiation of force by anyone, not even by the government, and thus opposed all laws that restricts individual freedom. Freedom includes the right for all individuals to do things that others consider bad or immoral, as long at these actions do not involve initiation of force. If a bigot does not want to hire people who have a skin color he does not like, he has every right not to hire them. Byrd thinks this is very wrong, he thinks that bigots and other bad people should not have the right to freedom – or, more correct, professor Byrd seems to think that nobody deserves or needs freedom (freedom is the right for every man and woman to use his or her body, income and property in any peaceful way he or she chooses).

Byrd accuses Rand of inconsistency/hypocrisy when she used social services when she opposed the existence of these kinds of government programs. Byrd: «For Rand, to know something is "evil" and to nevertheless participate in it makes the individual [Rand] evil as well» (page 140). Byrd is wrong. Rand was forced to pay taxes, and she had therefore every right to use all the services that the government provided with the tax-money that it had taken from the citizens. What was evil was the force used by the government in order to make Rand (and everybody else) pay taxes. In other words, Rand´s part in this evil program was not voluntary, she was forced. Does Byrd mean that Rand should have paid the taxes, but not used the services that the government´s income from the taxes was meant to provide for everybody, including her? Rand even wrote an essay where she discussed exactly this question («The Question of Scholarships»), but Byrd does not mention this.

Byrd repeats the allegation that the intense sexual encounter between Howard and Dominique in *The Fountainhead* was rape, and quotes Rand saying that it was «rape by engraved invitation»: «In a scene ... Dominique becomes the victim of a brutal sexual attack by Roark that Rand described as a "rape by engraved invitation"» (page 160). But it was clearly not rape, as any attentive reader of the novel will understand, and Rand did not mean what Byrd attributes to her. What Rand said after receiving a question about the scene was the following: «IF THAT WAS RAPE, it was rape by engraved invitation» (I have put in capitals the part of the quote that Byrd for some reason omitted). A thorough analysis of the scene and the rape-allegation is to be found in an article by professor Andrew Bernstein in Robert Mayhew´s collection *Essays on* The Fountainhead.

On page 169, Byrd talks about the idolatry of money that he claims Rand´s ideas imply. But anyone who has read *The Fountainhead* knows that a Rand hero is not at all motivated by money, he is motivated by the joy of the creative process. Roark often lacks money, but he still declines commissions that will bring him large incomes if the proposed project is not to his liking. It is correct that Francisco in *Atlas Shrugged* says that «money is the root of all that is good», but every quote has to be understood in its context. The context of this quote really is the whole novel, but I will only provide the following:

«So you think that money is the root of all evil? said Francisco d'Anconia. Have you ever asked what is the root of money?

> Money is a tool of exchange, which can't exist unless there are goods produced and men able to produce them. Money is the material shape of the principle that men who wish to deal with one another must deal by trade and give value for value. Money is not the tool of the moochers, who claim your product by tears, or of the looters, who take it from you by force. Money is made possible only by the men who produce. Is this what you consider evil?».

Professor Byrd also quotes other people than Rand and claim that they express Rand´s real views, even if Rand never said anything similar to the quote Byrd provides. Byrd quotes the economist Ludwig von Mises, who in a private letter to Rand about *Atlas Shrugged* said that: «You have the courage to tell the masses what no politician told them: you [the masses] are inferior and all the improvements in your condition you take for granted you owe to the effort of people that are better than you» (page 42).

Rand would never have said anything like this. Also, I don´t think that Mises meant it the way Byrd interprets it: Mises is talking about «better» from the perspective of economic productivity, and then what Mises is saying is true. Rand had great respect for what is usually called the common man, the men and women who work productively to support themselves, their children and their families. She of course did not regard most people, or poor people, as in any way inferior, but claimed, correctly, that some are more productive than others. (She described some people as «looters» and «moochers», but by this she did not mean ordinary people or poor people, she meant some academics, some bureaucrats and some labour union bosses, and she meant adults who think they have a right to be fed, housed and educated by others simply because they exist.)

On page 63, Byrd claims that Rand would «prefer the dictatorship of greed to a true democratic society». But why not let Rand herself explain what kind of political system she wanted, and what she opposed. The system she wanted was capitalism:

> *«Capitalism is a social system based on the recognition of individual rights, including property rights, in which all*

property is privately owned. The recognition of individual rights entails the banishment of physical force from human relationships: basically, rights can be violated only by means of force. In a capitalist society, no man or group may *initiate* the use of physical force against others. The only function of the government, in such a society, is the task of protecting man's rights, i.e., the task of protecting him from physical force; the government acts as the agent of man's right of self-defense, and may use force only in retaliation and only against those who initiate its use...».

She opposed majority rule, i.e. democracy: «"Democratic" in its original meaning [refers to] unlimited majority rule ... a social system in which one's work, one's property, one's mind, and one's life are at the mercy of any gang that may muster the vote of a majority at any moment for any purpose.» (Both quotes are from the Ayn Rand Lexicon website).

It seems as if Byrd does not understand what political freedom is. He writes: «For Rand, one cannot be truly free, neither intellectually or politically, if one lives an irrational life ...» (page 17). This is completely wrong. One is (politically) free if one is not subject to initiation of force by the government (and if the government makes society safe from criminals). So, altruists and collectivists and religionists are free if they live in a society where the government does not initiate force against them (or anyone else). However, Rand would say that altruists and collectivists and religionists cannot be truly happy, not even in a free society – because people who follow ideologies like these will not be able to fully understand reality, and therefore, they will not be able to make good choices in their lives.

On page 39, Byrd claims that Rand believed John F. Kennedy to be a fascist, and thinks that Rand is completely wrong on this point. What she said – in a letter to her publisher about a talk with the title «The Fascist New Frontier», in which she discussed some of the policies of the Kennedy-administration – was that «The theme [of the talk] ... is *an ideological critique of the Kennedy-administration*: my central point is to demonstrate that contrary to the popular illusion, *the Kennedy administration's ideology is not socialistic, but fascistic*»

(Rand´s italics, the quote is from *Letters of Ayn Rand*, page 618). An academic should know that fascism in politics implies that property rights are given lip service, but are not upheld in practice. Rand was not the only one who observed that the Kennedy administration´s policies contained fascistic elements; economist Milton Friedman, who later was awarded a Nobel prize in economics, made a similar observation. A dictionary definition of fascism includes the following: «[fascism is] a governmental system with strong centralized power … controlling all affairs of the nation (industrial, commercial, etc.) …» (*The American College Dictionary*, New York: Random House, 1957). This correctly described some of the Kennedy administration´s policies. I wish to add that the definition also included the following «…permitting no opposition or criticism», which of course did not apply to the Kennedy administration´s policies.

Byrd writes that Rand «was not concerned with the poor, the powerless, the victims of history …». This is the opposite of the truth. Her view was that wealth is a good thing, that only respect for property rights and a free, unregulated economy – i.e. laissez-faire-capitalism – can produce wealth; and that those who benefit the most from capitalism are ordinary people. Increasing wealth is a result of the accumulation of capital, and this is only possible over time if property rights are respected in full. This important point is worth an extensive quote from Rand (from Galt´s speech):

> «When you live in a rational society, where men are free to trade, you receive an incalculable bonus: the material value of your work is determined not only by your effort, but by the effort of the best productive minds who exist in the world around you. When you work in a modern factory, you are paid, not only for your labor, but for all the productive genius which has made that factory possible: for the work of the industrialist who built it, for the work of the investor who saved the money to risk on the untried and the new, for the work of the engineer who designed the machines of which you are pushing the levers, for the work of the inventor who created the product which you spend your time on making, for the work of the scientist who discovered the laws that went into the making of that product,

for the work of the philosopher who taught men how to think and whom you spend your time denouncing. The machine, the frozen form of a living intelligence, is the power that expands the potential of your life by raising the productivity of your time. If you worked as a blacksmith in the mystics' Middle Ages, the whole of your earning capacity would consist of an iron bar produced by your hands in days and days of effort. How many tons of rail do you produce per day if you work for Hank Rearden? Would you dare to claim that the size of your pay check was created solely by your physical labor and that those rails were the product of your muscles? The standard of living of that blacksmith is all that your muscles are worth; the rest is a gift from [capitalists and entrepreneurs like] Hank Rearden.»

People like professor Byrd believe that the only way to raise the living standard of ordinary people, and help the poor, is to tax the rich, and with the money thus acquired the state can provide «free» education, health services and pensions, etc. to everybody. But in a system like this, the quality of the state run services will decline, the taxes will increase, resourceful people will move to countries with lower taxes, or into fields which are less regulated by the government (Rand described this as a «drain of brains»), and some of the people who can live somewhat comfortably on government handouts without working will lose incentives to work. We have seen this development in all socialist countries, and, to a somewhat lesser extent, in all welfare states. Rand described this development in the story of The Twentieth Century Motor Factory in *Atlas Shrugged*, but it looks as if professor Byrd skipped that part of the book.

As do some commentators, professor Byrd blames the financial crisis of 2008 on deregulation and greedy bankers, and that both greed and deregulation were caused by the increasing influence of Rand's ideas in the culture. But to say that the bankers of the early 2000s were more greedy than they were 20 or 50 years before, is a stretch. Why greed should cause economic crises is never really explained, and that the extent of the deregulation that happened were much closer to non-existent or minuscule than to the complete elimination of all regulation that Rand wanted, is obvious. (And as long as one tries to satisfy one's greed by peaceful, productive activity, I can't see that there is anything wrong with that.)

What was the cause of the crisis? There were not only one cause, the crisis was caused by a series of bad policy decisions. One of them was president Bush's «weak dollar»-policy in the early 2000s, which resulted in the dollar losing much of its value. The price of gold, which is an important economic indicator, increased in this period (2001 to 2008) from $ 300 to $ 1000. What this really says is that the dollar lost much of its value. In a healthy economy, the value of money is constant, i.e. the price of gold is constant. The main cause of this crisis, however, was the same as the main cause of earlier crises in the US: The Fed changed the relationship between long term and short term interest rates, i.e. The Fed inverted the yield curve (most people have never heard about this, if you haven't and want to know more about it, google it). There were also other factors that I will just mention in passing; The CRA, adopted in 1977 and intensified from 1995, the Sarbanes-Oxley-act (2002). Later came TARP (2008) and Dodd-Frank (2010), and all of these made the regulatory burden heavier for the whole productive sector; in other words: it made it more difficult to run a business. Predictably, the growth slowed down considerably. Byrd writes on page 169 about the «slow economic recovery from the 2008 economic collapse», but he does not understand that the burdensome regulations were the main cause.

This inversion of the yield curve changes good investments into bad investments; investments that before the inversion made a profit turn into bad investments because the term structure of interest rates changed. In 2006-2007, The Fed increased the interest rate from 1 % to 5 %. The economists at The Fed believe that inversions like this are necessary when the economic growth becomes too strong (the economy grew steadily for many years after president Reagan's not very substantial tax cuts and deregulations); if the yield curve is not inverted, the economy becomes «over heated» and this will, the economists in The Fed believe, cause severe problems. This view is based upon a gross misunderstanding of how an economy works, and it is inspired by the ideas of John Maynard Keynes. Almost all economists today are heavily influenced by Keynes. Keynes' theories are not correct, and that is why all western countries who follow economic policies inspired by him, from time to time suffer unemployment, inflation, government debt, and more or less severe economic crises, and that the long term development is very negative.

After the crisis, many large firms were close to bankruptcy, and president Obama's administration spent enormous amount of taxpayer money on bailouts in order to save some of the larger firms and banks. In other words, the Obama administration forced tax payers to cover the losses of some big firms. And yes, some of the bankers had acted irresponsibly. But when people, including bankers, know that the government will help them and bail them out when they act irresponsibly, some of them will act more irresponsibly.

Professor Byrd does not understand any of this; Ayn Rand understood all of this. That is why she was against the existence of The Fed, she opposed government decrees about interest rates, and she opposed government bailouts. She wanted a completely free economy, including a free banking system, and free banking will have the result that money will be based upon a gold standard. The one thinker that is the least responsible for the mess is Ayn Rand, and yet, professor Byrd puts the blame on her.

(For those who are interested in a more through discussion of the cause of the crisis, I can recommend John Allison's book about what really happened: *The Financial Crisis and the Free Market Cure: Why Pure Capitalism is the World Economy's Only Hope.*)

Rand opposed all government regulation, she wanted a society where property rights are fully and completely respected. Today, property rights are not respected, and all property owners are forced to obey thousands of rules and regulations, regulations that lawmakers create on almost a daily basis – regulations that are also because of their enormous complexity, very close to impossible to follow, and that takes a lot of work just to read and understand.

«Capitalism is a brutal, ... and arrogantly vicious» professor Byrd claims on page 93. He is completely wrong. Under capitalism, individuals have to deal with each other voluntarily, and they will only deal with each other when both parties profit from it. People who are not benevolent and honest will discover that fewer and fewer people will have anything to do with them; capitalism promotes honesty and benevolence.

There is much of interest to be found in the Objectivist literature about the value of benevolence, On the Ayn Rand Lexicon web site one finds the following quote: «We advocate the "benevolent universe" premise». In one of her essays, Rand wrote that

> «It is only when a man knows that his neighbors have no power forcibly to interfere with his life, that he can feel benevolence toward them and they toward him – as the history of the American people has demonstrated. The freest people on earth was the most benevolent and the most generous» (Rand in «A Nation's Unity», part 2).

There is even a whole essay, titled «Altruism vs. Benevolence», about this (written by Branden, approved by Rand). All of this seems to be completely unknown to professor Byrd.

It is just strange to say, as professor Byrd does, that capitalism is brutal and vicious when elements of capitalism since about 1800 has made possible a wealth unimaginable in earlier times. Capitalism has reduced poverty to such a large extent that it now only exists in areas completely untouched by capitalism. When ideologies that are the complete opposite of capitalism – Christianity, Islam, communism, fascism, Nazism – have lead to mass murder and wars that have killed hundreds of millions of people, and capitalism leads to peace and prosperity, it is strange to say that capitalism is brutal and vicious. Capitalism, to a significant extent, dominated in Europe in the period from 1815 to 1914, and in this period there were no major wars in Europe. Where socialism rules, poverty becomes more and more dominant. This happens every time a country tries socialism; in 2018, the latest example of this is the once reasonably well-off and oil-rich Venezuela, but now, after some years of socialistic policies, poverty is widespread, close to nothing can be bought in the shops, and some people are eating their dogs and cats in order to survive. Crimes of all kinds are in the rise, riots are met by violence by the police and the military. Not much benevolence there anymore.

But the welfare states, having a semi-socialist system, are unfortunately growing in size everywhere. Byrd thinks this is a good thing, and let me use Obamacare as an illustration: «… Obama's attempt to institute a more equitable and sustainable health care system …[was] supposed to guard the nation's common good, even when a large percentage of the populace isn't aware of what's actually in their interest» (page 148). There is a lot to say about this, but let me only say this: health care in the US was (before Obamacare) of a reasonably quality for most people. For some, it was very expensive because of government regulations (that was largely started in the 1940ies). Obama attempted to regulate this important sector even more, and this made it even more bureaucratic and expensive.

The article «Moral Health Care vs. "Universal Health Care"» by Lin Zinser and Paul Hsieh gives a good summary of the history of the American health care system and its problems before Obamacare. It is available here:

https://www.theobjectivestandard.com/issues/2007-winter/moral-vs-universal-health-care/

On page 172, professor Byrd writes approvingly that the pope regards the «modern capitalist economy of today as an "economy that kills" due to the exclusionary violence that it commits against millions of poor people, workers, citizens of the "global south" …, the elderly, the ill, the dying, and all of those that Ayn Rand found to be devoid of economic and/or social worth». Professor Byrd also claims, and says that he shares this view with Plato: it is a «fact that the "money makers" create the poor» (page 180). On page 93 he wrote that «capitalism is brutal». This is the opposite of the truth: Poverty was the normal state of mankind – until the rise of capitalism. The truth is the following: the money makers raise the standard of living for all, in other words: the more money makers there are, the more people become rich, and poverty is reduced: the only cure for poverty is capitalism. Why? Wealth is the result of production. Production on a systematic, large scale over time is only possible when property rights are respected, and the system that protects property rights is … capitalism. Under capitalism, all interactions between people are voluntary and peaceful, so to describe capitalism as brutal is BS. One can also confirm this by looking at countries and cultures where property rights are not protected: they are poor.

Let us do what professor Byrd rarely does, let us look at some relevant facts. I quote a few paragraphs from Objectivist Craig Biddle's article «Pope Francis, Religion, Capitalism, and Ayn Rand» (link provided below).

«Given the widely acknowledged fact that countries and populations enjoy wealth and prosperity precisely to the extent that they embrace capitalism, why does Pope Francis call capitalism "the dung of the devil" and jet around the globe aiming to rid the world of it? Economists and other intellectuals have spelled out at great length the overwhelming historic evidence in support of the fact that capitalism—the system of individual rights, limited government, and rule of law—is the political-economic cause of prosperity. … Donald Boudreaux observes that capitalism "is history's greatest force for raising the living standards of the masses", noting that Pope Francis somehow misses this: "Prior to the Industrial Revolution, the average person lived on about $3 per day (reckoned in 2015 dollars), and each denizen of today's developing countries—those places touched least by capitalism—scrapes by on $7 per day. In contrast, the average person in today's market-oriented industrialized world lives on $110 per day, and the average American lives on $150. Now, thanks to capitalism, billions of us . . . live lives that not even the most powerful Byzantine or European potentate dared dream of just a few hundred years ago." … Why then does Pope Francis insist that capitalism is "the dung of the devil" and that we must eliminate or at least sharply curtail this wretched thing? The Pope sees fit to make such claims because religion … is, in principle, opposed to the very things that capitalism legalizes and venerates—most notably, in this context, the selfish pursuit of profit and the right to keep and use the product of one's effort. The Bible is chock full of passages that oppose these pillars of capitalism …».

https://www.theobjectivestandard.com/2015/09/pope-francis-religion-capitalism-and-ayn-rand/

Let me add that professor Byrd touches upon something that is correct when he describes some negative aspects of today´s culture in the West, and especially in the US. But he is wrong to think that the blame for this belongs to capitalism. The economic system in all western countries today is not capitalism, they have a mixed economy, all these countries are welfare states, they do not have the free economy that Ayn Rand regarded as an ideal. I will just give a short quote from Rand (in a letter written on March 19, 1944) where she described the problems in welfare states:

> «A mixed economy divides a country into an ever-growing number of enemy camps, into economic groups fighting one another for self preservation in an indeterminate mixture of defense and offense.»

This seems exactly like a description of the situation today. In other words, the problems are caused not by the spread of the rational and individualistic ideas of Ayn Rand, the problems are caused by the growing collectivism and because of the inter group warfare that the welfare state must lead to.

On page 121, professor Byrd writes as if he believes that the original claims of the IPCC were an obvious truth (that emissions from human use of fossil fuels, so called greenhouse gases, mainly CO_2, will cause a global warming that within a few years will have catastrophic results). Byrd: «Rand completely missed that which is not even in question within the scientific community today, i.e. the fact that global climate change is occurring and the fact that it is man made». Byrd presents this as if it were an obvious, uncontroversial fact. But few scientists believe this anymore; climate change has been a natural phenomenon for thousands of years, the changes that have been observed in the last 150 years are clearly within normal variations, and there has been no warning these last 20 years, even if the emissions of CO_2 have increased. It is professor Byrd who is in the wrong here.

Rand was as early as 1972 writing about how environmentalism would come to be used for political purposes, used as a bogus reason for the political left's campaign to transfer more and more power to the government. She was completely right about this, and if we use global warming as an example, anyone who has followed the development of the claims of the IPCC and some climate scientists these last few years can confirm (examples are the failed predictions of IPCC, «climategate», etc.) Byrd does not at all touch upon this very important point. He writes as if everything that environmentalists have claimed since the 1970ies is the gospel truth, which it clearly is not, all of it's predictions have failed completely. A good book about this is Alex Epstein's *The Moral Case for Fossil Fuels*.

However, it seems as if Rand in an interview said that emissions from cars are not harmful, if the transcription of the interview Byrd quotes is to be relied upon. But Byrd tries to give his readers the impression that Rand did not care at all about pollution, as long as the polluter could make a profit. This is clearly wrong. In her essay on environmentalism, she wrote:

> «As far as the role of government is concerned, there are laws … prohibiting certain kinds of pollution, such as the dumping of industrial waste into rivers. These laws have not been enforced. It is the enforcement of such laws that those concerned with the issue may properly demand. Specific laws – forbidding specifically defined and proved harm, physical harm, to persons and property – are the only solution to problems of this kind» (*The New Left*, page 142).

This quote proves that what professor Byrd claims as Rand's view of pollution is completely wrong. Maybe that is why he did not include it in his book.

Byrd even mentions Rand's notes in her diary about the gruesome killer William Hickman. Hickman had some admirable traits; he was self confident and had a somewhat brash personality, and it seems as if Byrd tries to make the case that Rand in some way approved of Hickman's gruesome murders. However, one should always keep context: Rand was writing about Hickman in her journals, in 1928, when she was 23 years old. At hat time, she was planning a career as a novelist, and was looking for interesting characters to use as models for fictional characters. As everyone should know, the public is, even today, fascinated by stories about charismatic criminals; everyone knows current works like *American Psycho, Dexter, The Sopranos,* etc. Rand might have wanted to include a character with some of Hickman's personality traits in a work of fiction. Yes, Rand at 23 wrote in her private journal that she admired some of Hickman's traits, and Byrd quotes some of the things she wrote. But professor Byrd does not mention the fact that Rand's evaluation of him was that he was a «purposeless monster», and said that «Yes, he is a monster» (both quotes are to be found on page 38 in *Journals*, but apparently, professor Byrd did not see them or found them worthy of inclusion). As for the seemingly positive things she said about Hickman's personality, Rand wrote: «I am afraid that I idealize Hickman and that he might not be this after all. In fact, he probably isn't» (*Journals*, page 39). I.e. Rand said explicitly that Hickman probably did not really have the admirable traits she had attributed to him on the preceding page.

So, to present Rand as somehow a supporter or a fan of a mass murderer is an outright lie, especially since she later clearly stated that the worst one could do to another person is to initiate force against him.

It is true that in her youth, Rand was influenced by Friedrich Nietzsche, and Byrd makes a big point out of this. Nietzsche was an avid irrationalist. Commentator Irving Zeitlin writes in his *Nietzsche: A Re-evaluation*: For Nietzsche «rationality ... constitutes decadence. Rationality stands in opposition to the instincts, and is therefore a sign of sickness, not health». Nietzsche admired people who violently fought for power – he admired people like Alcibiades, Caesar, and Napoleon. Here are some quotes from Nietzsche: «The most evil is necessary for the Superman's best», «[Freedom is] that one is prepared to sacrifice human beings for one's cause», «...one must learn to sacrifice many and to take one's cause seriously enough not to spare men», «[Some men] are sculptors – and the rest are merely clay compared to them», «we must accept this cruel-sounding truth, that slavery is of the essence of culture». To say that the ideas of the mature Rand are in some manner related to this is just not true at all. Rand said in a radio interview in 1964 that «I am very anxious to separate Objectivism from Nietzsche altogether ... I don`t want to be confused with Nietzsche in any respect». As everyone knows, Rand was in favor of rationality and opposed the initiation of force. Professor Byrd ignores all this and tries to present Rand as a Nietzschean.

Yes, Rand lets Kira say something that was close to the Nietschean view in the first edition of *We the Living*, but it is wrong to claim that what a fictional character says in a novel is an expression of the author's opinion. (But some aspects of Kira's personality were in some ways modeled upon Rand herself.) More about the changes Rand made for the reissue of *We the Living* in 1959 is to be found in the article «We the Living ´36 and ´59» by professor Robert Mayhew, included in the collection *Essays on Ayn Rand's We the Living*, edited by Mayhew. For a professional investigation of the relationship between Rand and Nietzsche, one may read «Ayn Rand's Evolving View of Friedrich Nietzsche» by philosophy professor Lester Hunt, available in *A Companion to Ayn Rand*, published in the series Blackwell Companions to Philosophy.

Byrd wrote that he read Rand's works, but did not enjoy it, and he did not enjoy writing about her ideas: «The book you are about to read was not a labor of love, but a work of pain and suffering. If happiness is the goal of self-interest, then writing this book was an exercise in sadness but necessary self-sacrifice. I did not enjoy reading her work ...» (page xii).

I must say that reading professor Byrd's book was not very enjoyable. To see so many misrepresentations, so many out-of-context quotes, to see Rand presented as the mother of events and cultural developments that were quite the opposite of what she really wished, was not enjoyable, to say the least. Rand was an original and important thinker, and her ideas, if they will come to dominate the culture, can change the world into the wonderful place it can be and ought to be. Rand was completely honest and had a stellar integrity, and when I saw her misrepresented the way Byrd does in this book, I wanted to defend her, and so I have tried in this short article. (I am an Objectivist, but that of course does not imply that I agree with every statement Rand ever made.) This article could easily have been much longer, there are many points I have not touched upon – for instance, I did not include anything on the unprincipled approach to philosophical ideas by some of the people who claim to be influenced by Rand, e.g. actors on the political stage in the US like Alan Greenspan, Pamela Geller and Paul Ryan. However, I was not able to see that people like these belong in a book that purports to be about Rand's philosophy of religion.

Two final points: there is almost nothing about Ayn Rand's philosophy of religion in the book. And if professor Byrd's point is to show that Objectivism really is an ideology that promotes irrationality and self-sacrifice among its adherents, i, e. that Objectivism is a religion, a «gospel according to John Galt», it also fails completely.

Is this book then a compete waste of ink, paper and glue and the reader's time? No, it is not. It shows clearly professor Byrd's intellectual firepower, and it shows the level of his honesty and competence in dealing with an important thinker with whom he disagrees. And some may find that useful.

$ $ $

Below are links to some additional material that may be of interest.

Ed Locke on the Burns biography:
https://edwinlocke.com/book-commentary/

Ari Armstrong on the Burns biography:
https://ariarmstrong.com/2009/10/introducing-jennifer-burns-on-ayn-rand/

Robert Mayhew on the Burns biography:
https://www.theobjectivestandard.com/issues/2009-winter/ayn-rand-jennifer-burns/

Jeff Perren on the Burns biography
http://shavingleviathan.blogspot.no/2009/10/goddess-of-market-not-so-worshipful.html

Ed Cline on the Heller biography:
https://ruleofreason.blogspot.no/2010/02/defending-ayn-rand.htm

En kommentar til boken

How Bad Writing Destroyed the World: Ayn Rand and the Literary Origins of the Financial Crisis

Publisert på amazon.com 1. april 2017

The purpose of this book – *How Bad Writing Destroyed the World: Ayn Rand and the Literary Origins of the Financial Crisis* by professor Adam Wiener – is to show the influence of two authors, one today unknown, the other today a bestseller, Nikolai Chernishevsky and Ayn Rand. Chernishevsky was a strong influence on the early Russian socialists, who brought terror, poverty and starvation to millions of people, and Ayn Rand was, according to this book, a strong influence on the ideology that caused the financial crisis in 2008-09.

The part about Chernishevsky was interesting; I have not read him, and I did not know that Dostoevsky tries to rebut him in *The Devils*.

However, I am not sure that professor Wiener can be trusted; his presentation of Rand and the financial crisis is completely wrong. A few examples: On page 2 professor Wiener writes «Chernishevsky´s system, like Rand´s, strictly forbids charity».

Here are Rand´s own words about charity (from the Ayn Rand Lexicon website):

> «My views on charity are very simple. I do not consider it a major virtue and, above all, I do not consider it a moral duty. There is nothing wrong in helping other people, if and when they are worthy of the help and you can afford to help them. I regard charity as a marginal issue. What I am fighting is the idea that charity is a moral duty and a primary virtue».

I cannot see how Wiener interprets this to mean that charity is forbidden.

On page 208, Wiener claims that Rand´s word for workers are «sloppy bums». Not so. It is true that Rand once uses the expression «sloppy bums» in *Atlas Shrugged*, but it is not about workers. Here is the quote:

> «... this sort of spirit, courage and love for truth – as against the sloppy bum who goes around proudly assuring you that he has almost reached the perfection of a lunatic, because he's an artist who hasn't the faintest idea what his work is or means, he's not restrained by such crude concepts as 'being' or 'meaning,' he's the vehicle of higher mysteries, he doesn't know how he created his work or why, it just came out of him spontaneously, like vomit from a drunkard, he did not think, he wouldn't stoop to thinking, he just *felt* it, all he has to do is feel – he *feels*, the flabby, loose-mouthed, shifty-eyed, drooling, shivering, uncongealed bastard!»

«Sloppy bums» are not workers, «sloppy bums» is a description of a certain kind of artists.

Professor Wiener says that Rand (or her protagonist John Galt) insults humanity when she says «Take a look around you, you savages, you ... grotesque little atavists» (page 215). But this is not aimed at humanity in general, it is aimed at those who claim that «ideas are created by mens's means of production, that a machine is not the product of human thought, but a mystical power that produces human thinking».

«Rational egoism insists that people will always seek out their selfish interest ...», professor Wiener claims on page 87. Not true. Here, professor Wiener confuses rational egoism, an ethical theory, with psychological egoism, which is a theory about human nature. Also, to truly act in as a rational egoist is an achievement, not something that comes automatically.

Wiener also, incredibly, tries to paint Dostoevsky´s muderer Raskolnikov as a rational egoist («[Dostoevsky] dissect the rational egoist motives of his fictional murderer in *Crime and Punishment* ...», page 121). But rational egoists are people who do their best to achieve happiness through productive work. To put the killer Raskolnikov in the same category as architect Howard Roark and entrepreneur, inventor and philosopher John Galt, is beyond silly.

There are also several other major errors about Rand in professor Wieners book, but they are easy to spot for anyone who has read Rand, and I will not comment upon them.

However, professor Wieners main point about Rand's bad influence – «it destroyed the world» according to the book's title – is that her theories of rational egoism and laissez faire capitalism were a major cause of the financial crisis (through a policy of deregulation in the years before 2008).

This is not true. The crisis was caused by government interference in the economy. Of the innumerable regulations that were in place, I mention only three: The dollar did not have a stable value since it was not tied to a gold standard. Rand supports a gold standard. The administrations of presidents Clinton and Bush put pressure on banks in order to make them give loans to people who under normal circumstances would not get loans; Clinton wanted to bring home ownership to an all time high, and banks were asked to to a larger extent follow the **The Community Reinvestment Act, originally from the 1970s. President Bush said the following in 2002:**

> « ... we [will] use the mighty muscle of the federal government in combination with state and local governments to encourage owning your own home. That's what that means. And it means — it means that each of us, each of us, have a responsibility in the great country to put something greater than ourselves — to promote something greater than ourselves.»

Rand opposed all government interference in the economy, and she opposed the altruism that president Bush endorsed in this quote.

Also, The Fed inverted the yield curve in 2006-07 when short-term interest rates were set above long-term rates. Banks then suffer losses and are motivated to contract their extension of loans. This always leads to severe problems in the economy. Rand's view is that The Fed shall not exist at all. (One can find more about what really casued the financial crisis in John Allisons bestselling book *The Financial Crisis and the Free Market Cure*.)

There are many words that can be used to describe professor Weiner and his treatment of Ayn Rand, but «reliable», «trustworthy», «honest» and «fair» are not among them.

Allison, John: *The Financial Crisis and the Free Market Cure: Why Pure Capitalism is the World Economy's Only Hope*, McGraw-Hill Education 2012

Wiener, Adam: *How Bad Writing Destroyed the World: Ayn Rand and the Literary Origins of the Financial Crisis*, Bloomsbury Academic 2016

Laws, definitions, and an axiom in economics

Publisert i AerA, desember 2019

Say's* Law, when not ignored, is in the literature usually treated as one of a number of laws in economics. In this essay, I will try to show that with a proper definition of the science of economics, Say's law is more fundamental than the other laws, that it is a basic, inescapable truth that sets the limits for everything that properly belongs to the science of economics – i.e. I will try to show that Say's Law is an axiom.

As in many other sciences, there are laws in economics. Wikipedia[†] lists a staggering 34[‡] laws, although some of them are clearly errors, misunderstandings or based upon incorrect theories. One of the laws included[§] by Wikipedia is «the iron law of wages», a law claiming that under capitalism, the worker's wages over time will decline and reach a level where it only will make the worker able to barely survive and procreate. This, of course, is not a law of economics, it is a lie commonly associated with Marxism (although it was first stated by Lasalle, before Marx). However, that such an idea is regarded as a law by some economists shows that the science of economics has yet to reach a level of explanatory power that sciences like physics, medicine, biology, and many others, properly enjoy.

    The main reason that economics has not yet reached the status that many other sciences have achieved is that the science of

---

* Most of what I know about Saysian economics I have learned from Per Arne Karlsen and Richard Salsman. In a workshop where we discussed the subject of this article, I received valuable suggestions from Andreas Aure, Lars-Erik Bruce, Martin Johansen and Per Arne Karlsen. I wish to thank Richard Salsman, who read an earlier version of this article and made numerous suggestions, some of which I have included in this final version. I also wish to thank Hong Phuc Ho Chung for several good suggestions.

† I regard Wikipedia as a reliable source when dealing with totally uncontroversial topics.

‡ https://en.wikipedia.org/wiki/Category:Economics_laws
 Retrieved September 2018

§ Wikipedia says that it is a "proposed law".

economics, as it is practiced in academia today, does not yet have the tight connection to reality that any proper science must have. In order to have a tight and secure connection to reality, the fundamental concepts of the science must be correctly defined, and the starting point(s) must be explicitly stated. In the following, I will try to provide this.

Laws of economics

Among the most important laws are the law of supply and demand, the law of diminishing marginal utility, the law of comparative advantage, and Gresham's law. (Strangely, some authors claim there are no laws in economics. An example is Z. Karbell, who in an article in respected popular magazine *The Atlantic* claims that «The 'Laws of Economics' Don't Exist»*). In order to illustrate the fundamental difference between Say's Law and the other laws, I will briefly discuss two of these laws.

Gresham's law says that «bad money drives out good money»: in a society where the state has introduced legal tender laws saying that coins made of gold and copper («bad money») shall have the same face value and purchasing power as pure gold coins («good money»), the good money will disappear from circulation; people will melt them down and sell them as pure gold and receive more than the face value of the melted coins. The law of supply and demand says that when the price of a product increases, the demand falls. As I see it, these, and the other valid laws of economics, have the same status as laws in other sciences.

One may get the impression that there sometimes are exceptions to the laws of economics. A citizen who is very loyal to the state and will submit to the intention of the state's decrees no matter what, may continue to regard pure gold coins and gold-and-copper coins as having the same value, and use them interchangeably. A Coca-Cola aficionado will not reduce the number of times he enjoys a Coca-Cola after a price increase; for him, an increase in price will not reduce his demand. Does this show that there are exceptions to these laws, and are they therefore fundamentally different from the laws of, say, physics? No, there may

---

* https://www.theatlantic.com/business/archive/2013/04/the-laws-of-economics-dont-exist/274901/ Retrieved September 2018

also seem to be exceptions to the laws of physics. Two examples: Newton's second law, $F = ma$, is as stated valid only when the mass of the accelerated object is constant, but mass increases with velocity; Ohm's law, $V = RI$, is only valid when the temperature is constant, but when an electric current runs through a metallic object, temperature increases. However, when one understands and applies the laws in context, one sees that the laws are valid. The same point applies to the laws of economics. They do not apply to individuals, they apply to groups. **The laws of economics describe how groups react to incentives** (by the action of a group I mean the sum of the actions of the individuals in the group).

Let me interject that incentives is an important topic in economics. In their book *Freakonomics*, authors Steven D. Levitt and Stephen J. Dubner say that «Economics is, at root, the study of incentives; how people get what they want, or need, especially when other people want or need the same thing. Economists love incentives. ... An incentive is a bullet, a lever, a key [that makes people do things] ... » (Levitt and Dubner 2006, p. 24). However, not all kinds of incentives belong to economics: if you dress up before a date in order make yourself more attractive, you are giving the people you meet an incentive to get to know you, but this phenomenon is clearly outside the science of economics. So, to say that economics is about the study of (all kinds of) incentives, is incorrect.

When applied to groups, the laws of economics have the same status as the laws of the other sciences. But with regard to individuals and not groups, one may say that there are exceptions to these laws—as in some contexts one may say that there are exceptions to the laws of physics. So, there are some contexts where there seems to be exceptions to the laws of science, and there are some contexts where there seems to be exceptions to the laws of economics. But there are no exceptions to Say's Law—there are no contexts where it does not hold. Therefore, Say's Law is essentially different from the other laws of economics.

Say's law
The principle that later became known as Say's Law was first stated by James Mill in 1808: «The production of commodities creates, and is the

one and universal cause which creates a market for the commodities produced» (quoted from Reisman 1996, p. 560).

Say regarded this as an obvious, uncontroversial truth, and stated this principle in his *A Treatise* (1823): «It is worthwhile to remark, that a product is no sooner created, than it, from that instant, affords a market for other products to the full extent of its own value ...» (Say 2001, p. 134–35).

In William Hutt's book *A Rehabilitation of Say's Law,* one finds several telling evaluations of Say's law: «Say's Law is the most fundamental 'economic' law in all economic theory» (Hutt 1974, p. 3), «Say regarded Says's Law as accepted doctrine ... explaining what he believed to be unchallengeable» (Hutt 1974, p. 4). Interestingly, according to Hutt, «[influential economist John Maynard] Keynes regarded Say's Law as a truism of no useful application» (Hutt 1974, p. 10), and Marxist economist Paul Sweezy thought that «all the arguments of Keynes' *General Theory* fall to the ground if the validity of Say's Law is assumed» (Hutt 1974, p. 10).

The respect economists had for Say's Law disappeared almost overnight after the publication of John Maynard Keynes's *General Theory* in 1936. World famous Harvard economist John Kenneth Galbraith wrote: «Until Keynes, Say's Law had ruled in economics for more than a century. And the rule was no casual thing; to a remarkable degree, acceptance of Say's Law was the test by which reputable economists were distinguished from the crackpots» (quoted in Kates 2013).

This is how Keynes presents Say's Law in *General Theory:*

> «From the time of Say and Ricardo the classical economists have taught that supply creates its own demand;—meaning by this in some significant, but not clearly defined sense, that the whole of the costs of production must necessarily be spent in the aggregate, directly or indirectly, on purchasing the product» (Keynes 1936, Chap. 2).

This is at best a complete misunderstanding of Say's Law, and what Keynes claims—that the whole of the costs of production must necessarily be spent in the aggregate on purchasing the product—is incorrect. After the publication of *General Theory*, almost every economist jumped on the Keynesian bandwagon and thought that Keynes had refuted Say's Law, and the law has been ignored by almost every economist since then.

My view is that Say's Law states an undeniable fact, and that any theory in economics that is not consistent with it, is wrong. If we draw a parallel to philosophy: any philosophic idea that is not consistent with the primacy of existence, is wrong (more on this later).

In order to continue, we have to have the correct definition of the science of economics.

«Economics» defined
There are in essence two kinds of definitions of the science of economics, and they have vastly different implications and will lead the development and applications of the science in different directions. One type of definitions focuses on the so-called «problem of scarcity», while the other type focuses on production and trade.

In the textbook *Introduction to Economics,* authors Dobson and Palfreman provide this definition: «Economics is the science of making choices ... choices have to be made because resources are limited ... economics is about making choices under conditions of scarcity*» (Dobson, Palfreman, p. 3). Lionel Robbins gives essentially the same definition: «Economics is the science which studies human behavior as a relationship between ends and scarce means which have alternative uses†». The Mises Institute's Percy Greaves defines economics thus:

> «Economics is the science which studies human behavior as a relationship between ends and scarce means that have alternative uses. Economics is a striving for efficiency in the

---

* Most types of choices fall outside of economics. If you have to choose between studying for an important exam and attending a concert by your favorite singer, the science which helps you decide is ethics, not economics.

† https://en.wikipedia.org/wiki/Lionel_Robbins
Retrieved September 2018

use of means to attain selected ends and is essentially the theory of free enterprise*».

The other type of definitions focuses on production and trade. Economist George Reisman defines «economics as the science that studies the production of wealth under a system of division of labor, that is, under a system in which the individual lives by producing, or helping to produce, just one thing or at most a very few things, and is supplied by the labor of others for the far greater part of his needs" (Reisman 1996, p. 15), and finance professor Yaron Brook has, in one of his podcasts, given the following definition: «Economics is the science that studies production and trade». Another definition one may come across mentions neither scarcity nor trade but says that economics is «the science of wealth»: «Economics has been defined in a variety of ways. In the nineteenth century it was typically defined as the science of wealth or of exchangeable wealth» (Reisman 1996, p. 15).

Scarcity

There are problems with these two types of definitions: «scarcity» and «trade». The economists who include «scarcity» in their definition believe that scarcity is a problem. On a website aimed at students of economics, one finds the following:

> «Scarcity, or limited resources, is one of the most basic economic problems we face. We run into scarcity because while resources are limited, we are a society with unlimited wants. Therefore, we have to choose. We have to make trade-offs. We have to efficiently allocate resources. We have to do those things because resources are limited and cannot meet our own unlimited demands. Without scarcity, the science of economics would not exist. Economics is the study of production, distribution, and consumption of goods and services. If society did not have to make choices about what to produce, distribute, and consume an infinite amount of everything to satisfy the

---

* https://mises.org/library/what-economics
Retrieved September 2018

unlimited wants and needs of humans. Everyone would get everything they wanted, and it would all be free. But we all know that is not the case. The decisions and trade-offs society makes due to scarcity is what economists study. Why are certain decisions made and what is the next best alternative that was forgone?»*.

However, the term «scarcity» is unclear. Economist M. Northrup Buechner says that «typically, economists do not bother to define scarcity». To make this less unclear, Buechner makes a distinction between «absolute scarcity» and «relative scarcity», and rejects «absolute scarcity», which is the concept that dominates the science of economics. He says that «the concept of absolute scarcity rules modern economics ... Modern economics hold that [absolute] scarcity is the fundamental fact of the economy. All economic phenomena, they say, depend on the existence of [absolute] scarcity; if nothing were scarce, there would be no need to economize and an economic system would be superfluous. Consequently, economists say, [absolute] scarcity is the fundamental cause of economics as a science and every economy as such is an economy of scarcity» (Buechner 2011, p. 236).

One must, however, not confuse «shortage» and «scarcity». You experience a shortage when you ask for a bestselling book in a bookstore and the clerk says «Sorry, we are sold out. But we will get more copies in by Monday». Something like this happen from time to time, and is not a major issue at all, just a minor inconvenience. Scarcity, however, is completely different—it is, according to most economists, the fundamental problem in economics.

But when something is described as a problem, one presupposes that there is a solution, or at least that an alternative is possible (if you are out of bread, that may be a problem, but you can buy more bread—problem solved; if it rains on the 4th of July and you have to cancel your garden barbecue, that is a problem with no easy solution, but there

---

* https://study.com/academy/lesson/what-is-the-basic-economic-problem-of-scarcity-lesson-quiz.html
Retrieved September 2018

have been previous 4th of Julys when it has been sunny). However, according to modern economics, the scarcity problem cannot be solved, and this is supposedly a fundamental premise of economics. It is true that reality is limited, the infinite does not exist. This is a fact that we must accept and adhere to. But to describe this as a problem is to have wishful thinking as the standard for evaluating facts—and this is a result of subjectivism, not rationality. «Wishful thinking is the formation of beliefs and making decisions according to what might be pleasing to imagine instead of by appealing to evidence, rationality, or reality», is Wikipedia's* correct description of wishful thinking. However, the method of any science is, or should be, the use of facts and logic, i.e. a rational method. This wishful-thinking method is often found in modern economics; one well known example is the pure-and-perfect-competition-model. We have already seen it in a quote I gave above: «we are a society with unlimited wants».

If a «problem» has no solution, it is not a problem – it is a condition, it is a fact of reality one must adhere to.

If we try to interpret «scarcity» in the most benevolent way possible, and do our best to connect it to reality, we end up with the more proper term «relative scarcity», a term introduced, as far as I have seen, by professor Buechner. He writes: «The concept of relative scarcity is like the concept of price. ... every individual price ... depends on its relation to the network of other prices ... relative scarcity is the demand relative to the supply of one good compared to the demand relative to the supply of another good». A discussion of this concept is outside the scope of this article, and interested readers should read chapter 12 «Scarcity and price» in Buechner's book *Objective Economics*†.

According to Ayn Rand, definitions connect concepts to reality. Therefore, if one uses an incorrect definition of a science, the connection between the science and reality will be weak or, in some

---

* https://en.wikipedia.org/wiki/Wishful_thinking
Retrieved September 2018

† I agree with Richard Salsman's criticisms of this book in The Objective Standard, Vol 7 No 1, but I find Buechner's views on scarcity close to the truth.

aspects, non-existent, i.e., some aspects of the science will consist of floating abstractions. Quoting Rand: «To know the exact meaning of the concepts one is using, one must know their correct definitions ... and one must be able to demonstrate their connection to their base in perceptual reality» (Rand 1990, p. 51).

If the definition of a science, then, is incorrect, it will lead the development of the science in directions that are wrong, even dangerous. Here is Ludwig von Mises describing how Karl Marx viewed the problem of scarcity:

> «Scarcity is an artificial product of established practices [private property, free markets]. The abolition of such practices would result in abundance. In the doctrine of Karl Marx and his followers, scarcity is a historical category only. It is the feature of the primeval history of mankind which will be forever liquidated by the abolition of private property» (Mises 1966, p. 235).

I.e.: Marx's view is that communism solves the alleged problem of scarcity; under communism there is no scarcity and everything one wants can be gotten for free! Yes, when something is not «scarce», the price is zero.

There is one resource we all use all the time that cannot be viewed as scarce: the (oxygen in the) air that we breathe. We breathe air in and we use it up —consumption is destruction—but plants produce new air (oxygen) all the time. This resource functions as if it is not scarce. What do we pay for it? Nothing. The price of something that is not scarce is zero. Then there would be no money to be made by producing it. And if there is no money to be made by producing something, it will not be produced. So, if the (alleged) problem of scarcity is solved, nothing will be produced. But practically all the things we use must be produced, so this is a contradiction. (In a manned station in outer space or under water, air would be limited, and will have a price because it has to be produced there or transported there from earth.)

As mentioned above, Marx's view is that communism solves the problem of scarcity. Can this be the reason that in welfare states, based as they are upon Marxist ideology, the supply of important services are transferred from the free market, where one has to buy for a price what one wants, to the state, which provides these services to the public for free?

To conclude this section: to base the science of economics on «scarcity» is wrong and leads to harmful consequences.

Trade

Let us look at the other important concept in the definitions: «trade». Is it necessary to include this concept in the definition? Is there a need for a science of economics if there is no trade? Sometimes, it is useful to look at the origin of words, and etymologically, the word «economy» comes from the Latin *economia*, meaning «household management»*. If one understands a household as a family unit that produces everything it consumes, there is no trade and the original concept of «economy» should therefore apply to contexts where there is no trade. However, from about 1650, the meaning of the concept «economy» changed to mean the «wealth and resources of a country», and if we look closely at this description, we see that trade appears—that there exists wealth and resources in a country must imply that trade between the citizens of the country do occur.

My view is that the appearance of trade changes the whole landscape, that trade raises an enormous amount of problems and challenges, and that trade should be one of the defining characteristic of economics. In other words: without trade, there is no science of economics. **Economics studies how actors/producers adapt their supply and demand to the real or anticipated demand and supply of other actors.** This is trade. Another indicator that a proper definition of economics should include trade is that if there is no trade, the laws of economics do not apply.

To define economics as «the science of wealth» is, as I see it, too broad. A science of wealth should include not only a discussion of why wealth is good (it makes man's life better) and what the source of

---

* https://www.etymonline.com/word/economy
Retrieved September 2018

wealth is (it is man's reasoning mind), but also things that would be surprising if found in an economics textbook. It must include topics like why some people may not be able to handle too much wealth (the saying «idleness is the root of all evil» is well known), but this topic belongs to fields like ethics and psychology. I would say that «the science of wealth» is a wider field than economics, since it also includes elements from ethics and psychology. A proper definition shall identify the essential characteristics of the concept to be defined, and the essential characteristics of economics are the coordination of production, trade and consumption. Therefore, **I define economics as: the science that studies the coordination of production, trade and consumption of wealth in a division of labor society.** The laws of economics, then, describe how groups react to incentives regarding production, trade and consumption.

This is similar to Reisman's definition, but I have added the concept «coordination». Wealth consists of all the things we use that makes our lives better and more enjoyable: good food, fine houses, great coffee, beer and wine, nice clothes, comfortable cars, gadgets, vacations, etc. But economics does not study how these things are produced—economics study how individuals (and firms) coordinate their production and trade with what other individuals produce so that the sum of everything that is produced satisfies as many needs and wants as realistically possible for everyone involved. Therefore, the coordination of production, trade and consumption is an essential point. To conclude: definitions of economics that are based upon the problem of scarcity are wrong; and definitions that include barter-societies and persons producing only for their own use without trade, are also wrong —barter societies and people living alone have no need for a science of economics. But then one must answer the following important question:

Economics: Who Needs It?

Economics studies the coordination of production, trade and consumption in a division-of-labor society. But who needs to know about this? Do only economists need to know about this field, or do ordinary people need to know something about this? Among the subjects that belong to the science of economics are competition (between producers), money, inflation, unemployment, taxes, capital, productivity, foreign trade, entrepreneurship, etc. Let us look at four types of actors in the economy—worker, businessman, banker, politician—and see whether they need to know some economics or not. (In the following, we presuppose that everybody wants prosperity, although in the world today, many people do not — religionists, environmentalists, ascetics.)

Do ordinary workers—people who are doing their jobs; buying the things they need, want and can afford, and consuming what they buy; and saving and investing for a rainy day or for their retirement—do they need to know economics? Yes, they need to know some economics.

If a worker wants higher income, should he make his union demand a wage increase (above the market value), or should he learn new skills and thereby increase his human capital and so become more productive? Economics will tell him to do the latter, if the goal is to increase the wealth in society for everybody—including him. Economics will tell him that if he tries to make the union raise his (and his co-worker's) pay above the market level, it may be good for them in the short run, but everybody, including them, will lose in the long run. If his employer introduces new technology that will make the firm more efficient but will lead to reduction of staff, should he fight it or welcome it? Economics will tell him to do the latter. What if he can't get a job? Economics will tell him it may be because nobody is interested in paying him for the skills he has, or because he demands too much money, or because the culture is not sufficiently supportive of the entrepreneurial spirit.

The owner of a shop discovers that a competitor will set up shop a few blocks away. Should he go to the government, say that opening a new shop so close to his is a waste of society's resources and demand that the government stops his competitor, or should he do his best to improve his own shop in order to keep and attract more customers? Economics will tell him to do the latter. A businessman knows that the income of his firm varies—should he ask for support from the government in the slower periods or should he save and make sure that he always has enough to pay his expenses? Economics will tell him to do the latter.

A banker wants to run a solid, reliable moneyissuing bank that makes a good profit. Economics and the history of banking will tell him that he must base his money on a gold standard, and it will provide him with the principles he needs in order to run his bank with a profit.

What about the politician? If his goal is a peaceful, prosperous society, economics will tell him that the only way to achieve this is to work for a system with full recognition of individual rights, including property rights, in which all property is privately owned, i.e., a system where people produce and trade in order to better their lives, and do so voluntarily.

It is a fact, then, that economics will not tell one what to value, but if one values freedom and prosperity, economics will show that laissez-faire capitalism, i.e., a system with full recognition of individual rights, is the only way to achieve it.

So, everyone who values peace and prosperity needs to know some economics. But are most of these questions mentioned above dealing with ethical problems? Some of the alternatives suggested above implies initiation of force, and this is banned by a rational ethics. But economics shows that the ethical principle that bans initiation of force and respects individual rights leads to increased prosperity for all. Economics, then, supports a rational ethics.

Axioms

> «An axiom... is a statement that is taken to be true, to serve as a premise or starting point for further reasoning and arguments. The word comes from the Greek axíōma (ἀξίωμα) 'that which is thought worthy or fit' or 'that which commends itself as evident.' The term has subtle differences in definition when used in the context of different fields of study. As defined in classical philosophy, an axiom is a statement that is so evident or well-established, that it is accepted without controversy or question. As used in modern logic, an axiom is simply a premise or starting point for reasoning»* (emphasis mine).

---

* https://en.wikipedia.org/wiki/Axiom
Retrieved September 2018

Ayn Rand elaborates on the classical understanding of «axiom», which is the one I am using:

> «An axiom is a statement that identifies the base of knowledge and of any further statement pertaining to that knowledge, a statement necessarily contained in all others, whether any particular speaker chooses to identify it or not. An axiom is a proposition that defeats its opponents by the fact that they have to accept it and use it in the process of any attempt to deny it» (Rand 1957, p. 1040). ... «Axioms are usually considered to be propositions identifying a fundamental, self-evident truth» (Rand 1990, p. 55).

At the base of the philosophy of Objectivism, one finds the metaphysical axiom «existence exists». This identifies an obvious fact that no one can reasonably deny—it is obvious that something exists. But the statement «'existence exists' is an axiom», says or implies that there is a reality, that reality is independent of any consciousness, that reality is primary, that we must adhere to it, that everything we do must be based upon what we have observed and analyzed. Reality exists and is what it is—we must not ignore it, and we must not pretend or believe that fantasies about things that do not exist, do exist. As Leonard Peikoff put it, «Existence exists, and only existence exists» (Peikoff, in Rand 1990, p. 109). This axiom implies that all our concepts, principles, ideas, values, habits, theories, etc., must be based on observation and rational, logical analysis of what we observe.

Rand was not the first philosopher who recognized this, but she was the first to see the necessity to state explicitly what she called the «primacy of existence» approach (PoE), and she did it by formulating the axiom «existence exists». Some philosophers did not take reality as their starting point, and she described this as having a «primacy of consciousness» approach (PoC). Earlier philosophers had essentially been in one camp or the other. The most typical expression of PoC is Descartes' «Cogito, ergo sum» or «I think, therefore I am». A perfect expression of the PoE approach is Francis Bacon's «Nature, to be commanded, must be obeyed».

If we do not base everything on the fact that existence exists and accept that existence is primary, we are really adopting wishful thinking as a method of thinking, planning and acting. Wishful thinking, as defined above by Wikipedia «is the formation of beliefs and making decisions according to what might be pleasing to imagine instead of by appealing to evidence, rationality, or reality». What we do when we do not have «existence exists» firmly as our base is to put «I wish» above «it is». Any philosophy, any philosophic system, any principle that is not explicitly or implicitly based upon the primacy of existence, on the axiom «existence exists», is, at best, worthless, and at worst, lethal.

Still, even if an axiom identifies an obvious, self-evident truth and says that we must adhere to what the axiom implies, some people do not understand the point of an axiom. Philosopher Sydney Hook claimed that «saying 'existence exists' is very much like saying that the law of gravitation is heavy and the formula for sugar is sweet» (quoted in Byrd, p. 10)—in other words, his view is that the axiom «existence exists» is totally worthless.

So, even a prominent philosopher may not be able to understand an important axiom in his own field. The point is not that Professor Hook disagrees with the axiom; as we can see from the quote, he does not understand it and its implications at all.

Says Law as an Axiom

As indicated above, Say's Law is a fundamental, inescapable fact of economics. It has no exceptions, and cannot have any exceptions (if the science of economics is properly defined). Every idea in economics, properly understood, must be consistent with Say's Law. A theory in economics that is not consistent with Say's Law, is incorrect. That Keynes's economic theories are wrong has been shown both in theory and in practice, and to paraphrase a quote given above: «If Say's Law is correct, then Keynesian theory is incorrect».

Say's Law, therefore, does not have the same status as the other laws in economics—it is more basic and fundamental. Say's Law says that «it is worthwhile to remark, that a product is no sooner created, than it, from that instant, affords a market for other products to the full extent of its own value …».

The whole of the science of economics, correctly defined (with trade, without scarcity), presupposes this fact, a fact that should be obvious.

As Rand said: «An axiom is a statement that identifies the base of knowledge and of any further statement pertaining to that knowledge, a statement necessarily contained in all others... Axioms are ... considered to be propositions identifying a fundamental, self-evident truth».

I would therefore say that Say's law is an axiom for the science of economics, and I will formulate it like this: **Products trade for products.** This is very close to one of Say's own formulations: «Products are paid for with products» (quoted from Salsman 2003).

«Product» means anything that is produced for exchange or sale. It includes both material objects and non-material objects, such as services; it includes bread and shoes and cars and lectures and concerts and therapy and mowing the lawn. It does not include things one creates with no intention of selling or exchanging: a bread you bake for yourself is not a product in this sense, neither is painting your own house or mowing your friend's lawn as a favor.

It is, of course, true that in the West today, few people trade products for products directly—this only happens in barter societies. Today, people produce and then receive wages; but what they really do is sell what they have produced for the money they receive as wages. For the wages they receive, they buy things they need or want— things that others have produced. (If they save or invest, what they are really doing is postponing the buying of products to the future.) Thus, they are really trading products for products.

I must add that, as far as I have seen, the first economist who suggested that Say's law is an axiom was Richard Salsman; He wrote the following in the article «Economics in *Atlas Shrugged*»: «Say's Law ... identified the economic axiom that all demand comes from supply» (Salsman 2011). However, this point was not central to theme of that article, so he did not elaborate.

If one defines economics in a way that does not presuppose trade, Say's Law is not an axiom. If one defines economics as the science of wealth, then Robinson Crusoe needs economics in order to construct a cabin and grow food, but since there is no trade on his desert island, he does not need Say's Law.

Why?

Why is it a good thing to regard Say's law as an axiom? An axiom explicitly states a starting point, identifying a fundamental and inescapable fact in a field of study. In philosophy, this is the fact that there exists a reality independent of any consciousness, and that we must adhere to it in everything we think and everything we do, i.e., in how we think and how we act. In economics, the fundamental starting point is that in order to consume, one must first produce, and that one also can produce with the aim of exchanging something one has produced for something someone else has produced. It is with this inescapable fact that economics as a science begins: production and trade. Any economic theory that is not consistent with this, is wrong.

This axiom says that the primary fact of economics is production (not for oneself, but for exchange). This is not the dominant view among economists today—many economists will say that the primary fact is consumption (which shows the influence of Keynes) or that the primary fact is distribution (which shows the influence of Marx).

This axiom has a host of implications. It is individualistic: only individuals produce (they may, of course, cooperate in various types of firms). The axiom says that when people work to make money, they are really producing something, and when they buy something for the money they have earned, they are exchanging what they produced for something others have produced. (This should be obvious, but it must be stated explicitly; many people often ignore or forget the obvious.) This implies that one cannot make people wealthy by just giving them money, and that one cannot increase wealth by manipulating the value of money or credit or interest rates—wealth is all about production. Also, the axiom implies that one cannot increase wealth by restricting production, and it implies that the road to prosperity is the removal of obstacles for the producers. As Say himself said: «Produce, produce, produce ... that is the whole thing!» (quoted from Salsman 2003).

The axiom implies that if the government takes money from A and gives to B, they are really taking what A has produced in order to exchange it for something, and giving it to B. Money makes this transaction—or theft—seem less obvious; it looks worse to take an object (not necessarily a physical one) from the producer than to take his money. The axiom says that what the state is really taking are the items produced.

This axiom then eliminates invalid concepts, propositions, principles and theories from the science of economics, just as the axiom «existence exists» eliminates invalid concepts, propositions, principles and theories from the science of philosophy. In an economic science based upon a Saysian foundation, there will not be much use for terms like «aggregate demand», «gross national product», «consumer price index», etc.

Say regarded the law that bears his name as an obvious, uncontroversial truth, but Keynes, Say's main opponent in today's economics, regarded Say's Law, if we use Hutt's formulation, as at best a truism of no useful application. But this is how some people express their lack of understanding of axioms—we remember philosopher Sydney Hook's view that the axiom «existence exists» is totally worthless.

The truth is, however, that axioms are not worthless, they are invaluable. They identify obvious truths that set the limits for everything that belongs to a science. They say that everything that is not consistent with the axiom is not part of the science.

Some sciences are very concrete and have a close connection to reality; if you go astray in one of these sciences, reality will (more or less) immediately let you know. But some sciences are very abstract, and the connection to reality is often difficult both to gain and keep. In these sciences, an axiom that clearly identifies the reality-connection, is invaluable. One of these sciences is philosophy. Another is economics. In the science of economics, one needs the axiom «products trade for products» as a foundation for everything else in order to make sure that every concept, every principle, every theory, is firmly connected to reality. Richard Salsman sums this up very eloquently: «For an economist to deny Say's Law is the equivalent of a physicist denying the Law of Gravity or a philosopher denying the Law of Identity» (Salsman 2011). But it is even more fundamental than that: an economist who denies Say's Law denies economic science as such.

Literature

Buechner, M. Northrup: *Objective Economics*, University Press of America 2011

Buechner, M. Northrup: «A Comment on Scarcity», The Journal of Philosophical Economics, Autumn 2014

Byrd, Dustin: *A Critique of Ayn Rand's Philosophy of Religion*, Rowman & Littlefield 2014

Hutt, William: *A Rehabilitation of Say's Law*, Ohio University Press 1974

Kates, Steven: «Debts, deficits and slow growth», IEA2013
https://iea.org.uk/blog/debts-deficits-and-slow-growth

Kates, Steven: *Say's Law and the Keynesian Revolution: How Macroeconomic Theory Lost Its Way*, Edward Elgar 1998

Levitt, Dubner: *Freakonomics*, Penguin 2006

Mises, Ludwig von: *Human Action*, Third Revised Edition, Contemporary Books 1966

Peikoff, Leonard: «The Analytic-Synthetic Dichotomy», in Rand 1990

Rand, Ayn: *Atlas Shrugged,* Random House 1957

Rand, Ayn: *Introduction to Objectivist Epistemology*, NAL 1990

Reisman, George: *Capitalism*, Jameson Books 1996

Say, Jean-Baptiste: *A Treatise on Political Economy: or the Production, Distribution and Consumption of Wealth*, Transaction Publishers 2001

Salsman, Richard: «Economics in *Atlas Shrugged*», The Objective Standard, Vol 6 No 1

Salsman, Richard: «Review of *Objective Economics*», The Objective Standard, Vol 7 No 1

Salsman, Richard: «Saysian Economics», IFI 2003

Etterord

Under gjennomgangen av artiklene som er å finne på de foregående sider som forberedelse til denne nyutgaven, var det spesielt én ting som slo meg: det svært lave saklighetsnivået på argumentene som Rands kritikere og motstandere benytter. Nedenfor repeterer jeg noe av det som enkelte av disse kritikerne presenterer som faktaopplysninger:

*Ayn Rand mener at «medmenneskelighet er umoralsk» (Dagbladets Andreas Wiese har oversatt «altruism» til «medmenneskelighet»).

*«Rands moralkonsept ligger tett opp til Nietzsches. Som Nietzsche lengter hun etter rovdyret i mennesket» (professor Dag Hessen i Klassekampen).

*«Hun kalte de fattige og svake ´avfall´ og ´parasitter´» (George Monbiot i Klassekampen, oversatt fra The Guardian).

*«Rand er blitt ledestjernen for republikanerne i USA» (Monbiot i Klassekampen, oversatt fra The Guardian).

*…nå (juni 2001) har vi «markedsliberalismens totale dominans» (professor Thomas Hylland Eriksen i Dagbladet).

*«Ayn Rands ekstremindividualistiske utopi er for lengst blitt en realitet i USA» (Matthew Harle, Ny Tid, november 2017).

Mange av artiklene i denne boken omtaler flere slike ekstremt usaklige angrep på Rand, men vi holder oss her til de som er nevnt over. At disse påstandene er grovt feilaktige er påvist tidligere i boken, men det vi kort skal se på her er hva som kan være årsaken til at nokså intelligente mennesker kan fremsette slike totalt absurde påstander.

Disse tingene er uttalt av folk som burde vite bedre; de er uttalt av professorer (som burde vite noe om videnskapelig metode, kildekritikk, viktigheten av å basere seg på fakta og ikke på løgner og fordommer, etc.), og av journalister/skribenter i om ikke seriøse så i hvert fall i store aviser (The Guardian, Ny Tid, Klassekampen, Dagbladet).

Hva er årsaken? Hva er det som kan få noen til å tro at en bestselgende forfatter med en betydelig tilhengerskare og med ambisjoner som filosof (siden hun ikke bare har skrevet bestselgende filosofiske romaner, men også har utgitt bøker om begrepsteori, etikk, politikk og estetikk) virkelig har sagt at fattige er avfall og parasitter og at medmenneskelighet er umoralsk? Og hva er det som kan få dem til å tro at Rands ideer nå har en «total dominans»/«er blitt en realitet» i USA?

Hvis vi holder oss til beskyldningene mot Rand først: De som påstår slike ting har selvsagt ikke tatt det ut av luften, de har antagelig lest det et eller annet sted. Men disse påstandene er såpass absurde at enhver oppegående skribent burde ha sjekket dem før han gikk i trykken med dem. Men det har de altså ikke gjort. Hvorfor?

Disse skribentene vet at Rand står for egoisme og kapitalisme. Disse skribentene er også venstreorienterte, dvs. de er tilhengere av mer statlig styring, flere reguleringer, flere statlige/offentlige «gratis»tilbud, høyere skatter og avgifter. Dette bygger de på mer fundamentale holdninger som kollektivisme og altruisme. (Jeg har dog ikke sett at disse skribentene eksplisitt har gitt uttrykk for støtte til slike stand-punkter, men disse verdiene er så totalt dominerende i kulturen i dag at man med nærmest 100 % sannsynlighet kan slutte at også disse skribentene deler disse holdningene. De publikasjonene de skriver for eller er ansatt i er også venstreorienterte).

Hvor har de fått disse holdningene fra? De har fått dem fra en rekke kilder omkring seg – fra pressen, fra akademia, fra litteraturen – og de har betraktet disse verdiene som opplagt riktige, de har betraktet dem som så korrekte og gode og riktige at det ikke faller dem inn at de kan være feil. Disse verdiene – og jeg gjentar dem for sikkerhets skyld: kollektivisme, altruisme, og deres politiske implikasjon: mer statlig styring, flere reguleringer, flere statlige/offentlige «gratis»tilbud, høyere skatter og avgifter – er så utbredte og aksepterte at f.eks. alle politiske partier i Vesten (dvs. partier som har en oppslutning på mer enn 0,2 %) slutter opp om dem. Det som sies her om partier gjelder også praktisk talt alle andre store aktører i kulturen: forfattere, avisredaksjoner, kjente akademikere.

Blant intellektuelle i dagens kultur er oppslutningen om disse verdiene kun mikrometre unna å være total. De som er i dette miljøet leser selvsagt hverandre, de diskutere med hverandre, de får innspill fra hverandre – men alle har i det store og hele akkurat de samme meningene. I en slik situasjon får man ingen motforestillinger, og de etablerte holdningene blir da fastere og fastere. Dette vil hos de som er i dette miljøet føre til at de får et grunnsyn som sier at «vi er er de gode, vi er de snille, vi er de velmenende. Det er vi som har rett, og de som mener noe annet enn oss må være menneskefiendtlige, de må være onde, de må være forferdelige mennesker».

Den eneste tenker med en viss oppslutning som står for fundamentalt sett andre verdier enn de som dominerer, er Ayn Rand. Så når en eller annen som ikke kan lese godt påstår at Rand mener at medmenneskelighet er umoralsk, at Rands moralkonsept ligger tett opp til Nietzsches, at hun lengter etter rovdyret i mennesket, at hun kalte de fattige og svake «avfall» og «parasitter», så stemmer dette fullstendig med den etablerte elitens oppfatning av hvordan de tror deres ideologiske motstandere ser på verden. Dette er for dem like opplagt som at $2 + 2 = 4$.

Enhver oppegående person vil, før han setter sin navn under en påstand, tenke igjennom hvorvidt den er rimelig, troverdig og sann, og hvis han er det minste i tvil om sannhetsgehalten vil han sjekke om den er sann før han viderebringer den som et faktum han går god for. De folkene vi har nevnt over har ikke gjort dette. De har gått god for disse påstandene. De har ikke undersøkt, og grunnen til at de ikke har undersøkt er at de betrakter påstandene som opplagt sanne og helt rimelige. Det er slik de oppfatter liberalister – de oppfatter liberalister som onde mennesker som ser ned på fattige mennesker, som vil at fattige skal ha det vondt, og som vil at noen få skal bli rike på de fattiges bekostning.

Man kan spørre om disse folkene lyver? Dvs. vet de at de sier noe som ikke er sant, eller tror de virkelig at Rand hadde de meningene (og den innflydelse) de tillegger henne?

La oss si at en person hører noe som ikke er sant fra en kilde han oppfatter som troverdig, og så viderebringer han dette for andre – kan man da si at han er en løgner? Vel, det komme an på situasjonen. Hvis personen ikke er en intellektuell, og det han hører i hans kunnskapskontekst høres meget troverdig ut, så kan man ikke uten videre si at han er en løgner. Men hvis den som viderebringer noe han har lest et eller annet sted, burde ha forstått at det han har lest er absurd og usant, og allikevel viderebringer det som om det er en sannhet, da er han en løgner. En intellektuell er forpliktet til å undersøke om det han sier er sant eller ikke, og dette gjelder spesielt når han fremmer ekstreme påstander.

Påstanden om at Rands ideer nå er total dominerende i USA er fullstendig absurd og totalt uten virkelighetskontakt, så jeg vil her bare henvise til artikkelen «Ny Tid over kanten og utfor stupet» hvor påstanden er tilbakevist. (Denne artikkelen ble sendt til Ny Tid, men refusert.)

Det er dog korrekt at Rands ideer fikk en viss innflydelse i perioden fra slutten av 70-tallet og til ca år 2000, en innflydelse som førte til det som ble kjent som «høyrebølgen». Resultatet av høyrebølgen var mer markedsøkonomi og mer frihandel over store deler av verden; dette ble også kalt «globalisering». Hva førte den til?

> «Globalization's greatest triumph: the death of extreme poverty. It is the greatest story of our time, and it's one few have heard of. Mankind is defeating extreme poverty. The World Bank has just released its latest numbers, and according to them, the proportion of the world population in extreme poverty, i.e. who consume less than $1.90 a day, adjusted for local prices, declined from 36 percent in 1990 to 10 percent in 2015. Even though world population increased by more than two billion people, the number of extremely poor was reduced by almost 1.2 billion. It means that in the now much-despised era of globalization, almost 130,000 people rose out of poverty every day. Every one of those 130,000 represents another individual who get closer to a decent life with basic education, access to health care and opportunities in life. This is the greatest achievement in human history»*.

---

* https://thehill.com/opinion/finance/408546-globalizations-greatest-triumph-the-death-of-extreme-poverty

La oss også se på hva som var utviklingen i USA i denne perioden. En kommentator skriver i Forbes i januar 2011:

> «Now let's recall the 1990s. U.S. federal spending was hardly "constrained" by President Clinton and the Democrats or even by the GOP-controlled House of Representatives -- since spending increased by 43%, from $1.3 trillion in 1990 to $1.8 trillion in 2000 -- but at least spending declined relative to GDP, from 22% in 1990 to 18% in 2000. Spending by government at all levels (federal, state and local) also fell, from 38% of GDP in 1990 to 35% in 2000. Thus budget deficits also were controlled and surpluses were recorded in the last three years of the decade, so gross debt (all levels of government) was only slightly higher relative to GDP at the end of the decade (72% in 2000) than in the beginning (71% in 1990). The dollar actually *appreciated* in real terms in the 1990s, causing a 30% decline in the gold price -- which proved bullish for decade-long gains in U.S. stock prices (+305%), industrial production (+50%), employment (+16%), real median income (+10%). Personal tax rates were kept low, the capital gains tax rate was cut, regulations were fairly steady and welfare eligibility was tightened, so the jobless rate could fall from 7.8% (1992) to a mere 4.0% (2000)».*

En annen ting som skjedde i denne perioden var kommunismens sammenbrudd, noe som førte til øket velstand/mindre fattigdom og en sterk økning i individuell frihet i de tidligere kommunistlandene i Øst-Europa. Også i Kina ble det åpnet opp for større frihet og mer markedsøkonomi. Velstanden økte også i Vesten i denne perioden, men denne veksten nærmest opphørte etter at nye reguleringer ble innført etter ca år 2000 (og det var slike reguleringer som førte til finanskrisen i 2008).

Men hvordan går det nå? Høyrebølgen er over, venstreorienterte ideer er på fremmarsj, og de er blitt så dominerende at man sjelden hører andre stemmer i mainstream-organer. Det typiske eksemplet på venstresidens gjennomslag er Venezuela, et nokså rikt land hvor

---

* https://www.forbes.com/sites/richardsalsman/2011/01/04/a-golden-decade-of-government-failure/?sh=5ada00797c89

velgerne med stor entusiasme stemte inn sosialisme i den tro at de da skulle få mer og mer gratis fra staten. Alle sosialister over hele verden støttet Chavez og hans sosialistiske prosjekt. Og hvordan gikk dette? Hva skulle man tro vil skje hvis staten tar penger fra de som jobber og gir til de som ikke jobber? Da vil færre og færre jobbe, og siden det er arbeid som skaper velstand, vil velstanden forsvinne.

> «Food has become so scarce in Venezuela after the economy collapsed that people are getting desperate». «Socialist nightmare: Venezualans now eating dogs, cats and pigeons to survive»*. «Venezuelans lose average of 19lb in weight due to nationwide food shortages, study suggests. Soaring inflation means basic items in short supply and unaffordable for many»†.

Så, de som støtter de verdiene og prinsippene som førte til utviklingen i Venezuela betrakter seg som gode, og de betrakter de som støtter de verdiene og prinsippene som førte til «the death of extreme poverty» og en generell velstandsvekst, som onde.

Men tilbake til de stygge og løgnaktige påstandene om Rand. Hvordan kan intellektuelle fare med slikt? De har altså ikke sjekket fakta før de kom med ekstreme påstander som altså viste seg å være basert ikke bare på usannheter, men på ondskapsfulle løgner. Disse intellektuelle har basert seg på konsensus, dvs. i dette tilfellet fordommer, i de miljøene de ferdes i. Men det å basere seg på venners meninger og synspunkter – og altså ikke å sjekke fakta – er en holdning som ligger langt fra å være rasjonell; å være rasjonell er å være virkelighetsorientert, dvs. å være faktaorientert og logisk.

Her har vi da en gruppe intellektuelle som ikke legger stor vekt på rasjonalitet (tidligere i denne boken har vi omtalt mange andre som i like stor grad som disse svikter rasjonaliteten). Siden det er de intellektuelle som representerer de verdier som dominerer i kulturen, viser dette at rasjonaliteten står svakt i dag.

---

* https://danieljmitchell.wordpress.com/2021/10/31/is-venezuela-a-warning-for-the-united-states/

† https://www.independent.co.uk/news/world/americas/venezuela-weight-loss-average-19lb-pounds-food-shortages-economic-crisis-a7595081.html

Vi lever altså åpenbart i en tid hvor rasjonaliteten står svakt og stadig blir svakere. Vi ser en rekke implikasjoner av dette: klimahysteriet blir sterkere for hver dag; islam er i vekst og Vestens ettergivenhet overfor islam blir også mer og mer tydelig; ettergivenheten overfor kriminelle er stor; rasismen er i vekst, ofte under navnet anti-rasisme; den individuelle friheten, inkludert ytringsfriheten, innskrenkes ytterligere hele tiden; og den populære kunsten (f.eks. TV-serier) blir mer og mer preget av overtro og mystisisme. Alle store partier fører en venstreorientert politikk. Den økonomiske veksten i Vesten har da også stagnert. Også militært er Vesten svak. Sagt på en annen måte: mye tyder på at vi står foran en fremtid med minkende frihet og økende fattigdom.

Slik må det gå når folk forlater fornuften. Da fornuften fikk gjennomslag i Vesten førte den til at renessansen avløste middelalderen, og vi fikk opplysningstiden, den industrielle revolusjon, kapitalismen, og dette førte igjen til en stigende velstand som kom flere og flere til gode.

For noen tiår siden var det grunn til optimisme. Det var grunn til å forvente en enda mer velstående fremtid. Filosofen Leonard Peikoff uttalte da at at vi levde i førforuftens tidsalder («We now live in the age of pre-reason»). Han trodde da at fornuften i stadig større grad ville prege kulturen, og at vi derfor gikk en lys fremtid i møte.

Det ser ut som om det er gått motsatt vei. Og da blir fremtiden ikke så veldig lys. Peikoff ble også mindre optimistisk med årene: temaet i hans siste bok *The DIM Hypothesis* (2013) er en forklaring på hvorfor «the Lights of the West Are Going Out» (som er bokens undertittel).

En lys fremtid, en fremtid med økende frihet og stigende velstand, er bare mulig dersom idealer som fornuft, egoisme og kapitalisme får så stor oppslutning at de vil dominere kulturen.

Dagens intellektuelle står for stikk motsatte verdier. Det vi trenger er nye intellektuelle, intellektuelle som står for fornuft, egoisme og kapitalisme. Kun med et slikt idemessig grunnlag kan vi få samfunn preget av fred, harmoni og velstand.

Disse nettsidene kan være interessante for lesere av denne boken:

http://vegardmartinsen.com

http://vegardmartinsen.no

http://jeanbaptistesay.no

https://filosofi.no

https://www.gullstandard.no

http://www.stemdlf.no

https://www.objektivisme.no

http://grlfrihet.no

Om forfatteren

Vegard Martinsen (f. 1955) tok examen artium ved Kongsvinger gymnas i 1974. Etter avtjent verneplikt i Ingeniørvåpenet studerte han matematikk, fysikk og filosofi ved Universitetet i Oslo, og tok cand.scient.-eksamen i 1981. Fra 1982 arbeidet han i voksenopplæringen i Oslo, og fra 2001 til 2017 var han seniorrådgiver ved Vox - nasjonalt fagorgan for kompetansepolitikk.

Martinsen har hatt en rekke verv. Han var formann i Foreningen for Studium av Objektivismen fra 1993 til 2004, og han var leder i Det Liberale Folkepartiet fra 2003 til 2017. Fra 1989 til 1993 var han vararepresentant til Stortinget.

Han har vært gjest i en rekke radio- og TV-programmer, blant annet Her og nå, Holmgang og Verdibørsen. Han er også blitt intervjuet i serien Cave of Apelles.

Hans artikler er publisert i blant annet Aftenposten, VG, Dagbladet, Dagsavisen, Morgenbladet, Ny Tid, Humanist, Norwegian Wood, Teknisk Ukeblad, AerA og Liberal.

Han har skrevet en rekke bøker, blant annet *Filosofi: en innføring*, *Krig, fred, religion og politikk* og *Saysiansk økonomi*.

www.ingramcontent.com/pod-product-compliance
Lightning Source LLC
Chambersburg PA
CBHW071435300426
44114CB00013B/1439